W0305919

Dietz
Taschen
buch 39

Matthias von Hellfeld, Inge Jens
Arno Klönne, Anneliese Knoop-Graf
Bernd-A. Rusinek, Carola Stern u.a.

Piraten, Swings und Junge Garde

Jugendwiderstand im Nationalsozialismus

Wilfried Breyvogel (Hg.)

Verlag J. H. W. Dietz Nachf.

Bildnachweise

Ruhrlandmuseum, Essen, Sammlung Dr. Ernst Schmidt 1, 2, 3, 4, 5, 14
Universität Essen, Sammlung Dr. Hartmut Wenzel 6, 7, 8, 9, 10
Bund der Deutschen Katholischen Jugend, Referat Dokumentation, Dr. Bernd Börger, Düsseldorf 11, 12, 15, 16, 17
Sammlung Christel Beilmann, Witten 13
Schock und Schöpfung, Darmstadt/Neuwied 1986 18, 19, 20
Tjaden, K.: rebellion der jungen. Die Geschichte von tusk und von dj. 1.11, Frankfurt/M. 1958 21
Hauptstaatsarchiv Düsseldorf 23, 24, 25
Sammlung Anneliese Knoop-Graf, Bühl 26, 27, 29
Sammlung Inge Aicher-Scholl, Rotis 28
Stadtbildstelle Essen 30, 31
Universität Essen, Sammlung Dr. Breyvogel, Realgymnasium Bredeney, Jahrgang Abitur 1941, Zix 32
Ruhrlandmuseum Essen, Nachlaß Kleu 33, 34

Die Deutsche Bibliothek – CIP-Einheitsaufnahme

Piraten, Swings und Junge Garde: Jugendwiderstand im Nationalsozialismus / Matthias von Hellfeld ...
Hrsg. von Wilfried Breyvogel. – Bonn: Dietz, 1991
(Dietz-Taschenbuch; 39)
ISBN 3-8012-3039-2

Copyright © 1991 by Verlag J. H. W. Dietz Nachf. GmbH, Bonn
In der Raste 2, D-5300 Bonn 1
Lektorat: Martin Rethmeier
Umschlag: Manfred Waller
(Das Foto aus dem Hauptstaatsarchiv Düsseldorf
zeigt die Gladbecker Gruppe der sog. Kittelbachpiraten)
Satz: Fotosatzstudio typo bonn, Bonn
Druck und Verarbeitung: Clausen & Bosse, Leck
Alle Rechte vorbehalten
Printed in Germany 1991

Inhalt

Die Beiträge dieses Buches basieren auf den Vorträgen der 1. Essener Studientage für Erziehungswissenschaft, die vom 26. 1. bis 28. 1. 1990 im Ruhrlandmuseum und in der Alten Synagoge Essen stattfanden. Diese Studientage wenden sich an eine größere Öffentlichkeit. Neben Studenten sind Erzieher und Lehrer aller Schulformen, aber auch Jugendliche, Auszubildende und Schüler angesprochen.

Als Veranstalter danke ich allen, die durch ihre Teilnahme die Studientage zu einem sinnvollen Versuch außeruniversitärer Wissensvermittlung und Diskussion werden ließen. Sie sollen zu einer beständigen Einrichtung werden, die bewußt den Rahmen und Ort der Hochschule verläßt.

Dank gilt dem Kulturamt der Stadt Essen und der Universität, die nicht nur die Studientage ermöglicht, sondern auch die Publikation der Beiträge finanziell unterstützt haben. In der Hoffnung, daß damit ein Sammelband vorgelegt wird, in dem der neuere Forschungsstand und ein systematischer Überblick leicht zugänglich sind, dankt der Herausgeber den Beiträgern und im besonderen Silvia Klein und Thomas Stuckert für die Mitarbeit an diesem Projekt.

Essen, im Februar 1991 *Wilfried Breyvogel*

Wilfried Breyvogel

Resistenz, Widersinn und Opposition
Jugendwiderstand im Nationalsozialismus

Einleitung

Jugendwiderstand: Begriffe und methodische Hinweise

Erst die Erkenntnisse der Alltagsforschung zur Geschichte des Nationalsozialismus haben ein buntes Spektrum jugendlicher Widerstandsformen ergeben, das sich über Parteien und Organisationen, unterschiedliche soziale Lagen und kulturelle Milieus erstreckt. Während die frühe Geschichtsschreibung zum allgemeinen Widerstand von einem sehr engen Widerstandsbegriff ausging, hat die Alltagsforschung ein Spektrum von Verhaltensweisen ermittelt, das zwischen Konformität und Widerstand liegt. Der enge Widerstandsbegriff korrespondierte mit dem Bild des Nationalsozialismus in der Totalitarismustheorie: ein monolithischer Herrschaftsapparat, der die gesamte Gesellschaft von oben durchdringt und im Kegelbild der Parteiorganisation seinen deutlichsten Ausdruck fand. Diesem Bild der Totalerfassung entsprach die Tendenz der Minimalisierung der Möglichkeit des Widerstands und der Heroisierung einzelner als Märtyrer und Helden.

Dagegen ist das Spektrum der Begriffe, das die Alltagsforschung entwickelt hat, weiter gefaßt und differenzierter: Resistenz, Dissidenz, Nonkonformität, Protest, Widerstand und Konspiration.

Resistenz meint die aus sozialen Lebensbedingungen, Milieus, Glaubenshaltungen entstehende Reserve, Zurückhaltung, Nichtbegeisterung einzelner und Gruppen.

Dissidenz und *Nonkonformität* steht für die Behauptung und Verwirklichung eines eigenen sozialen *Raumes,* für Handlungen, die über die mentale Reserve hinausgehen und sich z. B. in der Pflege von Kontakten und der Aufrechterhaltung alter Beziehungsnetze ausdrücken können.

Protest meint in den bisherigen Definitionen übereinstimmend den verbal geäußerten Widerspruch, das im Zwischenfeld von privat und öffentlich geäußerte Wort, den Zwischenruf, die Verständigung suchende Seitabbemerkung, das Gespräch als Versicherung einer gemeinsamen Option.

Widerstand kennzeichnet die Widerstandshandlung im engen Sinne als geplante Aktion gegen Einrichtungen und persönliche Repräsentanten des Regimes mit dem Ziel seiner/ihrer Beseitigung unter der Bedingung des Risikos für das eigene Leben. Dieser Begriff von Widerstand verbindet sich notwendig mit dem Begriff der *Konspiration* als einer verdeckten Maßnahme.

Diese Begriffe finden sich mit geringen Bedeutungsnuancen bei verschiedenen Autoren. In der kontroversen Debatte um ihren Stellenwert hat Detlev Peukert sie systematisiert und stimmig in das Schema einer Reihung gebracht.

Widerstand Jugendlicher: Der Modus der Betroffenheit im Zeitrhythmus des Plötzlichen

Es ist allerdings zu bezweifeln, daß das von Detlev Peukert vorgeschlagene Schema und die Reihung zum Verständnis jugendlicher Widerstandsformen geeignet ist. Denn das Schema unterstellt eine aufsteigende Linie vom Passiven zum Aktiven, vom Unbewußten zum Bewußten, vom moralisch unspezifischen zum ethisch hochrangigen Rechtsbewußtsein. Die Grenzen dieser Begriffsreihe liegen dort, wo dieses Schema zugleich das Entstehen oder die schrittweise Entwicklung von Widerstandsbewußtsein erklären will. Denn in der Differenzierung der Begriffe steckt die Logik einer Stufenfolge, eine scheinbare Logik von aufeinander aufbauenden Lernschritten. Dagegen ist darauf zu verweisen, daß politische Einsichten – besonders Jugendlicher – gerade nicht nach dem Schema ‚Stein auf Stein' oder ‚Stufe für Stufe' verlaufen, sondern dem Modus der Betroffenheit unterworfen sind und zumeist dem Zeitrhythmus der Plötzlichkeit folgen. Eine einzige Wahrnehmung und Empfindung, eine einzige Situation, ein einziger Blick eines Gequälten, ein heimlich erworbener Eindruck, eine Szene vor dem Fenster, eine Wahrnehmung im Ghetto, dieses kann von einer Sekunde zur anderen bei einem alles, bei anderen gar nichts auslösen. Solche Situationen finden sich in einer Reihe autobiographischer Zeugnisse.

Wenn wir die *Entstehung* politischer Widerstandshandlungen Jugendlicher verstehen wollen, müssen wir uns daher von dem Stufenschema lösen und auf Empfindungen, Wahrnehmungen und gedankliche Äußerungen achten, die mit bestimmten Situationen verbunden sind. Methodisch wäre eine solche Situationsanalyse mit einer biographischen Rekonstruktion zu verbinden, falls entsprechende authentische Materialien zur Verfügung stehen. Die *situative Analyse* erfaßt die aktuellen Begründungen und den Kontext einer Handlung, die *biographische Rekonstruktion* könnte den Blick auf die Lebensgeschichte des handelnden Subjekts richten. Dabei wird die Lebensgeschichte als *Lern-* und *Erfahrungsgeschichte* verstanden, in der sich die Spur von Motiven, Empfindungen, Denkweisen, habituellen Einstellungen und (Körper-)Haltungen finden läßt. Erst durch die Kombination beider Verfahren, die Verschränkung von historischer Analyse und biographischer Rekonstruktion, könnte ein Grad von Komplexität erreicht werden, der die bisherige Widerstandsforschung nicht nur Jugendlicher weiterführt.

Eine so angelegte historische Jugendforschung wird feststellen, daß in jugendlichen Protestformen häufig das gesamte Spektrum von Motiven und Handlungsformen zwischen Resistenz und Widerstand aufzufinden ist. Gerade die Erfahrungsgeschichte Jugendlicher orientiert sich nicht an der Stufenleiter gelungener Klimmzüge von einem Begriff zum anderen. In ihr Handeln spielt alles herein, Spaß und tiefer Ernst, unmittelbare Erschütterung und ‚Leichtsinn' im wörtlichen Sinn eines ‚leichten', von Anpassung und Rücksichtnahme nicht so beschwerten Sinns.

Keine neuen Helden auf die alte Bühne. Reflexivität in der Spannung von Idealisierung und Entwertung.

Widerstandsforschung ist immer in Gefahr, selbstlegitimatorischen Bedürfnissen zu dienen. Das gilt für die ältere Widerstandsforschung, wenn sie den soldatischen Militär oder den Untergrundkämpfer zum einzig wahren Helden stilisiert. Es gilt auch für die neuere Alltagsforschung, wo sie die alten Helden durch neue aus dem vertrauten Kreis der ‚einfachen Leute' ersetzt. Es gilt erst recht für einige frühe Darstellungen des Jugendwiderstands, so dort, wo der jugendliche Parteigenosse zum opfervollen proletarischen Helden, der bündische dj.1.11er zum einzigen Antipoden, der bekenntnistreue Sturmschärler zum aktiven Widerständler, der Edelweißpirat zum letzten Hort proletarischer Widerstandskultur geworden ist. Die Forschungen der letzten Jahre haben sich aus diesen Idealisierungen in der Tradition partei- und anderer organisationsgeschichtlicher Einbettung gelöst. Die hier versammelten Beiträge vereinigen insofern die Autoren einer selbstkritischen Jugendforschung, die das Korsett der in Fronten geteilten Legitimationsforschung hinter sich gelassen haben.

Dabei gilt die Erkenntnis, daß nur die reflexive Auseinandersetzung mit den legitimatorischen Interessen der Gegenwart es ermöglicht, den fatalen Zwang der Idealisierung oder Entwertung zu durchkreuzen. Es kann nicht darum gehen, die ‚richtigen' Helden für eine ‚wirkliche' Republik an die Stelle der alten zu setzen. Zu durchkreuzen ist die Fiktion des ‚Helden', der Wunsch, das Heldische immer neu zu suchen, und damit der Zwang zur Glättung, Idealisierung und Verkennung. Denn die Schattenseite der Idealisierung ist die Entwertung und das daraus folgende Feindbild. Der Held ist der innerpsychische Bruder des Feindes. Jedes Heldendenkmal hat seinen Schatten. Im Bild gesprochen sollte es bedeuten, daß keine neuen Helden auf die abgeräumte alte Bühne geschoben werden, sondern daß die Bühne samt ihrem Inventar von Schminksaal, Kleiderkammer und Beleuchtung abgebaut wird.

Die Beiträge des Bandes

Der Aufbau des Bandes orientiert sich an der Chronologie der Schwerpunkte der unterschiedlichen Formen des Jugendwiderstands zwischen 1933 und 1945.

Eine erste Einheit bilden die Beiträge von *Frank Bajohr* und *Hartmut Wenzel* zu den Widerstandsformen in den Jugendorganisationen der Arbeiterparteien und der Naturfreundejugend. Am Beispiel der Hamburger Entwicklung kritisiert Frank Bajohr die Politik der Linksparteien, deren Scheitern sehr früh zu Massenverhaftungen, Folter und Tod auch jugendlicher Mitglieder führte. Hartmut Wenzel stellt ergänzend die verbliebenen Möglichkeiten zur Fortsetzung der Aktivitäten unter den Bedingungen der nationalsozialistischen Verbotspolitik im regionalen Kontext dar.

Der Beitrag *Christel Beilmanns* behandelt die Situation Jugendlicher aus der Perspektive der regulären Pfarrgemeindejugend im katholischen Milieu. Der Beitrag hebt sich von allen Beiträgen ab – er steht in thematischer Nähe zu dem Carola Sterns –, weil er von der Verfasserin als reflexive Auseinandersetzung mit ihren biographischen Bedingungen und Denkvoraussetzungen angelegt ist. Als Mädchen und junge Frau von diesem Milieu geprägt, zieht sie eine nüchterne Bilanz: Die wenigen, die Widerstand leisteten, waren dem Milieu entwachsen. Das Milieu habe sie weder hervorgebracht noch unterstützt.

Die nächste Einheit bilden die Beiträge von *Matthias von Hellfeld* und *Silvia Klein/Bernhard Stelmaszyk* zur bündischen Jugend und zu Eberhard Köbel, dem Gründer der dj. 1. 11 (29). Dabei leistet der Beitrag Hellfelds eine Zusammenfassung des Forschungsstands zum Verhalten der Bündischen im Übergang von der Weimarer Republik zum Nationalsozialismus. Neben einer Bezugnahme auf den Mythos des Bündischen stellt er ausgewählte Gegnergruppen dar, die sich am Autonomieideal der bündischen Tradition orientierten und dadurch in Konflikt mit den nationalsozialistischen Integrationsansprüchen gerieten.

Das biographische Porträt Eberhard Köbels ist so angelegt, daß es die häufig in der Literatur zu findende Freund-Feind-Dichotomie unterläuft. ‚tusk' erscheint als eine ambivalente Person zwischen Autoritarismus, Jungenrepublik und KPD-Mitgliedschaft. Unabhängig von seiner Person – er lebte seit 1934 im Exil – wird die Wirkung der von ihm geprägten Ästhetik und Alltagskultur der dj. 1. 11 beschrieben, weil sie in den unterschiedlichsten Milieus in den Elementen: Kote, Balalaika und der Liedersammlung ‚Der Eisbrecher' zum distanzbildenden Focus gegenüber der Hitlerjugend wurde.

Weiterführend – allerdings auch in gewisser Distanz – interpretiert *Alfons Kenkmann* eines dieser Jugendmilieus, das mit den regional unterschiedlichen Bezeichnungen als ‚Navajos', ‚Kittelbach-' oder ‚Edelweißpiraten' bekannt ist. In ihrer Herkunft den sozialen Unterschichten verhaftet, leihen – so Kenkmann – diese Jugendlichen die bündische Alltagskultur in vielfältiger Form und mit unterschiedlicher Stringenz aus. Von Interesse ist, daß aus Verfolgung und Kriminalisierung in Einzelfällen auch politische Widerstandsformen entstanden sind. Allerdings blieben der organisierte Widerstand der Arbeiterbewegung und der Protest der ‚Edelweißpiraten' durch einen Generationsbruch voneinander isoliert.

Die Beiträge zur Gruppe *Weiße Rose* werden durch einen Text eingeleitet, der sich kritisch mit der Rezeption dieser Gruppe auseinandersetzt. Der Mythos der Gruppe, ihre Zentrierung auf einen Helden und die folgende Homogenisierung der anderen Beteiligten sind ein typisches Beispiel der frühen Selbstlegitimation der bundesrepublikanischen Gesellschaft. Der Tod der Mitglieder der ‚Weißen Rose' wird zum Sühneopfer, um die Schuld der Vergangenheit abzutragen. Seit Mitte der sechziger Jahre wendet sich diese entstellende Rezeption in eine kritische Rekonstruktion. Ihr Fundament sind die heute teilweise zugänglichen Selbstzeugnisse der Handelnden.

Als Beispiel der veränderten Sicht der Gruppe kann der von *Inge Jens* verfaßte Beitrag gelten. Sie, die die Briefe und Tagebuchteile Hans und Sophie Scholls und Willi Grafs herausgegeben hat, rückt eine Neubewertung der kulturellen Horizonte der Gruppe in das Zentrum. Die Übereinstimmung in der Wahrnehmung von Literatur, Musik und Kunst, eine sich darauf gründende Denkhaltung, werden zum Ferment einer kritischen

Opposition, die in Korrespondenz zu Werthaltungen steht, wie sie explizit nur von Emigranten artikuliert wurden.

Es folgt ein Porträt Willi Grafs, verfaßt von der jüngeren Schwester *Anneliese Knoop-Graf.* Als Mitstudierende im Zuge der Verhaftungen in München ebenfalls erfaßt, aber, weil vom Bruder nicht einbezogen, nicht angeklagt, übernahm sie es, die ‚Botschaft' des Bruders weiterzutragen. Willi Graf, still, zurückhaltend, von Zweifeln und Unsicherheit geplagt, wird durch die Darstellung der von ihm ausgehenden Außenkontakte zu bündisch-katholischen Freunden erst in den letzten Jahren angemessen bewertet.

Ein weiteres Feld jugendlicher Distanz stellt die großstädtische *Swing-Jugend* dar. Am besten ist bisher die Hamburger Szene u. a. durch die Arbeiten *Rainer Pohls* bekannt. In dem hier vorgelegten Beitrag verfolgt er allerdings die Spuren der swings (‚Zazous') im besetzten Frankreich. Gerade die Formen der Verfolgung und öffentlichen Diffamierung führen auf seiten dieser Szene nicht zum Rückzug, sondern zum ‚Über-Mut' und ‚Leicht-Sinn' zwischen Jux und riskantem Affront, wie er auch durch die berühmte Szene im Hamburger Hauptbahnhof – zwei swings werden im Blitzlichthagel und Spalier der Szene als Reichsstatistenführer öffentlich empfangen – belegt ist.

Mit Bezug auf die Kontroverse um die Kölner ‚Edelweißpiraten' beschreibt *Bernd Rusinek* den Kriegsalltag der Großstädte. Sein zentrales Kennzeichen ist, daß dieser ‚Alltag' alles traditionell Alltägliche verloren hat und zu einer von Chaos und Desintegration geprägten Extremsituation geworden ist. Diese wäre nur angemessen beschreibbar, wenn auch der rekonstruierende Blick die Eindimensionalität der zweckorientierten Handlungslogik verließe. Bernd Rusinek schlägt daher die Montageform als mögliche Form einer stärker assoziativen Ereignisverkettung vor.

Der Beitrag *Arno Klönnes* zieht eine kritische Bilanz. Jugendliche Widerstandsformen wurden nach 1945 entweder in die Parteigeschichten subsummiert oder ausgegrenzt. Das bündisch Gegenkulturelle, das sich verweigernde, auf Autonomie und ‚Freizeit' setzende widerständige Verhalten vieler Gruppen entzog sich auch den nach 1945 herrschenden Ordnungsvorstellungen, war mithin zur Traditionspflege nicht geeignet.

In dem abschließenden Beitrag *Carola Sterns* geht es um die Frage nach dem Kriterium angemessener Erinnerung. Aus dreifachem Anlaß sei Erinnerung notwendig: um der Gerechtigkeit und des demokratischen Bewußtseins der Gegenwart wie um der Zukunft der folgenden Generation willen. Erinnern sei an die Selbstreflektion als die Voraussetzung der Veränderung seiner selbst gebunden. Erinnern und verstehen, um sich zu ändern, über sich hinauszugehen, ein anderer, neu zu werden. Erinnern als Voraussetzung der Transzendenz seiner selbst. – Carola Stern hatte damit den Impuls Jean Paul Sartres aufgenommen, verstehen bedeute, sich zu ändern, über sich hinauszugehen.

Frank Bajohr

In doppelter Isolation
Zum Widerstand der Arbeiterjugendbewegung gegen den Nationalsozialismus

I

Die Beschäftigung mit dem vergleichsweise publicityträchtigen Thema Widerstand, Opposition und Nonkonformität von Jugendlichen im Dritten Reich unterliegt häufig der Gefahr, jugendliches Verhalten zu monumentalisieren, anstatt Widerständigkeit in das gesamte jugendliche Verhaltensspektrum jener Jahre kritisch einzuordnen. Es ist daher daran zu erinnern, daß der Nationalsozialismus bis in die höchsten Führungspositionen eine junge, gar jugendliche Bewegung war, die ihre Dynamik ganz wesentlich dem überdurchschnittlichen Zuspruch in der jüngeren Generation verdankte. Mit den Worten „Macht Platz, ihr Alten" brachte der Reichsorganisationsleiter der NSDAP, Gregor Straßer, im Jahre 1927 die Attitüde jugendlichen Rebellentums zum Ausdruck, mit der sich die Nationalsozialisten propagandistisch umgaben (Vgl. Straßer 1932, S. 171–174). „Wir Nationalsozialisten glauben daran, daß die Jugend, die heute unverbildet und mit heißem Herzen sich in die ‚Politik' stürzt, größere geschichtliche Taten vollbringen wird, als alle ‚Politiker' von heute", verkündete im gleichen Jahr das Organ des NS-Studentenbundes, das den bezeichnenden Titel „Der junge Revolutionär" trug (v. Behn 1927). Die Stilformen der Jugendbewegung okkupierend, nahm die NSDAP für sich in Anspruch, dem „Lebensrecht" der jungen Generation gegenüber „dem Alten" zum Durchbruch zu verhelfen.

Solche Selbststilisierungen blieben in einer Jugendgeneration nicht ohne Resonanz, die sich angesichts der Verkettung demographischer, ökonomischer und sozialer Krisenlagen in der Weimarer Republik als „überflüssige" Generation ohne Zukunfts- und Berufsperspektive aus der Gesellschaft ausgegrenzt sah. Im Zeitraum von 1929–1933 waren dementsprechend knapp 60 Prozent der SA-Männer unter 25 Jahre alt![1]

So hoch auch die Zahl der Jugendlichen war, die als Opfer des Nationalsozialismus ermordet oder in Gefängnisse und Konzentrationslager eingesperrt wurden, sie reichte an die Zahl der jungen Täter nie heran.

Widerstand, Opposition und Nonkonformität blieb unter Jugendlichen während der gesamten Zeit des Dritten Reiches ein Minderheitenverhalten. Dies gilt insbesondere für den Widerstand im Sinne eines intentionalen, politisch motivierten Handelns gegen das NS-Regime.

Im Widerstand Jugendlicher gegen den Nationalsozialismus nahmen die Verbände der sozialistischen Arbeiterjugendbewegung wie die Sozialistische Arbeiterjugend (SAJ), der Sozialistische Jugendverband Deutschlands (SJVD) oder der Kommunistische Jugendverband Deutschlands (KJVD) allein schon unter quantitativen Gesichtspunkten einen bedeutenden Stellenwert ein. Es waren hunderte junger Antifaschisten aus den Verbänden der Arbeiterjugendbewegung, die im Jahre 1933 in Konzentrationslager und Gefängnisse eingeliefert wurden, und tausende, die sich in den ersten Jahren des Dritten Reiches dem Nationalsozialismus entgegenstellten. Dennoch repräsentierten sie sowohl vor als auch nach 1933 nur eine kleine Minderheit unter den Arbeiterjugendlichen. Der Widerstand von Angehörigen der sozialistischen Arbeiterjugendbewegung läßt sich daher nicht einfach unter dem Begriff „Arbeiterjugendwiderstand" rubrizieren. Zudem leisteten sie Widerstand nicht primär in ihrer Eigenschaft als Arbeiterjugendliche, sondern als junge Aktivisten der sozialistischen Arbeiterbewegung, die als politische Gegner des Nationalsozialismus die Zerschlagung ihrer Organisationen 1933 nicht tatenlos hinnehmen wollten, anfangs sogar hofften, aus der Illegalität einen Sturz des NS-Regimes herbeiführen zu können.

Verlauf, Leistungen und Grenzen ihres Widerstandes möchte ich im folgenden am Beispiel der Hamburger SAJ und des

Hamburger KJVD näher erläutern, deren Aktivitäten nach 1933 für den Widerstand der organisierten Arbeiterjugendbewegung durchaus repräsentativ waren.

II

In den ersten Wochen nach der Machtübernahme der Nationalsozialisten konnte die Sozialistische Arbeiterjugend Hamburgs noch halbwegs legal ihrer Tätigkeit nachgehen.[2] Am 15. Februar 1933 veranstaltete sie mit befreundeten Organisationen eine Großkundgebung zur Wahl der SPD bei den bevorstehenden Reichstagswahlen. In einem Flugblatt, das zur Teilnahme an der Kundgebung aufrief, wandte sich die SAJ mit drastischen Worten gegen eine Arbeitsdienstpflicht für Jugendliche. Diese bedeute „verkappter Militarismus", „Herrschaft des Kommißstiefels", „Verzicht auf Selbständigkeit und Freiheit der Persönlichkeit." Dieses antimilitaristische Plädoyer stand in eigenartigem Kontrast zur Sprache, mit der die SAJ im Stile eines Aufrufs für Kriegsfreiwillige um Teilnahme an der Kundgebung warb:

„Jugendgenossen, Kameraden! Tritt gefaßt in den Freiheitsbataillonen der Jugend. Wir marschieren gegen Knechtschaft, gegen Reaktion, gegen Zwangsarbeit, für Freiheit und Gerechtigkeit! Jugend an die Front! (zit. nach Hochmuth/Meyer 1980, S. 576 f.)

Die folgenden Wochen, in denen die Arbeiterbewegung dem wilden Terror der SA schutzlos ausgeliefert war, entlarvten solche Parolen als hilflosen Verbalradikalismus. Trotz Terror und Verfolgung, trotz der elementaren Niederlage der Arbeiterbewegung im Frühjahr 1933 gaben die Mitglieder der Hamburger SAJ jedoch nicht auf und stellten ihre Organisation noch vor dem formellen Verbot im Juni 1933 und trotz der im Mai 1933 offiziell verkündeten Selbstauflösung auf die Bedingungen der Illegalität um.

Vor allem ältere SAJ-Mitglieder setzten nach 1933 einen informellen Zusammenhalt fort und fanden sich in vielen Hamburger Stadtteilen zu kleinen Zirkeln zusammen, die jeweils vier bis sieben Mitglieder umfaßten. Aus Tarnungsgründen führten die Gruppen Decknamen und benannten sich nicht nach dem Stadtteil, in dem sie arbeiteten. So waren etwa im Viertel Winterhude/Barmbek die Gruppen „Jack London", „Paul Singer" und „Ignaz Auer" aktiv. Auch eine Beitragskassierung hielten die Gruppen zunächst aufrecht.

Von Anfang an waren die SAJ-Gruppen eng mit dem Gesamtnetz sozialdemokratischer Widerstandszirkel in Hamburg verflochten und bewahrten nur eine begrenzte Eigenständigkeit gegenüber der Mutterpartei. Das enge Zusammenwirken von SAJ und SPD in Hamburg war vor allem auf zwei Faktoren zurückzuführen:

– Ein erheblicher Teil der in kritischer Distanz zum Kurs der SPD stehenden SAJ-Mitglieder hatte sich bereits vor 1933 von der Hamburger SAJ abgespalten und sich dem Sozialistischen Jugendverband Deutschlands (SJVD) der SAP zugewandt.[3]
– Das Gros der Hamburger Sozialdemokraten, die die politische Arbeit nach 1933 illegal fortsetzten, befand sich in einem Alter zwischen zwanzig und fünfunddreißig Jahren (vgl. Ditt 1984, S. 76f.). SAJ- und SPD-Mitglieder waren damit nicht durch die Distanz einer Altersgeneration getrennt. Auch die illegal arbeitenden SPD-Mitglieder entstammten fast ausnahmslos der jüngeren Generation und waren häufig selbst aus der SAJ hervorgegangen.

Die einzelnen Gruppen diskutierten über politische Tagesfragen und wurden u.a. durch das Grenzsekretariat Kopenhagen der SOPADE mit illegalen, auf Dünndruckpapier gedruckten Zeitungen wie „Neuer Vorwärts" oder „Sozialistische Aktion" beliefert.

Die SAJ-Gruppen unterhielten jedoch nicht nur Auslandskontakte nach Kopenhagen, sondern auch nach Karlsbad in der Tschechoslowakei, wohin sich der ehemalige Hamburger SAJ-Sekretär Erich Lindstaedt geflüchtet hatte. Über diese Verbindungen gelangten Nachrichten über die innerdeutsche Situation ins Ausland und von dort illegales Material an die Gruppen zurück.

Sowohl SAJ als auch SPD stellten in Hamburg jedoch auch eigene Zeitungen wie die im Stadtteil Eimsbüttel gedruckten „Roten Blätter" her. Nüchterne Analysen der aktuellen Situation traten in diesen selbstproduzierten Schriften eindeutig gegenüber Kampfappellen und vagen Prophezeiungen einer besseren Zukunft zurück. So endete eine Publikation der SAJ Eimsbüttel, die zum 16. Jahrestag der Novemberrevolution im November 1934 erschien, mit den Worten:

Eine siegreiche Revolution braucht die Sprengwirkung aufgehäuften Explosivstoffes. An Rachegefühlen mangelt es in Deutschland nicht, und die erste Aufgabe der Revolution ist es, sie zu entzünden. Hinter der blutigen Abrechnung wartet aber die große Friedensaufgabe des deutschen Sozialismus. Im ereignisschwangeren Zwielicht des 9. November 1934 sei das erste Frührot der kommenden deutschen sozialistischen Arbeiterrevolution mit hoffnungsfrohen, erwartungsvollen Blicken begrüßt.
Vorwärts, Brüder, zur Revolution, kaltes Blut, heißer Mut, Vorwärts, es wird gehen,
Wenn wir zusammenstehen! (zit. nach Hochmuth/Meyer 1980, S. 511f.)

Solche akklamatorisch vorgetragenen Revolutionsparolen entbehrten in der konkreten Situation des Novembers 1934 jeglicher Realität. Die Anknüpfung an vertrautes politisches Vokabular mochte zwar den inneren Zusammenhalt der SAJ-Mitglieder festigen, mußte jedoch Außenstehenden als illusionär erscheinen.

Obwohl die Tätigkeit der SAJ vor allem auf die Aufrechterhaltung alter Gesinnungsgemeinschaften ausgerichtet war und der Pflege eines sozialdemokratischen Binnenbereiches diente, entfaltete sie zu bestimmten Anlässen auch Außenaktivitäten. Anläßlich der Volksabstimmung am 19. August 1934 über die Zusammenlegung der Ämter des Reichspräsidenten und Reichskanzlers klebten SAJ-Mitglieder Klebezettel mit der Aufschrift „Nein" an viele Häuserwände. Illegale Schriften kursierten nicht allein in den jeweiligen Stadtteilgruppen, sondern wurden auch in Hausbriefkästen und Telefonzellen plaziert. Am Himmelfahrtstag 1934 versammelten sich tausende Hamburger Sozialdemokraten – darunter auch SAJ-Mitglieder – auf dem Ohlsdorfer Friedhof, um den ein Jahr zuvor ermordeten SPD-Reichstagsabgeordneten Adolph Biedermann demonstrativ zu ehren.

In der Teilnahme an solchen Aktionen, in der Aufrechterhaltung illegaler Gruppen oder der Produktion und Verteilung von Schriften unterschieden sich die Mitglieder der Hamburger SAJ in nichts von denen der SPD. In der relativen Einheitlichkeit von

SAJ und SPD offenbarte sich die fehlende subkulturelle Fundierung der Arbeiterjugendbewegung, die im Gegensatz zu manchen „wilden" Cliquen Arbeiterjugendlicher nicht aus einem eigenständigen Jugendmilieu hervorgegangen war und sich in der hektischen Abfolge der Wahlkämpfe in der Endphase der Weimarer Republik zunehmend zur Wahlkampforganisation ihrer Mutterpartei entwickelt hatte.

Nur bedingt zeichnete sich die Arbeit der Hamburger SAJ nach 1933 durch eine Reihe „jugendspezifischer" Aktivitäten aus, darunter Volkstanzkreise und illegale Wandertouren, zu denen an den Wochenenden oft mehrere hundert Mädchen und Jungen zusammenkamen. Viele Mitglieder der SAJ hatten sich aus Tarnungsgründen dem Guttemplerorden oder dem Hamburger Wanderbund e.V. angeschlossen, der aus dem „Touristenverein Die Naturfreunde" hervorgegangen war. Beide Organisationen boten gemeinsamen Wanderungen der SAJ-Mitglieder einen halblegalen Schutz und damit auch der Gestapo weniger Eingriffsmöglichkeiten als die illegalen Widerstandsgruppen, die durch die Verbreitung und Verteilung schriftlichen Materials stärker gefährdet waren.

Erste Verhaftungen und Einbrüche in die illegale Organisation gelangen der Gestapo Anfang 1935 im Stadtteil Eimsbüttel. Bis Mitte 1936 rollte sie fast systematisch sämtliche Stadtteilgruppen von SAJ und SPD auf. Mitglieder der illegalen Sozialistischen Arbeiterjugend wurden wegen Vorbereitung zum Hochverrat angeklagt, zu oft mehrjährigen Gefängnis- und Zuchthausstrafen verurteilt und manche noch anschließend in Konzentrationslager eingeliefert.

Eine Reorganisation der illegalen Gruppen erfolgte nach der Verhaftungswelle nicht mehr, auch wenn manche SAJ-Mitglieder bis 1945 einen informellen Zusammenhalt bewahrten. Zu schmal war die Rekrutierungsbasis der SAJ, die sich fast ausschließlich auf Mitglieder aus der Zeit vor 1933 stützte, als daß eine Fortsetzung der illegalen Arbeit möglich gewesen wäre.

Anders als die Sozialistische Arbeiterjugend versuchte der Kommunistische Jugendverband Deutschlands (KJVD) nach 1933 seine Organisation ungebrochen als „Massenorganisation" weiterzuführen, obwohl nach dem Reichstagsbrand Ende Februar 1933 jede auch nur halblegale Arbeit faktisch unmöglich geworden war. Da die Funktionäre des Hamburger KJVD von der Verhaftungswelle des Frühjahrs 1933 gegen führende KPD-Mitglieder kaum erfaßt worden waren, gelang es zunächst, große Teile der bisherigen Organisation unter den Bedingungen der Illegalität zu erhalten.[4]

Der Organisationsaufbau des KJVD erfolgte in Anlehnung an den der KPD straff hierarchisch von oben nach unten. Dem Zentralkomitee des KJVD in Berlin unterstanden die Bezirksleitungen, denen wiederum die Leitungen der Unterbezirke zugeordnet waren. So konnte die Bezirksleitung Hamburg des KJVD auf Unterbezirksleitungen in nahezu allen Hamburger Stadtteilen zurückgreifen, die nach dem Dreierkopfprinzip zusammengesetzt waren und aus einem Politischen Leiter (Pol.-Leiter), einem Organisationsleiter (Org.-Leiter) und dem Verantwortlichen für Agitation und Propaganda (Agitprop-Leiter) bestanden. Instrukteure und Kuriere hielten die Kontakte zwischen den Gliederungen des Verbandes aufrecht und sorgten für die Durchsetzung der jeweiligen politischen Linie auf allen Ebenen der Organisation.

Wie die KPD propagierte auch der KJVD einen schnellen Sturz des NS-Regimes aus der Illegalität und wollte sich dementsprechend nicht auf ein relativ isoliertes Kontakthalten im kleinen Kreis beschränken. Faktisch beteiligten sich jedoch fast ausschließlich ehemalige KJVD-Mitglieder an der illegalen Arbeit, ergänzt durch einzelne ehemalige Angehörige des SJVD. Die allseits geforderte „Massenoffensive“ blieb eine papierene Parole und entsprach darüber hinaus in keinster Weise den politischen Realitäten.

Wie brutal die Nationalsozialisten mit ihren Gegnern aus dem KJVD umgingen, zeigte sich exemplarisch an einem Schauprozeß, in dem neben anderen auch die KJVD-Mitglieder Karl Wolff und Bruno Tesch wegen angeblicher Teilnahme an Gewalttätigkeiten während des „Altonaer Blutsonntags“ am 17. Juli 1932 angeklagt waren. Beide wurden am 1. Juni 1933 zum Tode verurteilt und zwei Monate später im Hof des Gerichtsgebäudes Altona durch das Handbeil hingerichtet.

Vergeblich hatten zu Pfingsten 1933 noch 200 Jungkommunisten mit einer Kurzdemonstration die Öffentlichkeit auf das drohende Schicksal der Angeklagten aufmerksam zu machen versucht – eine für die damaligen Verhältnisse ausgesprochen mutige Aktion, die jedoch die völlige Isolierung der Kommunisten ebensowenig überwinden konnte wie Klebezettel, Wandparolen und die Verteilung illegaler Zeitungen. Neben der aus Leipzig angelieferten „Jungen Garde" gelangte in Hamburg vor allem die selbstproduzierte Zeitung „Der Jungprolet" zur Verteilung. In beiden Publikationen gingen schwülstiges Revolutionspathos mit realitätsblinden Forderungen nach Massenstreiks und fortgesetzter Diffamierung andersdenkender Antifaschisten eine Synthese ein, die den Verbleib des KJVD in einem Untergrundghetto zementierte. „Das Ziel der Eroberung der Macht ist nur durch tägliche Kämpfe, durch Streiks, Massenkämpfe, politische Massenstreiks und durch den Generalstreik bis zum bewaffneten Sturz der faschistischen Kapitalsdiktatur zu erreichen", forderte die KJVD-Zeitung „Die Junge Garde" im April/Mai 1934 in völliger Verkennung der Situation und propagierte gleichzeitig den Kampf gegen die „konterrevolutionäre Sozialdemokratie" sowie den „konterrevolutionären Lump Trotzki und dessen brandleristische und SAP-Freunde."[5]

Mitglieder aus anderen politischen Organisationen waren mit solchen Parolen kaum zu gewinnen, und auch die Zahl der eigenen Anhänger schmolz durch Verhaftungen ständig zusammen. Im Mai 1934 gelang der Gestapo ein erster schwerer Schlag gegen die illegale Organisation des Hamburger KJVD, in dessen Gefolge fast 200 Jungkommunisten verhaftet wurden. Nur mit Mühe gelang in der Folgezeit die Rekonstruktion der Bezirksleitung und einzelner Stadtteilorganisationen, bis im September eine zweite Verhaftungswelle, von der etwa 100 illegal arbeitende Mitglieder erfaßt wurden, das Ende der Organisation faktisch besiegelte. Bis auf geringe Reste war der KJVD in Hamburg bereits Ende 1934 von der politischen Bildfläche verschwunden.

Wie in Hamburg hatte die Gestapo bis 1935/36 auch in fast allen anderen deutschen Städten die Untergrundorganisationen von SAJ und KJVD zerschlagen.[6] Für die von DDR-Historikern behauptete Kontinuität des Widerstandes der sozialistischen

Arbeiterjugendbewegung bis 1945 fehlen überzeugende Belege.[7] Als sich in der zweiten Hälfte der dreißiger Jahre unter den Arbeiterjugendlichen informeller Protest und Ansätze einer Jugendopposition herausbildeten, waren die illegalen Gruppen der organisierten Arbeiterjugend nicht mehr vorhanden. Organisierter Widerstand und informelle Protestbewegungen Arbeiterjugendlicher blieben im Dritten Reich unverbunden.

Dennoch sollte der Widerstand der sozialistischen Arbeiterjugendbewegung nicht allein an Erfolgskalkülen gemessen werden. Der Einsatz tausender Mitglieder von SAJ und KJVD gegen den Nationalsozialismus und die hohe Zahl der Opfer verdienen umso mehr eine moralische Würdigung, als sie in der Bundesrepublik im Gegensatz etwa zur Weißen Rose oder der bündischen Jugend lange Zeit kaum zur Kenntnis genommen wurden.

Allerdings kann sich die Widerstandsforschung nicht auf eine ebenso vordergründige wie fragwürdige Traditionspflege beschränken. Eine historisch-kritische Analyse des Widerstandes der sozialistischen Arbeiterjugendbewegung muß sowohl die Gründe seines Scheiterns als auch für seine doppelte Isolation gegenüber der Mehrheit der Arbeiterjugendlichen und der informellen Jugendopposition kritisch reflektieren. Dies soll abschließend in fünf Thesen geschehen.

III

1. SAJ und KJVD hatten ihre Mitglieder vor 1933 fast ausschließlich aus dem im engeren Sinne sozialistischen Arbeitermilieu rekrutiert. Es waren vor allem Kinder sozialdemokratischer oder kommunistischer Eltern, die sich in der organisierten Arbeiterjugend engagierten. Vor 1933 hatte die Arbeiterbewegung – wenngleich tief gespalten – den Angriff der Nationalsozialisten auf die Arbeiterviertel noch abwehren und einen Zusammenhalt des jeweiligen parteipolitischen Lagers noch bewahren können. Mit den Terrorwellen des Frühjahrs 1933 brach jedoch das weitverzweigte Organisationsnetz der Arbeiterbewegung zusammen, zersetzten sich alte Solidarstrukturen, etablierte sich ein Klima

der Angst und des Mißtrauens und begann ein schleichender gesellschaftlicher Atomisierungsprozeß, der auch vor dem Arbeitermilieu nicht haltmachte.[8]

Die allgemeinen Erosions- und Auflösungserscheinungen der sozialistischen Arbeiterbewegung entzogen auch SAJ und KJVD die Rekrutierungsbasis. Sie konnten in der Illegalität nur auf einen durch Verhaftungen ständig dezimierten Kreis von Gesinnungsgenossen zurückgreifen, die bereits vor 1933 aktiv gewesen waren. Die Rekonstruktionsfähigkeit beider Organisationen unter den Bedingungen der Illegalität blieb damit entscheidend eingeschränkt.

Zwar gelang es Angehörigen der Arbeiterbewegung partiell, bis 1945 einen informellen Zusammenhalt zu bewahren, doch gelangte dieser selten über die isolierte Kontaktpflege im kleinen Kreis hinaus, und noch seltener war die Kinder- und Jugendgeneration in jene informellen Strukturen eingebunden, die vor allem von den Reminiszenzen und langjährig gewachsenen Freundschaften in der alten Arbeiterbewegung lebten.

Die Tradierung sozialistischen Gedankengutes von der Eltern- auf die Kindergeneration war nach 1933 nur sehr bedingt möglich, und zwar nicht nur, weil mit Schule, HJ und BDM nun nationalsozialistisch beeinflußte Sozialisationsinstanzen in Konkurrenz zum Elternhaus traten. Schon vor 1933 hatte sich in der Arbeiterschaft eine generative Kluft zwischen Jüngeren und Älteren angedeutet, die in der prekären Situation der oft langjährig arbeitslosen Jugendlichen wurzelte. Peter D. Stachura charakterisiert die soziale Lage der über 1,7 Millionen (im Juni 1933 offiziell registrierten) Arbeitslosen im Alter von 14–25 Jahren als „marginalisiert und mittellos“ (Stachura 1989, S. 148). In der ökonomischen Dauerkrise der Weimarer Republik, die mit einem besonders großen demographischen Überhang einer „überflüssigen“ Jugendgeneration zusammentraf, konnten Arbeiterjugendliche nur sehr bedingt Erfahrungen im Erwerbsleben sammeln, die den Ausgangspunkt der proletarischen „Normalbiographie“ der Vätergeneration und für deren gewerkschaftlich-sozialistisches Engagement bildeten (vgl. Peukert 1985, 1987). Die sich hier abzeichnende Kluft verstärkte sich nach 1933, als Arbeiterjugendliche – viel eher als die Vätergeneration – begannen, sich auf die Integrationsangebote des Nationalsozialismus in Gestalt von HJ und BDM einzulassen.

Die Hamburgerin Betty L., deren Vater einer sozialdemokratischen Widerstandsgruppe angehört hatte und deswegen zu einer mehrjährigen Zuchthausstrafe verurteilt worden war, beschreibt rückblickend den generativen Bruch im sozialdemokratischen Traditionsmilieu ihrer Genossenschaftssiedlung, der sich für sie auch innerfamiliär ausprägte:

Die Eltern, und auch die Freunde und Verwandten redeten nicht darüber (über Politik, F. B.). Wenn wir Kinder im Raum waren, wurde sofort geschwiegen, weil die Erwachsenen Angst hatten, daß die Kinder was ausplappern könnten. Ich habe erst sehr viel später begriffen, worum es eigentlich in dieser ganzen Angelegenheit (der illegalen Tätigkeit des Vaters, F. B.) gegangen ist.
Ich mußte dann natürlich auch in die Hitlerjugend – wie alle damals, das war ja 'ne Zwangsorganisation. Erst wollte ich nicht, weil ich ja so vage ahnte: die haben meinen Vater eingesperrt, da kann ich nicht hingehen. Aber meine Mutter hat dann immer gesagt: Du mußt hingehen, mein Dirn, das geht nicht anders. Sie hat mir dann auch Nazizeug genäht. Erst heute kann ich ermessen, wie schwer das wohl für sie gewesen ist. [...]
So, dann ging ich da hin zu dem Verein, und ich will es hier nicht verschweigen und junge Leute müssen das auch wissen: ich fand die Hitlerjugend toll. Ich fand es so schick, was da alles gemacht wurde: gesungen, getanzt und gelacht, Fahrten wurden gemacht, es wurde unheimlich viel Geld für die Jugend ausgegeben, und mit den Kleineren wurde ja zunächst gespielt, von der Politik wurde noch nicht allzu viel gebracht, das kam erst später. Und erst viel später ist mir dann klar geworden, wie meine Eltern auch darunter gelitten haben, daß ihr Kind so ein begeistertes Hitlermädel wurde.[9]

2. In den ersten Jahren nach ihrer Machtübernahme erzielten die Nationalsozialisten im Umfeld der Arbeiterjugendlichen eindeutige Werbeerfolge, die die organisierte Arbeiterjugendbewegung in ihrem eigentlichen sozialen Umfeld isolierten und sie nie über den Status einer sich allmählich auflösenden Untergrundsekte hinausgelangen ließen.

Der Nationalsozialismus hatte bei vielen Jugendlichen Aufstiegs- und Ausbruchshoffnungen aus den Beengtheiten der bisherigen Lebensverhältnisse geweckt (vgl. Zimmermann 1983). In einer auf lebensgeschichtlichen Interviews basierenden Untersuchung über den Bund deutscher Mädel (BDM) in Minden und im Berliner Wedding hat Dagmar Reese einen erstaunlichen Zulauf zum Weddinger BDM nach 1933 festgestellt und betont, daß die Aktivitäten der nationalsozialistischen Jugendorganisationen in den Anfangsjahren des Dritten Reiches mit dem im proletarischen Jugendmilieu vorhandenen Bedürfnis nach Aktion und Augenblicksgenuß sowie einem kaum ideologiebestimmten sozialen Verhalten korrespondierten, auch wenn diese Charakteristika gleichzeitig einer dauerhaften, ideologisch-organisatorischen Integration der Unterschichtenjugendlichen entgegenstanden (vgl. Reese 1989).

Die Freizeitaktivitäten von NS-Volkswohlfahrt, Hitlerjugend und BDM ermöglichten es den Arbeiterjugendlichen, den bis dahin eng begrenzten Lebenskreis zu verlassen, neue Erfahrungen zu sammeln, mit Jugendlichen aus anderen Sozialmilieus zusammenzukommen und in Führungspositionen der sich zur Massenorganisation entwickelnden HJ aufzusteigen. Die relative Einheitlichkeit des proletarischen Lebens- und Erfahrungshorizontes löste sich damit in den dreißiger Jahren zunehmend auf.

Auch das Image jugendlichen Rebellentums, das die NS-Bewegung ausstrahlte, blieb auf die Arbeiterjugendlichen nicht ohne Wirkung. Versehen mit dem Selbstbewußtsein als Funktionsträger der „Bewegung“, eröffnete sich für manchen von ihnen die Möglichkeit, gegen die bis dahin uneingeschränkt herrschenden Autoritäten in Elternhaus, Schule und Kirche, gegen die Allmacht des Vaters, des Lehrers und des Pfarrers vorzugehen.[10]

Schließlich setzte der ökonomische Aufschwung der dreißiger Jahre, der weitgehend der forcierten Rüstungskonjunktur zuzuschreiben war, Hoffnungen auf ein berufliches Fortkommen und auf eine unter den Bedingungen des Dritten Reiches notgedrungen individuelle Aufstiegsperspektive frei. Aufstiegs- und Leistungsorientierung, die vor allem den „Ausbruchshoffnungen“ jüngerer Arbeiter entgegenkamen, die Forcierung innerbetrieblicher Rationalisierungs- und Modernisierungsprozesse, die eine soziale Heterogenisierung der Arbeiterschaft förderten, sowie die individualisierenden und tendenziell milieuauflösenden Wirkungen des Nationalsozialismus relativierten die Klassenlage der Industriearbeiterschaft als bewußtseins- und handlungsbestimmendes Moment (vgl. Hachtmann 1989 und Zollitsch 1990). In den Verhaltens- und Einstellungsmustern jüngerer Arbeiter in der NS-Zeit deutete sich ein bewußtseinsmäßiger „Abschied von der Proletarität" an, der sich in der bundesdeutschen Wirtschaftswunder- und Konsumgesellschaft der fünfziger Jahre entscheidend beschleunigen sollte (vgl. Mooser 1983, 1986).

Auch wenn der Nationalsozialismus die meisten der von den Jugendlichen gehegten Hoffnungen enttäuschte, auch wenn spätestens nach Kriegsbeginn der HJ-Dienst zum stupiden Drill erstarrte und immer mehr Arbeiterjugendliche gegenüber dem Nationalsozialismus auf skeptische Distanz gingen, so muß man dennoch für die ersten Jahre der NS-Herrschaft und damit für die Jahre des Widerstandes der Arbeiterjugendbewegung von einer nicht zu leugnenden Attraktivität des NS unter Arbeiterjugendlichen ausgehen.

Die sozialistische Arbeiterjugendbewegung hingegen nahm in dieser Situation eine Position ein, die quer zu den Aufstiegs- und Ausbruchshoffnungen lag, die mindestens ein Teil der Arbeiterjugendlichen hegte. Schon aus prinzipiellen ideologischen Grundüberzeugungen war für die Arbeiterjugendbewegung ein sozialer Aufstieg in erster Linie kollektiv, weniger individuell vorstellbar. Gerade im kommunistischen Milieu blieben solche individuellen Aufstiegsversuche zudem mit dem Makel des verkappten Klassenverrates behaftet.[11] Die Arbeiterjugendbewegung rekurrierte damit auf ein Milieu, aus dem nicht wenige Arbeiterjugendliche nach 1933 auszubrechen suchten.

3. Insbesondere der KJVD huldigte nach 1933 einem Organisationsfetischismus, der die Zerschlagung der illegalen Gruppen durch die Gestapo wesentlich erleichterte und für die hohe Zahl von Opfern gerade im kommunistischen Widerstand mitverantwortlich war. Unrealistische revolutionäre Naherwartungen und Hoffnungen auf einen baldigen Sturz des NS-Regimes aus der Illegalität begünstigten ein starres, unflexibles Festhalten am Primat der Organisation. Typisch für den Widerstand des KJVD

bis 1935/36 war ein ernüchterndes Wechselspiel von schematischer Organisationsrekonstruktion von oben, die auf die Verhältnisse „vor Ort“ im Zweifelsfall keine Rücksicht nahm, und dem systematischen „Aufrollen“ solcher Organisationen durch die Gestapo.[12]

Es wäre jedoch verkürzt, wollte man das unflexible Festhalten am Prinzip formaler Organisation ausschließlich einer Disziplinierung von oben zuschreiben, es entsprach vielmehr auch einer Erwartungshaltung „von unten“, die nur dann wirklich verständlich wird, wenn man die soziale und sozialpsychologische Situation von Arbeiterjugendlichen auf dem Höhepunkt der Weltwirtschaftskrise berücksichtigt. Nur eine Minderheit der Jugendlichen konnte nach beendeter Schulausbildung umstandslos in Arbeitsleben und Produktionsprozeß eingegliedert werden. Für viele von ihnen schloß sich vielmehr nach Schul- und Lehrabschluß eine langjährige Arbeitslosigkeit und damit eine Phase allgemeiner Orientierungslosigkeit an.

Das Engagement in politischen Organisationen und die „Bewährung“ in Jugendverbänden und militarisierten Männerbünden boten in dieser Situation einen Sinnersatz und wirkten als strukturierende Elemente in einem scheinbar ziel-, ordnungs- und sinnlosen Leben. Hier eröffnete sich Jugendlichen die Chance, eigene Ohnmachtsgefühle zu kompensieren und im Einsatz für die „Bewegung“ die Perspektivlosigkeit des eigenen Alltags zu überwinden. Ein aufmerksamer sozialdemokratischer Beobachter analysierte im Oktober 1932 im Funktionärsorgan der SAJ, das den Titel „Der Führer“ trug, diesen sozialpsychologischen Prozeß:

> Der Betrieb scheidet heute auch aus als der Ort, an dem die Arme, die Beine und der Kopf gebraucht werden. Auf die Dauer kann aber kein gesunder Mensch untätig bleiben. Die erzwungene Untätigkeit der Jungen verstärkt ihre *Bereitschaft zur Tat,* führt sie in diejenigen Organisationen, die sie noch irgendwie beschäftigen. Daraus erklärt sich, daß keine Altersschicht so stark ‚organisiert‘ ist wie gerade diese Jüngsten, wird uns verständlich, warum die *Wehrorganisationen* und ähnliche ‚Bünde‘ derzeit so stark von den Jüngsten durchsetzt sind. Dort werden sie überhaupt noch beschäftigt, sei es auch nur im Kasernenhofdrill. Dort spüren sie, daß sie wenigstens zu etwas noch nützlich sind. Dort

findet ihr entwurzeltes und entwurzelndes Leben eine Bindung. So führt das gewaltsame Ausstoßen aus der Gemeinschaft diese jungen Menschen zum stärkeren *Einordnungswillen* als ihn frühere Altersgruppen je hatten und zur *Führergläubigkeit,* die mehr abstrakte Sehnsucht als konkrete Zurechnung ist. Die Unterordnung aus Disziplin ist der Ersatz für die freiwillige Bindung aus Einsicht und Liebe. So militarisierten sich die Jugendverbände, so erhält größere Anziehungskraft der Sport. So stehen die Jüngeren anders zu Politik und Geschichte, verändert sich ihre Stellung zum Staat (Winkler 1932, S. 146).

4. Die in dem vorgenannten Zitat beschriebene ‚Militarisierung von unten' war nicht nur für das starre Festhalten am Primat der Organisation verantwortlich, sondern führte auch zu einem Verlust von Individualität, Spontaneität und Kreativität und damit von Tugenden, die für das Überleben unter den Bedingungen der NS-Herrschaft wichtig gewesen wären.

Die noch Anfang der zwanziger Jahre zu beobachtende bunte Vielfalt der Arbeiterjugendverbände war in den folgenden Jahren einem uniformen Erscheinungsbild gewichen. An die Stelle wandervogelartiger Gruppen traten disziplinierte Marschkolonnen, die Vielfalt der Kleidung reduzierte sich zur einheitlichen Kluft, und statt Klampfen und Geigen bestimmten nun Fanfaren, Trommler- und Pfeiferkorps oder Schalmeienkapellen das Bild. „Unsere Bewegung muß begreifen lernen", forderte der Sozialdemokrat und spätere Widerstandskämpfer Theodor Haubach 1931, „daß Zeremonie, Befehl und straffe Führung keineswegs undemokratisch sind und ganz gewiß nicht unsozialistisch, und sie wird manches vom Gegner in Rom und Moskau zu übernehmen haben, um eben diesen Gegner schlagen zu können" (Haubach 1931, S. 212).

Kopfschüttelnd registrierten ältere Aktivisten der Arbeiterjugendbewegung, die bereits Anfang der zwanziger Jahre aktiv gewesen waren, wie sich die Jüngeren Ende der zwanziger Jahre freiwillig Verhaltensritualen unterwarfen, die die Älteren niemals akzeptiert hätten. So leitete etwa das Aufkommen der Rotfalkenbewegung Ende der zwanziger Jahre in der sozialdemokratischen Jugendbewegung Hamburgs einen inneren Differenzierungs-, ja Spaltungsprozeß ein, der sich wesentlich an den Tendenzen zur

Uniformität und Militarisierung entzündete. Der Hamburger Carl L. erinnert sich:

> Wir waren schon recht revolutionär. Wenn ich nur daran denke, wie wir sangen: „Blut muß fließen, knüppeldick. Viva, hoch die deutsche Republik. Nieder mit den Hunden, nieder mit den Hunden von der Reaktion. Blut muß fließen ...“ Wissen Sie, wenn ich mir das heute so überlege, was wir damals gesungen haben, das war schon ‚Bürgerschreck‘. [...]
> Ich sagte schon letztens, als wie beieinander waren, daß es so eine Spaltung gab in der Arbeiterjugend, das waren einerseits die Roten Falken, die also nicht mehr ‚bunt‘ gekleidet waren so wie wir, sondern die hatten ihre blauen Hemden an, Hose, roter Schlips, das sah, also schon ganz militant aus, das war schon ‚Uniform‘, und dann der andere Teil der Arbeiterjugendbewegung, der nun ‚bunt‘ und nicht militärisch gedrillt die Arbeit fortführte. [...]
> Bei den Roten Falken wurden schon – ich möchte sagen – halbe Pfadfindermanieren angenommen und Erziehungsmethoden angewendet, die uns eigentlich fremd waren, z. B. daß man wie die Pfadfinder dieses oder jenes lernen mußte und dann ’ne Prüfung ablegen mußte und so weiter. Aber der Kampf ging natürlich im Grunde genommen um den Schutz unserer politischen Arbeit und insofern waren die Roten Falken eigentlich schon die Vorstufe für eine Verteidigung, die wir benötigten.
> Aber die alten Arbeiterjugendgruppen waren daran nicht beteiligt, auch im Reichsbanner – kann ich mich erinnern – waren wir nicht sehr viele von der (alten, F. B.) Arbeiterjugend, es waren nicht sehr viele.[13]

Trotz grundlegender ideologischer Unterschiede waren SAJ, KJVD und die HJ in ihrem äußeren Erscheinungsbild am Vorabend der nationalsozialistischen Machtübernahme kaum voneinander zu unterscheiden. Auch wenn sich die Arbeiterjugendbewegung in ihrer Agitation formell antimilitaristisch gab, orientierte sie sich in ihrem Habitus mehr und mehr am Leitbild des soldatischen Kämpfers, das der militaristischen Rechten entlehnt war. „Mitglied der kommunistischen Jugend zu sein, heißt Kämpfer zu sein“, propagierte eine kommunistische Propagandazeitschrift „für die schulentlassene Jugend“: „und das heißt bereit zu stehen, wenn uns der Entscheidungskampf ruft, auf den Straßen und an den roten Fronten für die Sache der Revolution zu kämpfen und wenn es sein muß, zu bluten und zu fallen.“ Die kommunistische Jugend sei „kein Jugendclub", sondern eine „trotzige Kampfgemeinschaft tausender Unterdrückter."[14]

Die mit solchen Verbalradikalismen untermauerte Militanz der Arbeiterjugendverbände in der Endphase der Weimarer Republik förderte zwar die Bereitschaft ihrer Mitglieder, sich auch nach 1933 dem Nationalsozialismus entgegenzustellen. Gleichwohl wäre es verfehlt, die Militarisierungsprozesse als kämpferischen Antifaschismus zu verklären, ohne ihre spezifischen Kosten – auch für den Widerstand – zu berücksichtigen:

– Die Reduktion von Spontaneität, Individualität und Kreativität bewirkte eine Eindimensionalität des Denkens und behinderte den kritischen Blick auf eine differenzierte Wirklichkeit. Der Berliner Sozialdemokrat Artur Reichardt beschrieb dieses Phänomen folgendermaßen (1932): „Wir haben heute in hohem Maße mit einem Typ zu rechnen, aus dem sich in Zeiten der Konjunktur die kommunistische Jugend rekrutierte. Ein Typ, der sich nicht mit den differenzierten Fragen des Klassenkampfes und seiner Lehre befaßt, sondern sich begnügt, instinktiven Klassenhaß zu nähren und alle Fragen des Klassenkampfes und der gesellschaftlichen Verhältnisse auf die einfachste Formel zu bringen" (Reichardt 1932, S. 148).
– Die Militarisierung förderte die Ausbildung einer spezifischen ‚Lager-Mentalität'. Als „machtvoll" deklarierte Kampfdemonstrationen und uniformierte Massenaufmärsche nährten Illusionen über die eigene Stärke und die vermeintliche Schwäche des Gegners. Der massive Realitätsverlust, der sich in den Widerstandsschriften der Arbeiterjugendbewegung widerspiegelte, hat hier seine Wurzeln.

5. Der Widerstand der sozialistischen Arbeiterjugendbewegung blieb nicht nur gegenüber der Mehrheit der Arbeiterjugendlichen isoliert, sondern auch gegenüber jenen subkulturellen Protestbewegungen, die sich insbesondere in der zweiten Hälfte der dreißiger Jahre in Gestalt der Edelweißpiraten unter den Arbeiterjugendlichen ausbreiteten.[15] Zu jenem Zeitpunkt waren zwar die meisten illegalen Gruppen der organisierten Arbeiterjugendbewegung bereits zerschlagen, doch erscheint es zweifelhaft, ob eine Kooperation zwischen beiden Bewegungen zustandegekom-

men wäre, da sie von einem höchst unterschiedlichen Selbstverständnis ausgingen.

Die informellen Arbeiterjugendgruppen knüpften an subkulturelle, ursprünglich nicht politische Traditionsstränge des Unterschichtenmilieus (Machismo, Revierverhalten und -verteidigung) an, die ansatzweise auch die „Wilden Cliquen“ der zwanziger Jahre oder die „Halbstarken“ des Kaiserreiches ausgezeichnet hatten, während der sozialistischen Arbeiterjugendbewegung diese subkulturelle Fundierung durch ein spezifisches „Jugendmilieu“ weitgehend fehlte (vgl. Peukert 1984).

Die Aktivisten der Arbeiterjugendbewegung repräsentierten das generative Modell einer „politischen Jugend“, das sich in den zwanziger und dreißiger Jahren im Zuge massenhafter Politisierung der Bevölkerung durchgesetzt hatte.

Der informelle Jugendprotest jedoch setzte sich gegen ein Übermaß an (Zwangs-)Politisierung von oben zur Wehr, wie sie in den dreißiger Jahren von der HJ ausging. Er folgte nicht politischen Grundüberzeugungen, sondern wollte selbstbestimmte Freiräume in einem zwangspolitisierten Alltag sichern und verteidigen. Insofern orientierte sich die informelle Jugendopposition im Dritten Reich nicht am Leitbild der „politischen Jugend“, sie bildete vielmehr die Vorhut jener „skeptischen Generation“ der Nachkriegsjahre, die Helmut Schelsky (1957) in seiner „Soziologie der deutschen Jugend“ analysiert hat.

Anmerkungen

1 Zit. nach Kater 1985; S. 232. Zum Verhältnis von junger Generation und Nationalsozialismus vgl. auch Götz von Olenhusen 1980, S. 53–82.
2 Zum Widerstand der Hamburger SAJ vgl. Hochmuth/Meyer 1980, S. 43–49; Gärtner 1988; Klaus 1986, S. 85f., Ditt 1984
3 Interview mit Heinz Gärtner, 26. 10. 1989
4 Zum Widerstand der Hamburger KJVD siehe u. a. die Anklageschriften im Prozeß O IV 152/34 vor dem Hanseatischen Oberlandesgericht, Gedenkstätte Ernst Thälmann, Hamburg; vgl. auch Hochmuth/Meyer 1980, S. 33–43 und Klaus 1986
5 Zit. nach: Die Junge Garde, April/Mai 1934, S. 8

6 Eine umfassende Darstellung zum Widerstand der Arbeiterjugendbewegung steht in der Bundesrepublik immer noch aus. Ein Überblick bei Klönne 1982, S. 143–163, vgl. auch Klönne 1986, S. 191–194. Regionale Beispiele: Für Frankfurt vgl. Neuland/Werner-Cordt 1980, S. 235ff., o. Verf. Arbeiterjugendbewegung in Frankfurt 1904–1945. Gießen 1978, S. 88–97, außerdem Klönne 1981, S. 527–620, hier: S. 554–564, Schilde 1983, S. 98–128, Brücher/Hartmann 1983, S. 99–104, Mikuscheit, 1989, S. 89–103

7 Vgl. Autorenkollektiv 1973, S. 467–605; Pikarski 1978; Jahnke 1977; weitaus differenzierter, aber an der Kontinuitätsthese festhaltend: Jahnke/Buddrus 1989

8 Zusammenfassender Überblick bei Herbert 1989; Eine vergleichsweise optimistische Einschätzung des Resistenzpotentials der Arbeiterschaft findet sich dagegen in den Studien von Tenfelde 1981, sowie von Hetzer 1981

9 Tonbandabschrift eines Statements von Betty L. in der Gesprächsreihe „Berne damals", Teil 2 (1930–1950), Hamburg 1988

10 Beispiele für die Denunziation von Geistlichen in: Bajohr 1983, S. 215–219

11 Zum dichotomischen Gesellschaftsbild im kommunistischen Milieu am Beispiel des Bergarbeitervorortes Recklinghausen-Hochlarmark, Zimmermann 1987, S. 152–164 bes. S. 164

12 Die Parallelen zwischen KJVD und KPD sind in diesem Punkt evident. Vgl. Peukert 1980

13 Interview mit Carl L., 25. 9. 1989 (Christa Fladhammer)

14 Zit. nach: Werdet Klassenkämpfer! Ein Buch für die schulentlassene Jugend, Berlin o. J., S. 62

15 Vgl. Peukert 1980, Peukert/Winter 1982, Helmers/Kenkmann 1984. Wichtig für eine kritische Neubewertung der Edelweißpiratenproblematik ist Rusinek 1989, bes. S. 75–93

Hartmut Wenzel

Widerstandsmythen und Anpassungsrealität: Das Beispiel der Naturfreundejugend

Wenn es Anfang 1933 einen klaren, massenhaften Widerstand gegen den Nationalsozialismus und seine weithin kompromißlose Machtergreifung gegeben hätte, hätte damit nicht vielleicht doch die Fülle der Greuel, der Unmenschlichkeiten, des Krieges und des Holocaust von vorneherein verhindert werden können? Diese und ähnliche Fragen tauchen immer wieder auf, wenn in Kenntnis der Verbrechen der Zeit der Nazi-Diktatur auf das Ende der Weimarer Republik und den Anfang des „Dritten Reiches" zurückgeblickt wird. Tatsache ist allerdings, daß es einen massenhaften, offenen Widerstand weder in der Phase des Umbruchs 1932/33 noch in den folgenden zwölf Jahren gegeben hat. Das ist auf den ersten Blick nur schwer zu verstehen; es nötigt zu genauerer Betrachtung der damaligen Situation, um nicht voreilig und leichtfertig ein abwertendes moralisches Urteil über mangelnden Mut, fehlende Einsatzbereitschaft oder widerstandslose Anpassung der Menschen damals zu fällen, oder gar darüber hinaus eine bewußte Billigung und Unterstützung der Nazi-Greuel durch die Mehrheit der Bevölkerung zu unterstellen.

Wenn es denn den massenhaften Widerstand gegen den Faschismus so nicht gegeben hat, gab es doch Menschen, die trotz Androhung härtester Strafen in illegalen Zirkeln aufklärende Flugschriften verfaßt und verteilt haben oder Druckschriften, die von Emigranten im Ausland verfertigt wurden, auf heimlichen Wegen über die Grenze und hier unter die Leute brachten. Es gab auch solche, die Verfolgten halfen, die ihnen trotz der möglichen fatalen Konsequenzen Unterkunft gewährten, ihnen zur Flucht verhalfen und sie so vor Gefängnis, Konzentrationslager oder Tod bewahrten. Und es gab freilich auch den Widerstand der „Weißen Rose" um die Geschwister Scholl sowie den Widerstandskreis, der mit dem Attentat auf Hitler vom 20. Juli 1944 verbunden ist.

Heute besteht einerseits die Gefahr, einige herausragende Widerstandsaktionen zu heroisieren oder zu mythologisieren. Ich will, wenn ich dies so charakterisiere, keinesfalls den Mut und den Einsatz derjenigen schmälern, die sich in der hier nur knapp angedeuteten Weise eingesetzt haben – ganz im Gegenteil, sie geben ein Beispiel dafür, daß man auch in extremen Situationen seine Menschlichkeit bewahren kann. Andererseits besteht aber die Gefahr, weniger spektakuläre Formen der Verweigerung, des heimlichen Zusammenhaltens, des Versuchs, Organisationen und Freundeskreise aufrecht zu erhalten in ihrer Bedeutung zu unterschätzen und als „Anpassung" zu diskreditieren.

Für mich war die Auseinandersetzung mit dem Widerstand während der Nazi-Zeit und den zuvor angesprochenen Fragen verbunden mit einem langen, teilweise unangenehmen und mit Enttäuschungen durchwobenen Lernprozeß, der auch heute nicht völlig abgeschlossen ist. Lernen über Widerstand im „Dritten Reich" hieß für mich vor allem Lernen über Verfolgung, Haft, Konzentrationslager, über Folter, Mord und Vernichtung. Es war fast immer eher ein Kennenlernen der Zerschlagung von Widerstand und des oft vergeblichen Aufbäumens gegen Unmenschlichkeit und drohende Vernichtung. Es war immer wieder ein Konfrontiertwerden mit der geballten Brutalität eines unmenschlichen Unrechtsstaates, der voller Haß und unerbittlich sowohl seine Gegner als auch darüber hinaus andere Menschen wegen ihrer ethnischen und kulturellen Andersartigkeit verfolgte. Es war auch ein Lernen über die zunehmende Zersplitterung der Arbeiterbewegung schon in der Entwicklung der Weimarer Republik und über die nahezu vollständige Niederlage der Organisationen der linken Opposition schon kurz nach der Machtübernahme. Im Laufe dieses Lernprozesses wurde ich bescheidener in meinen Ansprüchen und Erwartungen gegenüber den Menschen damals, und ich lernte, auch feinere, subtilere Formen von Widerständigkeit zu würdigen und ansatzweise zu verstehen.

Im folgenden soll am Beispiel der Naturfreundejugend, der Jugendorganisation des Touristenvereins „Die Naturfreunde", die Entwicklung dieses Verbandes, der sich immer als Teil der sozialistischen Arbeiterbewegung verstanden hat, gegen Ende der Weimarer Republik und zu Beginn der Nazi-Diktatur vorgestellt werden. Dieses Beispiel einer Organisation aus dem Bereich der sozialistischen Arbeiter-Kultur- und -Sportorganisationen spiegelt Widerstands-, Anpassungs- und Überlebensformen wider, die auch in anderen ähnlichen Verbänden zu verzeichnen sind.

1. Der Touristenverein „Die Naturfreunde" und die Naturfreundejugend: Einordnung und Selbstverständnis

Zur politischen Orientierung der Naturfreunde

Der Touristenverein „Die Naturfreunde" wurde bereits im Jahre 1895 und zwar in Wien als Teil der Arbeiter-Kulturorganisationen im Umfeld der österreichischen sozialistischen Partei (SPÖ) gegründet. Die ursprünglich eher romantische, humanistische Zielvorstellung, den arbeitenden Menschen aus seinem schicksalsergebenen Vegetieren im Elend der Großstadt der frühen Industrialisierung hinauszuführen und ihm so das „Schöne" der umgebenden Natur zu erschließen, ihm zu wahrem Menschsein zu verhelfen, erhielt mit der rapiden Entwicklung des Verbands auch über die Grenzen Österreichs hinaus bald klarere und eindeutig politische Akzente.

Das politische Selbstverständnis der Naturfreunde, das aus taktischen Überlegungen heraus – bzw. aus den Erfahrungen des Sozialistengesetzes und der damit verbundenen Verfolgung linker Organisationen – in den Satzungen der Naturfreunde vor dem Zweiten Weltkrieg nie explizit formuliert wurde, fand in einer Resolution der Hauptversammlung der internationalen Naturfreundebewegung 1923 in Leipzig folgendermaßen seinen Ausdruck:

> Der Touristenverein ‚Die Naturfreunde' ist die internationale Wanderorganisation des arbeitenden Volkes. Sie strebt eine sozialistische Kultur an. Es ist daher Pflicht aller Mitglieder des Vereins, in unzweideutiger Weise die Tendenz des Vereins zu betonen, so oft sich hierzu Gelegenheit bietet. Bei der Aufnahme neuer Mitglieder ist darauf Bedacht zu nehmen, sie baldigst den Organisationen der Arbeiterklasse einzufügen. Zu Funktionären dürfen Unorganisierte nicht gewählt werden. Angehörigen von bürgerlichen Parteien ist die Aufnahme zu verweigern (zitiert nach Schügerl 1975, S. 102f.).

Diese noch in der Anfangszeit der Weimarer Republik formulierte Aussage signalisiert einerseits eine klare Absage an bürgerliche Parteien, sie hält sich aber andererseits gegenüber den unterschiedlichen Strömungen innerhalb der Linken offen. Zu jener Zeit war die Abgrenzung zwischen SPD und KPD noch nicht so unversöhnlich wie dann seit Ende der zwanziger Jahre. Für die klassischen Naturfreunde-Aktivitäten des Wanderns und Bergsteigens, des Musizierens und Tanzens, der kulturellen, sportlichen und naturwissenschaftlichen Arbeitsgemeinschaften sowie die Errichtung des Häuserwerks war die Parteizugehörigkeit unerheblich, solange nicht eine Teilgruppe gegenüber einer anderen dominieren und einseitig die Richtung bestimmen wollte. So kam es, daß damals in den deutschen Naturfreunde-Ortsgruppen, die ja teilweise bereits vor dem Ersten Weltkrieg gegründet worden waren, Mitglieder der SPD, der USPD, der KPD, des ISK und später auch der SAP und der KP(O) zusammenarbeiteten. Als Naturfreund gehörte man entweder einer der genannten Parteien oder aber einer freien Gewerkschaft an. Das gehörte einfach dazu, es war lange Zeit nahezu eine Pflicht-Voraussetzung für die Mitgliedschaft im Verein. Die Entwicklung in der durch die Wiener Zentrale geprägten Naturfeunde-Internationale und in der deutschen Reichsleitung führte allerdings – anders als in vielen Gruppen auf örtlicher Ebene – zu einer eindeutigen Dominanz sozialdemokratischer Orientierungen bis hin zur klaren Unterstützung der SPD in Wahlkämpfen. Die Spaltung innerhalb der Linken zwischen SPD und KPD, die sich nicht nur auf der Parteiebene, sondern auch im Bereich der Gewerkschaften (Freie Gewerkschaften versus Revolutionäre Gewerkschafts-Opposition) und nicht zuletzt im Arbeitersport widerspiegelte und zu schweren Auseinandersetzungen führte, ging nicht spurlos an den Naturfreunden vorbei.

Zur sportpolitischen Einbindung der Naturfreunde

Sportpolitisch waren die Naturfreunde bereits seit 1912 Mitglied in der „Zentralkommission für Arbeitersport und Körperpflege“ (ZK). Obwohl das Haupttätigkeitsgebiet der Naturfreunde nicht Sport im heutigen Verständnis war, hatte man sich diesem Zusammenschluß von Verbänden der Arbeiterbewegung angeschlossen. Die auf örtlicher Ebene gebildeten Kartelle umfaßten meist neben den reinen Arbeitersportvereinen auch solche im musisch-kulturellen Bereich. Daher sahen die Naturfreunde in ihnen einen sinnvollen Kooperationsverbund von Vereinen des sozialistischen Lagers. Auf internationaler Ebene war die Zentralkommission Mitglied der Luzerner Sport Internationale (LSI), eines 1913 gegründeten Zusammenschlusses nationaler Verbände des Arbeitersports.

Als im Zusammenhang mit der politischen Entwicklung in der Arbeiterbewegung nach dem Ersten Weltkrieg die LSI den Kommunisten zunehmend als „reformerisch“ und nicht entschieden genug politisch erschien, wurde 1921 in Moskau eine „Rote Sport-Internationale“ (RSI) gegründet. Damit waren für den Arbeitersport durch Entscheidungen auf internationaler Ebene politische Kontroversen vorgezeichnet.

Bereits in den Jahren 1923/24 führten Bemühungen der KPD zur parteipolitischen Beeinflussung der Arbeitersport- und -kulturorganisationen sowie zahlenmäßig erhebliche Eintritte von KPD-Mitgliedern zur Zeit des damaligen Verbots der KPD zu Spannungen in einzelnen Naturfreunde-Ortsgruppen. Versuche aus dem Jahre 1924, in den Arbeitersportverbänden kommunistische Fraktionen zu bilden und die Verbände dann möglichst in die „Rote Sport Internationale“ (RSI) zu überführen, stießen auf erhebliche Widerstände, die sogar – wie in Brandenburg – zur Auflösung des Gaues der Naturfreunde führten (vgl. hierzu: Die Naturfreunde. Gaublatt für den Gau Rheinland 6 [1925], Heft 4; Upmann/Rennspieß 1984).

Seit dem VI. Weltkongreß der Kommunistischen Internationale von 1928 verschärften sich die Auseinandersetzungen zwischen SPD und KPD erneut. Die KPD begann in der Folge dieses Kongresses mit dem verstärkten Aufbau einer eigenständigen revolutionären gewerkschaftlichen Opposition (RGO-Gruppen) und vertrat in ihren Publikationen die sogenannte Sozialfaschismus-These, die die Sozialdemokratie als Vorstufe des Faschismus deklarierte und zu einem Hauptfeind in den politischen Auseinandersetzungen erhob. Im (kommunistischen) *Ruhr-Echo* und der (sozialdemokratischen) *Volkswacht,* zwei Essener Kommunalzeitungen, findet man gegen Ende der Weimarer Republik fast täglich Belege für einen äußerst rüden Ton in den Auseinandersetzungen sowie permanente Sticheleien, Grobheiten und Unterstellungen. Die seit dem VI. Weltkongreß der Komintern eingeläutete „ultralinke Wende" (vgl. hierzu Bahne 1960) bewirkte, daß SPD und KPD am Ende der Weimarer Republik sich als tief verfeindete Organisationen gegenüberstanden.

Spätestens seit dem sogenannten „Berliner Blutmai", bei dem eine 1. Mai-Demonstration auf Befehl des Berliner sozialdemokratischen Polizeipräsidenten Zörgiebel blutig beendet worden war, verstärkte die KPD ihre Bemühungen, die eigene Basis im Arbeitersport auszubauen und die ihr nahestehenden Vereine zu einem eigenständigen Verband (der Interessengemeinschaft zur Wiederherstellung der Einheit im Arbeitersport [IG], 1930 in Kampfgemeinschaft für Rote Sporteinheit [KG] umbenannt) zusammenzufassen. Dadurch wurden die parteipolitischen Auseinandersetzungen in die einzelnen Verbände hineingetragen. Auf lokaler Ebene entstand ein Kampf um Mehrheiten für politische Richtungen. Die sozialdemokratisch geprägte Zentralkommission für Arbeitersport und Körperpflege erwiderte die kommunistischen Vereinnahmungsbemühungen ihrerseits mit einer konsequenten Ausgrenzungspolitik. Verbände, die die kommunistischen Sportorganisationen unterstützten oder sich diesen gar anschlossen, wurden aus dem zentralen sozialdemokratischen Zusammenschluß mit seinen durchaus bedeutsamen Service-Leistungen ausgeschlossen. Ebenso erging es lokalen Kartellen.

In Essen sollte z. B. das gegenüber den Kommunisten positiv

eingestellte örtliche „Kartell für Arbeitersport und Körperpflege“ aufgelöst werden. Hiergegen sperrte es sich mit der Mehrheit der Vereine und führte seine Arbeit auch ohne Anbindung an die Zentralkommission weiter. 1929 wurde von diesem Kartell – die Tradition seit 1921 fortsetzend – wiederum ein Reichsarbeitersporttag ausgerichtet. Die sozialdemokratische Presse sprach dem Essener Kartell die Existenzberechtigung ab und rief zu einem Boykott seiner Veranstaltung auf – ohne daß dies für den Verlauf große negative Wirkung gezeitigt hätte. Kurz nach diesem Reichsarbeitersporttag gründeten die sogenannten „bundestreuen“ Vereine auf Anregung der Zentralkommission daraufhin das „Freie Arbeiter-Sport- und Kulturkartell“. Die Essener Naturfreunde wurden Mitglied des neugegründeten Kartells. Im Juni 1930 führten beide nun bestehenden Kartelle in kurzem zeitlichen Abstand voneinander je getrennte Veranstaltungen zum Reichsarbeitersporttag durch und dokumentierten damit augenfällig die Spaltung im Arbeitersport.

Diese aus übergeordneten Strategien beeinflußte Entwicklung wirkte sich bei den Naturfreunden verheerend aus. Nicht zuletzt aufgrund des Drucks der Zentralkommission wurde auf der Reichsversammlung der Deutschen Naturfreunde im August 1930 in Dresden beschlossen, daß sich die Naturfreundegruppen den „bundestreuen“ Kartellen anzuschließen hatten. Die Unterstützung von bzw. Mitgliedschaft in kommunistischen Sportorganisationen wurde mit Ausschluß bedroht. Die konsequente Realisierung dieses Beschlusses führte dazu, daß in den Jahren 1930/31 über 200 Naturfreunde-Ortsvereine ausgeschlossen wurden. Unter diesen befand sich auch die damals eigenständige Naturfreunde-Ortsgruppe in Essen-Katernberg. Der Gau Rheinland der Naturfreunde verlor in diesem Zusammenhang mehr als eintausend Mitglieder. Wieviele Mitglieder in Essen den Verband verließen bzw. ausgeschlossen wurden, läßt sich nicht mehr rekonstruieren.

Allerdings kam es nicht in allen Naturfreunde-Ortsgruppen zu dieser entschiedenen Abgrenzung gegen Kommunisten, vor allem dann nicht, wenn auf örtlicher Ebene keine öffentlichen Erklärungen für kommunistische Organisationen abgegeben wurden oder gar der korporative Anschluß an überregionale kommunistische Organisationen wie der „Kampfgemeinschaft für Rote Sporteinheit" oder der „Roten Hilfe" angestrebt wurde. Die in der Erklärung von 1923 noch signalisierte Offenheit gegenüber unterschiedlichen Richtungen in der Arbeiterbewegung veränderte sich somit auf Reichsebene zu Ende der zwanziger Jahre zu einer eindeutigen Abgrenzung gegenüber Kommunisten und zu einer unverhohlenen Unterstützung sozialdemokratischer Positionen (vgl. hierzu auch Birkert 1970, S. 82–84).

Zur Stellung der Naturfreundejugend

Was hier für die Entwicklung im Gesamtverband der Deutschen Naturfreunde dargestellt wurde, trifft mit gewissen Modifikationen auch für die Geschehnisse in der Naturfreundejugend zu. Die Naturfreundejugendgruppen, die in den Jahren nach dem Ersten Weltkrieg im Spannungsfeld zwischen Jugendbewegung und parteipolitischen Jugendverbänden, zwischen lebensreformerischen, pazifistischen und sozialistischen Ideen oftmals in bewußter Abkehr von tages- und parteipolitischen Fragen gegründet wurden, schlossen sich 1926 auf Reichsebene zur Naturfreundejugend Deutschlands zusammen und wurden vor allem auf Drängen der Sozialdemokratie bzw. der Zentralkommission Mitglied im Reichsausschuß der deutschen Jugendverbände (RddJ). Hier sollten sie als weiterer Verband des sozialistischen Lagers die sozialdemokratische Position verstärken. Eine alternative Option, die eine Reihe von Gruppen und Gauen befürwortete, nämlich in einen in der Diskussion befindlichen Verband proletarischer Jugendorganisationen einzutreten, wurde verworfen (vgl. Wächter 1986, S. 20). Obwohl mit dem Zusammenschluß auf Reichsebene ein gewisser Zug zur Vereinheitlichung der weithin heterogenen Praxis und der politischen Orientierung vor Ort einhergehen sollte, war dies bis Ende der Weimarer Republik kaum wirklich der Fall. So stellte sich die Praxis der Jugendgruppen auf örtlicher Ebene und in den verschiedenen Gauen sehr unterschiedlich dar. Im Gau Mittelrhein-Main arbeitete z. B. mit Duldung der dortigen Gauleitung bis 1933 eine Jugendleitung, die eine in vielen Positionen von der Reichsjugendleitung abweichende linkspluralistische Linie vertrat (vgl. Schindehütte 1986). Im Gau Rheinland dagegen wurde im Zusammenhang mit den gerade hier recht zahlreichen Ausschlüssen des Jahres 1930 auf einer ohne Wissen des amtierenden Jugendleiters, aber mit Unterstützung der Gauleitung einberufenen außerordentlichen Gau-Jugendkonferenz eine klar sozialdemokratisch geprägte Jugendleitung gewählt. Wenn auch die politische Ausrichtung der Jugendgruppen vor Ort sehr unterschiedlich war, so gab es doch überall neben eher jugendbewegten Aktivitäten des Wanderns, Musizierens, Volkstanzens etc. auch politische Aktivitäten aus dem Themen- und Aktionsspektrum fortschrittlicher Jugendorganisationen der damaligen Zeit und ein – wenn auch unterschiedlich intensives – politisches Engagement.

Zur Widerspiegelung der politischen Kontroverse auf örtlicher Ebene

In Essen wurde eine Jugendgruppe der Naturfreunde bereits Ende 1921 gegründet. Sie bewahrte sich über die Jahre hin immer eine gewisse Eigenständigkeit gegenüber der Erwachsenenorganisation. Der jeweilige Leiter der Jugendgruppe wurde von den Jugendlichen gewählt und mußte von der Generalversammlung des Ortsvereins bestätigt werden. 1929/30 geriet die Jugendgruppe in den oben beschriebenen Ab- bzw. Ausgrenzungsprozeß zwischen kommunistischen und sozialdemokratischen Strömungen. Traditionell hatte die kommunistische Partei in Essen eine ihrer Hochburgen und wirkte insbesondere auf politisch interessierte Jugendliche konsequenter und radikaler als die eher behäbige SPD, die zudem mit den staatlichen Institutionen der Weimarer Republik identifiziert wurde – auch als sie bereits nicht mehr an der Regierung auf Reichsebene beteiligt war. In der Jugendgruppe entwickelte sich vor diesem Hintergrund im Zusammenhang mit der steigenden Arbeitslosigkeit seit Mitte 1929 eine radikalere Tendenz. Dies drückte sich z. B. darin aus, daß die Jugendgruppe 1930 zur Teilnahme an der von kommunistischer Seite unterstützten Mai-Demonstration aufrief. Sie kommt auch in einer im *Ruhr-Echo* erschienenen Einladung zu einem Werbeabend für die schulentlassene Jugend vom März 1930 zum Ausdruck:

Die Fackel loht!

Unter diesem Namen veranstaltet die Naturfreunde-Jugend, Essen, Sonntag den 30. März ihre diesjährige Proletarische Feierstunde, zu der sie die werktätige Essener Jugend insbesondere die schulentlassene Jugend herzlichst einladet.
Mit euch, die ihr jetzt die Tore der Schule verlassen habt, mit euch wollen wir einige Stunden im Sinne proletarischer Naturfreunde verleben. Nicht nur wandern wollen wir, sondern kämpfen mit euch, die ihr noch nicht bei uns seid, für eine neue Welt. Wir wollen Feste feiern in unserem Sinne und wollen euch zeigen, wie tief wir noch in Knechtschaft sind. Das Jahr 1930 ist ein Jahr der verstärkten Ausbeutung. Deshalb ist es unsere Aufgabe euch zu zeigen, wie schwer die Rationalisierung auf uns lastet. Kampf der Rationalisierung, Kampf den internationalen Lohn- und Steuerräubern, das ist unsere Parole an diesem Abend. Noch einmal rufen wir euch zu, kommt zu uns in die „Naturfreunde-Jugend", wir machen es uns zur Aufgabe, euch junge Menschen zu wahrhaften Naturfreunden und Klassenkämpfern zu erziehen. Parole: Sonntag alles zum Turn- und Jugendhaus in der Kerckhoffstraße. Anfang 7 Uhr. Karten bei den Mitgliedern und an der Kasse.

Zum wirklich großen Konflikt kam es nur kurze Zeit später im Zusammenhang mit den zuvor angesprochenen Differenzen im Arbeitersport. Als im Juni 1930 in Essen von den beiden mittlerweile existierenden Sportkartellen unabhängig voneinander Reichsarbeitersporttage veranstaltet wurden, rief die Essener Naturfreundejugend zur Teilnahme an beiden auf und dokumentierte damit in aller Öffentlichkeit die in der Naturfreundemitgliedschaft bestehenden politischen Differenzen in dieser Frage. Das *Ruhr-Echo* griff den Fall genüßlich auf. In einem ersten Bericht zum (roten) Reichsarbeiter-Sporttag hieß es am 17. 6. 1930:

Auch die Naturfreunde, die noch dem reformistischen Kartell angehören, gingen im Festzug mit und trugen ein großes, rotes weithin leuchtendes Transparent mit der Inschrift:
„Auch die Naturfreunde kämpfen
für die Rote Sporteinheit"

Am Tag darauf (18. 6. 1930) wurde dieses Thema in einem weiteren Bericht über den Reichsarbeitersporttag noch einmal aufgegriffen:

> Daß es in den Reihen der Bundestreuen kriselt, bewies auch der starke Aufmarsch der Naturfreunde. Nicht nur die Jugendgruppe ist mitmarschiert, sondern auch die Erwachsenen waren gut vertreten.

Wiederum einen Tag später veröffentlichte das *Ruhr-Echo* ein Foto, auf dem eine Gruppe ein Transparent mit der obigen Inschrift zeigte. Die Unterschrift dazu lautete:

> Die oppositionelle Gruppe des Touristenvereins „Die Naturfreunde", die am vergangenen Sonntag am Reichsarbeiter-Sporttag in Essen teilnahm. Die sonst so geschwätzige „Volkswacht" schweigt sich aus!

Dies war – und sollte es wohl auch sein – eine offene Provokation. Als dann Mitglieder der Essener Naturfreundejugend im Juli 1930 trotz vorausgehender Warnung an einer Spartakiade der Kampfgemeinschaft für rote Sporteinheit in Düsseldorf teilnahmen, sah sich die Leitung des Essener Ortsvereins gezwungen, den damaligen Jugendleiter und einige weitere Jugendliche auszuschließen. Die Gespaltenheit der Naturfreunde in dieser Frage drückte sich allerdings darin aus, daß die ausgeschlossenen Jugendlichen nun eine eigenständige Naturfreundegruppe gründeten und direkt bei der rheinischen Naturfreunde-Gauleitung Mitglied wurden. Ende 1930 bemühte sich der Ortsverein Essen um den Aufbau einer neuen Jugendgruppe. Dabei übernahm ein Mitglied des Vorstandes die Betreuung – insbesondere wohl, um eine mißliebige Politisierung für die Zukunft zu unterbinden.

Zur Situation am Ende der Weimarer Republik

Zu Beginn des Jahres 1933 waren innerhalb der deutschen Naturfreundebewegung die Reichsleitung sowie die mit dieser in enger Verbindung stehende Reichsjugendleitung eindeutig sozialdemokratisch orientiert. Viele Ortsgruppen hatten eine parteipolitisch heterogen zusammengesetzte Mitgliedschaft; man hatte sich dort aber weithin verständigt, nach außen nicht im engeren

Sinne parteipolitisch aufzutreten. Die Jugendgruppen waren häufig in ihrem Denken und in ihren Äußerungen radikaler als die Erwachsenen. Gruppen, die sich klar zur Unterstützung kommunistischer Positionen bekannt hatten, waren in erheblichem Umfang aus dem Reichsverband der Naturfreunde ausgeschlossen worden. Bemühungen zur Bildung einer „Naturfreunde Opposition" kamen über wenige Ansätze nicht hinaus. Die Naturfreunde waren, ähnlich wie die Arbeiterbewegung insgesamt, durch interne Auseinandersetzungen und Abgrenzungen geschwächt und kaum in der Lage, nach außen geschlossen und massenhaft aufzutreten.

2. Die deutschen Naturfreunde nach der Machtergreifung

Zur Entwicklung auf Reichsebene

Obwohl innerhalb der Naturfreundebewegung vielfach über die drohende nationalsozialistische Gefahr diskutiert worden war und seit Anfang der dreißiger Jahre kaum eine Veranstaltung ohne Warnung vor dem Nationalsozialismus verging, und obwohl sogar vereinzelt „unangenehme Kontakte" z. B. mit Schlägertrupps der SA gemacht wurden oder auch Zerstörungen in einsam gelegenen Naturfreundehäusern beklagt werden mußten, waren die Naturfreunde als Organisation doch auf die Situation, wie sie sich nach dem 30. Januar 1933 darstellte, überhaupt nicht vorbereitet. Daher wirken die Aktionen, die von der Reichs- und der Reichsjugendleitung ergriffen wurden, aus heutiger Sicht eher hilflos und unangemessen. Schon direkt nach dem Reichstagsbrand wurden prominente Persönlichkeiten kommunistischer Organisationen, aber auch Gewerkschaftler, Sozialdemokraten und Arbeitersportler verhaftet. Und nach der Reichstagswahl vom 5. März, die für die Nationalsozialisten nicht die erwartete absolute Mehrheit gebracht hatte, setzten Aktionen ein, die auch die Naturfreunde direkt trafen. Der Verein wurde zwar nicht sofort verboten, aber die mehr als 200 Naturfreundehäuser wurden ebenso von Naziorganisationen besetzt wie die zahlreichen Sportstätten der Arbeiter-Sportvereine und der umfangreiche Besitz des Arbeiter-Rad- und Kraftsportbundes „Solidarität" (vgl. hierzu auch Bernett 1983).

Trotz einer Reihe von gravierenden Ereignissen aus den ersten Märztagen richtete die deutsche Reichsleitung der Naturfreunde – offenbar in völliger Verkennung des Ernstes der Lage und in Fehleinschätzung der weiteren Entwicklung – am 16. März 1933 ein Rundschreiben an die Bezirks- und Ortsgruppenleitungen, in dem diese zu Besonnenheit, politischer Zurückhaltung und scharfer Abgrenzung von der KG für Rote Sporteinheit aufgefordert wurden.

Zwei Tage später faßte der Reichsausschuß der deutschen Naturfreunde auf seiner letzten Sitzung eine Entschließung, die nur als ein Versuch massiver Anpassung mit dem Ziel des Erhalts des Vereins gelesen werden kann. In dieser Entschließung erklärte der Reichsausschuß – allerdings mit dem Vorbehalt, daß diese Beschlüsse nur wirksam werden sollten, wenn es dem Erhalt des Verbandes dienlich sei – den Austritt aus dem internationalen Naturfreunde-Gesamtverband und aus der Zentralkommission für Arbeitersport und Körperpflege. Er verwies auf seinen Kampf gegen die „kommunistische Zersetzungstätigkeit" sowie auf die traditionelle Aufgabe der Naturfreunde, „das schaffende Volk durch das Wandern körperlich, geistig und sittlich zu fördern, Liebe zu Natur und Heimat, Volk und Vaterland zu erwecken und dadurch der deutschen Volksgemeinschaft zu dienen" (zitiert nach Zimmer 1984, S. 289). Er beteuerte weiter, daß er unter den neuen staatspolitischen Bedingungen positiv zu Volk, Staat und Nation stehe. Aufgrund der gewaltsamen Übergriffe von SS, SA und Hitlerjugend wandte sich die Reichsleitung – sie blieb damit ganz im legalistischen Verhaltensspektrum, das auch andere sozialdemokratische Organisationen an den Tag legten – in einem Schreiben an das Preußische Innenministerium und bat um eine Freigabe der besetzten und geschlossenen Heime. Auch in diesem Schreiben brachte die Reichsleitung ihre antikommunistische Einstellung zum Ausdruck und bekannte sich zu „Volk, Staat und Nation" (vgl. Bernett 1983, S. 366).

Da hierauf keinerlei Reaktion erfolgte, vielmehr in weiteren Ländern die Naturfreundehäuser besetzt wurden, wurde am 25. April ein erneuter Versuch zur Rückgewinnung der Häuser gestartet. In dem Schreiben signalisierte die Reichsleitung der Naturfreunde ihre Bereitschaft zur „Mitarbeit am neuen nationalen Staat“ (zitiert nach Bernett 1983, S. 366) und verband damit die Hoffnung, in die zukünftige Sportorganisation eingegliedert zu werden. Dieses Schreiben kann nicht anders als ein Zeichen wachsender Anpassungsbereitschaft eines ursprünglich durchaus oppositionellen Verbandes gedeutet werden. Doch all diese Anpassungssignale blieben erfolglos. Durch Verfügungen des Innenministers vom 17. 9. und der Gestapo vom 30. 11. 1933 wurde den Rettungsversuchen ein Ende gesetzt, und die Naturfreunde wurden – nachdem dies in einzelnen Ländern bereits zuvor erfolgt war – auf Reichsebene verboten.

Die Naturfreundejugend war bereits am 24. April 1933, ebenso wie die Sozialistische Arbeiterjugend, aufgrund des Ausschlusses aus dem Reichsausschuß der deutschen Jugend durch Baldur von Schirach faktisch verboten worden. Wenn man sich noch einmal vergegenwärtigt, daß die satzungsmäßige Mitgliedschaft in den damaligen Jugendgruppen lediglich Jugendliche von 14 bis 21 Jahren umfaßte, wird leichter verständlich, daß solche Gruppen allein, ohne den Rückhalt in einer Erwachsenenorganisation und ohne spezifische Vorbereitung zu unmittelbarem Widerstand kaum in der Lage waren.

Zur Entwicklung in Essen

Die hier nur knapp skizzierte Entwicklung auf Reichsebene spielte sich modifiziert auch auf lokaler Ebene ab. Das Heim der Essener Naturfreunde, das „Ruhrtalhaus“, gerade im September des vorhergehenden Jahres nach mühsamer Arbeit fertiggestellt und eingeweiht, wurde der Ortsgruppe bereits am 12. März 1933 entrissen. An diesem Tag, es fanden in Preußen die Kommunalwahlen statt, waren über hundert Naturfreunde am Haus. Es sollte gearbeitet werden, um die Außenanlagen nach dem Winter wieder in einen freundlichen Zustand zu versetzen.

Da erhielt man von einem Jugendlichen aus Haarzopf die Warnung, daß SA und Hitlerjungen auf dem Weg zum Heim wären. Was war zu tun? Sollte man sich darauf vorbereiten, das Haus zu verteidigen? Aber womit? Und war ein Kampf mit der SA, die ja zusammen mit SS-Gruppen gerade wenige Tage zuvor als Polizeihilfskräfte vereidigt worden waren, überhaupt sinnvoll? Was hätte es für Folgen? Man beschloß – auch deshalb, weil viele Frauen und Kinder anwesend waren –, sich einer nun wohl zu erwartenden Räumungsforderung nicht zu widersetzen. Es blieb gerade noch Zeit, vorhandene Lebensmittel auf die anwesenden Mitglieder zu verteilen, ehe die ca. 25 Hitlerjungen mit ihrem Gefolgschaftsführer sich dem Hause näherten. Die HJ-Mitglieder hatten Dolche und Beile dabei, der Gefolgschaftsführer war mit einer Pistole bewaffnet. Sie waren vorgeschickt worden, während sich die SA im nahen Wald postiert hatte und im Hintergrund blieb. Offenbar sollte eine Auseinandersetzung provoziert werden, die einen Grund für das Einschreiten der SA geliefert hätte. Der Gefolgschaftsführer steuerte auf die Tür des Heimes zu. Dort saßen einige Naturfreunde abwartend auf den Treppenstufen. Sie wurden mit der Pistole bedroht und aufgefordert, zusammen mit den anderen Anwesenden, alles stehen und liegen zu lassen und Haus und Gelände sofort zu verlassen; sie hätten hier nichts mehr zu suchen. Die anwesenden Naturfreunde verließen ohne Widerstand – und damit auch ohne eine sicher blutig verlaufene Auseinandersetzung zu provozieren – das Gelände.

Rückblickend war die getroffene Entscheidung in der damaligen Situation wohl auch die einzig sinnvolle, denn Hilfe z. B. von seiten der Polizei konnte man nicht erwarten, und die Kampfgruppen der Arbeiterschaft wie etwa Reichsbanner und Rotfrontkämpferbund waren zu der Zeit bereits zerschlagen. Darüber hinaus war die Polizei in Essen seit langem dafür bekannt, daß sie gegen Kommunisten und Sozialdemokraten scharf vorging, während sie Nationalsozialisten nahezu mit Samthandschuhen behandelte (vgl. hierzu Steinberg 1973, S. 27 ff.). Hier konnte man nicht mehr mit Unterstützung rechnen. Das Haus wurde – wie sich später herausstellte – sogar auf Anordnung der Polizeistelle Oberhausen, die für den Mülheimer Bereich zuständig war, besetzt.

Anfänglich hatte man noch die Hoffnung, auf legalem Wege wieder die Verfügungsgewalt über das Heim zu erlangen. Anfragen bei dem für den Einsatz der Hitlerjugend verantwortlichen Polizeipräsidenten von Oberhausen führten am 22. 3. 1933 zu der mündlichen Auskunft, daß das Heim vorläufig geschlossen bleibe, und zwar aufgrund der nach dem Berliner Reichstagsbrand erlassenen Verordnung des Reichspräsidenten „Zum Schutz von Volk und Staat". Eingaben vom gleichen Tag an den Preußischen Innenminister sowie später an den Regierungspräsidenten in Düsseldorf wurden erst zögerlich behandelt und dann unter Hinweis auf die Auskunft der Oberhausener Polizeibehörde, die mit einem Schreiben vom 19. Mai 1933 auch schriftlich übermittelt wurde, endgültig abschlägig beschieden.

Diese Hausbesetzung und eine Fülle ähnlicher Beschlagnahmeaktionen fanden in der Regel willkürlich und ohne konkrete rechtliche Grundlage statt. Eine solche wurde häufig erst nachträglich und hinhaltend unter Berufung auf die Verordnung zum Schutze von Volk und Staat konstruiert. Legale Möglichkeiten hiergegen vorzugehen, gab es, wie sich bald herausstellte, allerdings nicht mehr.

Nach der Besetzung des Essener Naturfreundeheims durch die Hitlerjugend kam die ortsgruppennahe Jugendgliederung nicht mehr zusammen. Der Essener Ortsverein allerdings bemühte sich mit allen ihm zur Verfügung stehenden legalen Mitteln um die Rückgabe des Heims und das Überleben des Vereins. Um dies überhaupt noch unter den neuen Bedingungen realisieren zu können, wurde am 22. April 1933 auf einer außerordentlichen Generalversammlung der Verein kurzerhand umgebildet. Diese Umbildung stand bereits unter dem Eindruck einer Vielzahl von Übergriffen gegenüber kommunistischen und Arbeiter-Sport-Organisationen sowie der Verhaftung einer großen Zahl von Kommunisten und Sozialdemokraten. Darüber hinaus hatte das neugewählte Essener Stadtverordnetenkollegium in seiner ersten Sitzung am 7. April auf Antrag der NSDAP beschlossen, daß die Verwaltung in Zukunft „marxistischen Organisationen" keine städtischen Räume mehr zur Verfügung stellen dürfe (vgl. Steinberg 1973, S. 44). Das stellte auch aus der Perspektive der Raumsituation heraus die Vereinstätigkeit in Frage. Vor diesem Hintergrund beschloß die Generalversammlung den Austritt aus dem Reichsverband der deutschen Naturfreunde und aus dem „freien Arbeiter Sport- und Kulturkartell Essen" und die Umbenennung in „Verein für Natur und Heimatpflege" (vgl. Protokoll der Hauptversammlung). Unter diesem Namen und mit einem den Nazis nahestehenden kommissarischen Leiter konnte die Gruppe noch bis zu ihrem endgültigen Verbot im Oktober 1934 legal weiterarbeiten. Das Heim blieb allerdings beschlagnahmt. (Es konnte erst 1950 nach vielen Mühen und in einem schlimmen Zustand wieder in Besitz genommen werden.)

Aber dieses Verbot führte nicht sofort dazu, daß nun alle gemeinsamen Aktivitäten der ehemaligen Naturfreundemitglieder beendet waren. Auf informeller Ebene traf man sich noch bei Wanderungen an den altbekannten Plätzen. Es wurden sogar mit ehemaligen Mitgliedern benachbarter Gruppen, die man von überregionalen Treffen kannte, weiterhin heimliche Zusammenkünfte vereinbart. So trafen sich „private" Wandergrüppchen verschiedener Gruppen des Bezirks Ruhrgebiet am Himmelfahrtstag bei sogenannten Sternwanderungen in den Aubergen bei Werden (Gastwirtschaft „Zur schönen Aussicht"). Man hielt dadurch weiterhin einen losen Kontakt untereinander aufrecht, bis nach 1937 auch solche Treffen zu gefährlich wurden. Darüber hinaus war es einige Zeit möglich, in den Vereinslokalen noch zu informellen Treffen zusammenzukommen. Die Bedeutung dieser und ähnlicher Treffen, von denen aus vielen Ortsgruppen berichtet wurde, für das „Überwintern" im Dritten Reich kann kaum hoch genug gewertet werden. Es blieb damit in gewissem Umfang ein Netz sozialer Kontakte bestehen, von dessen Grundlage aus nach Ende des Zweiten Weltkriegs der Wiederaufbau des Vereins erfolgen konnte.

Aus der ortsgruppennahen Jugendgruppe sind keine direkten Widerstandsaktionen bekannt. Die Mitglieder der ausgeschlossenen und danach eigenständigen, eher KPD-nahen Jugendgruppe lösten sich direkt nach der Machtergreifung als Naturfreundegruppe auf und führten ihre Arbeit als Essener Wandervogelgemeinde noch eine Zeit weiter. Einige aus dieser Gruppe wirkten später im Rahmen der illegalen kommunistischen Widerstandsarbeit, insbesondere bei der Verteilung von aufklärenden

Druckschriften z. B. über den Dimitroff-Prozeß mit. Der ehemalige Jugendleiter dieser Naturfreundegruppe wurde später gefaßt und nach einem Prozeß vor dem Volksgerichtshof zu vier Jahren Zuchthaus verurteilt. Diese Gruppe hat trotz Verfolgung weiter zusammengehalten und ist später auch mit zu den Guttemplern übergetreten, die in Essen einen gewissen Unterschlupf für versprengte Linke boten (vgl. hierzu Mikuscheit 1989).

Weitere Widerstands- und Überwinterungsaktionen

Ähnliches wie für den Essener Raum läßt sich auch für Naturfreundegruppen in anderen Teilen des Reiches nachweisen. In Kassel etwa konnten die Wanderungen – wenn auch in einer Atmosphäre der Angst – bis etwa Ende Juni 1933 fast normal weitergeführt werden. Als dann das Heim der Gruppe, das Steinberghaus, von der SA besetzt und das Vereinslokal gewaltsam geräumt worden war, konnte man sich nicht mehr offen treffen. Die Wandertätigkeit sollte aber dennoch weitergeführt werden. Einige Mitglieder taten sich daher zusammen, pachteten als Privatleute in einem etwa dreißig Kilometer entfernten Ort eine ehemalige Hühnerfarm und richteten sie als „Ersatznaturfreundehaus“ ein. Dort trafen sich mehrere Naturfreundefamilien noch regelmäßig bis etwa Oktober 1938 zu gemeinsamen Wanderungen. Einige enger befreundete Familien konnten sogar noch darüber hinaus in einer angemieteten Jagdhütte diese Treffen bis zum Oktober 1943 fortsetzen. Dann wurde die Jagdhütte zur Wohnstätte für Ausgebombte aus Kassel. Diese Familien versuchten im Kreise von Gesinnungsgenossen weiterhin zusammenzustehen und ihrer Wanderleidenschaft nachzugehen.

Konkrete Widerstandstätigkeit in einem engeren Sinne ist eher aus der „Naturfreunde-Opposition“ zu berichten. Dulk/Zimmer (1984) teilen dazu als ein herausragendes Beispiel mit:

> Besonders für den Gau Sachsen ist belegt, wie die etwa 350 Mitglieder der 1923 gegründeten „Vereinigten Kletterabteilung“ im TVdN, die auf dem Höhepunkt der verbandsinternen Kämpfe geschlossen ausgeschlossen worden waren, ihre bergsteigerischen Fähigkeiten einsetzten, um ein illegales Widerstandsbüro am

Satanskopf einzurichten, das bis Ostern 1945 bestand, Material über die CSR-Grenze zu schleusen und politische Flüchtlinge durch das Erzgebirge und das Elbsandsteingebirge außer Landes zu bringen. Sie brachten auch Parolen an Fabrikschornsteinen und an der Dresdener Staatsoper an und arbeiteten als Gruppe bis ctwa 1938. Eine große Zahl wurde wegen ihrer VKA-Aktivitäten in Folterkellern, KZs oder Zuchthäusern ermordet. (S. 114)

Nach Ende des Krieges wurde in einigen Landesverbänden versucht festzustellen, wie viele Naturfreundemitglieder während der Naziherrschaft verfolgt, verhaftet und ermordet wurden. Ein vollständiger Überblick konnte allerdings nicht erreicht werden. Im Landesverband Baden verbrachten demnach 84 Mitglieder zusammen 14 Jahre im KZ, 66 Jahre 19 Monate im Zuchthaus und 56 Jahre 1 Monat im Gefängnis. Vier Mitglieder kamen im KZ, zwei im Zuchthaus ums Leben und zwei weitere wurden hingerichtet. In Württemberg haben 239 Mitglieder insgesamt 485 Jahre im Gefängnis, Zuchthaus oder KZ zugebracht, wovon sechzehn gestorben sind oder hingerichtet wurden. In Hessen mußten siebzig Mitglieder ins Gefängnis, weitere vierzig saßen im KZ. Von diesen sind sieben im KZ gestorben, vier weitere wurden hingerichtet (vgl. hierzu Georgi-Valtin 1955).

Es waren oftmals eher die KPD-nahen Naturfreundemitglieder, die in den aktiven Widerstand und die Illegalität gingen. Sie taten dies nicht in erster Linie als Naturfreunde, sondern zumeist aufgrund ihrer Einbindung im parteipolitischen Zusammenhang. Die Naturfreundejugend als reichsweite Organisation war bald nach der Machtergreifung nicht mehr handlungsfähig, geschweige denn auch nur ansatzweise in der Lage zu organisiertem Widerstand. Einzelne Gruppen auf lokaler Ebene haben – oftmals unter anderem Namen, häufig auch völlig informell – ihre Tätigkeit über einen gewissen Zeitraum fortgesetzt. Einzelne Mitglieder schlossen sich Widerstandsgruppen an.

3. Schlußbemerkungen

- Die deutsche Arbeiterbewegung insgesamt – und das gilt nur mit geringen Modifikationen auch für ihre Jugendorganisationen – war auf die Naziherrschaft in ihrer Gewalt, in der sie sich dann darstellte, nicht vorbereitet. Bei einem Staatsstreich oder Putsch – etwa wie beim Kapp-Putsch 1920 – wäre es vielleicht möglich gewesen, die zum Teil zutiefst verfeindeten Parteien und Organisationen der Linken zu gemeinsamem Widerstand zusammenzuführen, obwohl das bei dem Grad der damals existierenden Gegnerschaft zwischen den unterschiedlichen parteipolitischen Strömungen kaum noch als realistisch angenommen werden kann. Es hat ja sogar noch nach der Machtergreifung eine erhebliche Zeit gedauert, ehe es wirklich zu parteiübergreifenden Ansätzen der Kooperation und des Widerstandes kam. Aber gegen staatliche Instanzen der Republik vorzugehen, für deren Aufbau und Erhalt man sich – selbst gegen heftige Anfeindungen – so sehr eingesetzt hatte, dies fiel insbesondere Sozialdemokraten schwer. Es hielt sie in ihrer überwiegenden Mehrheit von illegalen Aktivitäten ab.
- Das überaus brutale Vorgehen gegen die Kommunisten, die massenhafte Verhaftung kommunistischer und sozialdemokratischer Aktivisten sowie die Folgen der einsetzenden Emigration lähmten die Handlungs- und Entscheidungsfähigkeit der Organisationen der Arbeiterbewegung. Nach der Zerschlagung des Reichsbanners schwarz-rot-gold und des Rotfrontkämpferbundes sowie der massiven Einschüchterung, die daraus resultierte, waren Aktionen wie Generalstreiks, Blockaden oder gar bewaffnete Aktionen für Arbeiterorganisationen nicht mehr möglich, ohne daß sie zu einem – wahrscheinlich einseitigen – Blutbad geführt hätten. Wer wollte dafür die Verantwortung übernehmen?
- In dieser Situation mußte erst einmal das Überleben gesichert werden, ehe unter den nun gegebenen Bedingungen neue Strategien für Widerstand entwickelt werden konnten. Daran waren nachweisbar ehemalige Mitglieder aus den linken Jugendorganisationen wie etwa der Naturfreundejugend beteiligt. Die Naturfreundejugend als überregionale Organisation war allerdings zerschlagen. Die Jugendlichen, die den Weg in den aktiven Wider-

stand nahmen, taten dies in der Regel im Zusammenhang mit anderen politischen Gruppen und nicht als Naturfreunde.

- Wenn auch die zuvor dargestellten Entwicklungen, wie sie sich etwa in den Schreiben der Naturfreunde-Reichsleitung oder in der Umbenennung der Essener Ortsgruppe darstellten, völlig zu recht als Anpassung bezeichnet werden können, so sind sie doch auch als Bemühungen zu interpretieren, einen organisatorischen Zusammenhalt aufrechtzuerhalten, der eine legale Weiterarbeit überhaupt erst ermöglichen konnte. Die Bedeutung des Aufrechterhaltens von Zusammenhalt darf keinesfalls unterschätzt werden.

Noch eine Schlußbemerkung: Wie hätte ich mich als Jugendlicher Anfang 1933 als Mitglied der Naturfreundejugend verhalten? Wäre ich emigriert, wie es einige getan haben? Oder hätte ich versucht, in anderen, eher bürgerlichen Organisationen Unterschlupf zu finden? Hätte ich am aktiven Widerstand teilgenommen? Wäre ich eventuell gar zu den Nazis übergewechselt? Ich weiß es nicht. Ich weiß nur, daß die damalige Zeit sehr schwere Entscheidungen abverlangte, die aus heutiger Sicht leicht als Fehler einzuschätzen sind. Hüten wir uns vor leichtfertigen Urteilen. Bemühen wir uns stattdessen darum, daß ähnliche Zustände nicht mehr entstehen.

Christel Beilmann

Eine Jugend im katholischen Milieu
Zum Verhältnis von Glaube und Widerstand

Vorbemerkung

Das im folgenden auftretende „wir“ ist eine Gruppe katholischer Mädchen/junger Frauen in einer Pfarrgemeinde. Gemeint ist damit aber auch das katholische Milieu, Priester und Laien, in dem die Autorin während des „Dritten Reiches“ lebte. Sie war 1933 zwölf Jahre alt.

Christel Beilmann fragt, „wie konnte der Nationalsozialismus sein System entwickeln, ein ganzes Volk in seine Verbrechen verstricken trotz einer christlichen Mehrheit, ‚obwohl wir dabei waren‘“.

In kritischen Kommentaren macht sie auf die Wirkungsgeschichte katholischer Theologie und Seelsorge aufmerksam, die ihr eine wesentliche Ursache für das unpolitische Verhalten des katholischen Milieus ist. Es sei zwar die Kirche vehement verteidigt worden, aber abgesehen von einigen einzelnen Außenseitern sei kein politischer Widerstand gegen den Nationalsozialismus geleistet worden, nicht gegen die Zerstörung der Demokratie, nicht gegen die Bücherverbrennung, nicht gegen den totalen Angriffskrieg, nicht gegen die Judenvernichtung.

Der Beitrag stützt sich auf eine größere Darstellung), in der in einer Fülle von Dokumenten die hier nur gebündelte Argumentation breiter belegt wird. Als Herausgeber habe ich Christel Beilmann um den Beitrag gebeten, weil sie sich – wie nur sehr wenige – mit einer ihr heute möglichen, grundlegenden Kritik mit ihren damaligen Denkvor-*

* Christel Beilmann: Eine Jugend in Gottes und dem Dritten Reich. Dokumente und Kommentare, Wuppertal 1989

aussetzungen und der sie prägenden theologisch-kulturellen Tradition auseinandersetzt. Sie verzichet auf jede Form der Selbstlegitimation und ist durch ihre kritische Selbstreflexion auch für heutige Jugendliche glaubhaft. Dies ist deshalb hervorzuheben, weil es gerade für die Generation der Autorin keineswegs typisch, sondern die Ausnahme geblieben ist.

W. Breyvogel

Das Selbstverständnis Jugendlicher im katholischen Milieu

Der Glaube an die Ordnung Gottes, in der alles seinen Sinn hat

„Nimm den Tag, den Gott gibt, fest in die Hand, und in das Herz die Namen derer, die du liebst. Und frag nicht. So wirst du besser die Zeit durchstehen und die Kraft bewahren.“ So haben wir geglaubt und gelebt. Frage nicht. Trotz der Tatbestände, mit denen wir konfrontiert waren, gab es kein Aufbegehren. Wir haben nicht einmal mit Gott gehadert, der das alles schickte und geschehen ließ; wir haben seiner Schöpfung nicht mißtraut, in der seine Menschen solches Unheil anrichten konnten.

Keine Antwort auf die Frage nach dem Sinn allen Geschehens zu bekommen, passierte nur den Heiden. Wir waren ja umstellt von Antworten. Daß sie ein Käfig waren, sahen wir damals nicht. Unsere Fähigkeit zu fragen, war erstickt, bevor sie sich überhaupt entwickeln konnte; erstickt von einer Sinnwelt mit einem kompletten Frage- und Antwortsystem, in dem keine Frage übrigblieb.

Wir waren geborgen in diesem katholischen Kosmos. Daß in Gottes Ordnung alles seinen Sinn hat – dieser Glaube hat uns so getragen, daß wir den Krieg und den Nationalsozialismus relativ unbeschadet überstanden haben. Überstanden, aber bestanden?

Warum haben wir nicht gefragt? War es Selbstschutz? Konnte man das, was „letzten Halt“ bot, in Frage stellen? War es Angst davor, die Welt so zu sehen, wie sie ist, den Dingen dieser Welt ausgesetzt zu werden? Guardini sagte: „Die Dinge stimmen nicht, der Glaube stimmt." Wir kamen nicht auf die Idee zu fragen, ob der Glaube an die Ordnung, in der alles seinen Sinn hat, vielleicht doch anzuzweifeln ist. Aber Zweifel kam bei uns nicht einmal als Wort vor.

Wir hätten die Dinge prüfen können, nach Ursachen von Tatsachen und Ereignissen fragen können. Vor solchem Tun stand der Glaube, der ja alles erklärte, lag die Schwelle, die wir nicht überschritten, stand ein unbewußtes Denkverbot. Wir fragten nicht, prüften nicht. Wir glaubten eine andere Welt als die, in der wir lebten.

Der Wille Gottes

Bestimmendes Element in diesem Ganzen, in dem alles einen und seinen Sinn hat, ist der Wille Gottes. Nach diesem Willen Gottes hatten wir zu leben, lebten wir.

Unsere Aufgabe war es, diesen Sinn des Ganzen zu loben, durch ein geheiligtes Leben zu verherrlichen, ihm zu dienen, ihm zu opfern, ihm treu zu sein, ihn zu bekennen. Es war notwendig, auf die Stimme Gottes zu horchen, dem Willen Gottes zu gehorchen. Wir lernten nach-denken, nach-fragen.

Wir lernten nicht: denken, fragen, prüfen, untersuchen, widersprechen, diskutieren, debattieren, entscheiden, ordnen, anordnen, Macht ausüben, Recht setzen und schützen – kurz, diese Tätigkeiten eines freien, verantwortlichen Menschen waren nicht unsere Sache. Wir waren nicht eingeübt in die Fähigkeit, etwas zu ändern, eher im Gegenteil waren wir prädestiniert, das Gegebene zu erhalten. Wir haben nicht erörtert, ob sich etwas ändern läßt. Wir waren einsichtig: „Das kann man nicht ändern, wir nehmen es auf uns – zur größeren Ehre Gottes!" Was als Wille Gottes deklariert wurde – und das geschah häufig sehr schnell (auch ohne Zutun von Priestern) –, das war sanktioniert, war zu akzeptieren.

Im Sprachgebrauch des Christenvolkes samt seinen Priestern hat der Wille Gottes große Nähe zu dem, was man volksüblich unter „Schicksal" versteht, was Adolf Hitler mit seiner „Vorsehung“ in so irritierende Nachbarschaft zu gläubigen Leuten brachte.

Die Katechismusvorstellung vom Willen Gottes – Wozu sind wir auf Erden? Wir sind dazu auf Erden, daß wir den Willen Gottes tun und dadurch in den Himmel kommen –, ist von der Kirche immer wieder als Macht-, also als Druck- und Erziehungsmittel gebraucht worden – innerhalb der Hierarchie von Papst bis Laie, innerhalb der gottunmittelbaren Reiche, innerhalb der Familienhierarchien.

Wir waren beidem ausgeliefert: dem realen Katechismus-„Gottes-Willen“ und dem Schicksals-„Gottes-Willen“.

Gehorsam, Treue, Untertan

Gehorsam zu sein, Gott und allen von ihm abgeleiteten Institutionen/Obrigkeiten im hierarchischen System des Reiches Gottes, des Volkes, der Familie, das war für uns so selbstverständlich wie die Treue zu ihnen.

Diese Grundverhaltensweisen, die gehorsame Einbindung in das Ganze samt immerwährender Treue, waren tradierte Tugenden der Christen, im Gottesreich und in den Kaiserreichen vom 5. bis zum 20. Jahrhundert. Gehorsam und Treue prädestinierten Menschen in beiden Reichen zum Untertan. Das Dritte Reich konnte daraus Gewinn ziehen.

Gehorsam und Treue waren bei uns so selbstverständliche Tugenden, daß sie nicht eigens geübt, daß von ihnen nicht eigens geredet wurde, im Gegensatz zu den göttlichen Tugenden: Glaube, Hoffnung, Liebe und zu den vier Kardinaltugenden: Klugheit, Gerechtigkeit, Tapferkeit und Maß, die immer wieder Themen von Unterweisungen und Exerzitien waren. Gehorsam und Treue wurden vorausgesetzt.

Nun sind aber Gehorsam – sich einem fremden Willen unterwerfen – und Treue – sich für immer fest anbinden – ambivalente Tugenden, „Tugenden zweiter Hand“, geprägt vom Bilde dessen, dem sie erwiesen werden. Sie sind geeignet, ordentliche, gewissenhafte, pflichtbewußte, zuverlässige, tüchtige Leute hervorzubringen, Stabilisatoren eines jeglichen Ordnungssystems, in dessen Dienst sie eingesetzt werden. (Die Henker im KZ waren – zu unserem nachherigen Erschrecken – pflichtbewußt, zuverlässig usw.)

Brechen die Dienstleistungen Gehorsam und Treue – Unterwerfung und Bindung – in jedem Fall das „Rückgrat" des Dienenden? Oder schafft „Einsicht in die Notwendigkeit" menschenwürdigen Gebrauch dieser „Tugenden"?

Solche Fragen sind für uns erst später relevant geworden, damals stellten wir sie nicht. Wir waren Gott, Christus, der Kirche treu und gehorsam, wir waren stolz und begeistert in ihrem Dienst und, wie die Kirche es verlangte, auch untertan dem Staat.

„Der Bolschewismus"

Ähnlich unreflektiert und unanalysiert wie der Nationalsozialismus selbst blieb der Bolschewismus. In dieses große Faß „Bolschewismus" wurde alles hineingepackt, was der Kirche in dieser Welt als feindlich erschien, wovor sie uneingestanden Angst hatte: Rationalismus (wozu der liberale Protestantismus gehörte), Materialismus, Sozialismus, Marxismus, Kollektivismus, Kommunismus, die Moderne samt ihren Publikationen, ihrer Kunst und Musik, das Freimaurertum und das Judentum als Mitinitiator dieser Bewegungen und ihrer Presse.

Die Kirche und wir waren nicht in der Lage, in diesen Bewegungen neue Entwicklungen zu sehen und sie zumindest zu prüfen. Man sah nur Bedrohung, Gottloses, den Atheismus, gegen Gott Gerichtetes. Und als Antwort blieb die Gleichung: gegen Gott = Teufel. So geriet auf entsetzlich vereinfachende Weise unter die Rubrik Teufel alles: Nationalsozialismus und Bolschewismus, Hitler und Stalin. Aus verantwortlich zu machenden Menschen wurden nicht greifbare Dämonen.

Wenn man genau auf diese Bühne des Welttheaters schaut, sind da zwei Teufel mit der Kirche im Spiel. Der eine ist der absolute Feind: der Bolschewismus; der andere Feind, der Nationalsozialismus, ist nur teilweise Feind, teilweise braucht man ihn, um den absoluten Feind zu vernichten. „Der Bolschewismus wurde präsentiert als ‚die organisierte Gottlosigkeit', während man sich selbst anmaßte, den erhabenen Verteidigungskampf fürs Abendland zu führen" (Wolfram Wette, „Verteidigungslügen", in: Die Zeit Nr. 28, 8. 7. 88). Also kämpften wir, unsere Soldaten, die keineswegs Freunde des NS-Regimes waren, mit den Nationalsozialisten gegen den Bolschewismus, um Deutschland und das christliche Abendland zu retten.

Diese Verwirrung ist nur erklärlich aus der Sinnwelt des Mittelalters, in der wir noch lebten, in der wir erwachsene Menschen wurden, die real bereits in den Prozeß einer neuen Entwicklung der Welt geraten waren. Aber wir wußten weder, daß wir geistig in der mittelalterlichen Sinnwelt lebten, noch daß diese nur für uns in der Kirche noch existierte, daß sie für andere in der Realität längst zerbrochen, daß Neues aus ihr hervorgegangen war. Hatten wir von Reformation, Neuzeit, Aufklärung, Revolutionen als wichtigen historischen Ereignissen gehört? Von Ereignissen, die Geschichte bestimmten, Entwicklung der Gesellschaft bedeuteten, die vielleicht sogar positiv zu beurteilen waren?

Das waren uns fremdgebliebene Dinge, bekannt als zerstörerische Kräfte. „Wir Christen machen keine Revolution" (Clemens August Graf von Galen). Das waren – man wußte ja, wen man vor sich hatte – Teufelswerke. Die Lage war klar, wozu sich auseinandersetzen? Bolschewismus war stellvertretendes Wort für alles Böse, kein politischer Faktor, eine weltanschauliche, moralische (innerer Bolschewismus!) Größe. Erst als der Krieg auf die Sowjetunion ausgedehnt wurde, wurde auch für die Katholiken der Kampf gegen den Bolschewismus zu einem politischen Feldzug wie vorher in Spanien.

Politischer Widerstand von Katholiken

Politischen Widerstand von Katholiken gegen den NS-Staat lernten wir nicht kennen, was nicht heißt, wir hätten den politischen Widerstand anderer Gruppen kennengelernt.

Die Kirche insgesamt leistete dem Dritten Reich keinen politischen Widerstand. Die Kirche hatte einerseits das Interesse, das Konkordat, den vermeintlich gesicherten Schutzraum für ihre

Belange, nicht durch illegales Verhalten zu gefährden; andererseits war in ihrem Verständnis von staatlicher Obrigkeit kein Platz für das Denken von Widerstand. Wer die Notwendigkeit von Widerstand nicht denkt, weil er selbst hierarchische Obrigkeit ist, formuliert Widerstand nicht, und er organisiert ihn auch nicht.

Jedoch viele Katholiken – Priester und Laien – haben sich für die Kirche eingesetzt, ihre Lehre und ihre durch den Staat zunächst verbürgten und dann aufgekündigten Rechte verteidigt. Dafür mußten viele mancherlei Strafen einstecken. An dieser Verteidigung der Kirche waren wir beteiligt.

Über die Verteidigung von Kirche hinaus gab es – teils sogar als Opposition gemeint – individuelle Solidaritätsbekundungen und Hilfeleistungen einzelner Katholiken Verfolgten und Gefangenen gegenüber, die gefährlich werden konnten, weil das NS-Regime sie verboten hatte. Tausende solcher mitmenschlicher Handlungen geschahen täglich, und nicht wenige waren weniger alltäglicher Art, sie gefährdeten Leib und Leben. Vielerorts ist man bemüht, den oft vergessenen öffentlichen und heimlichen Einsatz dieser einzelnen Katholiken zu würdigen und aufzuzeichnen. Dagegen ist sicher nichts einzuwenden, wenn daraus keine Rechtfertigung wird, die zu beweisen versucht, die Kirche habe doch Widerstand geleistet und wenn damit die Frage erstickt wird: Wie konnte das alles passieren in unserer Gegenwart?

Politischer Widerstand durch Katholiken gegen die Staatsgewalt ist uns verborgen geblieben, er kam nicht bis zu unseren Ohren; die Kirchenführung hat auf ihn nicht hingewiesen und aufmerksam gemacht, sie hat u.a. Pater Reinisch, Franz Jägerstätter, die Leute der Weißen Rose nicht zu Märtyrern erklärt. Ich habe im Nachhinein eher den Eindruck, daß die Kirche von diesem politischen Widerstand offiziell zumindest lieber keine Kenntnis nahm, er geschah gegen ihr Konzept; es entsprach nicht dem Kodex der Kirche, daß jemand sich gegen die Obrigkeit stellt, ihr gar Widerstand leistete.

Die Kirche und wir hatten die NS-Diktatur als Staatsgewalt, der nach kirchlichem Obrigkeitsverständnis Gehorsam zu leisten war, akzeptiert. Wer für die Kirche gegen das Dritte Reich antrat, handelte richtig, weil er für die Rechte der Kirche eintrat, die der Staat mißachtete. Wer aber die Staatsgewalt, in welcher Weise auch immer, in Frage stellte, handelte auch nach dem Verständnis der Kirche illegal. Wer illegal handelte, verstieß auch gegen den Konsens der Kirche mit dem Staat, dem sie Legalität und Legitimität zugestanden hatte.

Unsere Art von NS-Gegnerschaft

Die Gruppen der Katholischen Jugend, zu denen wir gehörten, können nicht für sich in Anspruch nehmen, zum Widerstand gegen den Nationalsozialismus gehört zu haben.

Wir standen eindeutig unter dem Kreuz, keineswegs unter dem Hakenkreuz. Aber dieses „Kreuz“ = Katholische Kirche war seinerseits nicht eindeutig gegen das Hakenkreuz aufgestanden. Die Kirche hatte versucht, mit dem Konkordat für sich, und damit auch für die Verbände der Katholischen Jugend, einen Schutzraum zu sichern. Als sich das als nutzlos erwies, als die Verbände der Katholischen Jugend verboten wurden, gründeten die Bischöfe in den Bistümern Jugendseelsorgeämter, unter deren Dach wir als Gruppen weiter existieren konnten. (Daß damit auf Dauer gesehen Jugendbewegung zur Jugendseelsorge wurde und daraus nicht mehr entlassen wurde, auch nach dem Kriege nicht, bedarf einer eigenen Untersuchung.) Zur gleichen Zeit wurde aus der Hitlerjugend die Staatsjugend, in die die gesamte deutsche Jugend eingegliedert wurde, wir waren illegal. Zwar wurde jetzt manches „abenteuerlicher“, weil verboten war, was wir neben der „erlaubten“ religiösen Arbeit im Kirchenraum weiterhin unternahmen, aber unterbrochen wurde unser Gruppenleben nicht, eher im Gegenteil: es wurde intensiver.

Das Stehen unter dem Kreuz, das Bekenntnis zur Kirche, das forciert wurde als Zeichen unseres Gegenstehens zum Hakenkreuz, hatte viele äußere Formen: Das für Westfalen ganz und gar unübliche „Grüß Gott“ wurde als Begrüßung Eingeweihter üblich. Wir sagten „Grüß Gott“ laut und betont, wenn Nazis in der Gegend waren.

Selbstverständlich war es verpönt, BDM-Uniform zu tragen. Die von uns, die zwangsweise zum BDM mußten, trugen sie nur im Dienst, wer sie darüber hinaus anhatte, wurde – trotz Kleidermangels – schief angesehen. Wir hatten zwar keine Kluft wie unsere Sturmschärler, aber wir trugen als ein Erbe der Jugendbewegung, die uns eben noch gestreift hatte, übermäßig weite Röcke, Zöpfe, Knoten, Gretchenfrisuren – und das parallel mit den Mädchen des BDM.

Wir trugen demonstrativ Ketten mit Kreuzen und Marienmedaillons; wir statteten unseren Zimmer mit Kreuzen, Madonnen- und Heiligenbildern aus, mit Wandsprüchen „unserer" Dichter mit Zitaten aus dem Neuen Testament. Ebenso en vogue waren gerahmte Fotos vom Bamberger Reiter, von der Uta von Naumburg usw. An den Wänden von RAD-Kojen und Soldatenspinden hingen solcherart Bilder und Spruchkarten als trotzig gemeintes Bekenntnis – ein nicht wegnehmbares: Wer konnte schon etwas gegen den Bamberger Reiter haben? Sie waren auch Erkenntnissignale für Gleichgesinnte.

Aus diesem Dagegenstehen gab es einige Konfrontationen für uns; die meisten in der Schule. Wir wußten ganz genau, welche „unsere" Lehrerinnen und Lehrer waren und welche nicht; für die Lehrer und Lehrerinnen galt das umgekehrt genauso. Je nach Weltanschauung gab es in der Schule Benachteiligungen und Bevorzugungen – auf beiden Seiten. Wir waren bewußt mit unseren Lehrerinnen und Lehrern in der Kirche zusammen, besonders als das für diese schon weniger opportun war.

Konfrontationen ergaben sich weiterhin durch die Aufforderungen, in die Hitlerjugend einzutreten. Doch diese erledigten sich bald von selbst, weil die Zugehörigkeit zur Hitlerjugend = Staatsjugend obligatorisch wurde, ebenso wie die zum Reichsarbeitsdienst. In der Praxis sah das so aus, daß wir in unseren kirchlichen Gruppen blieben und dort beheimatet waren; die von uns, die in den BDM mußten, ließen sich dort hin und wieder sehen. Durch die Kriegsereignisse: Kinderlandverschickung, Evakuierung, Kriegsdienstverpflichtung, Zerstörung der Städte, gingen Kontrolle und Disziplin im BDM und in der HJ insgesamt ziemlich unter – mit ganz geringen Ausnahmen.

Ich bin ein einziges Mal in eine BDM-Gruppenstunde gegangen. Eine Mitschülerin hatte insistiert, ich müsse mir das zumindest einmal angeschaut haben. Der Trupp Mädchen zog in den Park und setzte sich auf den Rasen. Die Führerin sagte nach einigen Vorbemerkungen auf französisch – vielleicht mit Rücksicht auf die jüngeren Mädchen –: „Woher kommen die kleinen Kinder?“, wurde dabei rot, einige Mädchen kicherten; ich war bestürzt, damals hatte man das noch nicht zu wissen, und darüber zu reden, war allemal tabu. Nun hatte ich aber außer vielen nicht so geklärten Gründen einen handfesten Grund, nicht wieder zum BDM zu gehen – eine „politische“ Entscheidung!

Ähnlich „politisch“ war unser Verhältnis zum Aushangkasten mit dem „Stürmer“ auf unserem Schulweg. Gelesen haben wir die Texte nie, das tat man nicht, wenn man zu uns gehörte; und die Karikaturen waren uns einfach zu ordinär, unter unserem Niveau. (Auch hier nahmen wir nicht zur Kenntnis, was unter unserem Niveau Realität hatte und mehr und mehr gewann.) Viele von uns waren außer aus religiösen aus ästhetischen Gründen gegen den Nationalsozialismus, der in unserem Vorort häufig recht vulgär in Erscheinung trat.

An einem Gruppenabend berieten wir zusammen mit Vikar K. ernsthaft die Frage: Darf man einen Tyrannen ermorden? Nein. Auch nicht, wenn dieser Tausende in den Tod treibt? Nein. „Du sollst nicht töten“ gilt in jedem Fall, außer: der Staat befiehlt das Töten! Jedoch: jemand kann die Freiheit seines Gewissens in Anspruch nehmen, er kann den Mord auf seine Kappe nehmen, er kann schuldig werden, um zu retten. Keiner von uns aber hat Adolf Hitler getötet.

Höhepunkte unseres Dagegenseins waren von 1935 bis 1944 in jedem Jahr die Gottbekenntnisfeier am Dreifaltigkeitssonntag und die Christkönigsfeier im Herbst. Die Katholische Jugend, die Junge Kirche, traf sich zu begeisternden Kundgebungen, die durchaus als Demonstrationen gegen die NS-Machthaber verstanden wurden. Sie manifestierten unser Reich mit unserem König, dem das Dritte Reich mit seinem Führer letztlich nichts anhaben konnte.

Die Kundgebungen – deklariert als Feiern – wurden in ganz Deutschland einheitlich veranstaltet. Die Text- und Liederhefte wurden anfangs vom Jugendhaus in Düsseldorf herausgegeben, nach dessen Auflösung von den neugeschaffenen Jugendseelsorgeämtern der Diözesen.

Vorbereitet wurden diese Kundgebungen in Singekreisen, zu

denen sich die „Elite“ der legal wie illegal arbeitenden Gruppen der Katholischen Jugend aus den Gemeinden an wechselnden Orten im Dekanat regelmäßig traf. Obwohl diese Singekreise als „rein religiös“ getarnt waren, wurden sie von der Gestapo mißtrauisch beäugt. Mit Grund, denn hier trafen sich die von uns, die entschieden „dagegen“ waren, d. h. entschieden die Kirche verteidigten und für sie eintraten.

Wir lernten dort die neuen Lieder aus dem grauen „Singeschiff“. Jupp Stemmrich leitete einige Zeit mehrere Singekreise in Dekanaten des Erzbistums Paderborn, und zwar so, daß sie zu unseren besten Erlebnissen jener Zeit gehören. Wir lernten in den Singekreisen nicht nur unsere religiösen Lieder, sondern viele andere, auch neue, die zu unserem in dieser Beziehung beachtlichen „Kulturgut“ gehörten, die Fortsetzung der Liederarbeit in der Jugendbewegung waren.

Wir waren gegen den Nationalsozialismus, weil er gegen die Kirche auftrat. Von Widerstand gegen das politische System samt seiner weltanschaulichen Struktur kann keine Rede sein. Wir kannten und erkannten dieses System nicht.

In meinem Material aus der Zeit des Dritten Reiches gibt es keinen Versuch einer Analyse des NS als politischem Faktor, die Auseinandersetzungen mit der NS-Weltanschauung sind spärlich und apologetischer, polemischer Art. Vom Anfang bis zum Ende blieb das Verdikt (Wolker 1935): „Der Nazismus ist satanisch“, und die Beruhigung: „Aber über Satan regiert Gott“.

Unsere glaubende, nicht kritisch denkende Mentalität hat mitgeholfen, die Hitler-Diktatur möglich zu machen, hat uns andererseits meinen lassen, wir hätten ihr widerstanden. Die intellektuelle Leistung, den Nationalsozialismus zu erkennen, haben wir nicht erbracht, ebensowenig das katholische Milieu, die Kirche in Deutschland, der Papst in Rom.

Dennoch, obwohl die Gabe der Unterscheidung von uns nicht gebraucht wurde, waren wir aus mehr oder weniger emotionalen Gründen gegen Hitler, gegen die Nationalsozialisten, gegen das Dritte Reich – wir reagierten auf sie wie auf ein rotes Tuch. Die Gründe? Hitler, die SA, die SS – das waren schlicht und einfach nicht unsere Leute, das war ein anderer „Stallgeruch“; wobei Hitler, der Reichskanzler, der Führer, der Mann, der mit der Vorsehung umging, ein wenig weniger „des Teufels“ war als es die Nationalsozialisten, die SA und die SS waren. Die NSDAP „schmeckte“ uns nicht. Im Namen: Nationalsozialistische Deutsche Arbeiter-Partei waren Elemente, auf die wir allergisch reagierten: „sozialistisch“: das ging in Richtung Sozialismus, Marxismus, Kommunismus, Atheismus, Rationalismus; die Moderne samt ihrer Kunst (entartete!) und ihrer Musik (Jazz – artfremde Negermusik!) gehörte auch für uns unsortiert in den Topf Bolschewismus. Das waren alles mehr dem Satan, dem Herrn dieser Welt, zugehörige Sachen – davor schütze uns Gott!

Für uns waren Kommunisten, Sozialdemokraten (ich bin mir noch nicht einmal sicher, ob wir diese unterschieden haben) und Nationalsozialisten prügelnde Leute von der Straße, uniformierte, marschierende, grölende, sich schlagende. Für uns damals schon Erinnerung, denn mittlerweile marschierte – „mit ruhig festem Schritt“ – nur noch die eine Partei.

Von der bitteren Fehde zwischen Sozialdemokraten und Kommunisten, die sich so verheerend auf die Weimarer Republik auswirkte, wußten wir nichts. Das Wort „Sozialfaschisten“, mit dem die Kommunisten die Sozialdemokraten bezeichneten und bekämpften, kannten wir nicht. Jedenfalls: sozialistisch – in welchem Zusammenhang auch immer – war uns suspekt, auch im Hinblick auf die NSDAP.

Das zweite, uns fernhaltende Wort im Parteinamen war „Arbeiter“. Arbeiter waren für uns – das sage ich mit Hinblick auf einige Familien von uns mit Einschränkungen – in gewisser Weise fremd. Wir waren ja – wenn auch nicht sehr bemittelt, aber mit Eigentum – „aus gutem Hause“, und Arbeiter waren eben Arbeiter, ein Stand für sich, wenn das Schema durch die langansässigen Bergleute mit Kotten auch durchbrochen war. Wir waren kleine Kaufleute, selbständige Handwerker (alles Familienbetriebe mit ein paar Lohnabhängigen drumherum), Lehrer, Beamte, die „Kleinbürger“ samt Apotheker, Arzt und Pastor. Das gleiche gab es in unserem Ort in der gleichen Besetzung nochmal als evangelisches Milieu.

Wir hatten zwar Mädchen aus Arbeiterfamilien in unseren Gruppen, aber ihre Familien waren in unserem katholischen Milieu nicht tonangebend. Selbst unter unseren Vereinen hatte der Katholische Arbeiterverein das geringste Ansehen, obwohl er – das weiß ich erst im nachhinein – damals die fortschrittlichste Gruppe im katholischen Verbandswesen war.

Der ausschlaggebende Punkt für unser Dagegensein war jedoch: Wir waren gegen die Nationalsozialisten, weil sie gegen die Kirche kämpften, gegen ihre Institutionen, gegen ihre Moralvorstellungen. Die Nationalsozialisten erklärten das Christentum zur artfremden Religion; sie betrieben die Entfernung von Kreuzen und anderen religiösen Zeichen aus Schulen und anderen öffentlichen Gebäuden. Tortz Konkordat beschnitten sie den Religionsunterricht in den Schulen, verboten die katholischen Verbände samt deren Publikationen; sie beschlagnahmten Klöster, vertrieben Ordensleute. Personen, die sich diesen Maßnahmen widersetzten, sie rügten, umgingen, drohten Strafen: Verwarnungen, Geldbußen, Redeverbot, Aufenthaltsverbot, Betätigungsverbot, Festnahmen, Schutzhaft; die Machthaber machten häufig Gebrauch davon, es waren wirkungsvolle Einschüchterungsversuche. Der Bischof von Münster (und andere Bischöfe) nahm dazu Stellung und wandte sich darüber hinaus gegen die Gefährdung der religiösen Erziehung der Kinder und deren Beeinflussung durch die NS-Weltanschauung, gegen die Mißachtung der Zehn Gebote, insbesondere die des 5. Gebotes im Zusammenhang mit den Euthanasie-Maßnahmen, der Tötung „lebensunwerten Lebens“ durch die NS-Machthaber und rief auf, sich dagegen zu wehren, dennoch im Gehorsam für Volk und Vaterland zu bleiben, „denn wir Christen machen keine Revolution“.

Daraus entwickelte sich kein Widerstand gegen den Nationalsozialismus (dem gewiß Verwerflicheres vorzuwerfen ist als die Einschränkung der katholischen Religion), sondern vehemente Verteidigung der katholischen Kirche. Wir verteidigten die Kirche nicht nur, sondern wir waren mit großem Engagement damit beschäftigt, mit ihr zusammen dem Nationalsozialismus gegenüber unser Reich zu behaupten, uns immer mehr in ihm einzurichten, es zu befestigen, es auszustatten mit allem, was wir für unser kulturelles, geistiges und religiöses Leben zu gebrauchen meinten. Wir lebten voll und ganz in diesem Reich, aufgerichtet gegen das Dritte Reich.

Was aber taten wir für das Land, das Volk, für die Verfassung einer demokratischen Gesellschaft, für deren Zukunft, die wir (gänzlich ohne Konzept) bauen wollten? Für Freiheit, Gleichheit und Gerechtigkeit?

Wir, unser Milieu und die Kirche wurden nicht verfolgt, uns wurde etwas verboten. Die kirchlichen Institutionen und Wirkmöglichkeiten erfuhren Einschränkungen. Wir, unser Milieu und die Kirche nahmen dagegen Stellung; politischen Widerstand gegen die Staatsgewalt leisteten wir nicht. Wir verteidigten die Kirche und ihre/unsere Belange. Die Kirche hat bis zum Ende des Dritten Reiches ihre Lehre verkünden, ihren Kult feiern und ihre Gemeinschaft leben können – teils intensiver als je zuvor und danach.

In unserer hierarchisch strukturierten katholischen Mentalität war keine Voraussetzung für Widerstand. Die wenigen, die ihn dennoch leisteten, waren unserem Milieu entwachsen. Das Milieu hat sie weder hervorgebracht noch unterstützt; sie wurden für uns keine Aufforderung, so zu handeln wie sie. Beides: verfolgt gewesen zu sein und widerstanden zu haben, kommt anderen zu: denen, die Verfolgte waren, und denen, die tatsächlich politischen Widerstand leisteten.

Schuldig geworden

Wir waren in der NS-Zeit „in allem Leid und Traurigkeit“ voll von einer merkwürdig euphorischen Hochstimmung, bestimmt von der Gewißheit, letztlich zu siegen: „dann bauen wir die Völker mit neuen Menschen auf“, bestimmt von der Gewißheit, auf der richtigen Seite zu kämpfen. Wir waren geschützt in einer Art religiösem Wahn. Nun stehen wir – es sind nur wenige, die es wissen – ungeschützt da in der Gewißheit, schuldig geworden zu sein – wir, das katholische Milieu, die Kirche. Die Erkenntnis der Schuld, die Analyse ist nicht leicht. Insgeheim gibt es große Angst vor der Einsicht, „das Haus voll Glorie“ als Ghetto zu erkennen. Das darin gelebte Leben verliert Glanz und Bedeutung, die Hände sind leer, und ich erkenne Schuld statt Bewährung, an die ich geglaubt hatte.

Das katholische Milieu, getragen von vielen, die einmal „wir" waren, hat sich zwar verändert, ist sich aber treu geblieben. Die Kirche hat sich für das Bewußtsein der Gesellschaft relativiert: sie wurde eine Institution unter anderen gesellschaftlichen Institutionen, ihr Selbstverständnis aber ist geblieben, obwohl es unter dieser Einordnung gelitten hat.

Wir haben der Kirche nach der Entzauberung in den fünfziger Jahren Schuld zugewiesen. Wir haben zunächst mit dem Etikett (es war, wie sich später herausstellte, ein Schwindeletikett) „Amtskirche" das Heile und das Unheile in der Kirche trennen wollen, getreu unserem Milieuschema, das Gute und das Böse nennen zu können und auf der guten Seite im gewohnten Ghetto zu sitzen, als ob die Amtskirche, die Kirche von oben und die Kirche von unten nicht der gleichen Theologie anhingen, zum gleichen Milieu gehörten, als ob Bischöfe und Priester nicht Kinder des gleichen „Volkes" seien wie die Laien. Wir haben also vom Papst und von den Bischöfen verlangt, die Schuld, die sie im Dritten Reich auf sich geladen haben, zu erkennen. Dann erkannten einige, daß die Schuld sich nicht nach oben abschieben läßt. Damit bekam das hierarchische System einen gehörigen Knacks. Sicher haben Bischöfe durch Reden und Schweigen, mit ihrem Lavieren sich schuldig gemacht, haben die Päpste Pius XI. und XII. mit dem Konkordat 1933 unheilvolle Zeichen gesetzt, das erklärt aber nicht unsere Schuld.

Es handelt sich um Schuld, die wir nicht „willentlich" auf uns luden, eine subtile, diffizile Schuld. Wir hatten eine Binde vor unseren sehenden Augen. Sie nicht abgerissen zu haben, ist ein großer Teil unserer Schuld. Ein anderer ist die klägliche Belanglosigkeit der Verteidigung der Kirche, mit der wir beschäftigt waren, als die Nationalsozialisten, von uns ungehindert, ihre Verbrechen begingen. Ebenso gehört zu unserer Schuld die harmlose Dummheit, mit der wir glaubten, Zeitereignisse in Heilsgeschichte einordnen zu können: „Gott läßt zu, daß Satan Menschengestalt annimmt und die Macht erhält?" Ludwig Wolker 1935: „Ja, das läßt er zu, weil wir es einerseits verdienen, andererseits, um uns zu prüfen."

Wir wußten und einige sahen es auch, daß Menschen wegtransportiert wurden, mit denen wir bis dahin friedlich – aber mit

Vorurteilen – zusammenlebten („dreckige Juden, Halsabschneider; Rotblau – Polackenfrau, polnische Wirtschaft; die Zigeuner kommen, holt die Kinder rein“). Sie waren weg, weg aus unserem Gesichtskreis.

Wir haben von den Todesfabriken in den Konzentrationslagern nichts gewußt. Wir hatten noch nicht einmal eine reale Vorstellung von den „normalerweise“ in den KZ verübten Verbrechen an Menschen. Von den unvorstellbaren Massenmorden erfuhren wir nichts. *Was aber wäre gewesen, wenn wir davon gewußt hätten?* Was hätte sich verändert? Nichts! Wir hätten auch diese Verbrechen geschehen lassen, das fabrikmäßige Töten von Millionen Juden, Polen, Russen, Zigeunern, politisch Andersdenkenden.

Diese Erkenntnis läßt den Atem stocken. Ich kann nicht begreifen, wie das gemacht werden konnte inmitten einer doch zivilisierten Bevölkerung, die aß und trank und schlief und sich fortzeugte wie eh und je.

Die Mauer, die uns umgab, die uns nicht sehen ließ! Es will mir nicht in den Kopf, ich kann es nicht fassen, daß diese Mauer bestand, und daß wir sie nicht durchstoßen haben. Wir sind durch unser mangelndes Bewußtsein von uns selbst, von unserer geschichtlichen politischen Situation schuldig geworden. Die hochgemute Gewißheit, nicht schuldig geworden zu sein, ist ein Teil dieser Schuld. Es bleiben unaufhörlich Schmerz und Trauer.

Der Krieg und das Dritte Reich sind zu Ende: Wir haben weitergemacht, als ob nichts geschehen wäre

So haben wir nach 1945 weitergemacht mit dem gleichen Rüstzeug, mit unerschüttert gebliebenem Glauben, mit unseren überkommenen Wertvorstellungen, mit unserer Alles-hat-einen-Sinn-Gewißheit, unserer Selbsteinschätzung, zu Hohem berufen zu sein als Katholiken und als Deutsche. Wir machten weiter, als ob von 1933 bis 1945 unsere Welt nicht zerstört worden wäre, als ob wir nicht dabeigewesen wären.

Selbst als in den ersten Zeitungen nach dem Krieg die Berichte und Bilder aus den Konzentrationslagern die volle Wahrheit an das Tageslicht brachten, packte uns kein lähmendes Entsetzen. Andere waren so erschüttert, daß sie sagten, nach Auschwitz ein Gedicht zu schreiben sei barbarisch (Adorno), wir aber legten noch nicht einmal eine Denkpause ein.

Ich wurde Dekanats- und etwas später Diözesanführerin der katholischen Mädchenjugend. In keiner Veranstaltung in unseren Zusammenhängen gab es einen Blick zurück; in unseren vielfältigen Veröffentlichungen gibt es keine Infragestellung unseres Verhaltens während der NS-Zeit, gibt es keine Reflexionen über die Verbrechen, die im nationalsozialistischen Dritten Reich begangen wurden, keine Frage nach unserer Schuld, nach unserer Verantwortung.

Jedoch: 1945 wurde für mich der Anfang einer Befreiung. Begriffen habe ich diese Befreiung erst nach und nach, Schritt für Schritt, als ich kennenlernte, was wir nicht kannten in Gottes und dem Dritten Reich, was uns vorenthalten wurde von der NS-Diktatur und von der Kirche, die die Ringmauern errichtet hatten, in denen wir aufgewachsen waren. Die erste Mauer wurde für uns von außen zerbrochen. Die Mauer, die die Kirche um uns baute, wurde nur langsam überwunden, der Prozeß dauert noch an.

„Ich schaue dabei nicht viel zurück in die Vergangenheit – sie ist vorüber. Will nicht abrechnen mit dem, was hinter uns liegt – es ist hinter uns. Ich schaue vorwärts in den Tag, der euch gegeben ist..."

Msgr. Ludwig Wolker, Haus Altenberg, Hauptstelle der katholischen Jugendarbeit, in seiner Rede auf einer Kundgebung der Katholischen Jugend Kölns am 24. 2. 46.

Matthias von Hellfeld

Bündischer Mythos und bündische Opposition
Zur Neubewertung der bündischen Tradition und ihrer kulturellen Praxis

Seit vier Jahrzehnten wird über die Bündische Jugend während des Nationalsozialismus heftig und emotional gestritten. Zum einen ist das tatsächliche, also einigermaßen nachweisbare Verhalten der bürgerlichen Bündischen Jugend in der Zeit des Umbruchs von der Demokratie zur Diktatur Gegenstand entgegengesetzter Interpretationen. Zum anderen streitet man sich über die Bewertung zahlreicher bündischer oder vermeintlich bündischer „Oppositions"-Gruppen. Die Komplexität des Themas und die vorhandenen persönlichen Erinnerungen der Zeitgenossen lassen schillernden Erklärungsversuchen einer tatsächlich schillernden Bewegung weiten Raum. Daneben gibt es pauschale Urteile über ein Verhalten, das facettenreicher und widersprüchlicher war, als es auf den ersten, vielleicht zu oberflächlichen Blick scheint.

Über die apologetische oder zu einem bestimmten (Selbst-) Zweck geschriebene Literatur ist genug gesagt und geschrieben worden. Aber auch in der seriösen Literatur finden sich Urteile, die so pauschal nicht aufrecht zu erhalten sind. 1984 schrieb Ekkehard Holler:

> Die Jugendbewegung war nie profaschistisch, sondern in ihrer Wendung gegen den Spießer und den gesellschaftlichen Konformismus stets alternativ und tendenziell links. Dank ihres spezifischen, kulturellen Milieus bildete die Bündische Jugend im Dritten Reich einen relativen Bestandteil des illegalen Jugendwiderstands. (Holler 1984, S. 74)

Da ist zwar etwas dran, aber so allgemein gesagt, stimmt es nicht. Es gibt natürlich auch einen Gegensatz zu Ekkehard Holler:

> Heute noch von einer Perversion bündischer Praktiken und bündischen Gedankenguts durch die Nazis zu sprechen, hieße ganz einfach zu verkennen, in welchem Maße die Weltanschauung der Nationalsozialisten durch wesentliche Bestandteile bündischen Denkens bereits vor 1933 vorweggenommen worden ist. Was sich zwischen 1933 und 1939 in der institutionellen Fusion von HJ und bürgerlicher Jugend vollzogen hat, war die logische Konsequenz einer gemeinsamen ideellen Grundstimmung, deren Ursachen sowohl in der politischen, konservativen Disposition des wilhelminischen Bürgertums im Vorfeld des eigentlichen Faschismus als auch in der pseudorevolutionären, zivilisationsfeindlichen und antirationalistischen Einstellung der frühen Nationalsozialisten zu finden sind. (Kater 1977, S. 174)

Daneben gibt es Darstellungen von beteiligten Zeitzeugen. Die Kölner Dissertation von Michael Jovy aus dem Jahre 1954 war zur Zeit ihrer Entstehung der erste Versuch eines Beteiligten, das gerade Geschehene mit den Kategorien der Wissenschaft zu notieren. Heute, 35 Jahre später, ist diese Arbeit selbst zu einem historischen Dokument geworden. Es zeigt, wie schwer es ist, jene Darstellungen richtig zu würdigen, die in ihren Interpretationen bei aller Wissenschaftlichkeit zu sehr in den Wertvorstellungen des zu betrachtenden Gegenstands – nämlich der Bündischen Jugend – verhaftet geblieben sind.

> Im allgemeinen sah die Bündische Jugend in der Übereinstimmung von Sprache, Sitte, dem Zusammenhang geschichtlichen Werdens und dem Blut, als seelenformender Kraft, die wesenhaften Grundlagen des Volkes. Ihr Ziel war die Erneuerung des Volkstums durch den ‚wesentlichen Menschen', der in einer echten und erlebten Beziehung zu den Tiefen der Volksseele stehen sollte. (Jovy 1984, S. 103)

Jovys Ausführungen über den „wesentlichen Menschen" – dem zwangsläufig auch der „unwesentliche Mensch" gegenüberstehen muß – sind nicht ohne weiteres zu begreifen. An diesen und vielen anderen Beispielen wird sichtbar, wie sehr die Bündische Jugend zum Mythos geworden ist. Die einen stilisieren sie hoch zum Ausbildungsplatz für den „neuen Menschen", die anderen würdigen sie herab zum Tummelplatz krimineller, meist auch homosexueller Jugendlicher. Eine weitere Variante unterstellt den „wirklichen" Bündischen, schlechthin zum Widerstand gegen das Dritte Reich gehört zu haben.

Wie war das Verhältnis der Bünde zum Staat von Weimar, wie standen sie zum aufkommenden Nationalsozialismus und vor allem, wie verhielten sie sich gegenüber der allmählich zur Konkurrenz erwachsenden Hitlerjugend? Hatten die führenden Persönlichkeiten der Bündischen Jugend politische oder soziale Konzepte, die aus der von ihnen als bedrückend empfundenen Lebenssituation einen Ausweg wiesen? Welche Strukturen herrschten in den rund 1200 Gruppen und Grüppchen und waren diese schließlich geeignet, etwa 100 000 Jungen und Mädchen für den Erhalt der gefährdeten Demokratie ins Rennen zu schicken?

Zunächst ein kurzer Blick auf das Panorama der Bündischen Jugend gegen Ende der zwanziger Jahre. Die „Deutsche Freischar" (DF) war innerhalb der Bündischen Jugend mit etwa 12 000 Mitgliedern der größte Einzelbund. In der Freischar wirkten liberale und republikbejahende Einflüsse der schon vor dem 1. Weltkrieg gegründeten „Freideutschen Jugend" am ehesten weiter. Widerstreitende Meinungen, gleichberechtigtes Nebeneinander und eine auch heute noch beeindruckende Bildungsarbeit für junge Menschen charakterisieren diesen Bund. Im schlesischen Boberhaus, im Musikheim Frankfurt an der Oder und in freiwilligen Arbeitslagern wurden viele Zehntausend Jungen und Mädchen körperlich und geistig geformt (vgl. Greiff 1985). Die Freischar wollte eine jugendliche Elite heranbilden, die vor allem in pädagogischen und wissenschaftlichen Berufen ihr Wissen und Können an die nachfolgenden Generationen weitergeben würde. Der Einfluß reformpädagogischer Ideen ist unübersehbar.

Zum idealistischen Flügel der Bündischen Jugend zählte auch die „Freischar junger Nation" (FjN), die unter der diktatorischen Führung des Admirals a. D. Adolf von Trotha stand. Jener Adolf von Trotha war eine der prominenten Führungsgestalten der Bündischen Jugend, auch wenn er für deren Verhältnisse ein nahezu greisenhaftes Alter schon längst erreicht hatte. Trotha gehörte während des sog. Kapp-Putsches 1920 zu der Gruppe von Offizieren, die gegen den Vorschlag des damaligen Reichswehrministers Noske opponierten, die Aufständischen mit regierungstreuen Truppen niederzuwerfen. Er mußte zeitweilig mit einer

Anklage wegen Landesverrats rechnen und wurde als Chef der Admiralität entlassen. Was blieb, war sein guter Kontakt zur Reichswehr, insbesondere zum späteren Reichspräsidenten von Hindenburg. So überrascht es nicht, daß Trotha seine „Freischar junger Nation" im Geiste der Wehrertüchtigung leitete und den absoluten Führergedanken durchsetzte, um von „gesetzmäßig vorgeschriebenen, parlamentarisch geforderten Statuten freizukommen" (vgl. BA Koblenz, NS 26/334).

Eine herausragende Figur innerhalb der Bündischen Jugend war der 1907 in Stuttgart geborene Eberhard Köbel. Seine am 1. November 1929 gegründete und nach diesem Datum benannte „Deutsche Jungenschaft vom 1.11." (dj. 1.11) revolutionierte die Bündische Jugend. Jungenschaftliche Stilelemente setzten sich bald wie ein Flächenbrand überall durch. Köbel war zwar außerhalb der dj. 1.11 nicht besonders angesehen, organisationspolitisch kaltgestellt, sein Einfluß aber blieb für viele Jungen ein Leben lang prägend. Die dj. 1.11 war der erste Bund, der der technischen Welt aufgeschlossen gegenüberstand. Nicht mehr allein der Rückzug in die damals noch gesunde Natur stand auf dem Programm: Architektur, Philosophie und Moderne Kunst, versierter Chorgesang, eigene Lieder, skandinavische und russische Literatur, Folklore und Mythologie und schließlich noch das Heldenideal des todesverachtenden Kriegers der japanischen Samurai – all das machte die dj. 1.11 ungemein attraktiv. 1931 wurde die erste von insgesamt zehn sog. „rot-grauen Garnisonen" gegründet. Dort sollten Studenten und Arbeiter in einer Art Kommune gemeinsam leben und arbeiten. In den „Kultur-Klubs" wurde für Revolution und Sozialismus gearbeitet und gelehrt. Allein das machte Eberhard Köbel, der den Beinamen „tusk" – der Deutsche – trug, für die Nationalsozialisten zu einem roten Tuch.

Ebenso elitär wie die dj. 1.11 war der „Nerother Wandervogel". Dieser nach einem Eifeldörfchen benannte Jungenbund führte exotische, monate-, manchmal jahrelange Großfahrten durch, die mit Straßenmusik und anschließenden Diavorträgen finanziert wurden. Das Bundesleben spielte sich hauptsächlich in der von ihnen renovierten Ruine der Burg Waldeck ab. Der Bundesführer Robert Oelbermann wurde am 13. Februar 1936 von der Gestapo als „Staatsfeind" verhaftet; nach qualvollen Jahren in verschiedenen Konzentrationslagern starb er an den Folgen der Haft in Dachau am 29. März 1941. Sein Bruder Karl kehrte von einer Großfahrt nach Afrika nicht wieder zurück und blieb 19 Jahre im Exil.

Neben der idealistischen Richtung gab es einen auch zahlenmäßig relevanten völkischen Flügel: mit zum Teil fließenden Übergängen zu nationalistischen Gruppierungen und den sog. „Sozialrevolutionären". Die wichtigsten dieser völkischen Bünde waren die „Adler und Falken", die „Geusen" und die „Artamanen". Die „Geusen", die 1919 aus der Wanderjugend des „Deutschnationalen Handlungsgehilfenverbandes" entstanden waren, bekannten sich Pfingsten 1929 als erste bündische Gruppe zum Nationalsozialismus. Die „Artamanen" brachen am Nationalsozialismus auseinander, spalteten sich, ein Teil schloß sich als Landdienst rasch der HJ an. Rudolf Höss, Heinrich Himmler und Walter Darré gehörten Mitte der zwanziger Jahre zeitweilig zu den „Artamanen".

Schließlich darf man die national-revolutionären Gruppen der Bündischen Jugend nicht vergessen. Sie forderten sozialistische Erneuerungen, lehnten die NSDAP als Partei des „nationalen Sozialismus" ab, beschimpften sich als „bürgerlich" und beklagten lautstark die autoritären Führungsstrukturen der Hitler-Partei. Hans Ebeling, Bundesführer des „Jungnationalen Bundes", galt ebenso wie der später nach Paris emigrierte Schriftsteller Karl Otto Paetel als Wortführer. Paetel gründete 1928 den „Arbeitsring junge Front" und zwei Jahre danach die „Gruppe sozialrevolutionärer Nationalisten". In dieses zahlenmäßig kleine Umfeld gehörten auch die „Schwarze Jungmannschaft" oder die „Bündische Reichsschaft". Auf ihr Konto ging die Organisation von zwar mitunter turbulenten aber eben doch wirkungslosen Diskussionsveranstaltungen. Diese Gruppierungen hörten bald nach 1933 auf zu existieren, einzelne ihrer Mitglieder blieben bei ihrer Oppositionshaltung, wie beispielsweise Harro Schulze-Boysen, der im Zusammenhang mit der Widerstandsgruppe „Rote Kapelle" im Dezember 1942 hingerichtet wurde.

Bündische Jugend und Politik

Das Verhältnis der meisten Bünde zur Politik der Weimarer Republik und zu den staatstragenden Parteien war von fehlendem Realitätssinn bestimmt. Franz-Josef Krafeld hat es in seiner Geschichte der Jugendarbeit so formuliert, daß die Wahrnehmung der Wirklichkeit durch ein wirklichkeitsfremdes, aus Idealismen bezogenes Weltbild bestimmt gewesen ist. Diese Ablehnung entstand nicht erst im Zuge der immer bedrohlicher werdenden wirtschaftlichen und sozialen Krise, sondern war von Anfang an vorhanden. Selbst in der Deutschen Freischar galt die Einstellung, daß der „ewige Kompromiß" des politischen Systems abzulehnen sei (Jovy 1984, S. 43). Das klingt geradezu harmlos gegen eine 1930 bei den „Adlern und Falken" geäußerte Meinung:

> Wir sind uns bewußt, daß hier eine Auseinandersetzung mit der Waffe erfolgen muß, denn das international gebundene Besitzbürgertum wird nicht freiwillig zu Gunsten der Nation zurücktreten. (*Die Kommenden,* H. 2/1930)

Die Ablehnung der Demokratie hatte etwas mit der inneren Struktur der Bündischen Jugend zu tun, die von einem eher irrationalen Lebens- oder Gemeinschaftsgefühl geprägt war. Nicht analytisch gewonnene, rationale oder politische Anschauungen waren Grundlage ihrer Weltanschauung, vielmehr waren die Gruppe, bzw. das Leben, die Menschen und deren Aktivitäten wichtiger als politische Entscheidungen. Bestätigt wurden sie durch die politischen Umgangsformen und sozialen Auseinandersetzungen am Ende der Weimarer Republik. Damit standen sie wahrlich nicht allein, die Distanz zur parlamentarischen Demokratie war kein Spezifikum der Bündischen Jugend. In dieser Frage schwammen sie durchaus mit dem Strom der Zeit.

Am 9. September 1932, also kurz vor den Novemberwahlen des Jahres hielt Adolf von Trotha vor dem versammelten Führerkreis seiner Freischar Junger Nation eine Rede, die offensichtlich mögliche Anschlüsse an nationalistische oder extreme Ideologien verdeutlicht:

> Die Nation will im Glauben an die gottbestimmte Sendung des Deutschtums den Weg offen sehen für ein freies, großes neu-

geordnetes Reich. Sie fordert als Gebot der Stunde die Überwindung des Parteienstaates. Staatsmännischer Geist muß in dieser Stunde die Größe finden, die bereitstehenden Kräfte des Volkes zusammenzuführen, die zur Neuordnung berufen sind (vgl. BA, NS 26/334).

Die innere Struktur der Bünde war nicht demokratisch im Sinne von Abstimmungsmehrheiten. Die Mitglieder der bündischen Gruppen hatten keinerlei Erfahrung in praktisch angewendeter Demokratie. Dennoch waren bündische Gruppen nicht etwa diktatorisch oder nur autoritär hierarchisch strukturiert. Die spezielle innerbündische Demokratie basierte auf anderen, von außen schwer zu durchschauenden Strukturen und Prinzipien. Die nach rationalen Kriterien aufgebaute demokratische Ordnung fand kaum Anklang. Das galt in noch stärkerem Maße für die Weimarer Parteien, denen vorgeworfen wurde, sie seien zu „Meinungs- und Interessengesellschaften" verkommen, böten der jungen Generation keinen Platz und seien zum bloßen Funktionieren degradiert; darüber hinaus sei Verantwortung kollektiviert, in bündischen Augen etwas ganz und gar Unmögliches.

Der Mangel an praktischer Demokratieerfahrung bewirkte die Distanz gegenüber den Werten der Demokratie auf dem Parkett der großen Politik. Dabei war es doch jene marode Demokratie, die sich schon zu empfehlen begonnen hatte, die ihnen die Existenz ermöglichte. Den meisten Bündischen war es unmöglich, in der verbandlich organisierten Politik tätig zu werden, weil sie befürchteten, ihre „bündische Idee" dort nicht aufrechterhalten zu können. Prinzipien wie Elite, Freundschaft oder Förderung des Individuums und der enge personale Zusammenhang stand in Parteien die Notwendigkeit zu konsensfähigen Mehrheiten gegenüber. Das schien sich aus bündischer Sicht gegenseitig auszuschließen, so wurde den Parteien in bündischen Schriften das eherne Prinzip von „Auslese und Bewährung" entgegengehalten. Der „Deutsche Pfadfinderbund" bezeichnete Parlamentarier als „Volksagitatoren", andere schimpften auf die „schmutzigen, trübe und träge fließenden Kanäle des liberalistischen Parteiensystems" (Paetel 1961, S. 61). Für Werner Lass, dem Bundesführer der „Freischar Schill", war die Bekämpfung des „Parteienunwesens" eine Lebensaufgabe. Die „Gruppe sozialrevolutionärer Nationalisten“ ging gegen das System an und für „die Kommenden“, eine Zeitung im bündischen Umfeld, war der „zukunftslos gewordene Parlamentarismus“ verantwortlich für fehlende Konzepte zur Bekämpfung der umfassenden Krise der ersten deutschen Demokratie.

Gleichwohl es innerhalb der Bündischen Jugend politisch gemeinte Arbeitsgemeinschaften gab, wie etwa die „Volkskonservative Vereinigung“, das „Kabinett der Bünde“, der „Arbeitsring Junge Front“ oder die „Staatspolitische Reichsgruppe Bündischer Jugend“, blieb die politische Bildung zur „direkten“ politischen Aktion unfähig (Jovy 1984, S. 48). In der weitgehenden Abgrenzung von der organisierten Politik lag aber gleichzeitig der Grund für die enorme Attraktivität der Bünde. Sie boten den Jugendlichen den von ihnen gewünschten emotionalen Freiraum als Alternative zu politisch festgelegten und theorielastigen Angeboten anderer Organisationen.

Die Bündische Jugend war nicht in der Lage und wollte es auch nicht sein, der dahinsiechenden Republik zur Seite zu stehen. Aber hätte ihre Hilfe etwas genützt? Die Bündische Jugend stand mehrheitlich in der Front derer, die das politische System von Weimar durch ein anderes ersetzt sehen wollten. Damit gehörte sie zu den Totengräbern der Demokratie. Das heißt aber nicht, daß sie den Nationalsozialismus wollte!

Bündische Jugend und Nationalsozialismus

Hitlerjugend und Jungvolk waren vor 1932 zu keiner besonderen Bedeutung gelangt. Dem Vergleich mit den gut organisierten Parteijugendverbänden, den kirchlichen Jugendorganisationen und der Gewerkschaftsjugend konnten sie nicht standhalten. Die Hitler-Jungen und -Mädchen waren anfangs als Klebekolonnen eingesetzt und hatten in ihrer Partei das Image eines Anhängsels. Das änderte sich allmählich Anfang der dreißiger Jahre, als die NSDAP-Führung den Wert eines ihr ergebenen Nachwuchses erkannte. Nun begann der Aufstieg eines Baldur von Schirach, der zunächst den NS-Studentenbund und dann Hitlerjugend und

Jungvolk führte. In den Augen der „Reichsjugendführung" (RJF) war die Bündische Jugend ein äußerst lästiger Konkurrent, verkörperte sie doch das verhaßte Bürgertum, sammelten sich in ihr „Spießer" aller Schattierungen. Je deutlicher sich der endgültige Zusammenbruch der Weimarer Republik und damit auch der Aufstieg der Nationalsozialisten abzeichnete, desto härter wurde die Konfrontation zwischen Hitlerjugend und Teilen der Bündischen Jugend. Dabei reklamierte die HJ stets den alleinigen Führungsanspruch für sich und machte klar, daß sie in einem NS-Deutschland die alleinige Jugendorganisation sein werde.

Baldur von Schirach hob 1933 hervor, der Nationalsozialismus sei keine bündische Gemeinschaft. Die Bünde seien „ängstliche Überlieferer sterbender Traditionen". Etwas anders hingegen urteilte Walter Kost in seiner wenig beachteten, 1942 veröffentlichten Dissertation. Darin bemüht er sich den Beweis für das reibungslose Ineinandergreifen nationalsozialistischer und bündischer Vorstellungen zu führen. Beiden unterstellt er eine „organische ganzheitliche Lebensidee", nach der die „einheitliche Ausrichtung des Lebens" durchgeführt werde. Der NS-Staat, basierend auf dem auch in den Bünden praktizierten Führer-Gefolgschaftsprinzip, verwirkliche den „großen Bund". Der stammestümlich gegliederte Staat und die Hinwendung zur Bindung des Einzelnen an die Gemeinschaft fänden sich im NS-Staatsaufbau wieder, ebenso wie bündisch-agrarrevolutionäre Vorstellungen durch die Hervorhebung der Bauern im neuen deutschen Bodenrecht zur Geltung kämen (vgl. Kost 1942, S. 70).

Zumindest gefühlsmäßig standen viele Bündische dem sog. „organischen" Staat, der Vorstellung einer ständisch-ländlichen Ordnung nahe. Diese neue Lebensordnung sollte von unten wachsen, durch Führung und Gefolgschaft autoritär gegliedert sein. Parlamente und Parteien waren dabei überflüssig, weil das unmittelbare, persönliche Verhältnis des Führers zur Gefolgschaft genügend Schutz vor Absolutismus und Despotismus bieten würde. Vertikal sollte dieses „bündische Reich" organisiert sein durch Genossenschaften und Standesorganisationen. Vorbilder fanden sich in den Gilden, Zünften, Genossenschaften, freien Gemeinden, Städtebünden oder Landschaftsverbänden des Mittelalters.

Vergleicht man das Programm der NSDAP mit den im Februar 1933 veröffentlichten Vorstellungen der von Kleo Pleyer ins Leben gerufenen „Bündischen Reichsschaft", werden Übereinstimungen sichtbar. Zwar umfaßte die „Reichsschaft" nur wenige Hundert Bündische, die Rezeption ihrer Ideen ist aber über diesen Kreis hinausgegangen. Postulate wie großdeutsche Außenpolitik, Austritt aus dem Völkerbund, aktive Bekämpfung der Versailler Friedensordnung, Einstellung der Tributzahlungen, Forderung nach Ausweisung von Juden, Wiederherstellung der Wehrhoheit, Hervorhebung des Bauerntums, Ablehnung von Pluralismus und Parlamentarismus und schließlich die Eliminierung von „sozial und national unzuverlässigen Elementen" signalisieren geistige Nähe zu den Forderungen der NSDAP.

Die HJ strebte die alleinige Herrschaft über die gesamte deutsche Jugend an und deklarierte die Bündische Jugend deshalb zu ihrem Gegner. Auch wenn lokale oder partielle Zusammenarbeit durchaus gewünscht war, bestand zu keiner Zeit Zweifel darüber, daß die HJ ihren Monopolanspruch wenn nötig mit Gewalt durchsetzen wollte. Ein Propagandarundschreiben des erst kurz vorher gegründeten Nationalsozialistischen Schülerbundes (NSS) vom 15. Oktober 1932 zeigt die Aggressivität, mit der gegen die Bünde vorgegangen werden sollte:

> Der Mitläufer, der mit einem Bein bei uns und mit dem anderen in irgendeinem reaktionären Verein steht, ist Ballast für den, der zu kämpfen und zu siegen gewohnt und gewillt ist. Als reaktionär sind alle nicht-nationalsozialistischen, nicht-marxistischen und überkonfessionellen Jugendbünde anzusehen. Auch die, die nicht oft genug ihren unpolitischen Charakter betonen können, denn gerade in der Hervorhebung des unpolitischen Charakters liegt ein Ausdruck reaktionärer Gesinnung. Diese reaktionären Bünde sind unsere ärgsten Feinde (BA NS 26/3434).

Es waren also nicht nur die sog. marxistischen Organisationen, in denen der NSS den Hauptgegner sah, sondern die „reaktionären Bünde". Es ist anzunehmen, daß den Bünden die insgesamt ablehnende Haltung der HJ bewußt war, selbst jenen, die eine Zusammenarbeit mit HJ oder JV befürworteten. Die NSDAP wurde eher als die momentane Erscheinungsform eines immer wiederkehrenden „nationalen Sozialismus" eingeschätzt. So betrachtet, schien es dann auch sinnvoll, wenn Bündische in die NSDAP oder eine ihre Formationen eintraten. In dem Maße nämlich, wie diese Partei bündische Kräfte in sich wirken lassen (müsse), könne sie beeinflußt und die Massenbewegung „als Mittel zur Erreichung unserer bündischen Aufgaben bejaht werden" (*Die Kommenden* Nr. 31 vom 31. 7. 1932).

Nach derartigen Vorstellungen sollte es zu einer Arbeitsteilung zwischen Bündischer Jugend und HJ kommen. Während sich die Bünde um die Elite zu kümmern hätten, sollte das „Heer der Jugendlichen" in HJ und Jungvolk geleitet werden:

> Deutschlands Erwachen braucht eine agitatorische, ungeistige Erweckung der Massen und eine führerische, geistige Bewegung der deutschblütigen Herrenmenschen, denn die kann kein Massenrausch erfassen. Die Erweckung der Massen ist Sache einer politischen Bewegung, wie die des NS. Mithin freuen wir uns, wenn die HJ sich Mühe gibt, das, was in den Bünden Masse ist, in ihr Heer zu leiten. (*Die Waffenschmiede* 1929 und 1933, AdJb)

Hier ist noch einmal ein deutlicher Hinweis enthalten, wie nah einige der nationalsozialistischen Vorstellungen auch manchen der Bündischen gelegen haben müssen; wie anders könnte man sonst die Verwendung des Begriffes „deutschblütiger Herrenmensch" verstehen? Ähnlich argumentierte der Nerother-Führer Karl Oelbermann im März 1933, als er schrieb, die HJ käme ohne eine „Führerschule seines Bundes" nicht aus.

Dennoch gab es in allen bündischen Gruppierungen erhebliche, ja unüberwindbare Kritik an der NSDAP. Je mehr sich die NSDAP zur Massenpartei entwickelte und entsprechende organisatorische Strukturen annahm, desto deutlicher wurde diese Kritik. Der Nationalsozialismus als vage Zielvorstellung einer gesellschaftlichen Ordnung wurde weit eher akzeptiert, als die Wege, die dort hinführen sollten, Konsens fanden. Der Bundesführer der Freischar Junger Nation, Hans Lades, schrieb im Rundbrief zum Bundestag in Spandau am 7. Februar 1932:

> Wir sind Nationalsozialisten. Der Nationalsozialismus ist die wichtigste deutsche Bewegung. Ein Scheitern des Nationalsozialismus würde den Freiheitskampf auf lange Sicht unmöglich machen. Eine offizielle Festlegung auf den Nationalsozialismus muß ich ablehnen. Ich glaube, daß der Bund im Rahmen der

nationalen Bewegung selbständige Aufgaben hat, die nur er erfüllen kann (Rundschreiben vom 7.2.1932).

Viele bündische Rituale wurden zumindest äußerlich von NS-Formationen übernommen. Parolen von „Führerstaat" und „Volksgemeinschaft" oder von der „Unfreiheit der deutschen Nation" klangen ebenfalls nicht fremd. Mit der Übernahme von Leitbildern und Sozialformen der Bündischen Jugend durch die HJ ergaben sich zwangsläufig Überschneidungen zwischen beiden. Einerseits konnte das von den Bünden nicht verhindert werden, andererseits wäre der rasche Aufbau des Jungvolks nach 1933 ohne deren Anknüpfung an bündische Vorbilder kaum denkbar.

Eberhard Köbel-tusk und die „deutsche jungenschaft" (dj 1.11)

Bisher war hauptsächlich von den „traditionellen" Bünden die Rede. Für die „jungenschaftliche" Richtung der Bündischen Jugend ist die Rolle Eberhard Köbels von Bedeutung. Man sollte ihn allerdings nicht zu sehr als Motor und Ideenspender in den Vordergrund stellen. Für die Zeit vor 1933 hat er zweifellos seine Wirkung gehabt, hat die Bündische Jugend entscheidend verändert und Schwachstellen bei anderen ebenso schonungslos wie treffend bloß gelegt. Wie wohl kein anderer hat Köbel-tusk einen Brückenschlag zwischen dem Traditionellen in der Jugendbewegung und der Moderne versucht.

Köbels Verhältnis zur NSDAP, oder genauer gesagt zum Jungvolk, war in den ersten Monaten des „Dritten Reiches" zumindest umstritten. Zweifellos war er kein Nationalsozialist oder gar Parteigänger der NSDAP. Vielmehr scheint er in der Zeit des Umbruchs von der Demokratie zur Diktatur wenigstens zeitweilig von der Möglichkeit überzeugt gewesen zu sein, unter Inanspruchnahme eines staatlich geschützten und finanziell abgesicherten Jungvolks seine Pläne einer alle Schichten umfassenden „Volksjugend" verwirklichen zu können. Bei allen Fehleinschätzungen, die ihm dabei unterliefen, bewies dieser bündische Führer unter dem Eindruck der wirtschaftlichen Krise seiner Zeit ein waches Auge für soziale und politische Mißstände. In den 1931 verfaßten „7 Losungen", kommt ein (noch) diffuses Erkennen von sozialen Ungerechtigkeiten zum Ausdruck:

> Die alten Leute haben unser Land von Mißerfolg zu Mißerfolg geführt. Unsere Aufgabe ist nicht, nachzubeten, was sie versprechen, sondern neue, bessere Wege zu suchen. Wir haben ein Recht auf unsere Zukunft. Wir müssen den Zeitgeist der Eigensucht und der Einzelgänger bekämpfen. Töten wir den Geiz, dann stirbt der Neid! Um schlechte alte Zeiten zu verjagen, müssen wir kämpfen. Um die neue Welt aufzubauen, müssen wir arbeiten. Die letzten Kriege und ihre Generale, das Schulsystem, tausend Meinungen, Illusionen und Gesetze gehören nicht zu uns. Seien wir uns dessen bewußt! Trennen wir uns davon! (zit. nach Helwig 1962, S. 298 f.).

Zweifellos bedenkenswerte Sätze („Töten wir den Geiz, dann stirbt der Neid!"), dennoch wird klar, daß auch bei ihm die Demokratie keinen hohen Stellenwert hatte („tausend Meinungen gehören nicht zu uns"). Ein Jahr später, 1932, schrieb er:

> Fühlt ihr, daß eine neue Zeit anbricht? Daß durch Not und Verzweiflung eine neue Welt geboren werden muß? Schwemmen wir mutig das Morsche mit all den vergangenen Begriffen über Bord! Mutig! (*Das Lagerfeuer,* Nr. 2, 1932, S. 2 b)

Es ist anzunehmen, daß er 1932/33 als frischgebackenes KPD-Mitglied Anhänger der kommunistischen Faschismus-Analyse war. Danach wurde der Nationalsozialismus als Zwischenakt in einer revolutionären Entwicklung eingeschätzt, an dessen Ende zwangsläufig der Kommunismus in einer gesetzmäßig ablaufenden historischen Entwicklung stehen werde. Dennoch stand hinter Köbels undifferenzierten Entwürfen kein politisches Konzept, sondern eher der Wunsch „seine" dj. 1. 11 auch in der „neuen Zeit" am Leben zu halten. Während des Dritten Reiches wurde er von NS-Verfolgungsinstanzen zum emigrierten Drahtzieher des illegalen Jugendwiderstands hochstilisiert. Das war sicher übertrieben, dennoch speisten viele illegale Bündische ihre Vorstellungen und Verhaltensweisen aus seinen Schriften, einige standen auch nach Kriegsbeginn in engem Kontakt zu ihm.

Ein Beispiel fundamentaler Opposition ist uns von Helmut

Hirsch, genannt „Helle", überliefert. Der fünfzehnjährige amerikanische Staatsbürger kam in Stuttgart zur dj. 1.11; 1935 übersiedelte Hirsch nach Prag, wo er auf Anraten Köbels Kontakt zu Otto Straßers „Schwarzer Front" bekam. Angelockt von nationalrevolutionären Thesen und überzeugt davon, ein Fanal gegen die nationalsozialistische Judenpolitik setzen zu müssen, erklärte sich Hirsch bereit, einen Sprengstoffanschlag auf das Nürnberger Parteitagsgelände zu verüben. Der Plan, dessen Ausführung er wegen einer dilletantischen Zündvorrichtung keinesfalls überlebt hätte, schlug fehl. Hirsch wurde verhaftet und wenig später, trotz amerikanischer Interventionen, vom Volksgerichtshof zum Tode verurteilt. Das Urteil wurde am 4. Juni 1937 vollstreckt.

1944 schrieb Köbel im Londoner Exil, „Helle" Hirsch sei „im traurigen Bewußtsein gestorben, nicht mehr als ein dummer Junge gewesen zu sein und sein Leben nutzlos verspielt" zu haben. Vielleicht aber ist er auch in dem Bewußtsein gestorben, „fanatischer Soldat einer gerechten Zukunft" zu sein, wie Köbeltusk von seinen dj. 1.11ern an anderer Stelle gefordert hatte (vgl. Schilde 1983, S. 88).

Gegen Ende der Weimarer Republik kam die Frage einer einheitlichen Staatsjugend auf. Die Reichsjugendführung reklamierte für sich die alleinige Führung. Die Bünde hätten sich aufzulösen, ihre Mitglieder in die neue Jugendorganisation zu überführen. Heilloses Durcheinander kennzeichnete die Debatte in den Führungsetagen der Bündischen Jugend – bishin zu der abwegigen Vorstellung Köbels, man möge beim Reichsinnenminister mit der Bitte vorstellig werden, die Einigung der Bünde auf dem Wege einer Notverordnung zu dekretieren (vgl. Grau 1976, S. 40). Die Bünde waren gegen die mit der Staatsjugend unvermeidbare Massenorganisation und Bürokratisierung. Sie argwöhnten, die gleichgeschaltete Einheitserziehung werde entweder zu politischer Schulung verkommen oder zu wehrsportlicher Ausbildung mißbraucht.

Das Jahr 1933

Zur Stabilisierung und langfristigen Sicherung der nationalsozialistischen Herrschaft war die lückenlose Erfassung der deutschen Jugend vorrangiges Ziel. Der NS-Staat setzte über die Reichsjugendführung alle Hebel in Bewegung, um mit Gleichschaltungen, Verboten und individuellem Terror diesem Ziel näher zu kommen.

Drei Tage nach den Reichstagswahlen vom März 1933, die ja mit einem für die NSDAP keineswegs überzeugenden Ergebnis endeten, traten fünf Führer der Deutschen Freischar und der Schlesischen Jungmannschaft, Hans Dehmel, Ernst Bargel, Herrmann Kügler, Hans Raupach und Eberhard Wolff, der NSDAP bei. Sie befürworteten in einer am 14. März 1933 reichsweit veröffentlichten Erklärung keineswegs den Übertritt der gesamten Freischar in Formationen der NSDAP, ließen aber auch keinen Zweifel darüber, daß es ihre

> Hoffnung war, daß Ihr Euch dem Gebot der Stunde nicht versagen werdet. Wir erwarten von euch, daß jeder einzelne sich selbständig der Bewegung zur Verfügung stellt (Rundbrief vom 8. 3. 1933, AdJb).

Die Freischar schloß sich gleichzeitig dem nationalsozialistischen „Kampfbund für deutsche Kultur" an, verfügte, daß die Hakenkreuzfahne bei öffentlichen Anlässen zu führen sei und ordnete an, daß nur noch der im Bund geduldet werden könnte, der auch „in der nationalsozialistischen Bewegung seinen Platz habe".

In jenen Tagen gab es eine ganze Reihe opportunistischer Einverständniserklärungen und Übertritte in die Nazi-Partei: Karl Oelbermann verfaßte am 24. März 1933 ein Rundschreiben, in dem er zwar das Weiterbestehen seines Bundes proklamierte, gleichzeitig aber für sich und die Nerother einen erheblichen Anteil an der NS-Bewegung in Anspruch nahm:

> Unser jugendliches Streben fand in diesen großen Tagen seine Erfüllung. Wir waren und sind die gewappnete Schar, auf die sich das neue Deutschland auch in Zukunft voller Vertrauen verlassen kann. So wie damals Robert unser Führer war, hat heute unser geliebtes Deutschland in Adolf Hitler seinen Führer gefunden. Wir bekennen uns zu ihm und seinen Fahnen (Krolle 1985, S. 59).

Zustimmung zum NS-Staat signalisierte auch ein Aufruf von Herbert Hirschberger, von dem sich die Freischar am 27. April 1933 allerdings distanzierte:

> Wir unterstellen uns ohne allen Vorbehalt Adolf Hitler, dem Führer unseres Volkes. Viele glaubten schon seit Jahren an ihn. Wir waren mit Wegbereiter. Wir stehen bereit, jeden Befehl des Führers bis zum letzten Atemzuge zu erfüllen. Ich bitte den Führer, mich zu hören, wenn es ihm möglich ist. Ich erwarte des Führers Befehl (Aufruf vom 27. 4. 1933, AdJb).

Der Großdeutsche Bund

Am 30. März 1933 wurde der „Großdeutsche Bund" – ein Zusammenschluß aus verschiedenen Einzelbünden mit etwa 70 000 Jungen und Mädchen – gegründet. War es der Versuch, eine drohende Okkupation durch die HJ zu verhindern? Oder sollte doch eher der geschlossene Übertritt reibungslos organisiert werden? Am 1. Mai 1933 verfaßte das Bundeskapitel, so nannte sich das Führungsgremium, ein internes Rundschreiben, in dem der Bund „auf Gedeih und Verderb" mit dem neuen Staat verbunden wurde. Dieses Schreiben war nicht für die Öffentlichkeit gedacht, wir können also davon ausgehen, daß hier geschrieben wurde, was wirklich gemeint war.

Die Bundesführung kämpfte ganz offensichtlich um zwei Dinge und zwar in dieser Reihenfolge: Erstens um die Eingliederung in die NS-Bewegung und erst zweitens um den Erhalt des „bündischen Lebensraums". Eine wichtige Figur innerhalb der Bundesführung war Erich Küsel von der „Freischar junger Nation", der schon lange Mitglied der NSDAP war. Küsel hatte erheblichen Einfluß auf von Trotha, der zunächst vergeblich versuchte, seinen guten Kontakt (aus dem Ersten Weltkrieg) zum greisen Reichspräsidenten von Hindenburg spielen zu lassen. Aber von Trotha stand selbst dem neuen Staat zu nahe, als daß er einen anderen Kurs hätte betreiben können.

Am 17. Juni 1933, dem Tag seiner Ernennung zum „Jugendführer des Deutschen Reiches", ließ Baldur von Schirach den „Großdeutschen Bund“ verbieten. Dieses Verbot war nicht verbunden mit einem Eingliederungsabkommen – wie etwa beim „Evangelischen Jugendwerk“ ein halbes Jahr später. Innerhalb der Bundesführung setzte sich jener Mann durch, der eine rasche und möglichst reibungslose Integration in die HJ betrieb. Man muß bei den von Erich Küsel gezeichneten Schreiben den Eindruck gewinnen, als konnte es ihm gar nicht schnell genug gehen. Es spricht vieles dafür, daß Küsel den endgültigen Bundesbefehl zur Eingliederung in die HJ gegen den Willen anderer Führer oder zumindest ohne deren Zustimmung durchgesetzt hat. Am 28. Juni 1933 schrieb Küsel an den SS-Mann und Landschaftsführer von Bayern Hans-Werner von Aufsess:

> Nun ist es also so weit, der letzte Befehl des Bundes ist heute herausgegangen. Es waren vorher noch erhebliche Widerstände zu überwinden. Einmal wehrte sich der Admiral dagegen, den Befehl zu geben, in die Hitlerjugend hineinzugehen. Zum anderen zeigten DF [Deutsche Freischar, d.V.] und vor allem der DPB [Deutscher Pfadfinderbund, d.V.] unter Kamecke wenig Neigung, diese Konsequenz aus dem Verbot des Bundes zu ziehen. Da ich der Überzeugung bin, daß nur dies alleine richtig und notwendig ist, habe ich den Admiral dazu bewogen, heute diesen Befehl ohne Wissen der DF und des DPB herauszubringen (Brief Küsel vom 28.6. 1933, AdJb).

Der Bund hätte in der bis dahin existierenden Form sicher nicht weiter bestehen können, da mit dem Auflösungsbefehl vom 17. Juni 1933 im ganzen Reich Heime widerrechtlich von HJ-Kommandos durchsucht und alle wesentlichen Ausrüstungen, sowie Akten und Geld beschlagnahmt worden waren. Mit dem großprotzig klingenden Namen „Jugendführer des Deutschen Reiches“ aber hatte Baldur von Schirach (noch) keine legislative oder exekutive Macht innerhalb des NS-Herrschaftsgefüges erhalten. Für ihn wäre die Fortexistenz des „Großdeutschen Bundes“ ein ernsthaftes Problem geworden, zumal die Hitlerjugend Mitte 1933 weder im Staats- noch im Parteiapparat eine anerkannte und abgesicherte Position innehatte. Die HJ mußte aus organisatorischen Gründen zu diesem Zeitpunkt einem ernsthaften Konflikt mit dem „Großdeutschen Bund“, der ja immerhin 70 000 Jugendliche umfaßte, aus dem Wege gehen. Überspitzt formuliert, war der „Großdeutsche Bund“ einem Bluff aufgesessen. Schirach hätte im Juni 1933 seinem Auflösungsbefehl keinen weiteren Nachdruck verleihen können, vor keinem Gericht hätte er in diesen Anfangsmonaten des NS-Staates bestehen können.

Die reibungslose Integration in den neuen Staat faßte Werner Kindt, Herausgeber eines bündischen Pressedienstes „Wille und Werk" am 4. Januar 1934 zusammen. Die Deutsche Jugendbewegung sei samt und sonders in die nationalsozialistische Bewegung aufgegangen:

> Ihre Jungenschaften haben sich in das Deutsche Jungvolk und die Hitlerjugend, ihre Mädchengruppen in den Bund Deutscher Mädel eingereiht. Die bündische Jungmannschaft tut in den nationalsozialistischen Kampfverbänden der SA und SS, im Arbeitsdienst und in der Landhilfe ihren Dienst. Die einstigen Angehörigen der bündischen Jugend sind sehr dankbar und froh, daß diese Synthese dank dem Siege der nationalsozialistischen Revolution im neuen Reich möglich geworden ist (Wille u. Werk vom 8.1.1934, AdJb).

Es gibt keine quantitative Analyse, wieviel Bündische in den ersten Monaten und Jahren in das Jungvolk und die HJ eintraten. Von den insgesamt 100 000 Jungen und Mädchen, die vor 1933 in bündischen Gruppen waren, wechselte der überwiegende Teil in die NS-Jugendorganisationen. Ohne diese Zuwanderung wäre der rasche und reibungslose Aufbau der HJ undenkbar gewesen. Die ehemaligen Bündischen waren die einzigen, die auf dem Gebiet der jugendgemäßen Freizeitgestaltung Erfahrung hatten, sie konnten die Jüngeren in Heimabenden und Ferienfahrten begeistern. Die Reichsjugendführung machte sich dies zunutze und ließ die Jugendlichen so lange in ihren Reihen gewähren, bis sie selbst genügend linientreuen Nachwuchs ausgebildet hatte.

Bündische in Jungvolk und Hitlerjugend

Einerseits forcierte die Reichsjugendführung die Integration von Bündischen in die HJ bzw. in das Jungvolk. Andererseits aber befürchtete sie immer unterwandert zu werden. Das damals geläufige Wort hieß „Zersetzung". Für viele der ins Jungvolk übergewechselten Jungen mag die Vorstellung, dort ihren „bündischen Laden" aufrechterhalten zu können, auch tatsächlich eine Rolle gespielt haben. Bündische Gruppen aber waren in allererster Linie Freundeskreise und keine Widerstandsgruppen. Ein ehemaliger Bündischer aus Duisburg beschreibt, wie diese „Zersetzung" aussah:

> Die Ereignisse 1933 überraschten uns vollkommen, politische Meinung dazu hatten wir nicht. Als der Großdeutsche Bund entstand, entschieden wir uns gefühlsmäßig dagegen. Inzwischen hatte sich Herbert im Jungvolk eingenistet und wollte mich nachziehen. Nach dem Verbot traten wir im Mai 1933 geschlossen dem Jungvolk bei, ich bekam ein Fähnlein. Die anderen Gruppen sickerten ungefähr zur selben Zeit in das Jungvolk ein. Mitte 1933 stellte sich die Lage ungefähr so dar: Adjutant des Bannführers war Gert (ehemals Fähnrich des DPB), Jungbannführer war Ludolf (ehemals CP). Drei Stamm- und Fähnleinführer kamen aus der Jungenschaft, dem DPB, dem BK oder der CP. In der Spielschar waren ausschließlich Nerother aus Duisburg. Guido fungierte zu jener Zeit als Foto-Referent der Bannführung. 1933 machte das Duisburger Jungvolk bei dieser Massierung sehr bald einen jungenschaftlichen Eindruck (Erinnerungsbericht v. H. Sch.).

Dieser Erinnerungsbericht steht nicht allein; er zeigt deutlich, wie wenig es den Jugendlichen um politische Zersetzung ging. Der Eintritt, vor allem ins Jungvolk, bot sich auch deshalb an, weil dort erprobte und befähigte Gruppenführer zu Hunderten, ja zu Tausenden fehlten. (Man stelle sich einmal den enormen Mitgliederzuwachs der HJ vor: Ende 1932 gab es nach eigenen Angaben reichsweit knapp 108 000 HJ-Mitglieder, ein Jahr später waren es bereits 2,3 Millionen und ein weiteres Jahr später 3 577 000.) Aus Sicht der NSDAP liest sich das so:

> Die Führer der Bünde haben sich größtenteils nicht bekehrt. Sie sind heute noch z. T. im alten Sinne tätig ... Ein Teil von ihnen hatte sich zum Schein in die HJ aufnehmen lassen und dort Zellen zu bilden versucht. Besonders zersetzend wirkte durch ihre kulturbolschewistische Bestrebungen die dj. 1.11 (Zit. nach Klönne 1982, S. 201).

Die Reichsjugendführung witterte überall dort „Zersetzung", wo sich Bündische versammelten – in Spiel- und Singscharen vor allem, aber auch in ganz normalen Jungvolk-Gruppen. Das war sicher übertrieben, aber es gab natürlich beabsichtigte Unterwanderungsversuche. Bis 1934/35 hatte die Reichsjugendführung mit bündischen Führern im Jungvolk zu kämpfen. Danach erledigte sich dieses Problem vor allem dadurch, daß nun die erste Generation selbst geschulter Gruppenführer zur Verfügung stand. Das „Jahr der Schulung" 1934 trug die beabsichtigten Früchte.

Bündische außerhalb der Hitlerjugend

Während sich die einen auf NS-integrativem Kurs befanden, gab es aber auch Gruppen oder Bünde, die sich dem totalitären Staat von vornherein nicht unterwerfen wollten. Die katholisch-bündischen „Kreuzfahrer" oder die protestantisch orientierten „Bibelkreise" oder auch die „Reichsschaft Deutscher Pfadfinder" verhielten sich in jenen ersten Tagen des „Dritten Reiches" anders.

Die „Kreuzfahrer" lösten sich Mitte 1933 auf, ohne ihre Mitglieder in die HJ zu überführen und ohne ihnen dies auch nur nahezulegen. Die in Deutschland immer weiter fortschreitende „nationale Revolution", heißt es in ihrem Auflösungsschreiben, habe ein anderes Zielbild vom kommenden und zu erstrebenden Staat und von den Menschen, die darin leben sollen:

> Sie tritt mit dem Anspruch auf Alleinherrschaft auf und hat die Macht, ihren Willen auch tatsächlich durchzusetzen. Das würde unserer Art und unserer Geschichte vollkommen widersprechen. Als Jugendgemeinschaft können wir der Vereinheitlichungsarbeit der Regierung keinen Widerstand leisten; aber gemäß unserer Auffassung von Ehrlichkeit dürfen wir auch nicht unseren Bund sich in sein Gegenteil verkehren lassen (*Fahrt ins Reich,* 4. 6. 1933, AdJb).

Ähnlich argumentierte der Bundesführer der „Bibelkreise", Udo Smidt. In seinem als „Grauer Brief" bekannt gewordenen Rundschreiben, in dem er die Auflösung der „Bibelkreise" bekannt gab, schrieb er:

> Das Befehlsverhältnis erlischt, aber die persönlichen Bindungen zerreißen nicht. Der Bund gibt Euch frei, im Herzen aber sollt Ihr

> weiterhin das Schwertkreuz tragen und sollt es wissen, daß Ihr in Schule und Elternhaus den heimlichen Kampf um Wahrheit und Reinheit zu kämpfen habt (zit. nach Brandenburg 1967, S. 300 f.).

Damit war die Selbstauflösung formuliert, die Integration der Bibelkreis-Gruppen in die HJ aber vermieden. Zudem ist der Aufruf, den „heimlichen Kampf" gegen die HJ, oder anders gesagt, gegen die Unwahrheit, aufzunehmen, nicht zu übersehen. Eine derart deutliche Formulierung ist in jenen Tagen nicht gerade häufig zu finden gewesen.

Die „Reichsschaft Deutscher Pfadfinder" war zunächst dem „Großdeutschen Bund" beigetreten, den sie wegen interner Schwierigkeiten aber bald wieder verließ. Danach versuchte sie ihre Gruppen trotz und wegen der neuen politischen Lage weiterzuführen. Es gehörte schon eine gewisse Portion Mut dazu, sich so offen gegen die Integrationsansprüche der HJ zur Wehr zu setzen, wie es der Reichsschaft-Bundesführer am 10. Juli 1933 tat:

> Befehl des Bundesführers: Die Gruppen arbeiten ruhig weiter. Übertritte sind rückgängig zu machen. Der Bundesführer fordert restloses Vertrauen und vollsten Einsatz eines jeden. Weiche und energielose Gemüter sollen die Gelegenheit benutzen, den Bund von ihrer Anwesenheit zu befreien (*Blitz,* Nr. 6 vom 10. Juli 1933, Privatarchiv).

Die Reichsschaft war fortan den Attacken der Reichsjugendführung ausgesetzt. Am 26. Mai 1934 kam das endgültige Verbot durch die Gestapo. Reinhard Heydrich drang damals zu folgender „Begründung" vor:

> Die „Reichsschaft Deutscher Pfadfinder" ist zu einer Zufluchtsstätte dem neuen Staat feindlicher junger Menschen geworden ... und wird zugleich die Sammelstelle von Personen, deren Zugehörigkeit zur HJ und zum Jungvolk nicht erwünscht ist (Schreiben der Gestapo Berlin vom 6. 6. 1934, AdJb).

Staatliche Gegenmaßnahmen

Die Reichsjugendführung und später andere mit der Verfolgung beauftragte NS-Stellen versuchten durch Erlasse und Verbote den bündischen Einfluß in HJ und vor allem Jungvolk zu eliminieren. Bis Mitte der dreißiger Jahre tauchten gelegentlich in HJ-internen Schulungsblättern Aufsätze oder Berichte auf, deren Verunsicherung über das Ausmaß der „bündischen Zersetzung" kaum zu übersehen ist:

> Gruppen, die nicht gewillt sind, die Haltung der HJ zu pflegen, haben nichts in unseren Reihen zu suchen und sollen sobald wie irgendmöglich verschwinden ... Wir müssen gegen diese hinterhältigen Saboteure unserer neuen deutschen Jugend arbeiten. Es darf nicht mehr vorkommen, daß die alten bündischen Gruppen unter sich Großfahrten machen als gäbe es keine HJ und kein Jungvolk ... Vor allem müssen wir die Führer, die die Urheber dieser ganzen HJ-feindlichen Arbeit sind, unschädlich machen, denn es besteht sogar heute noch die Gefahr, daß sich die Führer Nachwuchs für ihren geheimen bündischen Betrieb heranholen ... Wir müssen diese Leute durchschauen und sie unschädlich machen (zit. nach v. Hellfeld/Klönne 1985, S. 45 f.).

In den ersten beiden Jahren bewunderten die HJ-Autoren noch den guten „Betrieb", das Singen und die Fahrten der Bünde. Respektvoll konstatierten sie deren ungemeine Attraktivität. Selbst waren sie zu Derartigem nicht fähig, denn je größer die HJ wurde, desto mehr traten pädagogische Ambitionen hinter organisatorischen Problemen eines 1939 8,7 Millionen umfassenden Gebildes zurück.

Am 1. November 1935 unternahm der spätere Schirach-Nachfolger Arthur Axmann den Versuch, jungenschaftliche Stilelemente aus dem Jungvolk endgültig zu verdrängen. Am 6. Gründungstag der mittlerweile schon legendären dj. 1.11 verbot er die Verwendung von Kohten und Jurten, von schwarzen Knöpfen an Jungenschaftsjacken, von Schottenhemden und Literatur des Günther-Wolff-Verlags aus Plauen im Vogtland. All das nämlich schien für Axmann verwerflicher Ausdruck jungenschaftlich-bündischer Beeinflussung, ja schlimmer noch Indoktrination zu sein. Auch bündische Literatur unterlag nun ständig wiederholten Verboten, was die große Bedeutung belegt, die das bündische Schrifttum in den Augen der HJ-Führung hatte.

Aber damit nicht genug. Bis in die vierziger Jahre mußten immer wieder Verbote und Gesetze erlassen werden, die sich gegen illegale bündische Gruppen richteten. Die Welle der Verbotsverfügungen, die mit entsprechenden Strafregistern ausgestattet waren, begann am 17. Juni 1933, als der „Großdeutsche Bund“ und alle in ihm zusammengefaßten Einzelbünde verboten wurden. Im März 1935 erwischte es die dj. 1.11. Am 23. Juli 1935 wurde die Arbeit der konfessionellen Jugendverbände durch einen Erlaß des „Reichsführers der SS“, Heinrich Himmler, erheblich eingeschränkt. Am 4. Februar 1936 wurde die gesamte Bündische Jugend pauschal verboten, per 20. Juli 1939 mußte dieses Verbot durch Himmler erneuert und verschärft werden. Vier Tage später wurde der „Quickborn“, ein katholischer Bund, verboten. Nun war klar: wer es unternahm, einen „bündischen Zusammenschluß“, wie das dann hieß, aufrechtzuerhalten, verstieß gegen Reichsgesetze und mußte mit entsprechenden Sanktionen rechnen.

Aber diese Maßnahmen reichten letzten Endes nicht aus, um den erhofften Erfolg – nämlich die völlige Integration oder die völlige Ausschaltung der Bündischen Jugend – zu erzielen. Im Januar 1941 wurde von der Reichsjugendführung folgende Situationsanalyse verfaßt:

> Das Problem der Bündischen ist scheinbar nur noch von historischer Bedeutung. Die Praxis der Überwachungsarbeit hat jedoch gezeigt, daß diese Frage auch heute noch von höchster Bedeutung und Aktualität ist ... Aufgrund dieser Erkenntnis hat seit Jahren ein scharfer Kampf der Hitlerjugend gegen die Bündische Jugend eingesetzt, mit dem Ziel, sie nicht nur als Herd der politischen Zersetzung, sondern auch als Hauptgefahr für die homosexuelle Verseuchung der Jugend zu vernichten ... jetzt wieder hervortretende Cliquenbildung (läßt) erkennen, daß es noch Jahre dauern wird, ehe der unheilvolle Einfluß der Bündischen Jugend vollkommen ausgemerzt ist (zit. nach Klönne 1981).

Trotz aller Verbote, öffentlicher Verunglimpfungen und Strafverfolgungen, die ein aktiver Bündischer zu tragen hatte, tauchten in fast allen Regionen des damaligen Deutschen Reiches immer wieder bündische Gruppen auf. Manche standen in direkter

Tradition der Jugendbewegung vor 1933, manche adaptierten lediglich deren Verhaltensweisen und Sozialformen, ohne sie selbst zu kennen. Gerichtsverfahren und Polizeirazzien gegen vermeintliche und tatsächliche Treffpunkte waren an der Tagesordnung. Der HJ-Streifendienst wurde eingesetzt, zum Teil sogar mit Waffen, Polizei und Gestapo-Einheiten suchten nach den „Rädelsführern“. In den Gestapo-Dienststellen wurden Sonderabteilungen zur Abwehr sogenannter „bündischer Umtriebe“ eingerichtet.

Seit 1934 bestand in Leipzig und auch in Berlin eine illegale Jungenschaftsgruppe um Horst Vanja. Sie hatte Kontakte zu den bündisch-kommunistischen „Leipziger Meuten“. Im Januar 1942 wurden einige der Mitglieder verhaftet, die Wohnungen durchsucht und die als unerwünscht geltende Literatur beschlagnahmt. Sie setzten sich mit den Texten von Ricarda Huch, Reinhold Schneider, Stefan George auseinander und schrieben die sogenannten „Briefe an die Freunde“. Das waren hektographierte Heftchen, von denen insgesamt vier oder fünf Ausgaben mit einem Umfang von etwa 30 Exemplaren erschienen.

Auch der „Orden der Pachanten“, hervorgegangen aus dem Nerother Wandervogel, existierte weiter. Im November 1933 unter Mithilfe des späteren Prof. Paul Leser gegründet, bestand er aus etwa vierzig bis fünfzig Mitgliedern. Bezeichnenderweise hieß das Ordenslied „Zum Henker mit der schlappen Bande“, was die Ablehnung all jener gesellschaftlichen Gruppen zum Ausdruck brachte, die dem Nationalsozialismus aus der Wiege halfen.

1934 entstand in Frankfurt der „Bündische Selbstschutz“. Die Angehörigen dieses Selbstschutzes stammten durchweg aus jungenschaftlichen Gruppen, einige von ihnen waren jüdischer Abstammung. Die Idee war, in verschiedenen Städten sozusagen Anlaufstellen für gemeinsame Fahrten und andere Unternehmungen zu schaffen. So existierten Stützpunkte in Offenbach, Berlin, Bremen, Mönchengladbach, Halle, Halberstadt, Düsseldorf und Nürnberg. Insgesamt gehörten ca. fünfzig Jungen dem „Bündischen Selbstschutz“ an. Wie auch bei anderen dj. 1. 11-ähnlichen Gruppen wurde das Singen besonders gepflegt; Vorlage waren die „Lieder der Eisbrechermannschaft“ und die „Soldatenchöre der Eisbrechermannschaft". So erstaunt es nicht, daß sie häufig bei den Konzerten der antikommunistischen Donkosaken waren, was der Gestapo natürlich nicht verborgen blieb:

> Es ist beobachtet worden, daß Konzertveranstaltungen des Donkosaken-Chores und anderer russischer Emigrantenchöre vorwiegend von Angehörigen der verbotenen Bündischen Jugend besucht werden. Ich ersuche, alle Veranstaltungen derartiger russischer Emigrantenchöre zu überwachen und alle Personen, die sich durch Abzeichen oder sonstiges Gebaren als Angehörige der verbotenen Bündischen Jugend kennzeichnen unauffällig festzustellen und erforderlichenfalls dem Gericht zu übergeben (HSTA Düsseldorf, RWI 8/3).

Nicht zu vergessen sind zahlreiche Gruppen der „Navajos", „Kittelbach"- oder „Edelweißpiraten", die teilweise schon vor 1933 entstanden. In späteren Jahren wurde ihre Zahl von NS-Stellen auf mehrere 10 000 geschätzt. Über die Kölner „Navajos" heißt es in einem Bericht des HJ-Streifendienstes vom Juli 1936:

> In der letzten Zeit häufen sich im Stadtbezirk Köln planmäßige Überfälle und Provokationen von den sog. Navajos auf die Hitlerjugend. Am 17. 7. dieses Jahres wurde der Gefolgschaftsführer R. am Horst-Wessel-Platz tätlich von den Navajos angegriffen. Man versuchte sogar, ihm den Dienstrock auszuziehen. Es fielen auch die Worte: Die HJ-Führer sind alles Lumpen und Verbrecher (HSTA Düsseldorf RW 18/7).

Der Bericht spricht von mehreren Hundert „Navajos" – 1936 eine erstaunlich große Zahl. Im Dezember 1937 wurden vor dem Sondergericht des Kölner OLG 23 „Navajos" angeklagt und zu Gefängnisstrafen von bis zu drei Monaten verurteilt. In der Urteilsbegründung wird das strafwürdige Verhalten der Jugendlichen geschildert:

> Die Staatspolizeistelle Köln hat schon seit längerer Zeit ihr Augenmerk auf einige Gruppen junger Leute gerichtet, die durch ihr Auftreten den Anschein erweckten, als ob sie den Zusammenhang der verbotenen Bündischen Jugend fortsetzten ... Sie begrüßten sich mit dem Wort Ahoi oder Horrido ... der deutsche Gruß war bei ihnen verpönt ... Fast jeden Sonntag wurden Fahrten veranstaltet, und zwar verließen die Jugendlichen einzeln oder in kleinen Gruppen die Stadt, was deshalb geschah, um nicht aufzufallen bzw. Streifen der Polizei oder der HJ nicht in

die Hände zu fallen. In der näheren Umgebung der Stadt Köln bestanden bestimmte Treffpunkte, so bei Rösrath und am Ammerländchen. Hier vereinigten sich die einzelnen Gruppen, so daß dort öfter dreißig und mehr Jugendliche zusammenkamen ... Bei sämtlichen Angehörigen der Navajos fand sich eine mehr oder weniger offene Ablehnung gegenüber der deutschen Staatsjugend. Bezeichnend ist, daß überwiegende Teile der Navajos früher der HJ angehört haben und entweder aus dieser ausgeschlossen sind oder ihren Austritt erklärt haben (HSTA Düsseldorf RW 18/3).

In Berlin gab es die „Schwarze Schar", die im dortigen sogenannten „Antifaschistischen Jugendring" eingebunden war. Die Flugblätter dieser Gruppe sind bis ins Jahr 1941 erhalten und zeigen die zunehmende Politisierung der Jugendlichen. Nun wurde der Zusammenhang zwischen Hitler und Krieg hergestellt, das Unrechtssystem angeprangert und die Verfolgung von Andersdenkenden gebrandmarkt. Während der Olympischen Spiele 1936 in Berlin versuchten Angehörige der „Schwarzen Schar" Kontakt zu gleichgesinnten, ausländischen Gästen herzustellen. Die „Schwarze Schar" betrieb regelrechte politische Schulung, sie bediente sich dabei der elterlichen Bibliotheken. Im Februar 1937 kam es zu Verhaftungen durch die Gestapo, in deren Verlauf einer ihrer Mitglieder, Rolf Wernicke, genannt „Ajax", Selbstmord verübte. Wegen ihrer Illegalität standen ab Herbst 1935 Wehrsport und Selbstverteidigung auf dem Programm der „Schwarzen Schar".

Eine andere, zunehmend politisierende, illegale Gruppe war der Kreis um den Bonner Studenten Michael Jovy. Etwa 1935 begonnen, flog 1939 ein über das gesamte Reich verteiltes Netz von Freunden und Unterstützern auf: Bonn, Stuttgart, Hamburg, Leverkusen, Wien und Paris, wo der in Abwesenheit zum Tode verurteilte Karl-Otto Paetel lebte. Von ihm erhielten die jungen Leute politische Informationen, ließen sich zum Teil regelrecht schulen. Sie brachten illegale Schriften nach Deutschland, versuchten sie in der HJ unterzubringen. Wegen der absurden Anklage der „Vorbereitung zum Hochverrat" und des „Versuchs der gewaltsamen Änderung der Verfassung" wurde Michael Jovy zu sechs Jahren, zwei Bonner Freunde zu drei und zweieinhalb Jahren Zuchthaus verurteilt; Anne Korn aus Berlin bekam fünfzehn

Jahre, Alfred Broghammer zwölf Jahre, Wilhelm Wichtl zwei und Lothar Killmer schließlich fünf Jahre Zuchthaus (vgl. Krüger 1982, S. 61 ff.).

Darüber hinaus gab es illegale Gruppen aus dem katholisch-bündischen Milieu, der „Graue Orden" etwa, oder die „Deutschmeister" und die „Sturmscharen", auf die es die Nazi-Häscher ganz besonders abgesehen hatten. Den vielen, oft sehr kleinen illegalen bündischen Gruppen ist es mitunter gelungen, die Ausbreitung und Auswirkung der NS-Ideologie lokal wirksam einzuschränken oder ihr zumindest etwas entgegenzusetzen. Bis 1945 blieb so eine jugendgemäße Gegenkultur am Leben oder wurde neu entwickelt, deren stilbildendes Zentrum meist das „jungenschaftliche Milieu" war.

Differenziertes Verhalten

Das Verhalten der Bündischen Jugend eignet sich nicht zu pauschalen Urteilen, wie wir sie eingangs vorgestellt haben. *Die* Bündische Jugend und *das* Verhalten gab es nicht:

- Es gab die *totale Konformität und Identifikation* mit dem NS-Staat und seinen Zielen. Damit einher ging die problemlose Integration in die Reihen der „nationalen Revolution".
- Es gab innerhalb des neuen Staates agierende Bündische, die versuchten, bei zeitweiliger und partieller Übereinstimmung mit dem Nationalsozialismus so etwas wie eine „bündische Identität" zu bewahren. Dies könnte man als *partielle Integration* bezeichnen.
- Es gab außerhalb der HJ und des Jungvolks weiter bestehende bündische Kreise, deren ursächliche Motive die Aufrechterhaltung ihres Freundeskreises und die Beibehaltung eines selbstbestimmten Lebens waren. Sie waren unpolitisch, bemerkten aber durchaus die Wirkungen der neuen Politik im Bereich der Jugenderziehung. Sie wollten sich der Bevormundung durch die Reichsjugendführung entziehen, nennen wir das *artikulierte Autonomie.*
- Es gab illegale Jugendgruppen, die den Konflikt mit HJ oder

später anderen Staats- und Parteistellen bewußt in Kauf nahmen. Sie mißachteten staatliche Verbote, unternahmen teilweise politische Schulungen und gewannen neue Anhänger und Freunde. Ihr *konsequenter Protest* war die Antwort auf die sich ständig verschärfenden Reglementierungen jugendlichen Lebens durch den Staat; ihr Protest wurde politisiert, blieb aber unterhalb der Schwelle direkter Widerstandshandlungen.

- Es gab schließlich Gruppen, die resistent gegenüber den Machtansprüchen und Drohungen des Staates blieben. Sie waren zumeist beeinflußt durch das von der dj. 1.11 ausgehende „jungenschaftliche Milieu". „Resistenz" meint nach Martin Broszat die wirksame Abwehr, Begrenzung und Eindämmung des NS-Herrschaftsanspruchs, gleichgültig aus welchen Motiven. *Bündische Resistenz* zeigte sich in „aktiver Gegenhaltung" (verbotene Fahrten und Treffs), in der „Aufrechterhaltung ihrer traditionellen Gesinnungsgemeinschaften" (die illegalen Gruppen), in „zivilem Ungehorsam" (Verweigerung der vom Staat geforderten Pflichten) und in der „Stärkung der inneren Immunität" gegenüber den Werten und Normen des NS-Staates.

Der Beitrag basiert auf den Ergebnissen meiner 1985 von der Universität zu Köln angenommenen Dissertation „Bündische Jugend und Hitlerjugend. Zur Geschichte von Anpassung und Widerstand 1930–1939" Köln 1987. Sie wurde gefördert von der Friedrich-Ebert-Stiftung und von der Gemeinnützigen Vereinigung zur Förderung der Dokumentation der Jugendbewegung.

Die Abkürzungen AdJb meint das Archiv der Jugendbewegung, Burg Ludwigstein, BA meint das Bundesarchiv in Koblenz, HSTA meint das Hauptstaatsarchiv in Düsseldorf.

Silvia Klein, Bernhard Stelmaszyk

Eberhard Köbel, ‚tusk'
Ein biographisches Porträt über die Jahre 1907–1945

Eberhard Köbel, genannt tusk, ist eine der mythisch überhöhten und zugleich äußerst umstrittenen Figuren der deutschen Jugendbewegung. Zum Zeitpunkt seines Todes – er starb 1955 mit 48 Jahren in der DDR, nach Ausschluß aus der SED und Aberkennung der Ehrenrechte als Verfolgter des Naziregimes, sozial isoliert und vereinsamt – zum Zeitpunkt also seines physischen und sozialen Todes wird eine Legende über sein Verhalten 1933 erzählt:

> ... als Hitler die Regierung bereits übernommen hatte und Zehntausendschaften in Berlin marschierten, ging tusk einmal [...] langsamen Schrittes durch belebteste Straßen. In seinen Händen hielt er allerdings zwei geladene Sechsschüsser. Die aufgeschreckten und schimpfenden Braun- und Schwarzhemden folgten ihm, wagten aber nicht, die geforderten sechs Schritte Abstand zu seinem Leib zu übertreten. So wanderte tusk ins Polizeipräsidium zur Vernehmung. Während dieser Vernehmung hielt er die Waffen schußbereit. Dann sicherte er die Eisen, warf sie in einem Papierkorb und ließ sich festnehmen. Auf Fragen, was er mit diesem „Theater" bezwecken wollte, sagte er: „Ich wollte die neuen Leute auf ihren Mut prüfen." Und auf die nächste Frage: „Hätten Sie auch geschossen?" hatte er nur ein Kopfnicken, das jeden Zweifel ausschloß (Signale 3/1955, zit. nach Schilde, 1983, S. 75).

Wer war dieser Eberhard Köbel, Held für die einen, persona non grata für die anderen? Schon die Zeitgenossen waren fasziniert von seiner Person und seinem Jungenbund dj. 1.11 (deutsche jungenschaft vom 1.11. [1929]). Seit den frühen dreißiger Jahren gibt es eine Vielzahl von Geschichten und Abhandlungen über

Köbel, die ihn zur Legende werden ließen. Je nach Position der Autoren erscheint er daher mit den Insignien des Überhöhten, des Helden, des Kämpfers (vgl. u.a. Helwig 1960; Tjaden 1958; Buscher 1990) oder mit den Merkmalen des Verdammten, des Ausgegrenzten, des Verräters, des Geisteskranken (Pross 1964; Kittel 1975; Graul 1985). Wie bei kaum einer anderen Figur der Jugendbewegung ist die Wahrnehmung der Person Eberhard Köbels bis heute gespalten.

Diese Gespaltenheit der Rezeption verweist ihrerseits auf drei zentrale Probleme:

- Die Gegner-Anhänger-Problematik. Die jugendbewegten Anhänger Köbels romantisieren mit ihm ihre Jugendzeit, für die Köbels Ideen prägend waren. Für seine Gegner war er dagegen ein machtorientierter Spalter und „Wirrkopf".
- Das Verhältnis Jugendbewegung-Nationalsozialismus. Für diese bis heute nicht abgeschlossene Kontroverse nehmen Köbel und sein Jungenbund einen zentralen Stellenwert ein. Die Problematik von Anpassung und Widerstand wird hier exemplarisch diskutiert.
- Die Frage der Kontinuität und Bruch in einer Biographie. Gerade die Lebensgeschichte Köbels ist durch Gegensätzliches, Widersprüchliches, sich Ausschließendes gekennzeichnet, so daß es möglich ist, sich auf unterschiedlichste Details zu beziehen.

  Gegen die in allen drei Problembereichen naheliegende Tendenz zur Spaltung und Dichotomisierung wird hier der Versuch unternommen, die Einheit des handelnden Subjekts im Blick zu behalten. Diese Einheit kann allerdings nur in einer lebensgeschichtlichen Rekonstruktion hergestellt werden. Damit sollen Ambivalenzen und Brüche nicht geglättet, sondern integriert und verstehbar gemacht werden.

Ein kurzer Blick auf einige Eckdaten in Köbels Lebensgeschichte gibt das Bild einer Person „zwischen allen Fronten": Eberhard Köbel wurde am 22. 6. 1907 in Stuttgart geboren. Als siebzehnjähriger war er von Adolf Hitler derart begeistert, daß er ihn 1925 spontan besuchte. 1932 trat er der KPD bei. Nur ein Jahr später rief er dazu auf, der Hitlerjugend beizutreten. 1934 wurde er von der Gestapo verhaftet. Im selben Jahr floh er ins Exil. Nach dem Krieg ging er in die DDR und trat der SED bei. 1951 wurde er aus der Partei ausgeschlossen, 1953 als angeblicher Spion verhaftet. Im Alter von 48 Jahren starb er 1955 in Ost-Berlin.

Erste Kontakte mit der Jugendbewegung

Im Jahre 1922 schloß sich der fünfzehnjährige Eberhard Köbel dem Deutschwandervogel an, einem kleinen Splitterbund der Jugendbewegung. Wie einige Bünde zu dieser Zeit wurde der Deutschwandervogel ab 1923/24 zunehmend politisiert und nationalistisch ausgerichtet. Die Besetzung des Ruhrgebietes durch französische und belgische Truppen hatte im ganzen Reich nationale und völkische Gedanken verstärkt. Beispielhaft kann folgende Szene angeführt werden:
Köbel berichtet, wie seine Gruppe im Januar 1924 im Stuttgarter Theater eine Aufführung von „Dantons Tod" sprengte, um gegen die „nationale Schmach" zu protestieren, daß die Marseillaise auf einer deutschen Bühne gesungen wurde. [Vgl. „Große Umwege" (1932), S. 10f. (im folgenden: GU), in: tusk. Gesammelte Schriften und Dichtungen (TGSD)].

Der Bund verstärkte Köbels deutsch-nationale Haltung, die für sein bürgerlich-protestantisches Herkunftsmilieu charakteristisch war. Über seine Kindheit schreibt er:

> Ich zum Beispiel sehe, daß ich politisch erzogen worden bin. Meine Kindheit reichte in die Kriegszeit. Ich bekam eine kleine feldgraue Uniform, mit der ich zur Schule ging, und ein eisernes Kreuz aus Blech. Ich stempelte meine Briefe „Gott strafe England" und faltete beim Sieg die kleinen Hände zum Dank. Ich höhnte hinter Gefangenen her und fluchte am Kriegsende elfjährig auf die Sozialdemokratie (*Das Lagerfeuer* Mai/Juni 1932).

Köbels Eltern gehörten zur sozialen Oberschicht Stuttgarts. Sein Vater, ein Oberlandesgerichtsrat, war, getreu seinem Selbstverständnis als deutscher Beamter, parteilos. Seine Mutter, eine Fabrikantentochter, trat jedoch schon 1929 in die NSDAP ein.

Auch Eberhard Köbel war von den Nationalsozialisten fasziniert. Auf die Nachricht hin, daß Adolf Hitler, nach Verbüßung seiner Gefängnishaft in Landsberg, in München seine seit 1923 verbotene NSDAP neu gegründet hatte, fuhr Köbel mit einem Freund nach München und besuchte dort den Führer der stärksten völkischen Gruppe in dessen Wohnung.[1] Es ist zu vermuten, daß der siebzehnjährige die Einwilligung seiner Eltern und die Zustimmung seines Bundes hatte. Ein Ergebnis dieses Besuches war ein Aufruf im „Völkischen Beobachter", verfaßt von Eberhard Köbel:

> Deutsche Jugend! In deinen Händen liegt das Schicksal des deutschen Volkes. Eine dich zu einer urgewaltigen Faust! Wolle wie ein Mann und wir werden siegen! [...] So trefft Euch denn, deutsche Jungen, unter der Fahne jenes Mannes, der uns Ziel und Weg wies, unter dem reinen, klaren Banner Adolf Hitlers (AdJb N Koebel 108, zit. nach Brandenburg 1985, S. 341).

Schon in diesem frühen Text wird eine aktionistische Sprache deutlich, die Köbel sein Leben lang beibehalten wird, wenn auch die Inhalte wechseln.

Der Titel seiner Autobiographie – „Große Umwege" –, die er bereits 1932, als fünfundzwanzigjähriger, schreibt, verweist auf sein Bedürfnis, sich von dieser Zeit als „Faschist in Reserve" (AdJb N Koebel 71; Brandenburg 1985, S. 341) zu distanzieren. In dieser Autobiographie schildert er auch seine Schulzeit. Die Erinnerungen sind vorwiegend negativ.

Ein sicherlich wichtiges Erlebnis war seine Relegation vom Realgymnasium und sein Übergang auf eine Oberrealschule. „Oberrealschüler zu sein, war wenig in unserer Familie. Mir genügte es" (GU, S. 9). Diese Darstellung muß angezweifelt werden. Köbel muß diesen Wechsel als Zurücksetzung empfunden haben. Er schildert etwa seine Mitschüler folgendermaßen:

> Das war ein Sumpf diese Realschule (sic!)! Fast alle Primaner wollten höhergestellt scheinen. Ihr ganzes Sehnen ging dahin, Rechtsanwalt, Arzt oder Diplomingenieur zu werden. Viele meinten, daß sie schon als Oberprimaner mehr waren als ihre Eltern, diese Ladenbesitzer oder Werkmeister. Sie hörten auch zu Hause immer, daß sie etwas Besseres werden sollten. Ihre Ausbildung wurde oft nur durch bitteres Sparen möglich ge-

> macht. Sie waren strebsam und brav, zum Teil auch fromm, zum anderen Teil saßen sie aus Feigheit oder Trägheit in der Religionsstunde. Das waren Leute, die das Emporkommen zum Ziel hatten. Mir einzigem Bürgersohn begegneten sie mit eingefleischter Unterwürfigkeit oder mit Neid (GU, S. 9).

Seine Herkunft aus dem gehobenen Bürgertum gibt ihm die Möglichkeit der Distanz. Seine aus kleinbürgerlichem Milieu stammenden Mitschüler empfindet er als Emporkömmlinge, gegen deren unterwürfige Moral er sich absetzt. In Wirklichkeit ist sein Übergang zur Oberrealschule aber ein gravierender Abstieg, den er auch durch seine (nichtakademische) Berufswahl nicht auffangen kann.[2]

Köbels Abwehr gegen eine reibungslose gesellschaftliche Integration wird deutlich. Als Junge hatte er vor allem außerschulische Interessen kultiviert. Das Leben in der Jugendgruppe und das Beobachten der heimischen Vogelwelt waren ihm wichtiger als der verhaßte Schulbetrieb.

In klassisch bildungsbürgerlich-jugendbewegter Tradition stand sein Bestreben, nach dem Abitur den Eintritt ins Berufsleben noch etwas hinauszuzögern. Seit langem hatte er eine ornithologische Expedition nach Lappland geplant. Er lernte Schwedisch und den Umgang mit Photoapparat und Filmkamera. Der Bund für Vogelschutz stellte ihm eine komplette Filmausrüstung zur Verfügung, was auf eine frühe Anerkennung als Ornithologe schließen läßt. Sofort nach Abschluß der Schule brach er auf.

Nach seiner Rückkehr im Herbst 1926 begann er ein Studium an der Staatlichen Kunstgewerbeschule in Stuttgart und wurde Graphiker. Gleichzeitig engagierte er sich verstärkt in seiner Jungengruppe und etablierte sich als Wortführer. In seiner Biographie vermerkte er:

> Ich studierte ein bißchen Zoologie und lernte Graphik in der Kunstgewerbeschule. Wichtiger war mir die Jungengruppe. An aufschäumenden Feuern hielt ich Reden. Ich schrieb Briefe an den Bundesführer. Mehr Disziplin, mehr Taten! Der Individualismus ist eine Pest! Nur von oben kann er vernichtet werden! Aber „oben" war man müde, ich weiß nicht wovon (GU, S. 27).

Köbels Aktivitäten richteten sich gegen seinen eigenen Bund, den Deutschwandervogel, und dessen ausbleibende Reaktionen auf eine wichtige Veränderung in der bündischen Jugend: Inzwischen war der „Bund der Wandervögel und Pfadfinder" gegründet worden, der bis dahin größte Zusammenschluß der Jugendbewegung, aus dem wenig später die Deutsche Freischar hervorging. Köbels Ziel war die Integration seines Bundes in diese große Organisation. Bereits zu diesem Zeitpunkt begeisterte ihn die Vision des einigen Großbundes. Als die Leitung des Deutschwandervogel sich ablehnend verhielt, schloß sich Köbel mit seinen beiden Stuttgarter Gruppen der Deutschen Freischar an.

Im Sommer 1927 unternahm Köbel mit seiner Freischargruppe eine zweite Fahrt nach Lappland. Im Anschluß an die gemeinsame Fahrt reiste er allein weiter, um für einige Monate unter den Nomaden zu leben. Die Erfahrungen durch diese einsame Reise in ein Gebiet fernab von Zivilisation und bürgerlicher Ordnung prägten seine spätere Denkweise und hatte unmittelbaren Einfluß auf die Ausgestaltung eines spezifischen Stils, der ihn und seine Gruppe später berühmt machte. In Lappland erhielt er von den einheimischen Nomaden den Beinamen tusk, der Deutsche.

Eberhard Köbel und die dj. 1.11

Als Jungenführer machte Köbel innerhalb der Deutschen Freischar zunächst schnell Karriere. Von Anfang an hatte er den Anspruch, den Bund vollständig zu revolutionieren. Seine Vorgehensweise schilderte er später so:

> Der Verhandlungsweg ging zu langsam. Immer hemmungsloser wurden unsere Methoden. [...] Der Tag der Entscheidung kam. In einem großen Saal saß der ganze Gau im weißen Festhemd. Hundert Kerzen flackerten fiebernd. Ich stellte mich auf einen Tisch und schrie: „Ab heute bin ich Gauführer. Wer nicht einverstanden ist, kann gehen." Das ist die neue Methode (*Eisbrecher* Januar 1933).

Auch innerhalb der Deutschen Freischar polemisierte er unablässig gegen Führungsschwäche und mangelnden Elan. Sein Ziel, Organisationsstruktur und Erscheinungsbild der Jugendbewegung grundlegend zu verändern, machte er in Reden und Veröffentlichungen überdeutlich.

Seit 1927 gab er die „Briefe an die schwäbische Jungenschaft" heraus. Ab August 1928 wurden diese „Briefe" Bundeszeitschrift. Köbel war nun Schriftleiter der sogenannten „Briefe an die Deutsche Jungenschaft". Dieser Erfolg galt ihm auch im Nachhinein noch als Bestätigung seiner aggressiven Strategie:

> Die Augen des Bundes richten sich auf uns. Es ist nicht umsonst, wenn wir leuchten. Wir stecken weitere Ziele. Warum bescheiden sein [...]. Der Bund ist sturmreif. Die Alten müssen weichen. Wir sind bereit! Wir haben keine Geduld. Wir gehen unserer Erfüllung entgegen. [...] Ich bin kein Phantast. Ich habe schon schwere Wirklichkeit erlebt. Ich habe mich gegen Schnee, Rentiere und anderes durchgesetzt. Vorwärts mit unerbittlichen Forderungen! (*Eisbrecher* Januar 1933)

Köbel sieht seine Gruppe und sich als Avantgarde der Deutschen Freischar, die allerdings erst am Anfang ihres Aufstiegs steht. Die Gegner sind die „Alten" im Bund, die den Ansprüchen einer „leuchtenden" Jugend nicht genügen. Bezeichnend ist, wie Köbel seinen Führungsanspruch legitimiert. Um sich Glaubwürdigkeit zu verschaffen, verweist er auf „schwere Wirklichkeit", die er in Lappland erlebt hat – statt, so läßt sich unschwer schließen, im Felde. Köbel ist Vertreter einer Generation, die den Ersten Weltkrieg als Kind erlebt hat, die zu spät geboren ist, um sich als Soldat bewährt haben zu können. In einer von Heldenidealen erfüllten Zeit muß dies als Entwertung erlebt worden sein. Sein Gebaren gegenüber den Autoritäten („Warum bescheiden sein?") verspricht, sich auch innerhalb der Jugendbewegung als Kämpfer fühlen zu können.

Dieser offensive Stil stieß bald auf Grenzen. Die Führung der Deutschen Freischar lehnte seine Ziele und seinen Machtanspruch ab. Köbel reagierte auf die Widerstände mit der Gründung von dj. 1.11.

> Am 1.11. 1929 gründeten Romin und ich eine Verschwörung mit dem Ziel: Erhöhung der Disziplin, Erhöhung der Anforderungen, Säuberung des Bundes, Besserung des Bundes auf der ganzen Linie. Dann Vereinigung aller ähnlichen Bünde zur Deutschen Jungenschaft. [...] Wir nannten die Verschwörung dj. 1.11 (*Eisbrecher* Februar 1933).

Das geheimnisvolle Kürzel dj. 1.11 und Köbels eigene Formulierung „Verschwörung" kennzeichnen den geheimbündlerischen Charakter der Gruppe. Dies war wesentlich für die Faszination, die dj. 1.11 ausübte. Elitärer Anspruch und Expansionsdrang trafen hier zusammen. Dj. 1.11-Gruppen entwickelten sich vom Stuttgarter Raum aus über das gesamte Deutsche Reich. Wegen dieser „Verschwörung" wird der unbequeme Köbel 1930 aus der Deutschen Freischar ausgeschlossen.

Mit dj. 1.11 beginnt eine „neue Welle der Jugendbewegung" (Jovy 1952, S. 118). Köbel führte eine Reihe von Innovationen ein, die ihn und seinen Bund rasch bekannt machten. Aus der Analyse des organisatorischen Aufbaus, der Ziele und Inhalte von dj. 1.11 können die Ideen Köbels abgeleitet werden, da die Charakteristik des Bundes mit der Person seines Führers eng verbunden ist.

Dj. 1.11-Gruppen setzten sich im wesentlichen aus männlichen Jugendlichen des Bürgertums zusammen. Damit standen sie in der Tradition der Jugendbewegung. Erst später kamen vereinzelt Mädchen und Arbeiterkinder dazu.

Tusk war bis 1932 – d.h. bis zu seinem KP-Beitritt – unangefochtener Bundesführer. Neben ihm gab es einen Bundeskanzler und Geldverwalter (in einer Person), sowie eine Reichshorte als Führungsgremium in beratender Funktion. Der Bund war deutlich hierarchisch gegliedert; ohne Köbels Einwilligung war der Aufstieg in höhere Positionen nicht möglich. Es ist umstritten, ob dj. 1.11 ein autoritärer Bund war.[3] Einerseits gab es eine klare Führer-Gefolgschaftsideologie, andererseits das Prinzip des freiwilligen, begründeten Gehorsams. Die Äußerungen tusks, die das Führer-Gefolgschaftsverhältnis thematisieren, bleiben ambivalent:

> In dieser ganzen langen Zeit haben wir erkennen gelernt, daß nur, wo schwache Menschen an der Spitze stehen, beschlossen und gewählt wird. [...] Ich ging bewußt vom Beschluß zum Entschluß über und übernahm für alle Schritte die Verantwortung allein. [...] Den Führern zu folgen, ist eine gute, nützliche Sache (Köbel 1930, zit. n. TGSD, S. 101).

Deutlich wird die Distanz zu demokratischen Prinzipien, wie sie in der bündischen Jugend verbreitet war (vgl. Hellfeld 1987, S. 59f.). Gleichzeitig wird unreflektierter Gehorsam abgelehnt.

> Befehlen lernen, gehorchen lernen und dabei das Denken nicht verlernen! [...] Unsere Befehle haben ihren Sinn. Unsere Führer wissen, was wie tun. Nur Dummköpfen zu gehorchen, macht dumm. Unser Gehorsam macht uns frei (*Das Lagerfeuer* April 1932).

An die Führer wurden ganz besondere Ansprüche gestellt. Idealtypisch sollten sie eine umfassend begabte Elite darstellen, mit künstlerischen, handwerklichen und sportlichen Fähigkeiten ausgestattet sein und so Vorbildcharakter und legitime Autorität gewinnen.

Die Bewertung des Konzepts von dj. 1.11 hängt nicht zuletzt davon ab, ob man dieses idealtypische Modell als umsetzbar ansehen will. Unbestreitbar ist, daß Köbel zum Idol wurde, weil er im Schaffen neuer Formen und Ausdrucksmittel jugendbewegten Lebens außerordentlich kreativ war. Er personifizierte geradezu die Aufbruchstimmung der Jugend, die er unablässig propagierte. Nichts verdeutlicht seinen Abstand zur traditionellen Wandervogelbewegung so sehr, wie sein selbstverständlicher Umgang mit moderner Technik. Photographie und Film hatten schon bei seinen ornithologischen Expeditionen eine Rolle gespielt. Diese Medien waren auch für eine neue Form beobachtender Naturerfahrung in dj. 1.11 wesentlich.

Besonders eindrucksvoll war sicherlich die Tatsache, daß Köbel seine verschiedenen Gruppen mit einem Motorrad besuchte, ein krasser Bruch mit dem Bild des Wandervogels. Diese Neuerungen hielt Köbel für zeitgemäß:

> Weil ich seit meinen frühen Jahren mit allen Sinnen an der Natur hing, war in mir der Antitechniker gewachsen. In unserer Zeit ähnelt dieser Antitechniker dem Mann, der Fleisch verzehrt, obgleich er gegen das Schlachten von Tieren eintritt. Mein Motorrad erschloß die Welt der Maschine (*Eisbrecher,* Januar 1933).

Als Fortbewegungsmittel steht das Motorrad für Dynamik und ermöglichte neue Kommunikationsformen. Köbel kann seine Ideen schnell durch das ganze Reich transportieren.

> Summend jagte ich über die staubweißen Straßen, [...] ich besuchte Gruppen im Land und hielt ihnen die große Zukunft vor Augen. Unsere Bewegung muß eine Hochflut werden und über ganz Deutschland hinrauschen! (*Eisbrecher* Januar 1933).

Köbels lärmendes Auftreten verdeckte, daß der „Bewegung“ ein formuliertes Programm fehlte.

„Der gespannte Bogen“

Im Januar 1931 veröffentlicht Köbel seine programmatische Flugschrift „Der gespannte Bogen“. Hier entwickelt er seine Gedanken zu Erziehung und Leben in einem zukünftigen Bund. Was ihm vorschwebt, ist eine „autonome Jungenschaft“, die in Qualität und Zahl die Jugendbewegung revolutionieren soll. Dj. 1. 11 spielt Vorreiterrolle.

> dj. 1. 11 ist die Jungenschaft, die heute schon an diese Gedanken glaubt. [...] Sein Zweck ist heute, durch einige phantasieschwirrende Gruppen ein Vorbild den anderen zu geben und durch große Zahl den hier hörbaren Stimmen größeres Gewicht zu verleihen (Köbel 1931, zit. n. TGSD, S. 297).

Den Vorbildcharakter von dj. 1. 11 leitet Köbel aus einem dichotomischen Menschenbild ab: Er entwirft eine Gegenüberstellung von „Wiederholenden“ und „Selbsterringenden“; vereinfacht gesagt, von Masse und Elite. Der Wiederholende,

> das ist der Mensch, wie er wuchert und vegetiert, zu Millionen, in größtmöglicher Bequemlichkeit [...], möglichst lange lebend, nicht krank, ohne Schmerzen, nicht eigene Gedanken sprechend, sondern Vorgekautes, Eingeschärftes wiederholend, glücklich, wenn die alltägliche Gewohnheit arm an Veränderungen verläuft (Köbel 1931, zit. n. TGSD, S. 286).

Dagegen das Bild des „Selbsterringenden“, in seiner reinsten Form verkörpert im autonomen Jungen:

> die Helden der Selbsterringenden sind bald jubelnde, bald weinende Kinder Gottes, die die Welt durchrasen, als jagte sie ein Schwarm von Gespenstern. Man sagt „Dämonen“, aber es ist ihr Blut und ihre Seele. Sie sündigen und töten bald leidenschaftlich, bald lassen sie ausgeliebte, traurige Mädchen zurück, bald opfern sie ihr Teuerstes für andere, bald erwürgt ihr Zorn Hindernde, bald scheinen sie am Ende und stehen dann doch immer wieder lächelnd auf zu unerklärlichen neuen Taten (Köbel 1931, zit. n. TGSD, S. 287).

Mit großem Pathos verwirft Köbel die vorherrschenden bürgerlichen Tugenden von Ordnung und Rationalität. Die „Selbsterringenden“ nehmen für sich in Anspruch, aus dem bürgerlichen Tugendkanon ausgegrenzte und denunzierte Teile wiederzubeleben. Die Nachtseiten des Lebens („rasen“, „Gespenster“, „Dämonen“) und tabuisierte Aktionen („Sündigen“, „töten“) werden thematisiert. Vorreiter zu sein bedeutet auch, bisher abgelehnte Verhaltensweisen zu vertreten, zu integrieren und positiv zu wenden. Trotz aller Tabubrüche sind die „Selbsterringenden“ „Kinder Gottes“. Ein Aufbruch gegen herrschende Prinzipien muß sich „verfemter Teile“ (Bataille) bedienen, um seine Ansprüche pointiert formulieren zu können.

Das starre Regelgefüge der gesellschaftlichen Ordnung wird abgelehnt, da es die Fähigkeit und das Bedürfnis einiger Einzelner, die – aus welchen Gründen auch immer – zu den Selbsterringenden gehören, behindert. Der im Gestus des Bürgerschrecks vorgetragene Elan hat zugleich mit der Zähigkeit demokratischen Entscheidens nichts gemein. Im Meinungspluralismus der Weimarer Republik sei – so Köbel – die Masse willenloses Opfer verschiedener Lehren. Die „Selbsterringenden“ in dj. 1.11 sollen andere Ideen verfolgen:

> Das Ziel ist [...] die Fähigkeit, in jedem Augenblick die Welt anzuschauen, bereit, die Urteile, die man im vorhergehenden Augenblick gefällt hat, unter dem Einfluß der neuen Beobachtungen zu widerrufen (Köbel 1931, zit. n. TGSD, S. 289).

Mit den Schlagworten „Autonomie“ und „vorurteilslose Praxis“ werden die angestrebten Fähigkeiten umrissen. Innerhalb des Jungenbundes sollen sie verwirklicht werden, wodurch dieser den Charakter einer Gegenkultur erhält. Jugend wird zum Synonym des Aufbruchs einer potentiellen Elite.

Der Gedanke der autonomen Jungenschaft entspringt dem Bedürfnis nach einem nicht zerrissenen Identitätsgefühl in der Krise der Moderne. Grundlagen bürgerlicher Existenz, die Begriffe von Individualität und Elite sind in der Massengesellschaft problematisch geworden. Die Wirtschaftskrise verschärft den Orientierungsverlust vor allem für die männliche Jugend der Weimarer Republik. Die Chance, sich in einer überschaubaren Gleichaltrigengruppe die Welt anzueignen, soll einen Ausweg bieten. Abseits gesellschaftlicher Realitäten soll innerhalb des Bundes ein Lebensstil erprobt werden, in dem Individualität verwirklicht und die Widersprüche des frühen 20. Jahrhunderts aufgehoben werden sollen. Dies soll durch die Herausbildung kreativer Fähigkeiten geschehen.

Es überrascht nicht, daß vorindustrielle (Vor)bilder zur Orientierung herangezogen werden, als Maßstab einer noch nicht entfremdeten Existenz, wie sie in der Vergangenheit vermutet wird.

> Seht einen Kosakenburschen an: was vollbringt er nicht alles mit seinen Händen! Näpfe schnitzen und in verschiedener Weise die Zügel halten. Auf dem Griffbrett der Balalaika vollführen seine Finger Tänze. Er flickt mit seinen Händen Netze, lädt seine Büchse und kann noch vieles. Und ein deutscher junger Herr? Er hält bald den Füllfederhalter, bald den Suppenlöffel. Ist's ein Wunder, daß der Kosak Künstlerhände hat und der Gymnasiast ausdruckslose? (Köbel 1931 zit. n. TGSD, S. 296)

Es werden Fähigkeiten angepriesen, die in der Industriegesellschaft ihre Funktion verloren haben. Das Kosaken-Ideal ist nur ein Beispiel für die vergleichsweise exotische Ausrichtung in dj. 1.11: Fahrten nach Lappland, Rußlandromantik und später ostasiatische Themen sind weitere Aspekte. Ihr zumindest vor-politischer Gehalt ist vor dem Hintergrund des deutschnationalen Pathos der Zeit nicht zu unterschätzen.

Gruppenstil und Milieu von dj. 1.11

Kennzeichnend für Köbels Aktivismus und Einfallsreichtum war es, daß er zur Erlangung der proklamierten Ziele nichts dem Zufall überließ. Bewußt und liebevoll gestaltete er ein jungenschaftliches Milieu, das den spezifischen Charakter von dj. 1.11 für alle erkennbar kennzeichnete und die Identifikation mit dem Bund steigerte. Parallel zur – scheinbar rückwärtsgewandten – Ästhetik vorindustrieller Kulturen nutzte Köbel die Möglichkeiten moderner Technik und revolutionierte die Jugendpresse durch zeitgemäßes Layout.

Von seinen Fahrten nach Lappland brachte er die Kote mit, das Zelt der nomadischen Lappen. Die Kote hatte an der Spitze eine

Öffnung, so daß innerhalb des Zeltes eine Feuerstelle eingerichtet werden konnte. Dadurch waren Fahrten zu jeder Jahreszeit möglich. Vor allem dieser praktische Nutzen erklärt die wachsende Beliebtheit dieser bis dahin in Deutschland unbekannten Zeltform weit über dj. 1. 11 hinaus. Innerhalb des Bundes hatte die Kote Symbolfunktion im Sinne eines gegenkulturellen Lebensstils.[4]

Die musikalische Tradition der Jugendbewegung wurde erheblich erweitert: Köbel führte internationale Volkslieder und fremde Instrumente, z. B. die Balalaika, ein. Vorbild war der Donkosakenchor, als Symbol männerbündischer Disziplin und künstlerischer Präzision, verbunden mit der Romantik des vorrevolutionären Rußlands. In dj. 1. 11 sollte eine neue Kultur des Singens und Vorlesens gepflegt werden. Köbel selbst entwarf Sprechchöre, Chorsätze und eine Choreographie des Massentanzes.

Eigentlich im Gegensatz zu diesen eher romantischen Stilelementen steht die streng sachliche, moderne Form der Zeitungsgestaltung, durch die der Graphiker Köbel das Zeitschriftenwesen der Jugendbewegung umgestaltete.

> Eine Zeitschrift ist kein Buch in Fortsetzung, eine Zeitschrift darf mit der Zeit gehen, soll es sogar, sie soll Moden mitmachen, soll auf der Jagd nach dem Besseren alle möglichen Wege durchwandern (zit. n. TGSD, S. 327)

heißt es in der Zeitschrift „Das Lagerfeuer". In bündischen Zeitschriften dominierten noch Holzschnitte und altmodische Schrifttypen. Unter Köbels Schriftleitung entstand eine moderne Jugendpresse mit in der Jugendbewegung einmaligem Niveau. Er begann mit kleinen hektographierten Blättchen, führte dann die gedruckte Form mit Bildern und Linoleumschnitt ein, später wurden dann Kunstdrucke und Photographien einbezogen. Die Zeitschriften fanden Verbreitung weit über den Bund hinaus. Am bekanntesten waren „Das Lagerfeuer" (Juli 1930 bis September 1932) und „Der Eisbrecher" (Oktober 1932 bis März 1934), der im bekanntesten Verlag der Jugendbewegung, Günther Wolff, Plauen, erschien.

Im Januar 1933 erscheint im „Eisbrecher" ein Artikel mit der Überschrift „die blaue Montur wird von Zehntausenden im Jahr

1933 getragen". Die blaue Montur ist die Kluft der dj. 1. 11, die 1929 in Stuttgart entwickelt worden ist und die dann von vielen anderen Gruppen übernommen wurde. Eine dunkelblaue Bluse,

> vermutlich in Anlehnung an russische Matrosenblusen, [...] strengen, fast mönchischen Zuschnitts, aufgelockert nur durch farbige Kordeln, die [...] Zeichen ständig erneut nachzuweisender Bewährungsproben sowie hierarchisch abgestufter Führerränge darstellten (Meier 1977, S. 209).

In modifizierter Form übernahm auch das nationalsozialistische Jungvolk diese Kluft.

> Zehntausende tragen die Uniform von dj. 1. 11. Wir haben nichts dagegen. Wir brauchen keine Patente

schreibt tusk im erwähnten Artikel. Er fährt fort:

> Aber was soll drinstecken in der blauen Bluse? Ist uns das auch einerlei? Nein!

Und:

> Das war die Form. Im Formen schaffen waren wir groß. Jetzt kommt der Inhalt.

Köbels Stolz auf die Beliebtheit der „blauen Bluse" bei verschiedensten Jungen kann die Tatsache nicht verdecken, daß seine Ideen nicht gleichzeitig übernommen wurden. Eine Unterscheidung von Form und Inhalt, eine Herausstellung der spezifischen Ziele von dj. 1. 11 wird nun notwendig.

Autonome Jungenschaft

Es wurde bereits betont, daß mit Eberhard Köbels „autonomer Jungenschaft" eine neue Phase der Jugendbewegung eingeleitet wurde. Werner Helwig nennt sie die „hellenistische" (1960, S. 337), um sie als kulturelle Blütezeit der Jugendbewegung zu kennzeichnen. Genauso wichtig wie die stilistischen Innovationen war jedoch das von Köbel immer wieder vorgetragene Recht der Jugend auf Selbstbestimmung und Selbsterziehung im eigens dafür geschaffenen Milieu. Damit griff Köbel Gedanken auf, die in der zu „seiner“ Zeit bereits etablierten und institutionalisierten Jugendbewegung mehr und mehr verschüttet waren.

Köbels Engagement in der Jugendbewegung fiel in die Phase der im engeren Sinne „bündischen Jugend“ (1923–1933). Der Begriff „Bündisch“ kennzeichnet die Tendenz, die Jugendorganisationen streng hierarchisch durchzugliedern; eine Führer-Gefolgschafts-Ideologie war weit verbreitet. Schlagworte wie „Dienst“ und Fahrt ins „Lager“ kennzeichnen die z. T. soldatische Orientierung.

Die Jugendbewegung war etabliert; ihr Impuls war nicht mehr Ausbruch aus der beengenden Erwachsenengesellschaft. Vielmehr schlichtete man im Konzept des „Lebensbundes“ den Generationskonflikt und beanspruchte, selbst den Kern einer künftigen Gesellschaft zu bilden. Die in der Jugend erfahrene Gemeinschaft sollte in der Erwachsenengesellschaft fortgeführt werden. Gegen den als chaotisch empfundenen Interessenwiderstreit der Weimarer Republik setzte die Bündische Jugend das Ideal des Bundes als Modell, und zwar für Volksgemeinschaft und organischen Staat. Damit verbunden war die Weiterarbeit von Erwachsenen in den Bünden, deren Führung zunehmend überalterte.

Köbels dj. 1.11 wies viele Charakteristika der bündischen Jugend auf: Das Ideal des Soldaten, der hierarchische Aufbau, die Ablehnung des Parlamentarismus sind auch hier wesentlich. Neu war, daß mit dem Konzept der „autonomen Jungenschaft“ noch einmal eine Rückbesinnung auf die Wandervogel-Tradition der Vorkriegszeit geschah. Im Jahre 1913 war auf dem Hohen Meißner, vor dem Hintergrund eines säbelrasselnden Kaiserdeutschlands, die berühmte Autonomie-Formel der Freideutschen Jugend artikuliert worden:

> Die Freideutsche Jugend will aus eigener Bestimmung, vor eigener Verantwortung, mit innerer Wahrhaftigkeit ihr Leben gestalten.

Die „Autonome Jungenschaft“ charakterisiert Köbel durch eine daran angelehnte Formel:

> Frei von jeder Verpflichtung an eine Weltanschauung / frei vom Zwang, Vorgesprochenes Wiederholen zu müssen / frei von der

> Meinung, mit Wiederholern in deren Formen und Gedanken leben zu müssen (*Köbel* 1931, zit. n. TSGD, S. 288).

Die provokante Verweigerung gegenüber den Integrationsforderungen der Erwachsenen-Gesellschaft wird aufgegriffen und zugleich in ein elitäres Selbstverständnis überführt. Durch das Autonomie-Ideal sollten Selbstbewußtsein und Elan der frühen Jugendbewegung zurückgewonnen werden:

> Die Jugendbewegung war einmal groß und gefährlich. Sie wurde von Schuldirektoren, Ministerien, Geistlichen verboten. Die Jugendbewegung ist heute brav, ungefährlich und harmlos. Sie wird von Schuldirektoren, Kirchen und Generälen empfohlen und gefördert. Die Deutsche Jungenschaft wird immer größer und gefährlicher (*Das Lagerfeuer* April 1932).

Dj. 1. 11 sollte eine „Rebellion der Jungen" (Tjaden 1958) sein. Der Protest richtete sich vor allem gegen die als Veteranenvereine verspotteten Bünde, gegen die dort angeblich betriebene Jugendpflege, gegen das Lebensbundprinzip und zunehmend gegen den „Skautismus" als Tendenz der englischen Pfadfindertradition, die Jugend für staatlich-militärische Zwecke zu vereinnahmen.

Dj. 1. 11 wollte nicht Vorbild für eine „volkliche" Ordnung sein. Ihr Auslese- und Eliteprinzip basierte nicht auf Rassetheorien. Was Köbel mit ungeheurer Energie – und mit zum Teil zweifelhaften Methoden – anstrebte, war der Zusammenschluß der Jugend zu einem einigen Großbund, ja die Forderung nach einem „autonomen Jungenstaat" in konsequenter Selbstverwaltung.

Die „Politisierung": Neue Wege zum gleichen Ziel

„Junge Ritter" im Dickicht der Städte

Im Januar 1930 zog tusk aus beruflichen Gründen nach Berlin. Er wurde Buchhersteller im Atlantis-Verlag. Der Übergang aus dem eher bürgerlichen Milieu Stuttgarts in die Reichshauptstadt Berlin war mit gravierend neuen Erfahrungen verbunden. Die sozialen Gegensätze der späten Weimarer Republik prallten in Berlin besonders hart und deutlich aufeinander. Wirtschaftskrise und politische Radikalisierung trieben zu dieser Zeit einem Höhepunkt zu. Verelendungserscheinungen trafen vor allem Jugendliche.[5]

Die soziale Situation in Berlin trug sicherlich zu Köbels „politische(r) Bewußtwerdung“ (Lebenslauf Köbel vom 28. 3. 1953, in: AdJb N Koebel 2) bei. Auf seine Initiative hin wandelte sich dj. 1.11 in einen Bund, der Arbeiterjugendliche aufnahm und der sich als einer der wenigen Bünde vor der Machtergreifung entschieden gegen den Nationalsozialismus wandte.

Allerdings verlief diese Entwicklung nicht so gradlinig, wie Köbel selbst sie später in seinen Lebensläufen darstellte.[6] Noch 1931, in seiner Schrift „der gespannte Bogen“ (s. o.) blieb Köbel jenseits von konkreten sozialen Realitäten.

Der Aufsatz „Seid junge Ritter“, erschienen im Februar 1932, kennzeichnete dagegen die gewandelte Programmatik. Hier wurde erstmals soziales Elend angeprangert, die eigene bürgerliche Privilegiertheit reflektiert und an Solidarität appelliert.

> Wir wissen, daß unser Bund wie eine Burg für die Talbewohner in seiner Sonne leuchtet. Wir wissen, daß das Schicksal uns fast alle verschonte, mit 14 Jahren an der Drehbank zu stehen, daß es uns Körperpflege und Bildung bis zum Erwachsenensein verschaffte. Wir wissen, daß wir nicht in den kannibalischen Kellerquartieren des Weddings neben arbeitslosen Eltern aufwuchsen, sondern in Wohnungen oder Häusern. Wir wissen noch viel, daß wir fünf- bis sechsmal oder noch öfter auf Großfahrt können, wie kein Proletarierbub ein einziges Mal. Und wir wissen, daß dieses Glück uns mit besseren, geschonteren Körpern und erfahreneren Geistern ausgestattet hat, daß die Massen der hoffnungs- und schuldlos leidenden deutschen Jungen wachsen, daß wir in erster Reihe mit den schärfsten Waffen für eine Ordnung kämpfen wollen, in der z. B. auch jeder Junge Fahrtengeld und Kluft besitzen kann (*Das Lagerfeuer* Februar 1932).

Die allgemeine Verfügbarkeit jungenschaftlicher Accessoires soll als konkretes Zeichen sozialer Veränderung gelten. Wenn auch die Forderung nach „Fahrtengeld und Kluft“ als vermeintlich jugendgemäße Forderung gemeint ist, so verweist sie doch auf die Hermetik des Köbel’schen Denkgebäudes. Ort und Ziel der Auseinandersetzung um soziale Veränderungen bleibt der Jungenbund.

Die Vision des großen Bundes autonomer Jungen blieb. Nachdem verschiedene Strategien gescheitert waren, wurde nun der Weg über die Basis versucht: tusks Plan war es, in großem Maßstab Jungen anzuwerben. Dabei zielte er auf die „Elite“ der Jungen verschiedener Bünde, um dadurch die Führer zum Nachziehen zu zwingen. Ziel war eine kämpferische, klassenübergreifende Jungenavantgarde. Köbels Aufruf an die Jungen lautete: „Jede Schülerhorte sollte eine Arbeiterjungenabteilung aufmachen und ausrüsten.“ (ebd.)

Die „Rotgraue Aktion“

1931 begann die „Rotgraue Aktion“; das ist die Organisation der Berliner Gruppen der deutschen Jungenschaft. Der rotgraue Aktionsplan diente der „Mobilisierung aller Jungen und zur endgültigen Schaffung der deutschen Jungenschaft“ (*bubentyrker* Dezember 1931). Diesem Ziel sollte eine Neuorganisation des Gruppenlebens dienen, wie Köbel sie in Berlin erprobte. Nachdem zuvor den Einflüssen des Herkunftsmilieus erstmalig Bedeutung zugemessen wurde, zielte tusk nun auf Entprivatisierung jugendlichen Lebens.

> Der Traum aller ist das gemeinsame Leben auch im Alltag. Wochenlange Kasernierungen während der Schulzeit mit gemeinsamen Arbeits- und Sportstunden wurden schon durchgeführt. Später entstanden ‚Garnisonen‘, in denen ganze Gruppen ständig unter der Fahne lebten. Ich schreibe diese Sätze in der Berliner dj. 1. 11-Garnison, der einzigen, die bis jetzt geglückt ist. Sie steht als Baum mitten in der individualistischen Steppe. Hoffen wir, daß sie bald ein Baum unter Bäumen ist (TGSD, S. 319).

Es ist bemerkenswert, daß ein Wohnmodell entsteht, das auf die Kommune-Ideen der Studentenbewegung der sechziger Jahre verweist. Allerdings ist das soldatische Gepräge überdeutlich, das Köbel seiner Gruppe gab: „unter der Fahne“ sollten die Wohngruppen leben.

Das Soldatenideal wird tusk auch weiterhin begleiten.[7] Bei allen Vorbehalten ist aber zu bedenken, daß das Leben der späten Weimarer Republik generell militarisiert war. Wehrverbände etwa gab es in fast jeder Partei.

Der Parteibeitritt

Am 20. 4. 1932 trat Köbel der KPD bei (Helwig 1960, S. 372).[8] Dieser Schritt verwirrte seine Anhänger, erschütterte das von ihm selbst errichtete Ideal-Bild des jungenschaftlichen Kämpfers im Abseits von Parteipolitik und wird bis heute überaus kontrovers diskutiert.

Trotz seines Parteibeitritts liegen Köbels politische Ideen weiterhin quer zu den Forderungen der organisierten Arbeiterschaft; die Basis des Kampfes bleibt der Jungenbund und nicht eine Partei oder eine Klasse. In der April-Ausgabe des „Lagerfeuer" entwickelt Köbel unter dem Titel „Sieben Sterne – sieben Losungen" sozial-romantische Thesen. Die gesellschaftliche Bedingtheit von Unterdrückung und Elend wird zwar eingestanden, soll jedoch im klassenübergreifenden Kampf der Generationen überwunden werden. Der „Deutsche Jungenbund" soll als elitäre Gruppe eine bessere Zukunft schaffen. „Ein neuer Aufstand der Jugend! Er wird siegen!" (*Das Lagerfeuer* April 1932).[9] Mit diesen Sätzen endet das Manifest.

Zur gleichen Zeit erklärte Köbel in einem hektographierten Brief an dj. 1.11 seine Motive für den Parteibeitritt.

> Die Not und die Schwierigkeit der Heimat ist so groß, daß ich nicht verantworten kann, aus Bequemlichkeit dem politischen Kampf fernzubleiben. [...] Ich werde Kommunist, weil man nicht die Worte Worte sein lassen darf, sondern Taten folgen lassen muß (zit. n. Helwig 1960, S. 372 f.).

Und, direkt an ‚seine Jungen' gerichtet:

> Ihr müßt Männer haben, zu denen ihr hinaufsehen könnt. Seht, Männer sind in der Politik in solcher Zeit (ebd., S. 374).

Köbel legt in diesem Brief die Führung von dj. 1.11 nieder. Sein persönlicher Entschluß, der KP beizutreten, soll die Existenz und die erhoffte Expansion von dj. 1.11 nicht gefährden. Er fordert aber alle „politisch Erwachenden“ auf, sich ähnlich zu engagieren. Zu diesem Zweck gründet Köbel eine neue Organisation, einen politischen Zweig der dj. 1.11, für die auch eine eigene Zeitschrift entwickelt wurde.

> Als politischen Kreis gründe ich den Kultur-Klub (KK). Alle politisch Erwachenden können in ihm mit mir kämpfen. Sie können gleichzeitig in dj. 1.11 sein. Seine Stimme sind die „Pläne“. Künftig heißt die Formel: „Politisch Organisierte in dj. 1.11 müssen im KK sein.“ (ebd.)

In der Zeitschrift „Pläne“ umreißt Köbel das Konzept des KK:

> Er widmet sich der Erziehung zu Revolution und Sozialismus. Er pflegt junge Kultur. Scharf grenzt sich der KK gegen die nur negative Gesellschaftskritik niedergeschlagener und hoffnungsloser Intelligenz ab. Ebenso scharf vom Faschismus. Er verfolgt vielmehr das Bild der sozialistischen Arbeiternation (*Pläne* 20. Juni 1932).

Die Zweiteilung des Bundes war jedoch auch aus anderen Gründen geboten: Köbel selbst sowie einige andere Mitglieder von dj. 1.11 waren mittlerweile zu alt geworden, um das Konzept der unpolitischen „Jungenschaft“ noch glaubwürdig zu vertreten.

In der Mai / Juni-Ausgabe des „Lagerfeuer“ kommentiert „bill“, der neue Bundesführer von dj. 1.11, die neue Organisationsstruktur:

> die jungenschaft ist das blut
> die burschen im kk sind das hirn
> von dj. 1.11
> beide zusammen ergeben
> das leben.

„Aktivismus“ ist das Schlagwort, in dem sich politische und jungenschaftliche Ziele Köbels decken:

> Die Aktivisten fühlen sich von schlagkräftigen Ideen mehr angezogen, als von sympathischen Menschen (*Pläne,* 1. März 1932).

Köbel polemisiert gegen die anderen Bünde, die in einer hochpolitisierten Zeit Neutralität proklamierten, aber durch ihre Jugendarbeit eine unkritische Integration der Jugendlichen in die bestehende Gesellschaftsordnung betrieben. Wenn dj. 1.11 dagegen den ganzen Menschen fordert erscheint es logisch, den

Älteren ein politisches Forum zu bieten, um den „Gegensatz von Theorie und Praxis" (*Pläne,* 20. Juni 1932) zu überbrücken, indem die faktisch politische Wirkung jeder Jugendarbeit bewußt gemacht wird.

Im ganzen Jahr 1932 scheint Köbel sich vor allem mit dem Aufbau und der Weiterentwicklung des Kulturklubs und später mit der Parteiarbeit beschäftigt zu haben (vgl. Hess 1975, S. 71ff.).

Mit seinem Eintritt in die KPD isolierte sich Köbel weitestgehend in der Jugendbewegung. Nur wenige Mitglieder der dj. 1.11 folgten seinem Schritt. „Seit Pfingsten (1932) besteht dj. 1.11 nur noch aus 300 Mann." (*Das Lagerfeuer* April/Mai 1932). Zuvor hatte der Bund ca. 2000 Mitglieder gehabt. Der Sohn des dj. 1.11-Mitbegründers nach 1945 Hess weist darauf hin, daß

> die dogmatische Moskauabhängigkeit und die revolutionäre Phraseologie der KPD [...] in keiner Weise dem Bild des autonomen selbsterringenden Menschen, wie er dj. 1.11 vorschwebte, gerecht werden konnte (1975, S. 68).

„Die NSDAP hat die gesamte Initiative ergriffen" – Köbel und dj. 1.11 im Nationalsozialismus

Anpassung oder Unterwanderung

Der Historiker Walter Laqueur behauptet, Köbel sei nicht lange bei der KPD geblieben: „nach ein paar Monaten ging er wieder, oder man empfahl ihm zu gehen" (1962, S. 193). Dies ist falsch. Noch am 27. Februar 1933 – also nach der „Machtergreifung" – hielt Köbel in Berlin in der Öffentlichkeit einen Vortrag zum Thema „Wo steht die junge Front? Nationalsozialismus und Kommunismus" (vgl. Schilde 1983, S. 72). Ein Augenzeuge (Karl Otto Paetel) berichtete, Köbel habe sehr orthodox marxistisch argumentiert

> über die Fortschritte, die das Weltproletariat u. a. in Indochina in diesen Monaten errungen hatte [...] Die Tatsache, daß der Natio-

nalsozialismus die Macht ergriffen hatte, kam in einigen Nebensätzen am Rande vor (Paetel 1982, S. 125).

Im März 1933 richtete die Schriftleitung des „Eisbrecher" einen Appell an die jugendlichen Leser:

> Lest den Eisbrecher in gesammelter Ruhe! Beseht so den Umschlag und die anderen Bilder! Versucht, die Stimmung und die neue Denkart zu verstehen, die aus ihm spricht! Man muß genau hinhören, sonst versteht man die leisen Melodien nicht. Umsetzen sollen sie sich in junges, neuartiges Heldentum im Kampf um die Autonomie. [...] Dieses anbrechende Heldentum hat eine eigene Farbe und eigene Gestalt. Krasser und greller. Kristallklare Höhenluft umgibt die Gehirne. Traumlos, rauschlos ist das. Kamerad! Alle humpeln hinter der Zeit her. Der „Eisbrecher" fährt voraus.

Dieser Text läßt sich als Aufruf interpretieren, in Zukunft sorgfältig auf getarnte Botschaften und Tendenzen zu achten. Am 28. 2. 1933 sind in Deutschland die Grundrechte praktisch durch die „Verordnung zum Schutz von Volk und Staat" außer Kraft gesetzt worden. Die Eroberung des Staates durch die NSDAP entwickelte sich mit Hilfe von Terrormethoden, die erste Verhaftungswelle setzte ein. Der Text könnte eine erste Reaktion auf diese Verordnung und die folgenden Verhaftungen sein. Die angesprochene „neue Denkart", die „leisen Melodien" können auf eine Vorbereitung zu einer getarnten Weiterarbeit verweisen. „Alle humpeln hinter der Zeit her" – alle wollen oder haben sich mit den neuen Machthabern der NSDAP, mit dem „erwachten Deutschland" arrangiert, nur die Jungenavantgarde nicht. „Heldentum", „mit eigener Farbe" ist so ein Plädoyer für eigenständiges, kritisches Denken. Im Mittelpunkt des Textes steht der Terminus „Kampf um die Autonomie", der auf die Vorstellung der autonomen Jungenschaft rekurriert, die selbstbestimmt ihr Leben gestalten will, nicht angeleitet durch eine „Führer befiel, wie folgen"-Partei.

Die programmatische Ankündigung des Köbel-Mitarbeiters Jochen Hene (Schriftleitung) wurde in der folgenden Ausgabe des „Eisbrecher" (April 1933) durch Köbel selbst eingelöst. Sein Text „Das graue Schiff" soll hier exemplarisch interpretiert werden (vgl. Hess 1975, S. 87), da seine Position im Jahr 1933 in der

Literatur überaus kontrovers diskutiert wird. Alle Deutungen von Widerstandshaltung über totale Verkennung, Opportunismus bis zu Größenwahn sind vorhanden.

Köbel erzählt eine „Sage“: In einer „mächtigen Stadt“ lebten die „stärksten und mutigsten“ Menschen des Landes, die aus dem ganzen Reich zusammengekommen waren, in Freiheit. „Mit der Stärke der Stadtbewohner wuchs die Zahl ihrer Feinde“. Den Feinden gelang es, Teile der Stadt zu besetzen, die Burg kann sich jedoch halten, da die Feinde zerstritten sind. Sie übersehen „das Heer eines Mächtigeren“, des „fremden Tyrannen“, der im Handstreich die Stadt erobert, „Bald lag um die Burg ein fester Ring, aus dem kein Entkommen war“. Der König der Burg hatte weitsichtig Vorbereitungen getroffen: Das graue Schiff lag bereit.

> Aber nicht zum Werkzeug der Flucht sollte das graue Schiff dienen; wenn ihnen Mauern und Türme genommen wären, sollte das graue Schiff Stadt und Burg ersetzen, mochte die Besatzung auch als Krämer oder Krieger in fremden Ländern Dienst und Brot suchen. Und solange sollte das graue Schiff Stadt und Burg für die Leute des Königs sein, bis eine neue Stadt und Burg erstanden sei, mächtiger noch und herrlicher als die alte.

Die Krieger legen Waffenröcke und Feldzeichen ab, geben ihre (materiellen) Schätze auf und setzen die Burg in Flammen. Während sich die Belagerer „beutegierig“ um die Burg kümmern, fliehen die Krieger nur mit ihren „besten Waffen“.

Analogien zum Zeitgeschehen sind nicht zu übersehen. Die Nationalsozialisten sind an der Macht („das Heer eines Mächtigeren“), die zerstrittenen Bünde („die Feinde“) ausgeschaltet. Nur der weitsichtige König (Köbel selbst) und seine Getreuen sind noch nicht besiegt – aber in die Defensive gedrängt. Dj. 1. 11 kann nur getarnt überleben. Die äußeren Kennzeichen des Bundes müssen aufgegeben werden, damit die Gruppen heimlich mit ihren „besten Waffen“, ihren Fähigkeiten und Ideen, überleben können. Im Notfall muß dj. 1. 11 „in fremden Ländern Dienst und Brot suchen“. Der dominierende Jugendverband war die Hitlerjugend („Belagerer“). Die Überlegung, als bündische Gruppe in der Hitlerjugend unauffällig beisammen bleiben zu können lag nahe. Wenn sich die Belagerer/HJ tatsächlich auf äußere Zeichen fixierten, wäre eine Unterwanderung erfolgreich. Primat hat der Bestand der bündischen Gruppe, nicht eine inhaltliche Auseinandersetzung mit dem Nationalsozialismus.

Diese Interpretation wird dadurch gestützt, daß Köbel tatsächlich im gleichen Monat die Mitglieder der deutschen jungenschaft aufrief, sich dem Deutschen Jungvolk anzuschließen (vgl. Brandenburg 1982, S 202). Auch Jochen Hene, der im „Eisbrecher" die „leisen Melodien" propagierte, schrieb im Mai 1933 über seine Berliner dj. 1.11-Gruppen:

> Wir erkannten, daß das Jungvolk keine Form, keinen Inhalt hat, aber die große Möglichkeit zur Arbeit bedeutet. Eine bündische Gruppe wird, wenn sie zerrissen wird, in dem zermürbenden Leben mit Aufmärschen, exerzieren usw. kaputtgehen oder, wenn sie zusammenbleibt, als Kulturtruppe viel schaffen können (zit n. Hellfeld 1987, S. 101).

Im Rückblick mag das Scheitern der Unterwanderungsstrategie evident sein. Aber es kann daran erinnert werden, daß auch die KPD im Frühjahr 1933 den Nationalsozialismus als vorübergehende Episode sah.

Köbels Strategie war eine pragmatische. Das „Überleben" stand im Zentrum. Hene ging weiter, indem er die Möglichkeit der Beeinflussung der HJ aussprach. Die Bündischen sollten als „Kulturtruppe" wirken. Diesen Gedanken nahm Köbel in der Mai-Ausgabe der Zeitschrift „Kiefer" auf[10]. Er erläuterte die Neuorganisation des Bundes. Hier lautete der Schlußsatz:

> Die NSDAP hat die gesamte Initiative ergriffen. In diesem Wissen löste auch ich meine politischen Beziehungen und bewarb mich zur Aufnahme in einen national-sozialistischen Wehrverband.

Und:

> An Ostern wurde beschlossen, sich mit allen Kräften dem Aufbau der National-Jugend zur Verfügung zu stellen. Sofort wurden Verhandlungen mit der Hitlerjugendführung wegen Übertritt ins Deutsche Jungvolk aufgenommen.

Köbel entwirft in diesem Text eine Gegenüberstellung, die hilfreich für eine Interpretation sein kann. Es gäbe zwei Gruppen, die „bündische Auslesegruppe“ und die „Wehrverbandsgruppe“. Erstere sei die Elite: „Fehlt einer, so klafft eine Lücke“. Sie sei der zweiten Gruppe an „militärischer Hochwertigkeit“ überlegen.

> Jeder hat aber die Pflicht, daß die besten deutschen Traditionen und Kräfte in den Neubau des Kulturlebens münden. Und zu denen gehört der Wandervogel und die deutsche Jugendbewegung.

„Militär“ ist in dem Zusammenhang der entscheidende Begriff. „dj. 1.11 hat dem Militär immer zugejubelt“, behauptete Köbel. Kann man nun Militär-Schwärmerei mit Sympathie für den Nationalsozialismus gleichsetzen? Aus Köbels Schriften geht dies nicht hervor. Köbel unterschied nicht zufällig in seinem Text zur „Blauen Montur“ Form und Inhalt. Der wahre Kämpfer für eine bessere Zukunft im Sinne des autonomen Jungenstaates ist nicht das Mitglied in der Hitler-Jugend. Da die NSDAP zweifellos die vorherrschende Macht im Staate verkörpert, muß man sich irgendwie mit ihr arrangieren. „Irgendwie“, man kann bezweifeln, ob sich Köbel über eine genaue Strategie im klaren war. Für ihn galt jedenfalls, daß sich die Elite, die sich aus dj. 1.11 speisen soll, engagieren muß und daß der Zusammenhalt dieser Gruppen bewahrt werden muß.

Köbel betonte, daß dj. 1.11 nicht etwa durch gemeinsame Interessen verbunden sei, sondern

> Menschen, die dj. 1.11 sind, schöpfen ihre Kräfte aus denselben Quellen. [...] dj. 1.11 wird sich vom „Bund“ zum „Orden“, dann zu einer Art Konfession entwickeln. Politische Bestrebungen sind aufgegeben.

Hier zeigen sich Parallelen zum „grauen Schiff“. Die materiellen Stilelemente werden aufgegeben, nur die „besten Waffen“, gewissermaßen ideelle Werte, bleiben erhalten. Genau in dieser Wertspezifik sollen sich dj. 1.11 und die HJ unterscheiden.

Die Idee, dj. 1.11 zum Orden zu erklären, ist einmal eine defensive Taktik gegen die zunehmend materielle Dominanz des Nationalsozialismus, die sich u. a. in einem Verbot aller Jugendverbände in der Folgezeit äußern wird. Andererseits setzt Köbel folgerichtig das elitäre Konzept des Jungenbundes fort. Der Orden ist gewissermaßen eine spirituelle Größe; im Ideal des

Kriegers bündeln sich Ordensgedanke und gewünschte Autonomie. Vorbild für diesen Krieger sind nicht primär die Soldaten der modernen Armeen, sondern die Kosaken und immer mehr der Samurai. Hier zeigen sich romantische Vorstellungen von heldenhaften Kämpfen Mann gegen Mann, die spätestens nach den Massenschlachten des Ersten Weltkrieges als anachronistisch gelten müssen. Dieses Kriegerideal bildet die ambivalente Grundlage für das Verhältnis zur Hitlerjugend und zum Nationalsozialismus.

Die Tugenden heldenhafter Bewährung, die Haltung des Kämpfers, die freiwillige Unterordnung des Einzelnen im Verband idealistischer Gleichgesinnter sind wesentliche Parallelen. Die fehlende Substanz der Hitlerjugend macht die Differenz aus. Die HJ stellt nur die Masse, die wahllos jeden, der sich anmeldet, aufnimmt. Nach Köbels Verständnis fehlt den HJ-Mitgliedern die wahre Berufung. Tusk's alter Freund Werner Helwig stellt rückblickend fest:

> Tusk [...] steckte aber so rapide um auf Nazismus, daß man nicht mehr genau wußte, war es jetzt List oder echte Überzeugung. (1960, S. 382)

Dieses Problem kann nicht übergangen werden. Es bleibt zweifelhaft, ob die Mitglieder der bündischen Gruppen tatsächlich in der Lage waren Köbels Gedanken zu folgen und seine Intentionen zu erkennen.

Es ist natürlich höchst spekulativ, Vermutungen anzustellen, was passiert wäre, wenn bündische Gruppen, mit tusk an der Spitze, tatsächlich die HJ dominiert hätten. Wäre eine andere Entwicklung trotz oder gegen Nationalsozialismus möglich gewesen? Die Hitlerjugend als breite Gegenfront gegen die Hitlerpartei? Dieser Gedankengang, der zumindest Köbels Apologeten nicht fremd ist, scheint natürlich sehr verlockend, könnte aber nur in einem sehr komplexen Zusammenhang von Theorie und Praxis von Nationalsozialismus, (konservativen) Eliten und bündischer Avantgarde hinreichend diskutiert werden. Tusk scheint sich jedenfalls Hoffnungen auf die Einflußnahme in der HJ gemacht zu haben, und von ihm beeinflußte Gruppen sind tatsächlich in die HJ gegangen.

Wenn auch Köbel – aus welchen Motiven auch immer – sich eine Zusammenarbeit mit der Reichsjugendführung und der Hitlerjugend vorstellen konnte, scheint die Position der Gegenpartei eindeutig ablehnend gewesen zu sein. Für die Behauptung, es habe ein Gespräch zwischen Schirach, dem Reichsjugendführer der NSDAP, und Köbel wegen einer Position als Jugendführer stattgefunden, gibt es keinerlei Belege, und Köbel ist nach dem Krieg gerichtlich gegen dieses Gerücht vorgegangen (vgl. Grau 1975, S. 146). In einer Geheimschrift der Reichsjugendführung von 1936 (Reichsjugendführung – Amt für Jugendverbände: Bündische Jugend. Entwicklung der dj. 1.11. Februar 1936. Zit. n. Abschrift in AdJb N Koebel 108) werden Köbels Tätigkeiten im Jahr 1933 als eindeutige Unterwanderungsversuche gegen die Hitlerjugend interpretiert:

> Um nun auffälliger (sic!) nach der Revolution arbeiten zu können, begann er seine bisherige offene Arbeit zu tarnen, indem er unter kultureller Maske seine politischen Ziele verfolgte (ebd., S. 10).

Verhaftung und Emigration

Am 18. Januar 1934 wurde Köbel in Stuttgart im Rahmen einer Gestapo-Aktion gegen Führer der Jugendbewegung verhaftet und nach Berlin in das Columbia-Haus, ein berüchtigtes Gestapo-Gefängnis, gebracht. Köbel trat in den Hungerstreik und unternahm nach Morddrohungen zwei Selbstmordversuche. Er schnitt sich die Pulsadern auf und sprang aus dem Fenster des Krankenhauses, in das er gebracht worden war. Dabei zog er sich einen Schädelbruch zu, an dessen Folgen er sein Leben lang litt. Die Spätfolgen waren möglicherweise Ursache für seinen frühen Tod im Jahre 1955 (vgl. *Der Graue Reiter* Dezember 1955).

Über die Verhaftung und die Entlassung gibt es verschiedene unbewiesene Gerüchte [meistgesuchter Mann in Deutschland, geheimnisvolle Flucht mit Hilfe von falschen Nazi-Uniformen, etc. (vgl. Laqueur 1962, S. 194 und Grau 1975, S. 146)]. Tatsächlich wurde Köbel am 21. Februar 1934 offiziell entlassen. „Das Material gegen ihn reichte anscheinend nicht aus“ vermutet Laqueur (1962, S. 194) lapidar.

Es gibt allerdings eine Reihe von Motiven für diese Entlassung. Sie werden in der Geheimschrift der Reichsjugendführung explizit genannt (ebd., S. 11f.):

- „Rücksicht auf die nationalsozialistische Einstellung seiner Angehörigen" – Seine Mutter war seit 1929 Mitglied der NSDAP.
- „Gefahr einer schweren seelischen Erkrankung" bei Haftfortsetzung.

Und – vielleicht der Hauptgrund:

- „Die Entlassung schien vor allem deshalb geboten, da auf jeden Fall alles vermieden werden mußte, daß tusk in den Augen seiner Anhänger als Märtyrer für seine Ideale erschien."

Zudem mußte Köbel eine Erklärung unterschreiben, daß er jeglichen Kontakt zu der Jugendbewegung aufgeben und auch nichts mehr veröffentlichen würde.[11] Köbel zog zu seiner Familie nach Stuttgart. In einem unveröffentlichten Manuskript („England wohin?", in AdJb N Koebel 115) berichtet er über diese Zeit der ständigen Beschattungen. Warnungen aus dem Kreise der Familie veranlassen ihn, ins Exil zu gehen.

Am 9. Juni 1934, kurz vor dem sogenannten „Röhm-Putsch" vom 30. 6. 1934, verließ Köbel legal mit einem Reisepaß Deutschland und fuhr nach Schweden. Nach Aussage seiner Frau – Köbel war seit Januar 1932 verheiratet – war ein SS-Kommando auf ihn angesetzt worden, um ihn zu erschießen (vgl. Lebenslauf Gabriele Köbel, in: AdJb N Koebel 115). Mitte Juli folgte Gabriele Köbel ihrem Mann.

Ein Antrag auf politisches Asyl wurde von den schwedischen Behörden abgelehnt und auch eine Arbeitserlaubnis verweigert. Köbel interpretierte das als Zeichen einer fortgeschrittenen Faschisierung des schwedischen Bürgertums („England wohin?", S. 43 f.) Die Köbels mußten Schweden verlassen und fuhren nach England. Auch dort gab es Schwierigkeiten. Die Einreise wurde zuerst mit der Begründung verweigert, Köbel habe in Nazi-Deutschland im Gefängnis gesessen. Erst nach einer Bürgschaft eines Freundes der Familie durften sie in England bleiben.

Einzelheiten über die Exilzeit sind nicht bekannt. Generell kann gesagt werden, daß die Zeit in England geprägt war durch materielle Not und Krankheit, Sie „lebten in größter Armut in einem Vorort Londons“, so Gabriele Köbel (AdJB N Koebel 115). Mit Hilfe eines Stipendiums des Internationalen Studentendienstes konnte Köbel studieren, daneben gab er Privatunterricht in Deutsch. 1936 machte er ein Examen in klassischem Chinesisch. Die Titel erster Manuskripte „Der brennende Dornbusch. Eine Geschichte der Erleuchtungen“ (1935) und „Die Fahrt ins Licht“ (1936) lassen auf religiöse Themen schließen, allerdings sind diese Manuskripte bis heute verschollen.

Von 1940 bis 1944 war Köbel mit kurzen Unterbrechungen wegen Tuberkulose in einem Sanatorium. Politisch trat er wieder im Juni 1944 hervor, als Delegierter im Führungsausschuß der Freien Deutschen Bewegung, einer unter KPD-Einfluß stehenden Emigrantenorganisation.

„Das Haupt einer großen geistigen Verschwörung“ – Köbel als Feindbild und Jugendidol im Dritten Reich

Auch nachdem Köbel Deutschland verlassen hatte, blieb er im Dritten Reich lebendig. Heftige Attacken der NS-Organe gegen Köbel, die autonome Jungenschaft und den bündischen Verlag Günther Wolff in Plauen rissen nicht ab.

In ihrer Aufbauphase hatten die nationalsozialistischen Jugendorganisationen auf die Tradition und Erfahrung bündischer und jungenschaftlicher Jugendarbeit zurückgegriffen. Auch Schriften und Liederbücher von Eberhard Köbel waren verbreitet. Bis 1935 wurden HJ und Jungvolk dann personell, kulturell und ideologisch von allen „bündischen Elementen“ gesäubert. Dies schwächte die Attraktivität der NS-Jugendorganisationen und verschaffte illegalen Gruppen Zulauf. Die permanente Angst vor Zersetzung schuf ein überhöhtes Gegnerbild:

> Eberhard Köbel, genannt TUSK, ist das Haupt einer großen geistigen Verschwörung, die sich zum Ziel gesetzt hat, die Organisationen der deutschen Jugend: Hitlerjugend und Deutsches Jungvolk von innen heraus zu zersetzen, um sie seinen Zielen dienstbar zu machen (Geheimschrift S. 24).

Aus mehreren Gründen eignete der emigrierte Köbel sich zum

Feindbild. An erster Stelle wäre Köbels Mitgliedschaft in der KPD zu nennen. Unterstellt wurde, daß Köbel im Sinne einer kommunistischen Unterwanderung tätig war. Die mit der „rotgrauen Aktion“ angeknüpften früheren Verbindungen der Berliner dj. 1.11 zu kommunistischen und sozialistischen Jugendorganisationen galten als besonders gefährlich. Aber vor allem die von Köbel vermittelte Rußland-Begeisterung, die osteuropäischen Elemente des Gruppenstils wie Kosakenlieder, Balalaika wurden als „Kulturbolschewismus“ etikettiert und zum Beweis kommunistischer Beeinflussung herangezogen.

Auch Köbels vermuteter Einfluß auf die bündische Jugend machte ihn zum Ziel von Angriffen. Nachdem er emigriert war, hatte er weiterhin Kontakte zu Teilen der illegalen Jugendbewegung in Deutschland. In Stuttgart konnte sich bis zum Spätherbst 1937 eine Gruppe der dj. 1.11 halten. Aus einem Vernehmungsprotokoll der Gestapo Stuttgart vom November 1937 geht hervor, daß mehrere der Angeklagten briefliche und persönliche Kontakte zu Köbel hatten. Der Oberstaatsanwalt in Düsseldorf, als Leiter der Anklagebehörde des Sondergerichts in Stuttgart, konstatierte:

> Wie festgestellt ist, war Köbel bis in die letzte Zeit hinein bemüht, den Zusammenhang mit den dj. 1.11-Kreisen in Deutschland aufrecht zu erhalten und mit Hilfe von Vertrauensleuten die frühere Organisation wieder ins Leben zu rufen (Anklageschrift, S. 5, HSTA Düsseldorf).

Köbel hatte sich im Winter 1934 aus London brieflich bei Klaus Z., den er persönlich kannte, gemeldet. Dieser Briefkontakt hielt bis 1937 an und wurde zum Teil über Deckadressen geführt. Köbel gab in dieser Korrespondenz detaillierte Anweisungen zur Arbeit in den Gruppen. 1935 fuhr Z. für einen Monat nach London und traf dort Köbel. In einer Unterhaltung gab Köbel an, er stünde mit Mitgliedern der Jugendbewegung in Berlin, Heidelberg, Karlsruhe, Stuttgart und Pössneck (Thüringen) in Verbindung. In einem Brief vom 12.10.1935 forderte Köbel Z. auf, Kontakte zu Gruppen außerhalb von Stuttgart zu halten.

Mehrmals traf sich Köbel mit Mitgliedern der Stuttgarter Gruppe im Ausland, wo sie gemeinsam Fahrten unternahmen und sich berieten (1934 in der Schweiz, 1936 in Island, 1937 in

Paris). Darüber hinaus hatte er Briefkontakt vom Sommer 1936 bis Ende Juli 1937 mit einem Mitglied der Ulmer Gruppe, der auch Hans Scholl angehörte.

Die hier angeführten Beispiele lassen sich belegen, allerdings muß angezweifelt werden, daß die Einschätzung der Reichsjugendführung in der schon erwähnten Geheimschrift zutrifft: „Die Bünde werden alle direkt oder indirekt von dem Führer der dj. 1.11, Eberhard Köbel beeinflußt." (ebd., S. 7). NS-Organe erklärten dj. 1.11 zum „Prototyp der bündischen Jugend" (ebd., S. 1), wobei „bündisch" kurzerhand mit „Gegnerschaft zum Nationalsozialismus" (ebd., S. 2) gleichgesetzt wurde.

Die Vermutung, Köbel sei das „Haupt einer großen geistigen Verschwörung" ist die paranoide Reaktion auf ein Jugendidol. Köbels publizistischer Eifer, die Beliebtheit seiner Schriften und Lieder, sein stilbildender Einfluß auf den jugendlichen Gruppen- und Fahrtenbetrieb waren unvereinbar mit den Zielen der nationalsozialistischen Jugenderziehung. Die Offenheit gegenüber fremden Kulturen, wie sie von dj. 1.11 vorgelebt wurde, galt noch in ihrer harmlosen Romantik als gefährlich: „Romantik brachte die Liebe zum Fremdrassigen" (ebd., S. 4). Die Faszination der autonomen Jungenschaft als einer Generationsgemeinschaft unabhängig von Staat, Politik, Familie und „Rasse" stand dem Ziel, die Jugend für Staat und Volksgemeinschaft zu verpflichten, im Weg.

Ein Artikel in der HJ-Zeitschrift „Wille und Macht" verdeutlicht die Diffamierungs- und Kriminalisierungstaktik der Nationalsozialisten:

> Gemeinschaft, Kameradschaft, Freundschaft, Achtung und Leistung gibt es in den Jungenschaften, Kameradschaften und Mädelschaften der Staatsjugend. Hier kann jeder deutsche Junge und jedes deutsche Mädel die gestellten Aufgaben erfüllen und volles Erlebnis finden, und trotzdem wird versucht, illegale Gruppen aufzuziehen.

Im Anpreisen der Hitler-Jugend wird die Hilflosigkeit gegenüber der Anziehungskraft des freiwilligen Zusammenschlusses in Freundeskreisen und Jugendgruppen außerhab der HJ deutlich. Konspirative Hintergründe, „Drahtzieher" werden vermutet:

> Wir können die Drahtzieher erkennen, wenn wir das *Brauchtum* dieser Gruppen näher betrachten. Da werden russische Lieder gesungen, die Helden sind Lenin, Platoff oder gar Stanislaus. *Klampfe spielen ist spießerhaft, man singt nur noch zur russischen Balalaika.* Man schläft nicht mehr auf Fahrt im Zelt, sondern hat sich längst die *Kohte* angeschafft. Die Fahrten dieser Gruppen erstrecken sich ausnahmslos nach Osteuropa. Russische Tänze und Geschichten beleben die Gruppenabende. [...] *Hier wird auf dem Umweg über die Kultur durch Lieder, Literatur und Brauchtum die Jugend zum Kommunismus hingeführt.*

Fremde Lieder, die Verehrung russischer Schriftsteller und Helden, die Faszination der Großfahrt mit der Kote, Elemente des von tusk inspirierten Gruppenstils wurden zu Synonymen der kulturbolschewistischen Zersetzungsabsicht illegaler Jugendgruppen stilisiert. Kalender, Zeitschriften, Liederhefte und Jugendbücher aus dem Verlag Günther Wolff, in dem auch Köbels Schriften erschienen, verbreiteten den Stil freier Jugendbewegungen aus der Zeit vor der Machtergreifung:

> Es gibt noch heute einen Verlag in Deutschland, der ganz offen und ungeniert kulturbolschewistische Schriften herausgibt. Der Verlag Günther Wolff, Plauen i. V., ist Förderer dieser bündischen Literatur. Er ist die Zentralstelle in der kommunistisch-bündisches Schriftenmaterial herausgegeben wird. Man betrachte sich einmal die Themen: Rußland, Lappland, Japan, autonome Jungenschaft und ostasiatische Kriegerethik. [...] Es ist an der Zeit, daß diesem Hochverrat ein Ende gemacht wird (alle Zitate aus: *Wille und Macht,* Heft 16/1935, zit. n. Hellfeld/Klönne 1985, S. 77ff.).

Es wird deutlich, wie sich die Sprache drohend verschärft. Nach den Säuberungen innerhalb der HJ galt es nun, die Jugendlichen auch ideologisch unter Kontrolle zu bekommen, „bündische Elemente“ auch aus deren Alltag und Denken zu eliminieren. Die Stilmerkmale von dj. 1. 11 wurden zu sichtbaren Kennzeichen von „Hochverrat“.

Tatsächlich erwies sich das von Köbel geschaffene Milieu als sehr beständig und trotz des zunehmenden Verfolungsdrucks als außerordentlich attraktiv. Es prägte nachhaltig die illegalen Jugendgruppen des Dritten Reiches. Lieder und Texte von tusk und der autonomen Jungenschaft sicherten den Zusammenhalt der zerstreuten autonomen und bündischen Jugend, als deren übergeordnete Organisationen längst verboten und viele Führer verhaftet waren. Kennzeichnend war einerseits der starke Zusammenhalt der Gruppen, andererseits die hohe Bereitschaft, sich illegal mit Angehörigen anderer früherer Bünde und auch mit Jugendlichen, die nie in der Bündischen Jugend gewesen waren, zusammenzuschließen.

Wenn auch Köbel selbst im Exil weitgehend „kaltgestellt" war, entfaltete das von ihm geschaffene Milieu von dj. 1.11 – als ausgeprägteste und letzte Äußerungsform der freien Jugendbewegung vor der Machtergreifung – im Dritten Reich seine symbolische Potenz gegenüber den massiven Ansprüchen des Staatsjugendmonopols.

Resumee

Der Einfluß Eberhard Köbels auf die Herausbildung nonkonformistischer Jugendgruppen im Nationalsozialismus erreichte seinen Höhepunkt erst nach seiner Emigration. Seine Wirkungsgeschichte war nicht unmittelbar an die Anwesenheit im Land gebunden, sondern speiste sich aus von ihm initiierten Stilelementen, die von Jugendlichen selbständig weitergetragen wurden. Gleichzeitig wurde der Jungenführer Köbel zum Mythos stilisiert: Die Hitlerjugend baute ihn zum gefährlichsten Gegner auf; seine Anhänger sahen ihn als identitätsstiftende Führerpersönlichkeit, die in Konkurrenz zu nationalsozialistischen Identifikationsangeboten trat.

Köbels indirekter Einfluß auf Jugendliche im Dritten Reich scheint in seiner subversiven Kraft wirksamer gewesen zu sein als sein Handeln in der Zeit davor. Grund für das heutige Interesse an seiner Person ist darum diese Wirkungsgeschichte. Seine eigene Lebensgeschichte weist zentrale Spannungsfelder auf, die die kontroverse Einschätzung seiner Person begründen. Köbel

– war akribischer, scheinbar introvertierter Künstler und Ornithologe und zugleich aggressiver organisationspolitischer Aktivist;

– vertrat früh völkische Gedanken und durchgehend Soldaten- bzw. Kriegerideale; zugleich forderte er Autonomie und setzte eindeutig kreative Schwerpunkte in seiner Jugendarbeit;
– stand in Frontstellung zur Bündischen Jugend und prägte zugleich deutlich ihre Schlußphase vor und ihre illegale Phase nach der Machtergreifung;
– versuchte, Elitegedanken mit dem Ziel eines großen Bundes zu vereinbaren;
– versuchte, eine eigene Welt für Jugend zu schaffen und wich auf dem Wege dahin von diesem Programm scheinbar immer wieder ab.

Dennoch lassen sich durchgängige Motive seiner Lebensgeschichte herausstellen. Durchgängig war sein immenser Aktivismus. Er arbeitete geradezu besessen an den verschiedensten Themen. Auch nach seiner Selbstbeschreibung war er ein „Arbeitsmensch“ der in der Tätigkeit Identität gewinnt (vgl. GU, S. 84 ff.). Primär ist die Aktivität, die sich nach verschiedenen Seiten hin abarbeitete, auch an wechselnden Gegnern.

Köbel war sein Leben lang ein zielstrebiger Autodidakt. Selbst aus großbürgerlichem Hause kommend, stand er den als schablonenhaft empfundenen Anforderungen bürgerlicher Existenz ablehnend gegenüber. Ausgestattet mit den Beigaben bürgerlicher Bildung, im relativen Freiraum eines künstlerischen Berufes, konnte er das Ideal einer autonomen Existenz glaubwürdig verkörpern.

Unbestreitbar ist zugleich seine ausgeprägte Wirkungsabsicht. Er bezog Frontstellung sowohl gegen jede Eingliederung in die Massengesellschaft als auch gegen die Vereinzelung des im Abseits stehenden Individualisten. In diesem Dilemma wurde die Organisation einer „wahren“ Gemeinschaft, die sich zu seinem Autonomie-Ideal bekennt, zur Triebfeder seines Engagements in der Jugendbewegung. Gegen die vorgefundenen Gesellungsformen in Jugendbünden und Gesellschaft setzte Köbel den Machtanspruch einer „selbsterringenden“ jugendlichen Elite.

Autonomie-Ideale und Wirkungsabsicht bilden nur scheinbar einen Widerspruch: Köbels Lebensgeschichte ist geprägt vom theoretisch formulierten und in praktisch-strategisches Handeln umgesetzten Anspruch, daß dem besonderen Individuum, der besonderen Gemeinschaft eine besondere Vorbildfunktion gebühre. Ein kontinuierliches Streben nach bedeutsamer Teilhabe ist vermutlich bestimmend für den Anschluß an mächtige Großorganisationen, die es jeweils in jungenschaftlicher Weise zu prägen galt. Sowohl in der deutschen Freischar als auch in der KPD, sowohl in der Hitlerjugend als auch später in der FDJ versuchte er, in seinem spezifischen Sinne Einfluß zu nehmen. In diesem lebenslangen Balanceakt zwischen Machtanspruch und Arrangement mit Mächten scheiterte Köbel immer wieder.

Anmerkungen

Zur Schreibweise des Namens Köbel: In Quellen und Literatur findet sich sowohl Köbel als auch Koebel. Wir verwenden hier einheitlich die erstgenannte Schreibweise, weil Köbel selbst sie in dem hier behandelten Zeitraum benutzte. (Erst nach Rückkehr aus der Emigration veränderte er seinen Namen in Koebel.)

1 Dieser Besuch wird in unveröffentlichten Passagen der GU geschildert, die Helwig (1962) konsequent aussparte. Verschiedene Manuskriptfassungen dieser Autobiographie liegen im Archiv der deutschen Jugendbewegung (AdJb N Koebel 71).

2 Die lateinlose Oberrealschule ermöglichte zwar das Abitur; die klassischen akademischen Karrieren (Jura, Medizin, Theologie, Philologie) waren jedoch nur schwer zu erreichen.

3 Mogge (1981; 1986) vertritt die These eines autoritären Bundes. Hess (1975) und Jovy (1952) gestehen zumindest auf mittlerer Ebene demokratische Momente zu.

4 Für das Leben in der Kote gab Köbel detaillierte Anweisungen: „Wache also darüber, daß die Kohte ihre eigene Welt behält! Suche den schönsten Platz! An ihm soll sie sich harmonisch in die Landschaft fügen. Dulde weder Radio noch blöde Gesinnung in ihr." TGSD, S. 314

5 „64 Prozent aller männlichen Arbeitslosen der Reichshauptstadt fallen auf die Altersgruppen bis zu dreißig Jahren. Am schlimmsten steht es bei der schulentlassenen Jugend von vierzehn bis achtzehn Jahren, die allein fast zwanzig Prozent aller Arbeitslosen stellt." (Broszat 1984, S. 38)

6 Alle vorliegenden Lebensläufe entstanden nach dem Krieg in der DDR.

7 Das „Sühnelager" an Ostern 1931 beschreibt tusk: „Neue Signale flogen durch die Luft. Kommandos. Alles rannte. Die Korporale breiteten die Arme aus. Im großen Viereck stand die Armee. Einige Nachzügler spran-

gen über die Steine. Noch war ‚Hab Acht' nicht befohlen [...] Sie sahen mich da oben sitzen. Der Wachkorporal ließ ausrichten und stillstehen. Er hatte Meldung entgegenzunehmen und Tadel und Anordnung zu verteilen [...] Im Stahlhelm stand die Ehrenwache reglos wie immer." TGSD, S. 320 ff.

8 Für einen früheren Parteibeitritt – nämlich Herbst 1931 – gibt es keinen weiteren Beleg als die Lebensläufe Köbels in den fünfziger Jahren in der DDR. Im Lebenslauf vom 28. 3. 53 heißt es: „Im Sommer 1931 wurde ich Marxist und überzeugte die tragenden Elemente von dj. 1. 11, den kommunistischen Organisationen beizutreten. Ich beantragte meine Aufnahme in die KPD im Herbst 1931 und erhielt mein Parteibuch Mitte April 1932." (AdJb N Koebel 2) – Es muß berücksichtigt werden, daß Köbel, als er dies schrieb, unter Rechtfertigungsdruck stand, da er aus der SED ausgeschlossen und auch sein Verfolgtenstatus aberkannt worden war – zwei Tage vor der Fertigung dieses Lebenslaufs!

9 Hier wird kein stringentes politisches Programm entwickelt. Aus den „Losungen" sprechen Vorstellungen einer jungenschaftlichen Avantgarde, die noch ganz in der Tradition der Flugschrift *Der gespannte Bogen* stehen.

10 Für die Älteren gab Köbel die *Kiefer* heraus, die sich primär Gedanken und Texten des Zen-Buddhismus und Reflexionen über das Soldatentum widmete.

11 Daran hat er sich nicht gehalten. Im *Eisbrecher* etwa erschienen Artikel von ihm unter dem Pseudonym Arnold Kansen.

Jugendliche in Organisationen der Arbeiterbewegung

1 Gruppe der Kinderfreunde, Essen 1930

2 *Mitglied des Kommunistischen Jugendverbands (KJVD)*
Essen, 1931

3 *Demonstration der Sozialistischen Arbeiterjugend (SAJ) Essen, 1930*

4 *Gruppe des Kommunistischen Jugendverbands (KJVD) Essen, 1930*

5 Mitglied des Rotfront-Kämpferbundes, Essen 1931

6 Naturfreundejugend Essen, Frühjahr 1928

7 Naturfreundejugend in Tönisheide b. Velbert, 1929

8 *Naturfreundejugend Essen auf Fahrt, 1931*

9 *Naturfreunde Essen, Fest am Naturfreundehaus, 1929*

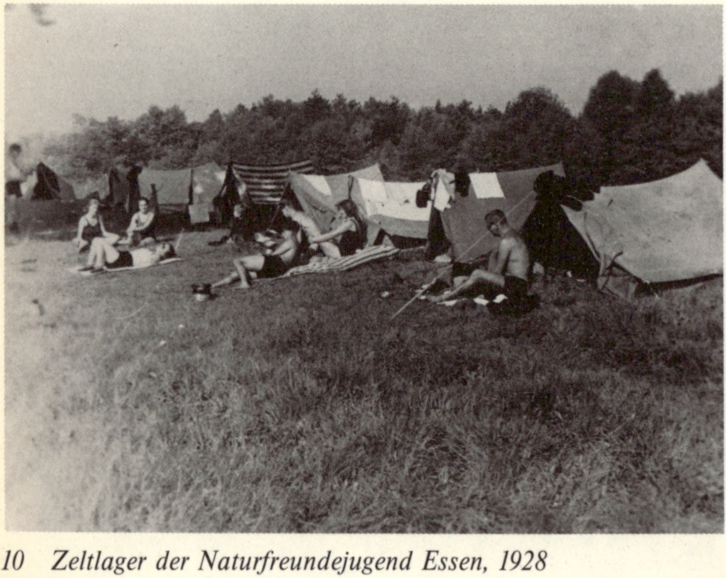

10 *Zeltlager der Naturfreundejugend Essen, 1928*

Kirchliche Jugend

11 Katholische Sturmschar 1935 in Rom, Kolosseum

12 Katholische Sturmschar 1935 in Rom, Einzug in den Petersdom

13 Mädchengruppe einer katholischen Pfarrgemeinde auf der Fahrt zum Altenberger Dom, 1942

14 *Verbandstreffen der Evangelischen Weiblichen Jugend des Rheinlands, Saalbau in Essen, Juli 1933*

15 Sturmschar der Pfarre St. Donatin, Brand bei Aachen, o. J.

16 Sturmschar Brand bei Aachen auf Fahrt, o. J.

17 Postkarte

18 Gruppe der dj. 1.11 vor Kote mit Ornamentsstreifen

19 Lager der dj. 1.11 auf Langeoog, Sommer 1933

20 *Mitglieder der dj. 1.11 in der Jungenschaftsbluse, Berlin 1932*

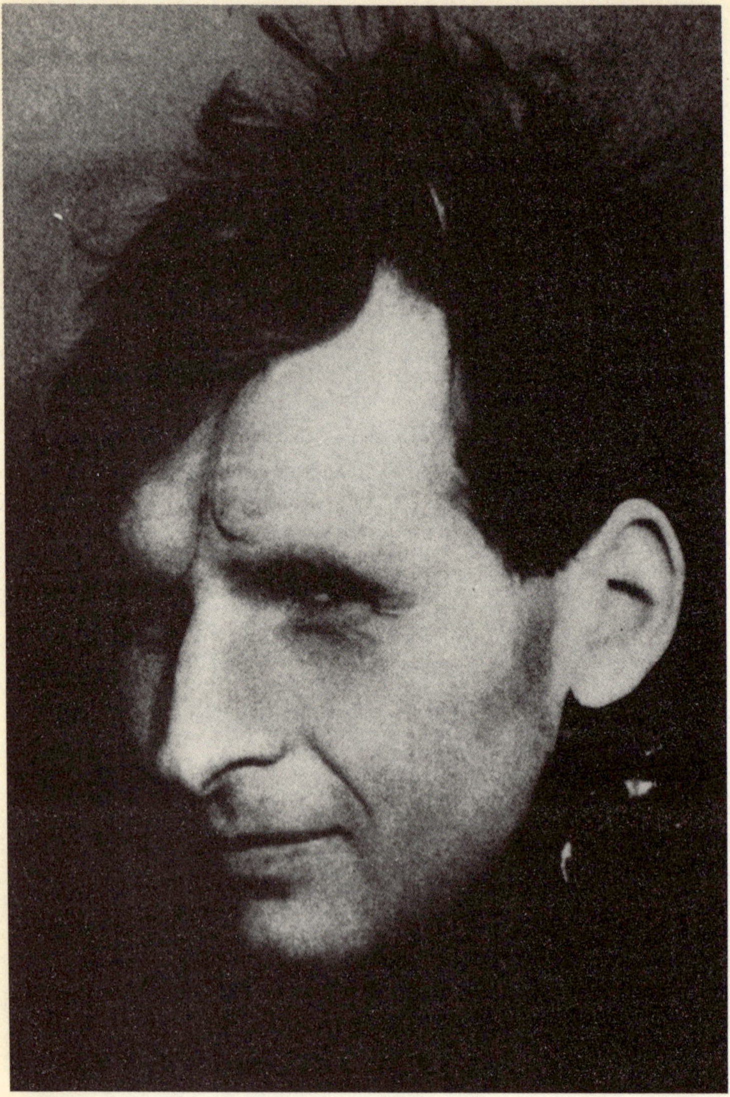

21 Porträt Eberhard Köbel, ca. 1936

22 *Umschlag der Zeitschrift: Das Lagerfeuer, Hg. Eberhard Köbel, Mai/Juni 1932, mit dem Wappen der ‚Rose'*

Kittelbachpiraten im Ruhrgebiet

23 Gruppe der Gladbecker Kittelbachpiraten, 1936

24 Kittelbachpiraten mit Freundinnen, 1936

25 Kittelbachpiraten bei einer Familienfeier, rechts Mitglieder der Hitlerjugend

Die Gruppe „Weiße Rose“

26 *Von links nach rechts: Hubert Furtwängler, Hans Scholl, Willi Graf, Alexander Schmorell, Sommer 1942, im Osten*

27 Willi Graf, 1936

28 *Mitglieder der Gruppe „Weiße Rose“: Hans Scholl, Sophie Scholl und Christoph Probst (v. r.) am 23. Juli 1942 vor der Abfahrt zur Feldfamulatur in Rußland (Foto Jürgen Wittenstein)*

29 Eine Neudeutschlandgruppe auf Fahrt: Dritter von rechts Willi Graf, Montenegro 1936

Jugendliche in der Hitlerjugend

30 Hitlerjugend auf dem Weg zur Kundgebung, Essen-Steele 1936

31 Mitglieder des Jungvolks bei der Ehrenwache in Essen-Horst, 1935

32 Essener Fähnlein der Hitlerjugend auf ‚Großfahrt' nach München, 1938

33 und 34 Schrottsammeln in den Bombenkratern des Reichswalds bei Xanten

Alfons Kenkmann

Navajos, Kittelbach- und Edelweißpiraten Jugendliche Dissidenten im ,Dritten Reich'.

1.

> ... um so mehr kommt mir die ganze Lächerlichkeit dieser Sache vor Augen. Das Reich Adolf Hitlers muß auf sehr schwachem Grunde ruhn, wenn man uns, wegenen ein paar Jungensstreichen, als politische Feinde der Nationalsozialistischen Weltanschauung stempeln will. Aber die Behörden sind sich Augenscheinlich selber nicht darüber einig was sie mit uns anfangen sollen, denn nur so kann ich mir die lange Wartezeit erklären ...*

Der siebzehnjährige Installateur und Reichsarbeitsdienstangehörige Heinrich K. saß bereits seit fünf Monaten in Untersuchungs-Einzelhaft, als er diese Zeilen im Mai 1943 seiner Mutter schrieb. Mit fünfundzwanzig weiteren Beschuldigten wurde er am 23. Juni 1943 vom Oberstaatsanwalt bei dem Sondergericht Köln angeklagt, 1942 gemeinschaftlich „... eine illegale Jugendgruppe ,Edelweiß-Piraten' nach dem Vorbild der früheren Bündischen Jugend gebildet zu haben".

---

* Dieser Beitrag stützt sich auf eine systematische Auswertung in erster Linie folgender Bestände des Bundesarchivs in Koblenz (Bestand Reichsjustizministerium) und des Nordrhein-Westfälischen Hauptstaatsarchivs in Düsseldorf: Bestand Gestapopersonenakten (RW 58), Bestand Staatsanwaltschaft Landgericht Düsseldorf (Rep. 17), Bestand Staatsanwaltschaft Landgericht Krefeld (Rep. 30), Bestand Staatsanwaltschaft Landgericht Wuppertal (Rep. 92) sowie die Bestände der Sondergerichte Köln (Rep. 112) und Düsseldorf (Rep. 114).
Auf den Nachweis der jeweiligen Fundstelle wurde aus Gründen der Lesbarkeit hier verzichtet. Eine um den Nachweis sämtlicher Zitate ergänzte Fassung dieses Beitrags ist auf Wunsch beim Verlag erhältlich.

Cliquentreffpunkt der Jugendlichen in Köln-Nippes war der Leipziger Platz. Von dort aus hatten sie im September 1942 Parolen für die Bündische Jugend gemalt, im November desselben Jahres Flugblätter zu einer von ihnen genannten „Leistungswoche der Bündischen Jugend“ verteilt und einzelne Exemplare auch an Kölner Polizeidienststellen geschickt.

Eine daraufhin von der Gestapostelle Köln eingeleitete Großaktion führte zur Festnahme von 38 Personen. Zahlreiche Vernehmungen und weitere Ermittlungen erhärteten den Verdacht der Kölner Gestapo, daß es sich bei den Beschuldigten „... um einen politisch und teilweise kriminell verseuchten Kreis handelt“. Sondergerichte verurteilten zwölf Jugendliche in den Sitzungen vom 15. September 1943 und 9. April 1944 wegen jugendbündischer Betätigung, einige von ihnen auch wegen zusätzlich begangenen Einbruchsdiebstahls zu Gefängnisstrafen zwischen sechs Monaten und vier Jahren und drei Monaten. Eine Beschuldigte wurde freigesprochen. Das Verfahren gegen die Edelweißpiratengruppe aus Köln-Nippes galt bei der Kölner Justiz als erste bedeutendere Strafsache gegen Gruppen jugendlicher Edelweißpiraten.

2.

Die Geschichte des Jugendlichen Heinrich K. und seiner Freunde ist kein lokaler Einzelfall, sondern steht exemplarisch für einen spezifischen alltagskulturellen Stil Jugendlicher im „Dritten Reich“ und für den Umgang des Verfolgerensembles mit diesen Jugendlichen.

Seit die Region zum schwerindustriellen Ballungszentrum geworden war, gehörten Kinder- und Jugendcliquen zur proletarischen Alltagskultur im Rhein-Ruhr-Gebiet (Plato 1983, S. 52f., Hochlarmarker Lesebuch 1981, S. 126f). Anfang der vierziger Jahre geriet die Bezeichnung „Edelweißpirat“ zum Synonym für nonkonformes Jugendverhalten im rheinisch-westfälischen Industriegebiet unter den Bedingungen des Nationalsozialismus.

In Köln ging die Zahl der Edelweißpiraten gegen Mitte des Zweiten Weltkriegs in die Tausende. Allein 1942 enthielt die einschlägige Kartei der Gestapostelle Köln 3 000 Namen. Bei einer einzigen Großrazzia am 7. Dezember 1942 stellte die Gestapo in den Städten Duisburg, Düsseldorf, Essen und Wuppertal 739 vermeintliche Edelweißpiraten. Die Edelweißpiraten wurden für die lokalen NS-Funktionsträger in den Großstädten an Rhein und Ruhr zum Problem. In der Provinz ließ sich dagegen ein vergleichbares Phänomen jugendlicher Opposition nicht feststellen.

Die verwandten unterschiedlichen Cliquenbezeichnungen stammten nur zum Teil von den Jugendlichen. Sie gingen vor allem auf die mit den Jugendlichen beschäftigten nationalsozialistischen Verfolgungsorgane zurück. Die Etikettierungen der Verfolgungsorgane übernahmen die Arbeiterjugendlichen häufig.

In einem Urteil des Sondergerichts Köln vom 16. Dezember 1937 wird auf die Aussage eines Jugendlichen hingewiesen, die Bezeichnung „Navajo“ sei ein Spitzname seitens der HJ gewesen und von den Jugendlichen als Selbstbezeichnung übernommen worden. In Essen führten die lokalen Gestapobeamten die Bezeichnung „Edelweißpirat“ während ihrer Ermittlungen im Herbst 1939 ein: „Da einige Jungen Edelweißabzeichen tragen, wurde diesen der Name ‚Edelweißpiraten‘ bzw. ‚Edelweißklub‘ und ‚Essener Stenze‘ gegeben“ (Klönne 1981, S. 128).[1] Ein Zeitzeuge bestätigte explizit diese Fremdetikettierung durch Akteure des Verfolgerensembles.

Die Bezeichnung „Edelweißpirat“ setzte sich während des Zweiten Weltkriegs in der gesamten Rhein-Ruhr-Region durch. Kölner Justizkreise nahmen an, daß die Bezeichnung „Edelweißpirat“ vom Regierungsbezirk Düsseldorf nach Köln gelangte. In der britischen und amerikanischen Besatzungszone existierten Edelweißpiratencliquen bis Ende 1947 (Becker 1949, S. 224). Die Navajo-Cliquen waren von 1934/35 bis 1941 die regionalen historischen Vorläufer der Edelweißpiraten in Köln.

Die Selbstbezeichnung „Kittelbachpirat“ läßt sich kontinuierlich vom Beginn des „Dritten Reichs“ bis zur Mitte des Zweiten Weltkriegs belegen. Bereits 1934 waren die Kittelbachpiratencliquen derart in der Öffentlichkeit präsent, daß die Staatspolizeileitstelle Düsseldorf ein energisches Vorgehen gegen die Jugendlichen verlangte. In Oberhausen und Duisburg hielt sich bis 1941/42 die Bezeichnung „Kittelbachpirat“, abgekürzt K. P. (Wir

„Hoch- und Landesverräter", S. 144). Eine scharfe Trennung der Gruppennamen „Edelweißpirat" und „Kittelbachpirat" existierte aber nicht. In Oberhausen bezeichneten sich Jugendliche 1941 als „Edelweiß-KP". Anders als in Köln und Düsseldorf wurden für die Cliquen oppositioneller Jugendlicher in Essen und Gladbeck die Bezeichnungen „Edelweißpirat" und „Fahrtenstenz" bzw. „Heidepenner" synonym gebraucht.

Die Flut von Gerüchten und Meldungen über die oppositionellen Jugendcliquen läßt sich aus den Verballhornungen herauslesen, die Verfolger und Cliquenjugendliche unwissentlich aufnahmen und weitertransportierten. Der Leiter der NSDAP-Ortsgruppe Köln-Zollstock sichtete im September 1936 vermeintliche „Javagos"; Jugendliche in Oberhausen erzählten von „Kittelschürzenpiraten" und „Kittelwachpiraten" und in Krefeld kursierten Gerüchte um „Wittelsbacher".

Polizeiorgane, Staatsanwaltschaften und Gerichte im Dritten Reich ermittelten, verfolgten und bestraften die zumeist jugendlichen Navajos, Kittelbachpiraten und Edelweißpiraten wegen sogenannter „bündischer Umtriebe", wie es in zahlreichen polizeilichen Schlußberichten, Anklageschriften und Urteilen heißt. Damit subsumierten sie diese Cliquen Jugendlicher in die Traditionslinien der Bündischen Jugend.[2] Untersucht man aber die zeitgenössischen Definitionen der Cliquenetikettierungen, so scheint bei einer solchen Einordnung der Cliquen vom Typus der Navajos und Edelweißpiraten in den Zusammenhang der Bündischen Jugend Vorsicht geboten. Ein Gefolgschaftsführer der Nachrichten-HJ in Köln verstand September 1936 unter Navajos

> ... solche Personen, die aus der HJ. ausgeschlossen worden sind wegen Verfehlungen allgemeiner Natur und dann auch solche wegen Vergehens wegen § 175. Jede jugendliche Person, die ein bunt kariertes Hemd, sehr kurze Hose, Stiefel mit übergeschlagenen Strümpfen trägt, wird von der H.J. als „Navajo" angesehen.

Ein Mitglied des HJ-Streifendienstes identifizierte Essener Edelweißpiraten im Dezember 1940 als „... Burschen, die nicht mehr in die Kirche gehen". Ein Meidericher HJ-Führer glaubte im November 1942 genau das Gegenteil zu konstatieren: „Diejenigen nämlich, die Edelweißpiraten sind und sich dafür interessieren, sind alle katholisch". Selbst Jugendliche, die sich als Edelweißpiraten bezeichneten, äußerten überraschende Selbstdefinitionen in ihren Vernehmungen. Ein siebzehnjähriger Autoschlosser stellte sich unter Edelweißpiraten Jugendliche vor, „die es sich zur Aufgabe gemacht haben, Passanten zu ärgern".

Bei derart unterschiedlichen und konträren Ausdeutungen der einzelnen Cliquenbezeichnungen fiel ohne Zweifel eine Vielzahl Jugendlicher unter den Verdacht der „bündischen Umtriebe", obwohl sie weder einer Jugendclique angehörten noch gar geistig der Bündischen Jugend nahestanden.

3.

Anders als die Bündische Jugend, deren soziale Basis zu einem großen Teil die Gymnasiasten stellten (Klönne 1982, S. 269), deuten empirische Untersuchungen daraufhin, daß fast neunzig Prozent der Cliquenangehörigen Jungarbeiter waren.[3] Ehemalige Mitglieder der traditionellen Jugendbünde unterstreichen diesen hohen Anteil (Jovy 1984, S. 176). In autobiographischen Berichten werden die Edelweißpiraten in Köln explizit als Krade (Unterschichtenangehörige) bezeichnet (Everwyn 1989, S. 41).

Im Gegensatz zu den traditionellen Jugendbünden wie z. B. den Nerothern und der Jungenschaft, die Frauen vom Fahrtenleben explizit ausschlossen[4], beteiligten sich auch weibliche Jugendliche aktiv am Freizeitleben der Cliquen. Die Gestapo sah die Frauen nicht selten funktional in der Rolle des Sexualobjekts für die männlichen Cliquenmitglieder. Eine Dienstvorschrift des HJ-Streifendienstes schrieb den weiblichen Cliquenmitgliedern gar buchstäblich das „Anlocken weiterer Mitglieder" (Klönne 1981, S. 122) als strategische Aufgabe zu. Die Phantasien lokaler HJ-Führer überzeichneten die Bedeutung der weiblichen Jugendlichen für das alltägliche Cliquenleben. Tatsächlich erhöhte die Beteiligung von Mädchen die Anziehungskraft der Cliquen auf Jugendliche, denen die Hitlerjugend eine rigide Geschlechtertrennung auferlegte. Gegen die Feststellung, Mädchen seien in den proletarischen Subkulturen wenn nicht offenkundig, so doch sublim Sexualobjekte, sprechen die Erinnerungen zweier Beteiligter aus einer Clique, die von der Essener Gestapo den

Fahrtenstenzen zugeordnet wurde. Danach mündeten mehrere Freundschaften in der Clique in spätere Ehen (Interview des Autors mit A. u. H. Hechsel).

In den meisten Fällen entstammten die Cliquenangehörigen nicht nur einem übereinstimmenden sozialen Milieu, sondern lebten im gleichen Stadtviertel, oftmals in benachbarten Straßenzügen oder in der gleichen Straße. Bei den Ermittlungen gegen die Navajos meldete die Kölner Gestapo, daß „jeder Stadtteil einen Klub für sich" bildete. In Wuppertal traf sich nach einem Bericht der Gestapodienststelle die bündische Jugend „straßen- und wohnbezirksweise". Oftmals kannte man sich von Kindheit an, besuchte die gleiche Volksschule und arbeitete – das betraf vor allem Jugendliche aus dem Bergarbeitermilieu – im gleichen Betrieb. Bei den frühen Cliquen der Navajos und Kittelbachpiraten bis 1936/37 überrascht die hohe Anzahl erwerbsloser jugendlicher Arbeiter. Der Freizeitstil dieser Jugendlichen verweist auf Traditionslinien zu den Wilden Cliquen der Weimarer Republik, die die Arbeitslosigkeit und ihren Mangel an Lebensperspektive positiv als Freiraum umdefinierten.

Im Mittelpunkt des Freizeitlebens standen die abendlichen Zusammenkünfte an bestimmten Plätzen des Viertels. Im Sommer waren es vor allem die Eisdielen und Parkanlagen, im Winter die Gaststätten. Anders als bei den traditionellen Jugendbünden waren Alkohol- und Zigarettenkonsum sowie Glücksspiele in keiner Weise verpönt (Werner 1974, S. 43).

Die Treffpunkte der Jugendlichen waren den NS-Verfolgern vielfach nicht unbekannt, Gaststätten, in denen die Jugendlichen verkehrten, den ermittelnden Beamten als ehemalige kommunistische Stammlokale vertraut. Es ist augenfällig, wie häufig bei Cliquenjugendlichen ein vermeintlich kommunistischer Verhaltensgestus festgestellt wurde. Über Cliquenjugendliche, die der staatsfeindlichen Betätigung verdächtigt wurden, mutmaßte die Gestapo Köln, daß „vor der nationalen Erhebung ... derartige Burschen in der Umgebung von Köln-Süd-Severinsviertel in der kommunistischen Jugendbewegung" engagiert gewesen seien. Und ein NSDAP-Funktionär in Düsseldorf kommentierte, ihr Verhalten sei wie „in alter kommunistischer Zeit herausfordernd frech".

Edelweißpiraten, Kittelbachpiraten und Navajos benannten sich nach den Plätzen, die sie für ihre Gruppe beanspruchten und gegen Edelweißpiratencliquen benachbarter Stadtviertel wie gegen den Streifendienst der Hitlerjugend verteidigten. In den Gestapo-Personenakten finden sich vielfach Belege für diese Revierkämpfe. In Düsseldorf wurden 1942 Terrainkämpfe zwischen Gerresheimer Jugendlichen und einer Edelweißpiratenclique im Ostpark ausgetragen. So hieß es in einer Gestapozeugenvernehmung:

> Wir sind ... dann zum Ostpark gegangen. Hier wollten wir die Jungen, die sich immer im Ostpark aufhalten aus Rache dafür, daß sie die Jungen von Gerresheim schon öfters überfallen haben, auch mal durchprügeln. Im Ostpark haben wir aber keinen getroffen und gingen daraufhin zum Hellweg ... Auf dem Hellweg wurden wir ohne Wortwechsel überfallen. Wir sind verraten worden und zwar durch den Bulle, der auch immer mit den Jungens vom Hellweg zusammen ist, trotzdem er in Gerresheim wohnt.

Und die Düsseldorfer Edelweißpiratin Josefine L. sagte laut Gestapovernehmungsprotokoll vom 2. April 1943 aus, „daß nicht allein Angehörige des BDM, sondern allgemein Fremde aus dem Volksgarten von uns herausgeworfen wurden".

Höhepunkte des Freizeitlebens bildeten die gemeinsamen Fahrten der Cliquenangehörigen an den Wochenenden. Ein beliebtes Fahrtenziel Kölner Edelweißpiraten war das „Ammerländchen" bei Rösrath. Düsseldorfer Edelweißpiraten besuchten gern die Loosenau und den „Blauen See" bei Ratingen, Duisburger Kittelbachpiraten und Essener Fahrtenstenze hielten sich am „Entenfang" bei Duisburg auf, Gladbecker und Bottroper Cliquen in der Kirchhellener Heide, auch „Schwarze Heide" genannt und der Haardt, Wuppertaler Jugendliche zog es oft nach Baumberg und an die Lingeseetalsperre.

Mit den Fahrten, die die Jugendlichen mündlich verabredeten, wollten sie sich der konkreten Kontrolle der örtlichen Parteiinstanzen, insbesondere der Kontrolle durch die Hitlerjugend und ihres Streifendienstes entziehen. Auf den Fahrten trafen die Jugendlichen Gleichgesinnte aus anderen Städten. Informationen und Liedgut wurden ausgetauscht, Kontakte geknüpft, die oftmals in feste, interstädtische Freundeskreise mündeten. Auf der anderen Seite kam es auch zu Reibereien zwischen den Jugendlichen unterschiedlicher Cliquen, die das Terrain des Fahrtenziels für ihre Clique beanspruchten.

Einige Cliquenjugendliche begaben sich mit Freunden auch auf Großfahrten, die sie bis nach Süddeutschland und Österreich führten. Düsseldorfer Edelweißpiratinnen trampten im Sommer 1942 nach Hamburg und Berlin. Durch den Einsatz als Landhelfer oder beim Reichsarbeitsdienst weckte der NS-Staat bei den Jugendlichen den Wunsch nach neuen Erfahrungshorizonten.

Die bündischen Stilelemente in Kleidung und Liedgut und die große Bedeutung des Fahrtenwesens für die Jugendcliquen des „Dritten Reichs“ dienen des öfteren als Belege für eine Deutung der informellen Jugendgruppen in den Traditionslinien der Wandervogelbewegung. Die traditionellen bündischen Gruppen hatten aber keinen Monopolanspruch auf jugendromantische Semiotik. Neben den „echten“ Wandervögeln waren bereits seit Mitte des Ersten Weltkriegs in den Großstadtregionen Gruppen jugendlicher „wilder“ Wandervögel bekannt. Die „echten“ Wandervögel mokierten sich über deren Freizeitgebaren, da die Bevölkerung nicht zwischen ihnen und den „Wanderflegel(n)“ zu unterscheiden wußte (Fournier 1931, S. 90; Werner 1974, S. 40).

> Es sind nicht alle jungen Leute Wandervögel, die in kurzen Hosen und mit Rucksäcken herumlaufen. Nein, die so aussehen und sich so aufführen wie echte Wandervögel, sind schon nicht immer Angehörige unserer Bünde, aber die so grölend, aufdringlich, unschön und rücksichtslos draußen herumlaufen, sind es wohl nie (Vom Wandervogel und Wanderunfug, 1916).

Den „Wanderflegeln“ der Kaiserzeit folgten die „Treberclique(n)“, die „wilden Trupp(s)“ jugendlicher Arbeiter in der Weimarer Republik (Guérin 1983), die später die Etikette „Wilde Cliquen“ erhielten. Ihr Freizeitstil enthielt viele Elemente, die sich auch bei den späteren Edelweiß- und Kittelbachpiratencliquen finden. Eine Analyse des Bildmaterials über beide Gesellungsformen könnte erstaunliche Übereinstimmungen ergeben. Die kurze Lederhose, das Ochsengespann und insbesondere das Edelweißabzeichen fallen sofort ins Auge (Staewen-Ordemann 1933, S. 125 f).[5]

Soziale Herkünfte und Freizeitstil der Jugendcliquen sprechen für ihre Einordnung in die Traditionslinien jugendlicher Arbeitersubkulturen seit dem Kaiserreich. Aus der Tatsache übereinstimmender Fahrtenziele wie z. B. nach Burg Wupper oder zum „Blauen See“ bei Ratingen kann nicht auf Zusammenhänge zwischen Gruppen der Bündischen Jugendbewegung und den Cliquen jugendlicher Arbeiter geschlossen werden. Gespräche mit ehemaligen illegalen Jungenschaftlern bestätigen eher die Annahme, daß beide Jugendkulturen getrennt voneinander den NS-Alltag bewältigten. Jugendliche Arbeiter übernahmen bündische Stilelemente bereits während des Kaiserreichs und der Weimarer Republik.

4.

Auf der untersten Ebene der NS-Hierarchie machten die Cliquen vor allem der HJ und den NSDAP-Funktionären vor Ort zu schaffen. Sie waren es, die das auffällige Jugendverhalten bei der Gestapo anzeigten. Anonyme Anzeigen der Edelweißpiraten aus der Bevölkerung waren eher die Ausnahme. Die Praxis der Hitlerjugend, die zahlreichen bei ihr eingegangenen Gerüchte, Meldungen und Berichte ohne örtliche Überprüfung an die nächsthöheren Stellen weiterzuleiten, wurde von lokalen Gestapodienststellen bald kritisiert. Diese Meldungen, so ein Beamter der Düsseldorfer Gestapoleitstelle 1943, „habe(n) im wesentlichen dazu beigetragen, daß der Begriff ‚Edelweißpiraten‘ in der Öffentlichkeit Eingang fand und die Jugendlichen sich interessant vorkamen, weil ihrem Gehabe so viel Bedeutung beigemessen wurde“.

Gegen den Streifendienst der Hitlerjugend richtete sich der Hauptunmut der jugendlichen Cliquenangehörigen. Er war *das* Organ „zur Überwachung des öffentlichen Auftretens und zur Bekämpfung aller Gefährdungserscheinungen der deutschen Jugend“, ihm waren „Überwachungs- und Befehlsbefugnisse über sämtliche Jugendliche vom 10. bis zum 18. Lebensjahr sowie über sämtliche Angehörige der Hitler-Jugend ... übertragen“ (Jahnke/Buddrus 1989, S. 377).

Damit war das Hauptkonfliktfeld vorgegeben. Gleichaltrige wachten über die Einhaltung der staatlichen Reglementierungen jugendlichen Freizeitlebens. Das ließen sich die jugendlichen Edelweißpiraten nicht bieten. Schlägereien mit den HJ-Streifen standen auf der Tagesordnung. In den Augen der Cliquen und des HJ-Streifendienstes galt der Streifendienst als „Polizei" für Gleichaltrige. Bei der Durchführung von Kontrollen maßten sich Streifendienstangehörige, wie ermittelnde Staatsanwaltschaften konstatierten, vielfach polizeiliche Befugnisse an, die ihnen nicht zustanden. Noch nach jahrelangen Erfahrungen im Einsatz von Hitlerjugend-Streifen drängte der Chef der Sicherheitspolizei in seinem Erlaß vom 8. September 1939, den Streifendienstangehörigen „klarzumachen, daß ... sie auf keinen Fall damit rechnen können, in irgendeiner Weise Polizei zu spielen" (Jahnke/Buddrus 1989, S. 308). Die Kontroll- und Überwachungsmaßnahmen schürten geradezu oppositionelles Verhalten. Im Vernehmungsprotokoll des Viersener Edelweißpiraten Helmut K. heißt es:

> Das Edelweißabzeichen habe ich zum Trotz der HJ, hauptsächlich der Streifengefolgschaft getragen, weil ich von diesen wiederholt zur Anzeige gebracht worden bin, weil ich mich als Jugendlicher in den Abendstunden auf der Straße und auch in dem Lokale aufgehalten ... hatte.

Ein Beamter der Gestapoaußenstelle Essen charakterisierte Edelweiß- und Kittelbachpiraten im Mai 1941 als „junge Burschen, die sich unter Auflehnung gegen den HJ-Streifendienst den Namen ‚Edelweiß- bzw. Kittelbachpiraten' gegeben haben". Das Reichsjustizministerium sah Anfang 1944 die Antihaltung der Jugendlichen gegen HJ und NS-Staat ursächlich in der Existenz des Streifendienstes begründet.

Die bündischen Umtriebe zählten zu den politischen Delikten und ihre Bekämpfung zählte zu den Aufgaben der Gestapo. Sie führte die Ermittlungen – oftmals mit dem Ergebnis, daß sich gerade die Anzeigen der HJ als übertrieben herausstellten. Alltagskultureller Stil jugendlicher Arbeiter geriet bis 1936 in den Augen des Gestapobeamten nicht zwangsläufig zur verbotenen bündischen Betätigung. Die täglichen Treffen und das Musizieren Jugendlicher zogen bis zu diesem Zeitpunkt noch nicht zwangsläufig ein solches Verdachtsmoment nach sich, wie das

Beispiel des Schlußberichts der Staatspolizei Köln vom August 1936 beweist. Danach hatten sich die jugendlichen Beschuldigten lediglich

> wie in der Großstadt allgemein üblich ist, an einer Straßenecke oder in einer Haustürnische nach ihrer Art unterhalten. Dieses ergibt sich schon allein daraus, weil einer der Beschuldigten auf einer Gitarre musizierte und die übrigen dazu sangen.

Nach Abschluß der Ermittlungen entschied die Gestapo über die weitere Handhabe des Vorgangs. Hier scheinen die einzelnen Außendienststellen bei weniger schweren Fällen Entscheidungsmöglichkeiten ohne Einschaltung der Gestapoleitstelle besessen zu haben. Die bisherigen empirischen Ergebnisse deuten daraufhin, daß die Gestapoaußendienststelle in Wuppertal die von ihr bearbeiteten Fälle – auch wenn sie nur recht wenig Anhaltspunkte für vermeintliche bündische Umtriebe feststellte – in der Regel zur weiteren Strafverfolgung an die Staatsanwaltschaft abgab. In Essen dagegen scheint die Gestapostelle vermehrt Verfahren bei dürftigen Ermittlungsergebnissen in eigenem Ermessen eingestellt zu haben.

Auch die Vernehmungspraxis differierte bei den ermittelnden Beamten. Während etwa in Dortmund, Gladbeck und Köln Vernehmungen wegen Verdachts auf illegale bündische Betätigung in vielen Fällen mit körperlichen Züchtigungen verbunden waren, sah der vorrangig ermittelnde Gestapobeamte aus Essen von körperlicher Gewalt bei der Vernehmung ab. Seine psychologisch geschicktere Vernehmungstechnik empfanden die betroffenen Jugendlichen gleichwohl als unerträglich (Piehl 1983, S. 200 ff.; Interview des Autors mit Walter T.; A. und H. Hechsel).

Anders als im Umgang mit Diebstahlsdelikten, Raub, Mord etc. waren Staatsanwaltschaften und Gerichte wenig professionell in der Verfolgung des Delikts der bündischen Betätigung.[6] Es war ein junges Delikt, das erst durch die NS-Justiz geschaffen worden war. Hinzu kamen die terminologischen Unsicherheiten im Gebrauch der Bezeichnungen „bündisch", „Navajo", „Kittelbachpirat" oder „Edelweißpirat".

Um jugendliche Angehörige informeller Cliquen strafrechtlich sanktionieren zu können, mußte ihnen eine Fortsetzung der Bündischen Jugend nachgewiesen werden, deren Verbot am 8.

Februar 1936 erlassen und am 20. Juni 1939 mit Ergänzungen erneuert wurde. Sah man eine Fortführung der Bündischen Jugend als erwiesen an, so lag ein Vergehen aufgrund des § 4 der Verordnung des Reichspräsidenten zum Schutze von Volk und Staat vom 28. 2. 1933 (Reichstagsbrandverordnung) vor. Probleme der strafrechtlichen Verfolgung ergaben sich dadurch, daß formelle Organisationsformen fehlten. Die Gerichte suchten daher Belege für das verbotene Engagement im Sinne der Bündischen Jugend im Alltagsverhalten der Jugendgruppe. Als Beispiel sei die Argumentation eines Kölner Landgerichts in einem Verfahren gegen eine Navajo-Clique angeführt:

> Es genügt vielmehr, daß einzelne Gruppen sich zusammengefunden haben, um gemeinsam irgendetwas zu unternehmen. Da dieses aber zweifellos geschehen ist, kann auch eine Verbindung, ein „Bund" festgestellt werden, zumal sich auch innerhalb der einzelnen Gruppen wie zwischen den Gruppen untereinander ein Gefühl der Zusammengehörigkeit und Kameradschaft gebildet hatte ... Es ist vielmehr der Gesamtcharakter und die gesamte Geisteshaltung zu berücksichtigen.

Nach einem Urteil des Sondergerichts Dortmund vom 24./25. Februar 1938 über eine Grupppe jugendlicher Kittelbachpiraten lag eine verbotene bündische Gruppe auch dann vor,

> wenn nur ein lockerer Zusammenschluß, eine ungebundene, lose Vereinigung, festgestellt werden kann. Ob eine Gruppe als bündisch bezeichnet werden kann, muß nach Art der Veranstaltungen beurteilt werden. Notwendig ist die Durchführung von gemeinsamen Wanderfahrten innerhalb der Gruppe. Die Freude an dem ungebundenen Fahrtenleben ist ein wesentliches Merkmal. Zur Ausgestaltung dieser Fahrten gehört das gemeinsame Wandern und das Singen von Liedern, wie sie in der bündischen Jugend üblich waren.

Mit diesen verschwommenen juristischen Deliktsbeschreibungen konnte und sollte jede Gruppe Jugendlicher außerhalb der Hitlerjugend verfolgt werden. Und damit war *ein* wesentliches Ziel der NS-Jugendpolitiker, die Durchsetzung des Monopolanspruchs auf die Erziehung der deutschen Jugend erreicht.

Trotz der juristischen Kautschukdefinitionen des Begriffs „bündisch" stellten die Staatsanwaltschaften einen Großteil der an sie weitergeleiteten Verfahren nach Akteneinsicht ein. Vermeintliche „Bündische Umtriebe“ entpuppten sich nicht als Fortführung der Bündischen Jugend, sondern oft als alltägliche Gesellungsformen großstädtischer Jugend.

Bezeichnend für den mangelnden Zugang von Gestapo und Justiz zu der subkulturellen Jugendopposition ist deren Suche nach vermeintlichen Initiatoren und Unterstützern. Entsprechend der sonstigen Verfolgungspraxis vermutete man auch bei den Edelweißpiraten eine „Dachorganisation oder zumindest eine einheitliche Führung..., die die Richtlinien gibt“. Der Ermittlungspraxis in politischen Delikten entsprechend gerieten Jugendliche, die mit Gleichaltrigen aus anderen Städten befreundet waren, schnell in den Verdacht einer Tätigkeit als Verbindungsmann, bzw. -frau. Im Reichsjustizministerium dichtete man den Jugendlichen im Frühjahr 1940 den „Charakter des ehemaligen Zentrums“ an (Jahnke/Buddrus 1989, S. 429).

In der juristischen Behandlung des Cliquenphänomens läßt sich eine zunehmende Verschärfung der Strafpraxis feststellen. Verurteilten die Gerichte die Jugendlichen in der Machtsicherungs- und Konsolidierungsphase der nationalsozialistischen Herrschaft wegen Verstoßes gegen das Verbot der Fortführung der Bündischen Jugend, so schlugen sie ab 1938 eine schärfere Gangart ein. Diese Praxis korrespondierte mit der verstärkten Wahrnehmung des Cliquenphänomens in der Öffentlichkeit. Unter den Bedingungen des Zweiten Weltkrieges wurde diese Praxis noch einmal verschärft. Der Versuch, einen eigenen spezifischen Alltagsstil gegenüber den Totalitätsansprüchen der verschiedenen NS-Institutionen zu behaupten und die daraus resultierenden Konflikte insbesondere mit der Hitlerjugend und den lokalen Parteifunktionsträgern geriet jetzt in die Nähe des Landfriedensbruchs. Die Gerichte begründeten ihre wesentlich härteren Urteile damit, daß die Jugendlichen ihre Handlungen in einer Zeit begingen, in der die Volksgemeinschaft besonders gefordert sei. Die Jugendkammer des Landgerichts Rudolstadt begründete die viermonatigen Gefängnisstrafen gegen zwei 14- und 15jährige kaufmännische Lehrlinge, die kriegsbedingt aus Wuppertal nach Thüringen evakuiert worden waren damit, daß sie durch ihre bündische Betätigung versucht hätten,

> die Heimatfront zu unterhöhlen und somit dazu beizutragen, das Reich zu Fall zu bringen. Derartige Elemente, wie die Angeklagten, müssen daher mit aller Schärfe angefaßt werden.

Gegen Cliquenjugendliche, die Flugblätter und Parolen gegen Hitlerjugend und NSDAP verbreiteten, ermittelte die Justiz wegen Landes- und Hochverrats. Die Strafvorwürfe hielten jedoch oftmals einer Prüfung durch die Generalstaatsanwaltschaft oder den Oberreichsanwalt nicht stand. In diesen Fällen wurden die Verfahren an die Staatsanwaltschaften bei den zuständigen Landgerichten zurückgewiesen und die Ermittlungen wegen des Delikts der „Bündischen" Umtriebe fortgesetzt.

5.

Die Auseinandersetzungen um ein jugendliches Freizeitleben ohne staatliche Reglementierungen und Kontrollen führte bei einzelnen Jugendlichen zu einer Karriere vom nonkonformen Verhalten zu politisch motivierten Widerstandsaktionen. Unterstrichen sei an dieser Stelle, daß es sich hierbei um Einzelfälle handelt. Die Befürchtungen der NS-Verfolger, den illegalen kommunistischen Gruppen könnte der ihnen unterstellte Plan gelingen, „Edelweißpiraten als sogenannte Stoßtrupps innerhalb der Jugend einzusetzen" waren unbegründet.

Edelweißpiraten steckten in Wanne-Eickel 1943/44 regelmäßig die von den alliierten Bombern abgeworfenen Flugblätter in die Briefkästen (Peukert 1976, S. 293). Im Essener Segeroth-Viertel schrieben jugendliche Edelweißpiraten Anti-Hitler-Parolen und leiteten aus einem HJ-Heim entwendete HJ-Mitgliedsbeiträge an Familienangehörige politisch Verfolgter weiter (Kenkmann 1990, S. 33).

Eine Zusammenarbeit mit Widerstandskreisen der illegalen KPD und der jugendlichen Protestszene kam spät und nur in Ausnahmefällen zustande. Dabei ging die Kontaktaufnahme nicht von den Jugendlichen aus. Ein Grund mag in der Strategie der illegalen KPD gelegen haben, die Hitlerjugend zu unterwandern. Nach Überlegungen des KPD-Instrukteurs Alfons Kaps sollten unter den Edelweißjugendlichen vertrauenswürdige Personen angesprochen und davon überzeugt werden, ihren HJ-Dienst wieder aufzunehmen. Ziel war, die Hitlerjugend kommunistisch zu unterwandern. Damit blieb die illegale KPD ihrer alten Strategie treu, mit der sie schon zu Zeiten der Weimarer Republik bei der versuchten Unterwanderung der Sozialdemokraten gescheitert war.[7] Diese Strategie mußte sich als ungünstig erweisen, da die jugendlichen Edelweißpiraten gerade den HJ-Dienst quittierten, weil sie ihn als eintönig und starr reglementiert empfanden. Die KPD orientierte ihre Strategie nicht an den Erfahrungen der Jugendlichen.

Die „Verkennung" der Verfolger wiederholte sich auf der Seite der Verfolgten. Das nationalsozialistische Verfolgerensemble befürchtete eine Unterwanderung der HJ durch die Edelweißpiraten und ihre vermeintlichen Unterstützer, die KPD favorisierte die Zersetzung der Hitlerjugend von innen heraus. Beiden blieb der alltagskulturelle Stil der Cliquenjugendlichen verschlossen.

In Düsseldorf nahmen die Funktionäre Kaps und Knöchel der illegalen KPD Kontakt zu den Jugendlichen auf und gewannen sie für Flugblattaktionen. Edelweißpiraten versuchten auch, ihre Alterskollegen aus anderen Gruppen von der Meldung zur Wehrmacht abzuhalten (Heydn 1978, S. 175 ff.). In der Oktober-Ausgabe 1942 des „Ruhr-Echo" der illegalen KPD wurden HJ- und BDM-Mitglieder aufgerufen, sich mit der „Edelweißjugend" zu vereinigen; diese kämpfe gegen den „Jugendverderber" Hitler und den nationalsozialistischen Staat (Zimmermann 1983b, S. 168). Dabei wurden Einzelfälle politischen Widerstands von Edelweißpiraten zum allgemeinen Verhaltensstil deklariert. Auseinandersetzungen um selbstbestimmtes Jugendleben überinterpretierten die Verfasser – ob aus strategischen Gründen oder unwissentlich sei dahingestellt – als bewußte Ablehnung Hitlers und der NS-Ideologie. Das hatte mit den realen Begebenheiten nichts gemein. Unter den Cliquenjugendlichen hielt sich der Führer-Mythos ebenso wie beim Großteil der Bevölkerung bis zur militärischen Niederlage des Nationalsozialismus.

Kontakte zu oppositionellen Kreisen der katholischen Kirche und des Zentrums wie auch zu Widerstandszirkeln der verbotenen Gruppierungen der Bündischen Jugend können ebenfalls nur in Einzelfällen angenommen werden. Zu sehr prallten hier Vertreter unterschiedlicher Milieus mit divergierenden Mentalitätsdispositionen aufeinander. Der Zentrumspolitiker Schwering traf als Häftling im KZ „Köln-Messelager" auf Edelweißpiraten. Das gemeinsame Schicksal als NS-Verfolgte verband ihn keineswegs mit den Jugendlichen. Ganz im Gegenteil belegen seine Tagebuchaufzeichnungen die distanzierende und stigmatisierende Sicht des „zivilisierten" Politikers auf die Angehörigen einer „nichtzivilisierten" Jugend:

> Schon äußerlich boten diese verwahrlosten, frühreifen, frechen und dreisten Burschen einen höchst unerfreulichen Anblick... Niemals habe ich einen solchen Abgrund jugendlicher Verworfenheit nur annähernd gesehen. Sie tobten sich vor uns, die sie ebenfalls für Verbrecher hielten, ohne jede Hemmung aus (Schwering 1988, S. 177).

Köln-Sülzer Edelweißpiraten nahmen mit dem illegalen Jungenschaftler Michael Jovy, der wegen Vorbereitung zum Hochverrat verurteilt worden war, auf einem Außenkommando des Zuchthauses Siegburg in Köln 1943 Kontakt auf. Es sollte versucht werden, so Jovy, „vor Ankunft der Amerikaner die Flucht der Parteigenossen und Gestapo-Beamten zu verhindern, Köln selbst zu befreien und die verantwortlichen Nazis den Amerikanern zu übergeben" (Klönne 1982, S. 253 f). Daß Edelweißpiraten verantwortlich waren für die Verbreitung von Informationen über die Münchener „Weiße Rose" und deren Aktionen kann anhand der vorhandenen Quellen ausgeschlossen werden.[8]

6.

Der politisch organisierte Widerstand aus der Arbeiterbewegung blieb von der Protestbewegung der Edelweißpiraten isoliert. Das hing zum Teil mit der jugenduntypischen Widerstandsstrategie und mit den Bedenken der älteren Widerständler zusammen, sich durch jugendlichen Übereifer der Gefahr von Gestapoermittlungen und damit verbundenen potentiellen Repressalien auszusetzen. Noch mehr weist die Trennung zwischen der politischen Widerstands- und der Edelweißbewegung auf eine Generations-

Kluft zwischen der jüngeren und der älteren Arbeiterschaft hin.[9] Unterschiedliche und mangelnde lebensgeschichtliche Erfahrungen der Generationen im Erwerbsleben und in der gewerkschaftlich-sozialistischen Sozialisation der Weimarer Republik riefen unterschiedliche Verhaltensmuster der Generationen in der NS-Gesellschaft hervor. Anders als bei den Älteren erreichte der Nationalsozialismus mit seinen Integrationsangeboten durchaus die Arbeiterjugendlichen, partiell auch Edelweißpiraten, und verstärkte damit die bereits existierende Kluft zwischen den Generationen.

Der Reichsarbeitsdienst mit seiner Orientierung auf körperlich zu verrichtende Hilfsarbeiten vermittelte Arbeiterjugendlichen ein Gefühl der Überlegenheit gegenüber Jugendlichen aus den Mittel- und Oberschichten (Zimmermann 1983a, S. 103). Die „Kraft durch Freude"-Angebote, die Kinderlandverschickung, das Landjahr und die Wehrmacht erschlossen den Arbeiterjugendlichen neue Erlebniswelten und geographische Regionen, die ihnen bisher verschlossen geblieben waren. Nicht zuletzt deshalb meldeten sich viele der Edelweiß- und Kittelbachpiraten freiwillig zur Wehrmacht, insbesondere aber zur Kriegsmarine. Die Annahme, sie hätten dies getan, weil es im November 1918 „ja ebenfalls von der Marine ausgegangen sei", beruhte lediglich auf Gerüchten.

Eine große Anzahl von Edelweißpiraten fühlte sich von der Waffen-SS angesprochen. Die Waffen-SS mit der Betonung des Elitegedankens sprach das Männlichkeitsbewußtsein vieler Edelweißpiraten und Kittelbachpiraten an. Darauf verweist die Zahl der Freiwilligmeldungen.

Jugendliche Edelweißpiraten und Kittelbachpiraten in der Frühphase der NS-Herrschaft waren keineswegs geborene Anti-Nationalsozialisten. In den frühen Cliquen fand sich das Gros enttäuschter ehemaliger HJ-Mitglieder mit einzelnen früheren Angehörigen der verbotenen kommunistischen und sozialistischen Jugendorganisationen und vereinzelten Mitgliedern von Pfadfinderbünden und Bündischen Gruppen zusammen. Viele der jugendlichen Kittelbachpiraten und Navajos der Jahre 1933–1937 hatten sich bereits zu Beginn der nationalsozialistischen Herrschaft in der HJ engagiert. Sie waren aber nach kurzer Zeit aus unterschiedlichen Motiven aus der Staatsjugendorganisation wieder ausgetreten. Ein besonders häufig angegebener Austrittsgrund waren Differenzen mit HJ-Führern. Weitere Ausschlüsse und Austritte bzw. Nichteintritte erfolgten wegen der Beitrags- und der anfallenden Kosten für die anzuschaffende HJ-Uniform, die die Jugendlichen infolge ihrer Arbeitslosigkeit nicht aufzubringen vermochten. Viele Jugendliche blieben dem HJ-Dienst fern, traten aus oder wurden ausgeschlossen, da ihnen die erhofften Führungsfunktionen nicht zugestanden, bzw. wieder aberkannt wurden. Laut Gestapovernehmungsprotokoll sagte der 15jährige Marktarbeiter Heinrich K. im Oktober 1937 aus:

> Ich war eine Zeit lang krank und bin dann anschließend nicht mehr zum Dienst gegangen, da ich kein Interesse mehr am Dienst hatte. Das Interesse litt dadurch, daß ich erst stellvertretender Fähnleinführer war und später immer neue Jgg. (Junggenossen, A. K.) vorgesetzt erhielt, während ich selbst immer weiter zurückgedrängt wurde. Ich wurde dann wegen Interesselosigkeit ausgeschlossen.

Die Jugendlichen gingen erst in Oppositionshaltung zur NS-Jugend, als sie ihre subjektiven Vorstellungen und Wünsche an die Staatsjugendorganisation enttäuscht sahen. Die Frustrationen machten sie für alternative Jugendgesellungsformen empfänglich. So schuf der NS-Staat durchgängig in allen Phasen seiner 12jährigen Herrschaft infolge existierender struktureller Problemfelder innerhalb seiner Jugendorganisationen oppositionelle Einstellungen bei Teilen der Arbeiterjugend.

Die immer weiter getriebenen Reglementierungen des jugendlichen Freizeitlebens durch fortwährend ausgesprochene Verbote, Erlasse und Polizeiverordnungen, die zunehmende unattraktive Ausrichtung des HJ-Dienstes und Inanspruchnahme jugendlicher Arbeitskraft unter den Bedingungen der Kriegswirtschaft und die scharfe Sanktionierung abweichenden Verhaltens durch Gestapo und Gerichte stärkten die Dissensmomente. Die (sozial)politischen Innovationen des Nationalsozialismus bewahrten führende NS-Funktionäre nicht vor der ernüchternden Feststellung, daß ihnen Teile der Jugend bereits lange vor der militärischen Niederlage den Rücken kehrten.

Diese Niederlage des Nationalsozialismus an der Jugendfront

soll aber nicht darüber hinwegtäuschen, daß er durch seine Sozialisationsangebote die Tendenzen zur Herausbildung eines neuen Generationstyps von Arbeiterjugendlichen förderte und verstärkte. In den fünfziger Jahren meinten Soziologen, einen neuen Generationstypus von Arbeiterjugendlichen zu entdecken.

> Der neue Typ des jungen Arbeiters ist in Reinkultur nicht in geschlossenen Organisationsformen zu finden. Er ist verborgener als sein Vorgänger, er tritt nicht als eigentliche Massenform auf... Man „sieht" ihn vor allem einmal an seiner Abwesenheit vom offiziellen Leben; so ist etwa heute ein Fackelzug am Vorabend des ersten Mai... eine Angelegenheit von Grüppchen... Dafür kann man allabendlich an bestimmten Straßenecken, zumeist vor Kinoeingängen und Rummelplätzen, Gruppen von Burschen und jungen Männern beisammenstehen sehen... (Bednarik 1953, S. 17).

Die Ablösung des „politischen" Typs des Arbeiterjugendlichen, der vor allem im dichten Netz von Organisationen, Verbänden und Vereinen der Parteien geprägt wurde, durch einen „skeptischen Typ", der den politischen Organisationen Mißtrauen entgegenbringt und den individuellen Erfahrungsraum hochschätzt, orten die wissenschaftlichen Untersuchungen in den Verhaltensmustern „auffälliger" Arbeiterjugendlicher nach der „Halbzeit" nationalsozialistischer Herrschaft.[10]

7.

Eine weitere Fundierung der Erkenntnisse über die oppositionelle Leistung der nonkonformen Arbeiterjugendcliquen im „Dritten Reich" hat die Epochengrenzen 1933 und 1945 zu unter-, bzw. zu überschreiten. Erst dann kann beurteilt werden, ob die Nonkonformität und Protesthaltung der Arbeiterjugendlichen eine spezifische Reaktion auf den nationalsozialistischen Alltag darstellte oder ob sie als historisch gewachsene Verhaltensstile einer kontinuierlich im proletarischen Milieu der modernen Industriegesellschaft verwurzelten Arbeiterjugendsubkultur zu sehen sind. Eine methodische Orientierung könnte an der Verschränkung zweier forschungsstrategischer Paradigmata erfolgen. Die erste These deutet Widerstand in seiner engen und weiten Auslegung als Resultat von Herrschaft und Gesellschaft in Konflikt; die zweite These geht dahin, Kontinuitäten und Brüche in sozialmoralischen Milieus als Ausdruck eines durchgehenden Prozesses der Modernisierung zu begreifen. Auf diese Weise werden geschichtliche Vorerfahrungen, historisch gewachsene Strukturen und sich daraus entwickelnde Erfahrungsdimensionen in die Analyse jugendlicher Protestkultur unter dem Nationalsozialismus miteinbezogen, um – wie Martin Broszat formulierte –

> Inhalte und Wirkungen nationalsozialistischer Politik und die Reaktionen der Betroffenen auf diese Politik in den Zusammenhang längerfristiger historischer Entwicklungen zu stellen und aus ihnen heraus verständlich zu machen und zu bewerten (Broszat 1981, S. 696).

Vielleicht vermag man dann besser einzuschätzen, warum eine nicht geringe Zahl von Edelweißpiraten in der Nachkriegszeit 1945–1947 ihre Lieder umtexteten in

> Wenn die Messer blitzen und die Polenschweine flitzen und die Edelweißpiraten greifen ein (Schult 1978, S. 46).

Anmerkungen

1 Die von Schäfer angegebene Fixierung der ersten Edelweißpiratengruppen auf das Jahr 1938 bleibt unbelegt; vgl. Schäfer 1981, S. 138.
2 Diese Einordnung findet sich auch heute noch in fachwissenschaftlichen Veröffentlichungen. Vgl. Hellfeld 1987, S. 226 ff; Krolle 1985, S. 116.
3 Empirische Ergebnisse u. a. über regionale Verbreitung und Sozialstruktur der Cliquen vom Typus der Edelweißpiraten werden vom Autor 1992 im Rahmen einer Dissertation über jugendliche Subkulturen an Rhein und Ruhr 1930–1950 veröffentlicht. Die Durchführung des Forschungsprojekts wird finanziell gefördert durch ein Stipendium der Stiftung Volkswagenwerk.
4 Vgl. Diskussionsbeitrag des ehemaligen Jungenschaftlers Herbert Westenburger, Tagung Mindener Kreis, Minden, 15.–17. Juni 1990. Für die von Matthias von Hellfeld konstatierte Öffnung der jungenschaftlichen und „nerothanen“ Zirkel für weibliche Jugendliche ab 1939 finden sich in den Gestapo- und Sondergerichtsakten keine Belege.

5 Siehe die Photos bei Wolfgang Kerler, Die wilden Cliquen von Berlin, in: *Zeitmagazin,* Nr. 9 (1989), S. 50–55.

6 Zur Differenzierung unterschiedlicher Dimensionen des Grades an Professionalisierung in der Verfolgung jugendlicher Nonkonformität durch das NS-Verfolgungsensemble geben Christian Gerbel und Alexander Mejstrik wesentliche Anregungen; vgl. dies., Der „Umgang mit Vor-Konstruktionen" am Beispiel der Wiener „Schlurfs", Vortrag, Jour Fix, Institut für Wirtschafts- und Sozialgeschichte, Wien Mai 1990 (Manuskript), S. 8f.

7 Zur kommunistischen Strategie der Bekämpfung der Hitlerjugend von „innen" siehe auch den Artikel von Kurt Siegmund (Mitglied des ZK des KJVD), Frühjahr 1939 und den Aufruf des ZK der KPD und des ZK des KJVD an die deutschen Eltern und Erzieher vom 27. August 1939, beide abgedruckt bei Buddrus/Jahnke, S. 285–287 und 293–295.

8 Die Hypothese äußert Howard Becker, 1949, S. 223.

9 Siehe hierzu den in diesem Band enthaltenen Beitrag von Frank Bajohr, In doppelter Isolation, S. 17ff.

10 Gleich Bednarik mittels einer typologischen Konstruktion verfährt Helmut Schelsky, Die skeptische Generation, Eine Soziologie der deutschen Jugend, Düsseldorf/Köln 1957.

Wilfried Breyvogel

Die Gruppe „Weiße Rose" Anmerkungen zur Rezeptionsgeschichte und kritischen Rekonstruktion

Einleitung

Es mag überraschen: Wie bei keiner anderen jugendlichen Widerstandsgruppe sind die Ereignisse, die die Gruppe der „Weißen Rose" betreffen, durch eine unmittelbar einsetzende Mythen- und Legendenbildung verstellt. Die Nachwelt nahm sich ihrer sofort im Heldenepos an und vieles, was als scheinbar klar ständig wiederholt wird, ist bei genauerer Betrachtung keineswegs klar. Denn die „Weiße Rose" gehörte – wie Detlev Peukert einmal anmerkte – mit der militärischen Opposition des 20. Juli 1944 und dem katholischen Bischof von Galen zum Dreigestirn der positiven Widerstandstradition. Wie die ersteren der Rehabilitation des Militärs und der Reetablierung der gesellschaftlichen Bedeutung der katholischen Kirche nach 1945 dienten, so standen die Toten der Gruppe „Weiße Rose" für den aus bürgerlicher Wertordnung entspringenden Idealismus jugendlichen Handels, zum äußersten Opfer, dem Selbstopfer, bereit als Zeugnis eines anderen Deutschland. „Brave, herrliche junge Leute! Ihr seid nicht umsonst gestorben, sollt nicht vergessen sein!" formulierte Thomas Mann in seiner Rundfunkrede an die deutschen Hörer am 27. Juli 1943. Es sollte ihnen eindringlicher zuteil werden, als Thomas Mann es wünschen konnte.

Es verwundert nicht, daß die ersten Gedenkreden auf die historischen Ereignisse kaum Bezug nehmen (vgl. Guardini 1946, Huch 1948/49, Weniger 1953 u.a.). Ihnen dient allein die Hinrichtung als „factum brutum", um das herum die Legende der Personen verfaßt wird. Gegen diese in bester Absicht erfolgte, aber dennoch die Personen, ihre Gefühle, ihre Empfindungen, ihre Biographie mißachtende Geschichtsschreibung setzte sehr früh eine ergänzende, richtigstellende, den Blick erweiternde Geschichtsschreibung der überlebenden Familienangehörigen, besonders der Geschwister, ein (vgl. Probst 1947, Scholl 1951, 1952, 1955, Vielhaber 1964). Dieser Vorgang ist bis heute nicht abgeschlossen und fand in den letzten Jahren seine Fortsetzung in der Herausgabe biographischer Materialien.

Die folgende Darstellung verfolgt das Ziel, die wichtigsten Etappen der Rezeptionsgeschichte in ihrer Zeitgebundenheit durchsichtig zu machen, um einen möglichst gesicherten Rahmen für die Interpretation dieser biographischen Materialien zu gewinnen. Es geht auch gegenüber diesem Stoff um die Destruktion zeitbedingter Mythen und eine möglichst angemessene Annäherung.

Wie der militärische Widerstand im Blick auf seine Handlungsfähigkeit, Konsensbildung und Perspektive seit den sechziger Jahren entmythologisiert wurde, so ist es inzwischen auch dem Mythos um die Predigten des Bischofs von Galen ergangen. Heute ist bewußt, daß dieser Mythos lange die Aufmerksamkeit dafür verdeckt hat, daß die Euthanasie im August 1941 nur ihre äußere Form gewechselt hatte, und daß der Höhepunkt der medizinischen Vernichtung unterschiedlichster Anstaltsinsassen erst in den Jahren 1943/44 lag (vgl. Schmuhl 1987 und 1990).

Ähnlich dramatische Ergebnisse sind von einer kritischen Rekonstruktion der Gruppe der „Weißen Rose" nicht zu erwarten. Dennoch sollen einige Fragen beantwortet werden, die quer zu den bisherigen Wahrnehmungen stehen:

1. Waren die Mitglieder der „Weißen Rose" Jugendliche? Handelt es sich im engeren Sinne um Jugendwiderstand?
2. Waren sie Gleichgesinnte? Welche inneren Differenzen kennzeichneten die Gruppe?
3. Welche Handlungsanteile kommen den Beteiligten zu – sind sie in der bisherigen Wahrnehmung hinreichend berücksichtigt?

Hinweise zur Quellenlage

Durch die Edition der Tagebücher und Briefe der Geschwister Scholl und Willi Grafs in den letzten Jahren ist Material zugänglich geworden, das die Entstehung der Motive, die Beziehungen in der Gruppe, die Handlungsimpulse einzelner, kurz: die biographische Einbettung der Widerstandshandlungen erstmals aufgrund authentischer Texte ermöglicht.

So umfaßt die Auswahl, die Inge Aicher-Scholl zugänglich gemacht und Inge Jens herausgegeben hat, Briefe vom Mai 1937 bis zum 16. 2. 1943 – zwei Tage vor der Verhaftung – des 19- bis 25jährigen Hans Scholl, ähnlich vom November 1937 bis Februar 1943 der 16- bis 21jährigen Sophie Scholl. Ergänzt sind diese Briefe durch eingestreute Notizen und Tagebuchaufzeichnungen, die im Blick auf gedankliche und psychische Konflikte ein allerdings nur teilweise dichtes Material ergeben.

Kritisch ist anzumerken, daß nicht das gesamte, zum Zeitpunkt der Edition vorhandene Material publiziert wurde, sondern nur die Hälfte der im Privatarchiv gesammelten Dokumente, circa 350 von 700 (vgl. Jens 1984, S. 240). Es ist deshalb nicht nachvollziehbar, wodurch in der Edition vorhandene Lücken bedingt sind. Eine vollständige und auch auf Auslassungen im Text noch mehr verzichtende Edition hätte der kritischen Frage jeden Boden entzogen, ob die Auswahl der Edition zugleich der Bewahrung der Konsistenz der bisherigen Interpretation dienen könne.

Von ähnlicher Bedeutung ist die Publikation der Korrespondenz und eines Tagebuchs Willi Grafs. Die editionskritische Prüfung ist hier einfacher. Die Herausgeber Inge Jens und Anneliese Knoop-Graf beschränken sich zum einen auf einen geschlossenen Tagebuchblock, der mit der ersten Erwähnung Hans Scholls am 13. 6. 1942 beginnt und am 15. 2. 1943 endet. Zum anderen wird die Briefauswahl überzeugend damit begründet, daß zu gleicher Zeit an verschiedene Personen geschriebene Briefe gleiche Themen und Gedanken zum Inhalt haben (vgl. Knoop-Graf/Jens 1988, S. 109).

Die von den Herausgebern geleistete Kommentierung ist umfassend, präzise und eher zurückhaltend, wenn es um die Zuschreibung von Widerstandshandlungen geht. Nur, was mehrfach gesichert und eindeutig ist, wird in die Interpretation aufgenommen. Durch die aufmerksame Nachzeichnung der von Willi Graf ausgehenden Außenkontakte enthält die Kommentierung eine Serie neuer Erkenntnisse. Sie repräsentiert den gegenwärtigen Forschungsstand zum Komplex Willi Graf, der nur zu ergänzen wäre, wenn neues Material zugänglich würde.

Diesen authentischen Selbstzeugnissen, die nur durch einige Brieffragmente von Christoph Probst und Alexander Schmorell ergänzt werden können, stehen lediglich die Texte der Flugblätter mit gleichem Rang zur Seite. Die im Mai/Juni 1942 verfaßten Flugblätter sind als Serie „Flugblätter der Weißen Rose I–IV" innerhalb von sechs Wochen erschienen. Es ist gesichert, daß sie teilweise nach getrennten Entwürfen, von Hans Scholl und Alexander Schmorell gemeinsam verfaßt sind. Das fünfte Flugblatt vom Januar 1943 signalisiert auch durch den Titel: „Flugblätter der Widerstandsbewegung in Deutschland. Aufruf an alle Deutschen" eine politische Weiterentwicklung, die, wie noch gezeigt wird, von dem spannungsreichen Dreieck Scholl – Schmorell – Huber geprägt ist. Das letzte Flugblatt geht auf einen Textentwurf Hubers zurück.

Der nächstrangige Quellenblock umfaßt die Ermittlungsakten, die Dokumente des Gerichtsverfahrens, die Anklageschriften und Urteile, wobei wir uns auf den ersten (am 22.2.1943) und zweiten Prozeß (am 19.4.1943) beschränken. Wichtig ist allerdings, daß vom ersten Prozeß lediglich die Anklageschrift (publiziert in Petry 1968) und das Urteil (in Drobisch 1968 und Scholl 1982) überliefert sind. Die Ermittlungsakten sind bisher unauffindbar. Der zweite Prozeß ist vollständiger überliefert. Neben den Ermittlungsakten für Lafrenz (z. Zt. noch gesperrt), Huber, Graf und Harnack sind die Verteidigungsrede Professor Dr. Kurt Hubers, die Anklageschrift, das Protokoll der mündlichen Verhandlung, ein handschriftlicher Urteilsentwurf Freislers und das Urteil vom 19. 4. selbst erhalten (letzteres mehrfach publiziert u. a. Petry 1968 und Scholl 1982, die Verteidigungsrede vollständig in Petry 1968).

Zwischen der Urteilsverkündung und -vollstreckung sind außerdem Anträge auf Begnadigung mit unterschiedlichen persönlichen und eidesstattlichen Erklärungen sowie Fürsprachen überliefert. Sie sind besonders bei den mit Tod bedrohten Mitgliedern relevant. So ist eine relativ schmale Akte für Alexander Schmorell, eine etwas umfangreichere für Kurt Huber und eine sehr ausführliche für den erst sechs Monate nach dem Urteil hingerichteten Willi Graf vorhanden.

Für die Bewertung dieses Quellenblocks von Gerichts- und Polizeiakten ist entscheidend, daß sie einerseits zwar ohne Zwang (verschärfte Verhöre sind nicht überliefert), andererseits aber in einer extremen Zwangssituation zustande gekommen sind. Angesichts der Todesdrohung – selbst wenn die Beteiligten sich die Gefahr häufig vorgestellt haben – konnte es zum psychischen Zusammenbruch, zum Kontrollverlust, zu Durchbrüchen von Reue, Schuldgefühlen und Ängsten kommen. Das ist zumindest wahrscheinlich, so daß die *ex post* häufig konstruierte Souveränität zu überprüfen ist. Insgesamt gesehen sind die Geständnisse, Vernehmungsprotokolle, Sachverhaltsdarstellungen der Anklage und Verteidigungsreden sowie Urteilsbegründungen auch unter diesen Bedingungen noch nach ihrem Kontext differenziert zu bewerten.

In letzter Instanz sind auch die Gnadenhefte nicht ohne Relevanz, zeigen sie doch die andere Seite der Person und ihrer Biographie, die Momente ihrer Integration und des Konsenses mit dem politischen Sytsem. Von besonderem Status sind die Abschiedsbriefe, die an die nahesten Verwandten gerichtet sind, und die entsprechenden Augenzeugenberichte über die letzten Stunden vor der Hinrichtung. So berichten Inge Aicher-Scholl und der Anstaltsgeistliche des Vollstreckungsgefängnisses über die letzten Stunden der Geschwister Scholl (vgl. u.a. Scholl 1989 und Alt 1946). Außerdem existieren ein letzter Brief Kurt Hubers an seine Frau und Kinder (vgl. Petry 1968) und letzte Briefe Willi Grafs an Eltern und Geschwister (vgl. Petry 1968). Zuletzt ist eine undatierte Niederschrift des Rechtsanwalts Deisinger über die „Haltung Schmorells während seiner letzten Stunden“ vorhanden (teilweise abgedruckt in Scholl 1982).

Diese Texte sind aus der Sicht der Verurteilten jenseits aller Hoffnung geschrieben. Die noch Lebenden sprechen über sich hinaus in die Zeit ihres Todes. Die Texte markieren das Bewußtsein einer Nahtstelle, die zwischen Selbstdeutung und Fremddeutung liegt. Nur für die Trauernden gedacht, unter dem grausamen Zwang, von sich abzusehen, blicken und sprechen sie über die faktische Lebensgrenze in die Zukunft der Lebenden, für die sie Geschichte werden und bieten Sinnkonstruktionen für die Nachwelt.

Damit ist die Quellenlage beschrieben, die auf die Rekonstruktion der *Selbstdeutung der Betroffenen* abzielt. Es kommt allerdings noch eine entscheidende Quellengruppe hinzu. So existieren Berichte von Beteiligten unterschiedlicher Intensität, die durchweg erst *nach* 1945 verfaßt wurden, d. h. zu einem Zeitpunkt, an dem sich gerne mancher zu den „Beteiligten" zählen mochte. Mit „beteiligt" sind hier nur solche Personen gemeint, die in München im Ermittlungs- oder Gerichtsverfahren beteiligt waren. Diese Voraussetzung gilt eindeutig für die Berichte von Falk Harnack (vom Oktober 1947) und Traute Lafrenz (vom 21.2.1947) (beide mit geringen Kürzungen in Scholl 1982). Alle weiteren Personen waren nur vermittelt beteiligt oder haben ihre Berichte zu einem späteren Zeitpunkt und einem vorabgesetzten Zweck abgefaßt, der sich als Sinnkonstruktion über die Darstellung legte (vgl. z.B. Söhngen in Scholl 1982).

Aber auch Berichte der im engeren Sinne Beteiligten, die nach 1945 abgefaßt wurden, stehen bereits im Kontext öffentlich kursierender Handlungs- und Sinnkonstruktionen. Selbsterlebtes und von außen Gedeutetes wurde zunehmend schwerer entwirrbar.

Anmerkungen zur Rezeptionsgeschichte

Wie kaum ein anderer Gegenstand ist die „Weiße Rose" Teil der politischen Kontroversen der bundesrepublikanischen Geschichte geworden, sowohl zwischen BRD und der damaligen DDR, aber auch zwischen der Generation der Studentenbewegung und den universitären und politischen Repräsentanten in Hochschule und Staat (vgl. Kirchberger 1980). Grob lassen sich vier Schritte der Rezeptionsgeschichte differenzieren. Der erste Schritt markiert die Zeit zwischen 1943 und 1948/49. Er ist in sich nochmals gegliedert in die Phase der überwiegend ausländischen Rezeption 1943 bis 1945 und die Zeit, die sich unmittelbar an 1945 anschloß und unter dem Tenor stand: Ein Mythos findet seine Gestalt. Ein gegenläufiger Schritt liegt zwischen 1948/49 und 1955. Er könnte unter dem Titel stehen: „Menschen wie Du und Ich". Gegen den Mißbrauch der Toten wird der Versuch einer biographischen Historisierung vorgenommen, der allerdings durch die „Betroffenen" im weiteren Sinne erfolgt. Den dritten Schritt markieren erste Arbeiten, die mit dem kritischen Instrument der neueren Zeitgeschichtsforschung die Widersprüche der Darstellung aufgreifen und versuchsweise zu klären versuchen. Der Umschlagspunkt liegt nicht zufällig zwischen 1966 und 1968. Seit diesem Umschlag sind Rezeption und kritische Rekonstruktion eng miteinander verzahnt. Den vierten Schritt umschreiben die achtziger Jahre. Er ist gekennzeichnet durch den zweiten Anlauf zu einer vollständigeren Biographisierung durch die Edition der authentischen Selbstzeugnisse und biographischen Quellen. Am Gegenstand der „Weißen Rose" findet seit Beginn der achtziger Jahre eine Integration kritischer Zeitgeschichtsforschung, Biographie- und Sozialisationsforschung statt. Die „Weiße Rose" bleibt damit ein Gegenstand herausragender Aufmerksamkeit. An dem wie bei keiner Gruppe ausgebreiteten biographischen Material kann sich eine interdisziplinäre Integration unterschiedlicher Fragestellungen und Perspektiven bewähren. Das gilt trotz der geäußerten Vorbehalte. In diesem Kontext versteht sich auch dieser Beitrag.

Die Helden handeln stellvertretend.
Der Beginn des Mythos

> Drei Helden starben, doch ihr Geist, ihre Liebe und ihr Haß, ihr Kampf für Frieden und Freiheit Deutschlands leben in Hunderttausenden und Millionen junger deutscher Herzen weiter... Unsterblich bleibt der Ruhm der Tapferen!
>
> *Nationalkomitee ‚Freies Deutschland', Herbst 1943*

Der erste schriftliche Bericht, der die ausländische Berichterstattung prägte, ist von Helmuth James Graf Moltke, dem Initiator des Kreisauer Kreises, verfaßt. Die Vorgänge selbst müssen Moltke mündlich zugetragen worden sein. Die Informationsvermittlung geschah über Falk Harnack. Dieser war am 8. und 9. Februar 1943 in München mit Hans Scholl, Alexander Schmorell und anderen zusammengetroffen. Ein Exemplar des Flugblattes Nr. 6 hatte er vermutlich mitgenommen. Nach der Verhaftungsaktion vom 18. 2. 1943 konnte er bis zu ihrer Verhaftung mit seiner Münchner Freundin Lilo Ramdohr (fern-)mündlich Kontakt aufnehmen. Als Zwischenstation über die Brüder Bonhoeffer gelangte sein Bericht und das Flugblatt an Moltke. Nach Ger van Roon brachte das Mitglied des Kreisauer Kreises Peter Yorck von Wartenburg das 6. Flugblatt Ende Februar von München nach Berlin mit (1967, S. 273). Eindeutiges läßt sich nicht ermitteln.

Die Rekonstruktion dieser Spuren ist deshalb wichtig, weil Moltkes Bericht eklatante Fehler enthält, so bereits falsche Vornamen: Maria Scholl und Adrian Probst, Hans Scholl wird zum ehemaligen Stalingradkämpfer. Entweder kannte Harnack nicht die richtigen Namen – was wahrscheinlich ist – oder sie sind in der Vermittlung verfälscht worden. Persönlich hatte Falk Harnack in München nur Alexander Schmorell, Hans Scholl, Willi Graf und Kurt Huber gesprochen. Vermutlich sind die anderen Namen, wenn überhaupt, nur beiläufig gefallen. Im März 1943 hat Moltke diesen Bericht Iva Anderson, dem Chefredakteur des *Svenska Dagbladet* zukommen lassen, von da gelangte er in die Weltpresse, parallel in das Foreign Office in London. Wenig später warf die RAF das Flugblatt tausendfach über Deutschland ab. Die Rezeptionsgeschichte war damit angelaufen.

Der Bericht Moltkes ist neben den erwähnten Fehlern durch Übertreibungen gekennzeichnet, denn er verfolgte den Zweck, den Alliierten klar zu machen, daß in Deutschland eine Widerstandsbewegung vorhanden ist, mit der sie zusammenarbeiten sollten. Entsprechend wurden Größe und akzeptierbare Motive herausgestellt: „It is a clear case of internal revolt, based on moral principles of the highest order, principles which must one day govern inter-European relations“ (Moltke zit. n. Winterhager 1985, S. 235). Hier taucht zum ersten Mal die Aussage auf, daß ein

Netz von Kontakten zu anderen Universitäten bestehe und daß sogar alle aufgefordert seien, Delegationen nach München zu entsenden, „to keep in touch with events there". An zwei anderen Universitäten sei der Geist der Revolte schon so weit, daß sie jeden Tag ausbrechen könne.

Zweckorientierung und übertreibende Verzerrungen kennzeichnen daher die Rezeption in dieser ersten Phase. Letzteres spiegelt sich in falschen Details und kennzeichnet sowohl die Rundfunkrede Thomas Manns aufgrund amerikanischer Presseberichte wie auch das Flugblatt des Nationalkomitees „Freies Deutschland" in der UdSSR (vgl. Jahnke/Buddrus 1989 und Scholl 1982). So entsteht der Mythos der jugendlichen Heldentat selbst noch unmittelbar im Nationalsozialismus. Im christlich-moralischen Weltbild, das alle politischen Motive ausschließen sollte, festigt sich das Bewußtsein der Anerkennung ihrer Tat.

Die Berichterstattung in aller Welt, von den Alliierten abgeworfene Flugblätter sorgten dafür, daß die „Weiße Rose" zur ersten weltweit bekannten Widerstandsgruppe junger Menschen wurde:

> Die „Weiße Rose" gelangte somit erst in ihrem Scheitern zu einer nennenswerten Wirkung, aber gerade dadurch entwickelte sie sich auch in gefährlicher Weise zu einem nachträglichen Alibi für die schweigende Mehrheit in Deutschland. Dieses Scheitern nämlich bewies scheinbar die Ohnmacht der Gegner des Nationalsozialismus und die Aussichtslosigkeit jeglicher Widerstandsaktionen (Kirchberger 1980, S. 32).

Der Mythos des christlichen Helden wird sich im nächsten Zug zum imaginären, ersehnten Wunsch-Opfer für die Schuld der Überlebenden steigern und zum tragenden Element eines „gedenkenden" Selbstverständnisses werden.

Das selbstlose Opfer des Helden. Die Erzählform der Legende schreibt sich ihre Geschichte

> Ich erzähle nicht. Ich werde erzählt. Während ich erzählt werde, erzählt sich das zu Erzählende. *Helmut Heißenbüttel*

Die offizielle Rezeptionsgeschichte setzt neben dem legendenhaften Unterstrom, der bis 1945 kursiert, mit den Gedenkreden nach 1945 ein, so der Rede Romano Guardinis vom 4. 11. 1945 und K. Vosslers vom 22. 2. 1947. Exemplarisch für diese Phase kann allerdings ein Text Ricarda Huchs stehen. Denn die dem historischen Erzählroman verpflichtete Autorin (1864–1947) hat, über 80jährig, in ihren beiden letzten Lebensjahren Portraitbilder der Mitglieder der „Weißen Rose" zusammengetragen, die posthum (1948/49) veröffentlicht wurden und die die Wahrnehmung der Mitglieder der „Weißen Rose" bis in die fünfziger Jahre prägten. Editionskritisch ist von Interesse, daß Huch bereits auf von den Eltern, Geschwistern und Verwandten zur Verfügung gestelltes Material zurückgegriffen haben muß. So finden sich bei ihr Formulierungen zur Bewertung einzelner Situationen, die seitdem wortgleich wiederholt werden (vgl. Huch, Bd. 5, S. 983 und Scholl [1955] 1989, S. 53). Während Guardini den Sinn der Tat deutet und die Biographie der Handelnden vernachlässigt, stellt die Darstellung Ricarda Huchs eine erste Konstruktion dar, die die beiden Stränge integriert: Mythos und Geschehenes gehen ineinander über. Es gibt auf der einen Seite eine Personenkonstellation, Handlungsstränge und die Biographie der Personen und es gibt auf der anderen Seite den Mythos des Helden, hier in der Form der Christus-Legende, der den Erzählstoff erfaßt und ihn nach seinen Gesetzen formt. Daß der Held Hans Scholl ist, hat sich sehr früh herausgestellt, alles zentriert sich um ihn und seine Schwester. In der Reihenfolge Ricarda Huchs folgen dann Huber, Probst, Schmorell und Graf. Bei dieser Reihenfolge sollte es bleiben.

Kennzeichen des heldischen Mythos ist die Idealisierung, die bis in die Kindheit des Helden reicht. Neben den Hinweisen zur idealen Familie aus „unerschöpflicher Liebe der Mutter" und dem

Ernst und der möglichen Strenge des Vaters wachsen die Kinder bereits in einem idealen Feld auf: „Wie aus ihrer Familie so strömte ihrer Seele Pflege und Bildung aus der schwäbischen Landschaft zu, die sie umgab" (970, alle Angaben beziehen sich auf die oben zitierte Ausgabe). Aber nicht nur das, auch die Geschwister sind eine ideale Gemeinschaft: „... da sie sich liebten und vertrugen, bedurften sie des Verkehrs mit anderen Kindern nicht" (ebd.).

Die Idealisierung erfaßt alles, auch die Gestalt und den Charakter: Sophie, „kühn wie ein Junge", ist durch ihre „Unbedingtheit" ausgezeichnet, „Hans, groß und schlank, ging, als er erwachsen war, etwas vornübergeneigt" (971) – wer ahnte nicht die Schwere der Last, die ihn bald erdrücken wird. Sophie dagegen, die sich als getreue Schwester nur zum Helden wird bekennen müssen: „Sophie hielt sich sehr aufrecht", in ihrer Unbedingtheit ging sie „immer auf das Höchste zu". Zur Erziehung des Helden erfährt der Leser, dem Klischee folgend: Von der Mutter geht der religiöse Einfluß aus. „Sie erzählte den Kleinen die Geschichte von dem Sohne Gottes, der aus Liebe zu den Menschen am Kreuze starb." (971) Über den Vater vermittelt sich das Motiv der Freiheit in die Lebensgeschichte. Allerdings: „mit teuflischer Klugheit" nähert sich das Böse:

> Das Kriegsspiel der Hitlerjugend, die Fahnen, die Kommandos, das Marschieren, die Abzeichen und Uniformen mußten Jungen entzücken ... (972).

Darüber kommt es zum Konflikt mit dem Vater, in dem der Held seine erste Bewährungsprobe besteht:

> Die neue Verbundenheit mit dem Vater, die nun nicht nur auf dem angeborenen Gefühl, sondern auf einer gemeinsamen Überzeugung, dem gleichen Bekenntnis und der gleichen Abwehr beruhte, vertiefte das Glück des Hauses (973).

Der Anschluß an die dj. 1.11 – bei Ricarda Huch „an einen der Jungenbünde" ohne genauere Bezeichnung – ist eine störungsfreie Episode. „Daß diese Verbindung von Hitler verboten war, hob das jugendliche Selbstgefühl" (973).

Im Blick auf die Literatur deutet sich eine Spaltung des Helden an:

> Er begeisterte sich für Rilke und für Hölderlin, das Höchste aber blieb ihm immer Goethe ... Sein Sinn für die dunklen Geheimnisse der Seele zog ihn zu den großen russischen Dichtern, namentlich zu Dostojewski (973).

Daher, so könnte man folgern, ist die Erziehung noch nicht vollendet:

> Das Eindringen in die Schatzkammern der Menschheit gab ihm das beglückende Gefühl des eigenen Wachsens und der eigenen Bereicherung. Dazu kam als Krönung die Entdeckung der christlichen Religion (973 f.).

Gegen die heidnische Umwelt

> fühlten sie (die Geschwister) sich den Urchristen gleich, so sehr liebten sie Gott und Christus als eine neue ihnen zuteil gewordene Offenbarung und als eine Botschaft, die verwirklicht werden sollte. Daß die Geschwister dies innere Aufleuchten gemeinsam erlebten, verdoppelte ihr Glück (974).

Damit ist die Spur des Opfers in die Erzählung verwoben: „als eine neue ihnen zuteil gewordene Offenbarung und als Botschaft, die verwirklicht(!) werden sollte". Das Sühneopfer Christi als Vorbild – damit hat die Christus-Legende den Erzählstoff erfaßt und sie formt ihn bereits in einem späteren Detail. Während des Rußlandaufenthalts erhält Hans Scholl die Nachricht, daß der Vater zu vier Monaten Gefängnis verurteilt ist:

> Hans empfand es wie einen Wink, der ihm besonders galt. Der Sohn war berufen, alles zu wagen, um mit Deutschland zugleich den Vater zu befreien (983).

Neben der Idealisierung der Vita des Helden und der Verflechtung der Motive mit der Christus-Legende sind weitere konstruierende Tendenzen an dem Text Ricarda Huchs auszumachen, die den Stoff nicht mehr loslassen. So zum einen die Konstruktion der Freundesgruppe, deren Bekanntschaft bis in die Vorkriegszeit verlegt wird:

> Sie verstanden sich in ausgelassener Fröhlichkeit, beim Wein, beim Reiten, beim Wandern ... im Genuß der Freundschaft und der Entfaltung seines Wesens verging die Zeit ungetrübt; bis der Krieg ausbrach.

Mit dieser Tendenz verbunden ist zugleich die Tendenz der Homogenisierung der Beteiligten. In der Folgezeit werden sie sich immer ähnlicher, gleicher.

Hier sei nur darauf verwiesen, daß Hans Scholl Alexander Schmorell erst im Herbst 1941 als Freund erwähnt, daß Willi Graf erst im Juli 1942 einbezogen ist und seine Beteiligung an der Planung erst am 2. Dezember 1942 erwähnt, daß Christoph Probst zwar Alexander Schmorell seit 1936, aber sonst keinen vor 1939, und über Alexander Schmorell erst 1941 Hans Scholl kennengelernt hat.

Neben diesen nicht so sehr ins Gewicht fallenden Tendenzen ist aber besonders die Konstruktion einer Handlungsdynamik in der Schlußsequenz entscheidend. Diese Handlungsdynamik zentriert sich um den Helden und seine Schwester, Hans „war auf Handeln eingestellt und der Handelnde ist ohne Zwiespalt, ist ganz“ (977). Dabei werden vier getrennte Vorgänge in eine Handlungslogik geschoben: 1. Die Flugblätter vom Juni 1942 bewirken 2. die studentische Aktion bei der Rede des Gauleiters Giesler vom 13. Januar 1943:

> Es schien als brauche nur ein Hauch die glimmenden Feuer anzublasen, damit alles in Flammen stehe. Der offene Aufstand studentischer Jugend würde tausende mitreißen, die nur darauf warteten, daß einer das Zeichen gebe. So mochte Hans Scholl denken (978).

3. Eine (angebliche) Warnung, die Gestapo sei ihm auf der Spur, bewirkt 4. den letzten Schritt, die risikoreiche Flugblattaktion am Vormittag des 18. 2. 1943 in der Universität München:

> Flüchten wollte er nicht, ehe sie ihn ergriffen, wollte er die Frage an die Studentenschaft, an das deutsche Volk wagen. (979)

Die Frage wagen, heißt für den Helden, ein Zeichen, ein Fanal zu setzen. Die Christus-Legende, das Fanal der Selbstopferung und die auf diese Weise zusammengeschobene Handlungslogik werden den Stoff nicht mehr loslassen.

Zum Sachverhalt ist hier einzuschieben:

1. Die vier ersten Flugblätter („Weiße Rose I–IV“) erscheinen im Mai / Juni 1942. Allein der zeitliche Abstand zur Rede des Gauleiters in der Universität München am 13. 1. 1943 macht einen

ursächlichen Zusammenhang zwischen den Flugblättern und dem Tumult anläßlich dieser Rede sehr unwahrscheinlich.

2. Der Tumult entsteht, als Studentinnen den Raum protestierend verlassen wollen. Bereits durch Unruhe aus Scharren und verbalem Protest gestört, hatte sich der Gauleiter Giesler zu der Äußerung gesteigert, die Studentinnen sollten lieber jedes Jahr dem Führer ein Kind schenken als studieren. Denen, die nicht hübsch genug seien, um einen Mann zu finden, weise er gerne einen seiner Adjutanten zu. Die Ausmaße des Tumults lassen sich nicht eindeutig klären. Es existieren zwei Berichte und eine Mitschrift der Rede. Nach Farkasch konnten die protestierenden Studentinnen nicht vor der Verhaftung geschützt werden. Ein Polizeiaufgebot löst die sich solidarisierenden Teilnehmer auf. Anders Wittgenstein, dessen Text im Auftrag der Alliierten für Vorträge an englischen Universitäten 1947 verfaßt, von ähnlichen Legitimationsinteressen wie der Moltkes gekennzeichnet ist. Bei ihm wird der Vorfall eine erfolgreiche Manifestation des „anderen Deutschland", hier befreien die Studenten die Kommilitoninnen und schlagen die Polizei in die Flucht: „Der Tumult war unbeschreiblich. Umzüge auf den Straßen schlossen sich an." – Eine kaum glaubhafte Darstellung.

3. Zur „Warnung von der Gestapo" steht fest, daß die Sonderkommission in München zwar die möglichen Verfasser bereits unter den Studenten vermutet hatte, daß der Hersteller der benutzten Briefumschläge in München ermittelt war und daß von dem Postbeamten, bei dem die Briefmarken gekauft wurden, eine Personenbeschreibung existierte, die auf Sophie Scholl zutraf. Aber wie sich bei der Verhaftung herausstellte, existierten keine konkreten Hinweise auf Hans und Sophie Scholl. Allerdings existierte auf Grund der Verhaftung Hans Scholls im Dezember 1937 im Rahmen der Verfolgung der dj. 1.11-Aktivitäten in Ulm eine Akte. Eine durch Hans Hirzel über die Schwester Inge vermittelte Warnung aus Ulm erreichte Hans und Sophie am 18. 2. 1943 nicht mehr rechtzeitig. Daß weitere vorherige Warnungen übermittelt worden wären, ist nicht belegbar.

4. Daß die Flugblattaktion am 18. 2. 1943 während der Vorlesungen äußerst risikoreich war, dürfte deutlich sein. Es ist unklar, ob über diese Aktion eine Verständigung stattgefunden

hatte. Vieles spricht dagegen. Daß Sophie beteiligt ist, überrascht sehr, wurden doch weibliche Beteiligte eher ausgeschlossen und der Kreis der Gefährdeten möglichst gering gehalten. Daß Willi Graf das Vorgehen nicht teilte, geht aus seinem übrigen Verhalten deutlich hervor. Er (wie auch Traute Lafrenz) ist überhaupt nicht informiert. Alexander Schmorell konnte sich – nach dem allerdings zweifelhaften Bericht von L. Ramdohr – nicht zur Teilnahme entschließen. Daß Christoph Probst dazu bereit gewesen sei, so Schmorell nach dem gleichen Bericht von Ramdohr, ist allerdings sehr unwahrscheinlich. Er, Vater von zwei Kindern, das dritte kurz vor der Entbindung, war seit dem 2. Dezember 1942 in Innsbruck und hielt sich nur besuchsweise in München auf.

Zusammenfassend ist damit für eine kritische Rekonstruktion deutlich, daß zwischen den vier Ereignissen keine Handlungslogik existiert. Stattdessen ist von Belang, daß keiner der Protagonisten bei dem Giesler-Tumult anwesend ist, obwohl es sich um eine Pflichtveranstaltung handelte. Ob ihnen die Veranstaltung gleichgültig war, oder ob sie sie bewußt gemieden haben, darüber existieren keine Hinweise. Von den Vorgängen erfahren sie nur berichtsweise, unter anderem durch Anneliese, die Schwester Willi Grafs. Daß noch die letzte Spielfilmversion diese Logik konstruiert, kann nicht überraschen (vgl. Krebs 1982). Auf eben diese Logik mag es zurückgehen, daß in der Darstellung Inge Scholls die Giesler-Rede auf den Sommer 1942 vordatiert ist (vgl. Scholl 1989). Daß aber von Knoop-Graf/Jens (1988) aufgrund des Tagebuchs Willi Grafs für den Abend des 13. 1. 1943 die Diskussion der Entwürfe zum fünften Flugblatt datiert wird, darauf ist später zurückzukommen.

Der Opfermythos und die auf den 18. 2. 1943 zulaufende Handlungslogik im Sinne des der Verzweiflung geschuldeten Selbstopfers, das Fanal der Sühnetat, werden in der publizistischen Darstellung der Ereignisse noch deutlicher.

So ist bereits im Leitartikel der *Süddeutschen Zeitung* vom 1. 11. 1946 davon die Rede, die sechs Hingerichteten hätten mit ihrem Tod freiwillig fremde Schuld gebüßt. Im gleichen Zug wurden nicht nur die Ziele der „Weißen Rose" jenseits politischer Absichten lokalisiert, sondern ihrem Handeln wurden zudem politische Folgewirkungen abgesprochen. Es sei „politisch bedeutungslos" gewesen, weil es nicht die einzig wirksame Tat des Tyrannenmordes impliziert habe. Es könne deshalb nur als beispielsetzendes Opfer gesehen werden. „Nur ihr Lebensopfer ... konnte offenbaren, was in zahllosen Deutschen während jener schrecklichen Zeit vorging". Ihr Leben selbst mußten sie daher in die Schale der Gerechtigkeit für die Stunde des Weltgerichts werfen.

Die publizistische Verklärung und Idealisierung der Personen ließ jeden Schatten verschwinden. Der Mythos hatte sich ihre Lebensläufe unterworfen. Sie erstanden in sittlicher Reinheit und gläubiger Naivität. Das unterstellte Sühneopfer wurde zum Alibi der Überlebenden: „Sie haben die Verbrechen des Dritten Reiches für das deutsche Volk gesühnt, denn nicht das Leid, das durch Leid gesühnt wird, bedeutet Rechtfertigung, sondern nur die freie Tat", vermerkt der *Münchner Merkur* anläßlich des siebenten Jahrestags der Hinrichtung am 22. 2. 1950.

Halten wir als Zwischenbilanz fest: das Heldenmotiv, der Held, der sich mit großer Tat für andere opfert, verbindet sich sukzessiv mit der Christus-Legende. Das Sühneopfer Christi verdrängt alle anderen Motive. Unter dem Druck des Mythos wird die Geschichte um eine Zentralfigur geordnet, gleichzeitig erfaßt die Idealisierung und Homogenisierung alle Beteiligten. Hans Scholl überstrahlt zunehmend alle, die Stationen seiner Vita werden für die anderen maßgeblich, d. h. es wird zunehmend nur überliefert und aufgenommen, was sich seiner Biographie angleichen läßt. Biographien, die sich nicht angleichen lassen, geraten in den Hintergrund. Die Angleichung betrifft besonders die Schwester Sophie und Christoph Probst. Unter diesem Druck wird letzterer in der – noch ungenaueren – DDR-Publizistik zum Beteiligten an der Flugblattverteilung vom 18. 2. 1943: „... verstreut von Sophie und Hans Scholl und Christoph Probst, den drei Tapferen, die sich in glühenden, leidenschaftlichen Worten idealistischer Jugend an ihre Kameraden und Kameradinnen wenden" (*Das Freie Wort,* 21. 2. 1952, zit. n. Kirchberger 1980).

In den Hintergrund geraten auf Dauer Alexander Schmorell und Traute Lafrenz, auf Zeit Willi Graf, dessen jüngere Schwester, Anneliese Knoop-Graf, seit Beginn der sechziger Jahre einen Gegenakzent setzt (vgl. ihre Kooperation mit Vielhaber 1964, Knoop-Graf 1973, 1982, 1983, Knoop-Graf / Jens 1988). Eine besondere Stellung nimmt nur noch Professor Kurt Huber ein. Als „Vorbild", als „Lehrer" wird er zunächst vom Mythos in die Nähe des Helden gerückt (vgl. Huch Bd. 5). Gleichzeitig entwickelt sich an ihm ein eigener, konservativ-nationaler Rezeptionsstrang (vgl. Huber 1947). An ihm wird die Bedeutung der Erwachsenen für die „Weiße Rose" quasi angeklammert. Nach Bekanntwerden seiner Verteidigungsrede mit dem Hinweis, daß sein Flugblattentwurf gegen seinen Willen benutzt wurde und der daraus zu ziehenden Konsequenz, daß er eher instrumentell benutzt wurde, ist er auf Dauer – trotz seiner Hinrichtung, die symbolisch im Blick auf die Hochschullehrerschaft erfolgte – in eine von der „Weißen Rose" unabhängige Wahrnehmung geraten, die sich der von Carl Muth und Theodor Haecker angleicht.

„Menschen wie Du und Ich."
Gegen den Mißbrauch der Toten

> Aber kann man sie Helden nennen? Sie haben nichts Übermenschliches unternommen. Sie haben etwas Einfaches verteidigt, sind für etwas Einfaches eingestanden. Für das Recht und die Freiheit des einzelnen Menschen. *Inge Scholl, Juli 1951*

Das von der Nachwelt des Handelnden unterstellte Sühneopfer ist die eklatanteste Form des Mißbrauchs der Toten, es sei denn, man wollte den Hingerichteten suizidale Motive unterstellen. Diesen Mißbrauch mußten die Verwandten und überlebenden Beteiligten besonders schmerzlich empfinden. Insofern setzt von der älteren Schwester Hans und Sophie Scholls eine ergänzende, korrigierende und mit biographischem Material erweiterte Geschichtsschreibung zur Gruppe ein, die in mehreren Schritten (Scholl 1951, 1952, 1955 ff.) vollzogen wurde. Es ist die bis heute weltweit verbreitetste Fassung zu den Ereignissen. Das deutschsprachige Taschenbuch erreichte 1989 das 605. Tausend.

Durch den Tod der meisten unmittelbar Beteiligten, durch die zunächst überwiegend mündliche Tradierung, durch die Loslösung der Erzählung von ihrem historischen Ort, durch das Einflechten des Heldenmotivs und des Sühneopfers waren die Betroffenen in eine fatale Situation zwischen Destruktion oder Erhalt sowie Ausbau des Mythos geraten. Gleichzeitig diente die in ihrer Handlungslogik inzwischen komplette und gut erzählbare „Legende" der Bewältigung des Schmerzes und der Trauer. Der Sinn der großen Tat entlastete den Schmerz des Verlustes. In den Texten Inge Scholls sind daher beide Tendenzen enthalten. Die Destruktion des Mythos unternimmt sie durch eine Biographisierung. Zugleich komplettiert sie ihn durch die Aufnahme zusätzlicher Episoden. Vergleichen wir die erste Textfassung (Scholl 1951) mit der seit 1955 nur in kleinen Varianten veränderten Darstellung, dann wird folgendes deutlich:

Der Text von 1951 besteht aus noch unverbundenen Szenen und Situationen ohne geschlossene Handlungslogik. Er beginnt mit einer Szene in der Bahn (Gespräch der Parteigenossen), es folgt die erste Erfahrung mit dem Faschismus (die jugendlichen Geschwister sind begeistert). Vor Sophies Studienbeginn (1. Mai 1942) steht die HJ-Episode: Hans ohrfeigt den Stammführer. Mit Sophies Studienbeginn ist der Kontakt zu Professor Huber gegeben. Seine Darstellung ist durch die Homogenisierung gezeichnet: „An allen ihren Problemen war er (Huber) ebenso brennend interessiert wie sie selbst. Und obgleich er schon graue Haare hatte, war er doch wie Ihresgleichen" (Scholl 1951, S. 4, 1989, S. 47, die Doppelbelege verweisen auf wortgleiche Passagen). Die Szene: Sophie liest das erste Flugblatt und ahnt den Verfasser, wird vom Aufenthalt in Rußland (Feldfamulatur der Soldaten-Studenten vom 23. 7. 1942 bis 31. 10. 1942) abgelöst. Mit der Rückkehr beginnt die vor der Abfahrt verabredete Aktivphase im Keller des Ateliers Eickemeyer: „und manchmal kamen sie bei Nacht zusammen und arbeiteten Stunden um Stunden am Vervielfältigungsapparat" (Scholl 1951, S. 5, S. 1989, S. 60). Sie geht in eine voller Übermut dargestellte Szene zum Anbringen der Freiheitsparolen an den Häuserwänden über und mündet in die Schlußszene des 18. Februar 1943: „An einem sonnigen Donnerstag ..."

Es folgen Verhaftung, Verhör und Berichte über das Verhalten unmittelbar vor der Hinrichtung.

Um die in der episodenhaften Erzählung vorhandene Verschränkung von Realem und Fiktivem deutlich zu machen, analysieren wir zwei Passagen, die eine aus der Vorgeschichte, die andere aus der Verhörphase.

Teil der Vorgeschichte ist die Episode: Hans Scholl ohrfeigt HJ-Stammführer. Der Fahnenträger des HJ-Fähnleins, dessen Fähnleinführer Hans Scholl ist, wird von dem HJ-Stammführer aufgefordert, die von der Gruppe selbstgefertigte, „mit einem großen Sagentier“ geschmückte Fahne herauszugeben. Die Aufforderung erfolgt dreimal: „Da konnte er (Hans Scholl) nicht länger an sich halten. Er trat still aus der Reihe heraus und gab diesem Führer eine Ohrfeige.“ Als Konsequenz heißt es: „Von da an war er nicht mehr Fähnleinführer“. (Scholl 1951, S. 4, 1989, S. 19) Es geht, abgesehen von dem Motiv „der Held schützt die Seinen“ um die Distanz zur HJ, allerdings innerhalb der HJ. Denn Hans Scholl ist nicht aus der HJ ausgetreten. (Vgl. die Anforderung seines HJ-Zeugnisses vom 8. 12. 1938 zur Immatrikulation, in: Jens 1984.)

Die Unstimmigkeiten der Episode – eine eigene Fahne mit Wappentier innerhalb der HJ, keine weiteren Konsequenzen aus der Ohrfeige – lösen sich auf, wenn die Erzählung als Nachklang zu der Strategie der dj. 1.11-Gruppen innerhalb der HJ gelesen wird. Diese waren nach 1933 auf Anweisung des Initiators der dj. 1.11, Eberhard Köbel, in die HJ übergetreten, versuchten dort aber ihren eigenen Raum aufrecht zu erhalten. Das galt auch für die Ulmer Gruppe, der sich Hans Scholl mit Sicherheit ab 1935 anschloß. So gelesen, gibt auch der Satz einen Sinn: „Die Fahne (gemeint ist die mit dem Sagentier) war etwas Besonderes; sie war auf den (dj. 1.11-) Führer geweiht, und die Jungen hatten ihr Treue gelobt, weil sie das Symbol ihrer Gemeinschaft war.“ (Scholl 1989, S. 18), Zwei gegensätzliche Vorgänge, die beide auf unterschiedliche Art dem Helden als abträglich erscheinen konnten, die Identifikation mit der radikal-jungenschaftlichen dj. 1.11 und der Verbleib in der HJ, wurden offenbar in der mündlichen Erzähltradition zu einer Episode heldischer Souveränität zusammengeschoben.

In die Darstellung der Verhörphase ist schon 1951 ein merkwürdiges Motiv eingeschoben: Zwischen Sophie und Hans herrschte

> „ein starkes, strahlendes Einvernehmen: alle ‚Schuld', alles, alles auf sich nehmen, und so die anderen einfach zu entlasten. Die Gestapo rieb die Hände über die reichhaltigen Geständnisse. Angestrengt tasteten die Geschwister in ihrer Erinnerung alles ab, was es an ‚Verbrechen' gab, die sie auf sich nehmen konnten. Es war wie ein großer Wettkampf um das Leben der Freunde." (Scholl 1951, S. 6, 1989 S. 74)

Setzt sich hier das Opfermotiv in anderer Form durch: alle ‚Schuld' abzutragen, für die anderen zu sühnen, oder spiegelt sich in dieser ins Positive gekehrten Darstellung ein höchst problematischer Sachverhalt? Entkleiden wir die Szene der *Ex-post*-Souveränität, dann könnte sich dahinter ein dramatischer Vorgang verbergen: Sie haben offenbar viel gesagt, sie haben möglicherweise mehr gesagt, als nötig war, ihnen entglitt vielleicht sogar die Situation bis zum Kontrollverlust. Davon enthält der Text nur noch Spuren, z. B. Sophies Reaktion auf die Einlieferung des in Innsbruck verhafteten Christoph Probst: „Zum ersten Mal verlor sie ihre Fassung und eine wilde Verzweiflung wollte sie übermannen." (Scholl 1951, S. 6, 1989, S. 72)

Dieser Hintergrund könnte erklären, wodurch es zur sofortigen Verhaftung Willi Grafs in der Nacht vom 18. zum 19. 2. 1943 kam. Daß Christoph Probst verhaftet wurde, weil Hans Scholl bei der Verhaftung einen Entwurfstext von ihm bei sich hatte, ist unumstritten. Daß Hans Scholl (hingerichtet am 22. 2. 1943) auch Alexander Schmorell belastete, als dieser noch flüchtig war (verhaftet am 24. 2. 1943) belegt die Anklageschrift vom 21. 2. 1943 an mehreren Stellen, u. a.:

> „Ende Januar 1943 faßte der Angeschuldigte Hans Scholl auf Veranlassung von Schmorell den Entschluß, auch durch Anbringung von Schmierparolen an Häusern Propaganda zu machen. Schmorell fertigte ihm eine Schablone mit dem Text ‚Nieder mit Hitler' und einem durchstrichenen Hakenkreuz an und besorgte Farbe und Pinsel."

So sind in dieser Textpassage der Mythos des Sühneopfers und Spuren des realen Geschehen verdreht ineinander geschoben. Was mag ein junger Leser dabei empfinden, wenn er bei der

Rekonstruktion der Ereignisse auf den Satz stößt: „Es war wie ein großer Wettkampf um das Leben der Freunde" –?

Diese Textanalysen können beispielhaft auf die frühe und verständliche Intensität aufmerksam machen, mit der sich Gewünschtes, Ersehntes, Gehofftes und Faktisches, Geschehenes, Reales in der Tradition gerade dieser Widerstandsgruppe (wohl letztlich unentwirrbar) verschlungen haben.

Der Einfluß der Parallel-Mythen

Vergleichen wir die Textfassung von 1951 mit der von 1955, dann fallen neben der ausgedehnten Biographisierung vor allem zwei Veränderungen auf. Die eine betrifft die Ergänzung der Handlungsmotive durch die Bezugnahme auf die Predigten von Galens, die andere betrifft die Konstruktion einer homogenen Verschwörergruppe um ein Zentrum.

Als wegweisendes Motiv für das spätere Handeln Hans Scholls werden die Predigten von Galens eingeführt, von denen die Familie Kenntnis erhält. Die Predigten wurden im Juli/August 1941 gehalten. Sie müßten Hans Scholl spätestens Ende 1941, Anfang 1942 zur Kenntnis gekommen sein. Obwohl diese Phase im autobiographischen Material sehr gut belegt ist, findet sich weder bei Hans noch bei Sophie Scholl oder Willi Graf ein Hinweis auf die Kenntnisnahme dieses Vorgangs. Sollte es vielleicht eher ein Hinweis darauf sein, wie sich die drei ‚Widerstandsgestirne' in den Erzählstoffen aufeinander zu beziehen beginnen?

Dieser Eindruck drängt sich auch bei der zweiten großen Veränderung, der Konstruktion der homogenen Verschwörergruppe auf. In dieser Gruppe ist Professor Huber von Anfang an einbezogen, die Verschwörung selbst findet am Abend vor der Abfahrt nach Rußland (22.7.1942) statt:

> Obwohl es schon Wochen zurücklag standen alle noch unter dem Eindruck der Flugblätter. Inzwischen hatten sich auch die anderen in ähnlich behutsamer Weise wie Sophie neben Hans gestellt und waren zu Mitwissenden und Mittragenden der großen

> Verantwortung geworden. An diesem letzten Abend wollten sie noch einmal alles gründlich überblicken und besprechen, und am Ende einer ersten Aussprache faßten sie einen Entschluß: wenn sie das Glück haben sollten, aus Rußland zurückzukehren, so sollte die Aktion der Weißen Rose sich ganz entfalten und der kühne Beginn zu sorgsam durchdachtem, hartem Widerstand werden.

Die Passage endet mit dem entscheidenden Hinweis: „Die Fäden des Ganzen sollten in der Hand von Hans zusammenlaufen." (Scholl 1989, S. 53) Damit ist die Verschwörergruppe konstruiert und ihr Mittelpunkt benannt.

Die Anfang der fünfziger Jahre kursierenden Mythen anderer Widerstandsgruppen, besonders der große Parallel-Mythos der Verschwörer der militärischen Opposition scheint hier Einfluß zu gewinnen. An ihn wird daher Anschluß gesucht. Das Treffen mit Falk Harnack eröffnet diese Bezugnahme:

> Das Treffen der beiden mit Falk Harnack sollte die Verbindung zu einer zentralen Stelle der Widerstandsbewegung in Berlin einleiten. Dabei entwickelte Hans den Plan, an allen deutschen Universitäten illegale studentische Zellen zu errichten, die schlagartig übereinstimmende Flugblattaktionen ausführen sollten.

Dies ist die alle Motive integrierende Konstruktion geworden. Sie steht allerdings – und dies wird die Auseinandersetzung in der Folgezeit prägen – im Gegensatz zur Flugblattaktion am 18. 2. 1943, die offenbar nicht abgesprochen und in ihren Folgen nicht kalkuliert, vielleicht spontan stattfand, sonst wäre das Belastungsmaterial in der Kleidung und im Zimmer beseitigt worden.

Während der erste Text (1951) diese Konstruktion noch ganz vermissen läßt, führt die seit 1955 bestehende Fassung als Widerstandszellen Berlin, Freiburg und – merkwürdig beiläufig – Hamburg an: „Später hatte eine Studentin, Traute Lafrenz, ein Flugblatt nach Hamburg gebracht, und auch dort fand sich ein kleiner Kreis von Studenten, die es aufgriffen und weiter verbreiteten." (Scholl 1989)

Die nachrangige Stellung der Aktivitäten, die von Traute Lafrenz ausgingen, erfordert bereits hier einige Hinweise: Richtig ist, daß nach Freiburg (über Willi Graf) Kontakte zu Heinz und Willi Bollinger bestanden, die mit Willi Graf (nach einem Besuch am 27.12.1942) in Ziel und Methode (anonyme Flugblattaktion) übereinstimmten. Mit dem Hinweis auf Berlin kann zum einen der Kontakt über Falk Harnack, vermittelt zu den Bonhoeffer-Brüdern, vermittelt zu Helmuth James Moltke gemeint sein, der allerdings nicht die Universität betrifft.

In Berlin studierte allerdings ein Freund Hans Scholls aus der Studentenkompanie, Hellmut Hartert. Im Jahr 1940 waren beide eng befreundet (erste Erwähnung als Freund am 19.3.1940; im Herbst wohnen sie zusammen: „Hellmut hat noch immer kein Zimmer gefunden und wohnt noch immer bei mir." 21.11.1940). Wann Hartert nach Berlin wechselt, konnte nicht eindeutig ermittelt werden. Es finden sich nach dem Ortswechsel keine Briefe an ihn oder andere Erwähnungen in den Selbstzeugnissen. J. Wittenstein, ebenfalls Mitglied der Studentenkompanie, war sowohl mit Hans Scholl wie mit Hellmut Hartert befreundet. In dem bereits erwähnten Bericht von 1947 vermerkt er:

> In Berlin wurde eine eigene Gruppe gegründet, zu der ich die regelmäßige Verbindung herstellte. An ihrer Spitze stand Hellmut Hartert, ein alter Freund von Hans Scholl und mir,... (IfZ Wittenstein 1947, S. 223)

Das „regelmäßig" kann sich nur auf Flugblatt 5 beziehen. Die Absicht der Ausbreitung erfolgte nach dem Rußlandaufenthalt (23.7. bis 6.11.1942). Das Flugblatt 5 ist nach dem 13.1.1943, vermutlich zwischen 15.1. und 20.1.1943 hergestellt, am 28.1.1943 wird es nochmals in ca. 3.000 Exemplaren in der Wohnung Hans Scholls abgezogen. (Vgl. Knoop-Graf/Jens 1988) Wittenstein müßte also in dieser Zeit in Berlin gewesen sein, worüber keine Angaben existieren.

Den Ereignissen näher kommt vermutlich seine Notiz im Brief vom 7.9.1964:

> Als Hans Scholl mich zur Mitarbeit aufforderte, war ich genau wie mein späterer Schwager Dr. Hellmut Hartert bestürzt über die Naivität und die Unvorsichtigkeit, mit der man zu Werke ging.

Konsequent führt er an, daß er an den „meisten Zusammenkünften" nicht teilnahm, „doch habe ich jedes einzelne Flugblatt bis auf eines persönlich redigiert". (IfZ, Wittenstein 1964, S. 205) Die

Aussage, daß er an der redaktionellen Arbeit beteiligt war, findet in keiner anderen Quelle eine Bestätigung.

Die Person, die hier – nur beiläufig erwähnt – im Schatten verbleibt, ist Traute Lafrenz. Von ihr ist allerdings belegt, daß sie bereits Anfang November 1942 das Flugblatt 3 oder 4 (oder beide) nach Hamburg mitgenommen hat. Sie gab sie ihren Mitschülern aus der „Lichtwarkschule", Heinz Kucharski (geboren 1919) und Margarete Rothe (1919–1945), „die diese weiter verbreiteten und stellte so die Verbindung zwischen den Münchner und Hamburger Aktivitäten her". (Knoop-Graf/Jens 1988) Fest steht außerdem, daß Traute Lafrenz, die Hans Scholl im Mai 1941 über Alexander Schmorell kennengelernt hatte, zwischen Mai und Oktober 1941 eine sehr enge Beziehung zu Hans Scholl hatte, so daß zu vermuten ist, daß sie auch später von allen Vorgängen Mitwissen hatte. Das konnte sie allerdings gegenüber der Gestapo tarnen, weshalb sie nur mit einem Jahr Gefängnis wegen Nichtanzeige bestraft wurde. Während der Phase ihrer engen Beziehung zu Hans Scholl wird sie in den publizierten Selbstzeugnissen nicht erwähnt. Im Februar 1942 vermerkt Hans Scholl beiläufig, daß er sie zu einem Familienbesuch nach Ulm mitnimmt (28. 2. 1942), sie hält sich längere Zeit (4–5 Wochen) dort auf. Als im August 1942 wegen der Verurteilung des Vaters (zu vier Monaten Gefängnis) die Gefahr der Durchsuchung auch der Münchner Wohnung besteht, beseitigen Sophie und sie – die Soldaten-Studenten sind in Rußland und haben keine Vorsorge getroffen – alle Spuren. (Vgl. Lafrenz 1947 in Scholl 1982) Die Beschreibung ihrer Reaktion am 18. 2. 1943 ist vielleicht kennzeichnend. Willi Graf und Traute Lafrenz trafen Sophie und Hans Scholl am Eingang der Universität. Erst später wird ihr klar, was beide vorhaben: „In der Straßenbahn wird mir unheimlich: was tun die zwei fünf Minuten vor Schluß der Vorlesung in der Uni?" Als die Verhaftung Gewißheit wird: „nun renne ich nicht mehr, nun weiß ich ganz klar, was ich zu tun habe." (Lafrenz in Scholl 1982)

Aus allem folgt: Traute Lafrenz erscheint umsichtig, vorsichtig, bedacht, vielleicht kontrolliert. Sie kann sich als einzige aus dem engeren Kreis der unmittelbar Beteiligten tarnen und, obwohl sie (durch Katharina Schüddekopf) sehr belastet wird, in beiden Verfahren (München, Hamburg) retten. In der Tradition der Hans-Scholl-Zentrierung tritt sie erst in den Arbeiten über den Hamburger Widerstandskreis (vgl. Hochmuth/Meyer 1969) aus dem Schatten und wird in einer Nachbemerkung erwähnt. (vgl. Scholl 1989, S. 92 f.)

Fassen wir zusammen: Der zweite Rezeptionsschritt wollte gegen die Tendenz des Sühneopfers der Helden anschreiben. Durch Momente der Biographisierung ist es teilweise gelungen. Andererseits haben sich zusätzliche Konstruktionshilfen eingestellt, die den Parallel-Mythen des ‚Dreigestirns' entstammen. Wirkte die Christus-Legende als Mißachtung der Toten und vollständige Entpolitisierung ihrer Ziele, dann ist die politische Aufladung, die durch die Anlehnung an den ‚großen' Verschwörer-Mythos erfolgt, auf Dauer zwar wirksamer und hartnäckiger, aber in der Sache genausowenig angemessen. Im Detail bleiben Zentrierung mit entsprechender Schattenbildung und Homogenisierung auch Merkmale der zweiten Rezeptionsphase.

Von würdigender Rezeption zu kritischer Rezeption. Die „Weiße Rose" am Ausgang der sechziger Jahre

In der dritten Etappe der Rezeptionsgeschichte kommt es zu einem Umschlag im Verhältnis zu dem überlieferten Geschehen. Aus heutiger Sicht muß es überraschen und befremdlich wirken, daß selbst ausgewiesene und mit dem kritischen Handwerk vertraute Zeitgeschichtler bis in die Mitte der sechziger Jahre keine Veranlassung sahen, die überlieferte Darstellung zu hinterfragen. Eine andere Beziehung zum Gegenstand leiten erst die Arbeiten von Bretschneider (1968) und Petry (1968) ein. Von Bretschneider wird der „Scholl-Kreis" im Rahmen einer Aufarbeitung der in München insgesamt vorhandenen Widerstandsgruppen erfaßt. Im Duktus verzichtet die Arbeit auf Konfrontation; sie hält mit Hilfe des kritischen Quellenvergleichs das unter dem Strich Verbleibende fest. Anders Petrys Arbeit: Es ist die erste Monographie eines Außenstehenden, der sich zur Zeit der Abfassung zur

Generation der Zwanzigjährigen zählte. Die Arbeit zeichnet sich durch die Aufnahme der biographischen Vorgeschichte und einen breiten Dokumentationsteil aus, in dem erstmalig bis dahin unbekannte Quellen zugänglich gemacht wurden. Allerdings ist Petry in der Bewertung der Ereignisse durch die studentische Protestbewegung geprägt, was seiner Arbeit, die in vielen Details ausgezeichnet recherchiert ist, schließlich zum Verhängnis werden sollte.

Rezeption und kritische Rekonstruktion verschränken sich erstmalig in dieser Phase. Daher wechselt auch die folgende Darstellung auf die Seite der kritischen Rekonstruktion über. Unter Vernachlässigung der (hier nicht darstellbaren) Vorgeschichte der Personen, beschränken wir uns auf die Phase Juni 1942 bis 18. Februar 1943.

Der Personenkreis. Innere Differenzierungen

Der Personenkreis beschränkt sich auf den Freundeskreis, „der sich während des Sommers 1942 zusammenfand“: Hans und Sophie Scholl, Alexander Schmorell, Christoph Probst und Willi Graf. (Vgl. Bretschneider 1968) Alexander Schmorell und Christoph Probst besaßen dabei die aus gemeinsamem Schulbesuch erwachsene längste Bekanntheit. Alexander Schmorell (geboren 1917) war mit der Schwester Angelika Probst (1918) seit etwa 1936 über vier Jahre sehr eng befreundet. (vgl. Petry 1968) Hans Scholl lernt Alexander Schmorell über das Medizinstudium in der Studentenkompanie kennen. Im Januar 1941 arbeiten sie gemeinsam für das Physikum; in einem Brief vom 7.10.1941 bezeichnet Scholl Schmorell erstmalig als „Freund“ (vgl. Jens 1984). Willi Graf bleibt in einer distanzierten Beziehung. Er erwähnt Hans Scholl am 13.6.1942 erstmalig in seinem Tagebuch: „Gespräch mit Hans. Hoffentlich komme ich öfter mit ihm zusammen.“ Sie schließen im folgenden eine enge Freundschaft. Über Hans lernt Willi Graf die anderen kennen. Selbst für diesen engen Kreis ist nicht eindeutig zu klären, wie eng Christoph Probst in dieser frühen Phase als Mitwisser einbezogen war. Er ist seit 1940 verheiratet, seine Situation, die Söhne, Michael (1940) und Vincent (1941) werden ihm Zurückhaltung auferlegt haben. Er gehört zu einem anderen Truppenteil, ist nicht zur Feldfamulatur in Rußland und ab 3.12.1942 nach Innsbruck versetzt. Das Zentrum in diesem engeren Kreis bildet die Beziehung von Alexander Schmorell und Hans Scholl, zwei gegensätzliche, aber sich nach längerer Kennenlernphase doch sympathische Charaktere.

Die anderen Personen sind „am Rande" zu plazieren: Gisela Schertling, Katharina Schüddekopf, Hubert Furtwängler, der Architekt Eickemeyer und der Kunstmaler Geyer. Zu den älteren Mitgliedern des Freundeskreises besteht eine deutliche Differenz:

> So sehr vor allem Muth und Haecker dem Freundeskreis Anregung und Hilfe für seine geistige Orientierung gegeben haben mögen, so haben die jungen Leute den Weg zur Aktivität und schließlich zur Aktion doch von sich selbst gewählt und gefunden. (Bretschneider 1968, S. 188)

Gegen die in der Folgezeit starke Betonung des Einflusses von Muth und Haecker (vgl. Jens in diesem Band) gilt die Feststellung, Theodor Haecker und Carl Muth hätten zwar Flugblätter erhalten, „ob sie je erfahren haben, wer die Verfasser waren, kann heute nicht mehr festgestellt werden." (Bretschneider 1968, S. 186)

Die Verfasser der Flugblätter und die Mitwisser. Die Bedeutung der Bezeichnung „Weiße Rose"

Seit 1938 finden sich in den Briefen und Tagebuchauszügen Hans Scholls kontinuierlich Hinweise, die ihn als Regimegegner ausweisen. Der Krieg „muß die Erlösung von diesem Joch bringen. Deutschland hat dieses Joch verdient ... Unsere ganze Hoffnung hängt an diesem fürchterlichen Kriege!" (Jens 1984, S. 26, vgl. auch die Briefe vom 14.3. und 28.6.1938 an die Eltern) Seit Anfang 1942 finden sich versteckt Hinweise auf eine redaktionelle Arbeit in seinem Zimmer. In Anlehnung an die Anklageschrift vom 8.4.1943 gegen Alexander Schmorell u. a. ist daher folgende Ausgangssituation für die Abfassung der Flugblätter („Weiße

Rose I–IV“) wahrscheinlich: „Nachdem Scholl und Schmorell beschlossen hatten, Flugblätter herzustellen, fertigten sie unabhängig einen Entwurf an, aus diesen Entwürfen entstand dann in Gemeinschaftsarbeit das erste Flugblatt der „Weißen Rose“. Alexander Schmorell besorgte eine Schreibmaschine und einen Vervielfältigungsapparat.“ (Bretschneider 1968, S. 184)

Zur Mitwisserschaft gilt: „Man hielt den Kreis der in die Flugblattaktion unmittelbar Eingeweihten bewußt klein“. Das bedeutet, daß außer denen, die es selbst entschlüsselten (Sophie Scholl und Traute Lafrenz), vermutlich keiner, außer den Verfassern, informiert war. So ist sicher, daß die anderen Geschwister, Inge und Elisabeth, sowie Anneliese (Knoop-)Graf nicht eingeweiht waren. Willi Graf wird vermutlich am 22./23. 7. 1942 eingeweiht, für Huber ist sicher, daß er kurz vor Weihnachten 1942 eingeweiht und damit in den engeren Kreis einbezogen wurde.

Zur Bedeutung der Bezeichnung „Weiße Rose“ gibt es einen Hinweis in der Anklageschrift gegen Hans Scholl:

> Der Name „Die Weiße Rose“ ist nach Angaben des Angeschuldigten Scholl willkürlich gewählt und geht auf die Lektüre eines spanischen Romans mit dieser Überschrift zurück.

Aus dem Kontext der Anklageschrift geht hervor, daß mit dem Namen die Frage nach einer größeren Organisation verbunden war. Richtig ist, daß ein Roman mit dem Titel „Die Weiße Rose“ von B. Traven 1929 publiziert wurde. Es ist denkbar, daß Hans Scholl diesen Roman kannte, obwohl in den autobiographischen Texten aller Beteiligter sich bisher kein Hinweis finden ließ. Die Angabe, daß der Name „willkürlich gewählt“ sei, muß andererseits stutzig machen, sind doch Namen für Jugendliche in dieser Epoche von höchster Bedeutung. So könnte der Verweis auf B. Traven auch ein Ablenkungsversuch sein. Der Sprachduktus des beiläufig Mitgeteilten, der sich bis in die Anklageschrift erhalten hat, weist auch in diese Richtung.

Denn die Rose ist die Lieblingsblume Hans Scholls: „... und gäbe es auf der ganzen Welt nur eine einzige, zarte Rose, so wäre ihr Duft stark genug, um mir ein Wegweiser zu ihr zu sein.“ (Brief an Rose [!] Nägele vom 19. 8. 1941) Entscheidend scheint mir allerdings ein Hinweis in einem Brief an die Schwester Inge vom

27.6.1938 während der militärischen Ausbildung kurz nach den für ihn peinlichen Umständen der Verfolgung der dj. 1.11-Aktivitäten:

> In meiner Brusttasche trage ich die Knospe einer Rose. Ich brauche diese kleine Pflanze, weil das die andere Seite ist, weit entfernt von allem Soldatentum und doch kein Widerspruch zu dieser Haltung. (Jens 1984, S. 18)

Die „andere Seite" des Soldatischen, aber doch „kein Widerspruch" zu ihm – das könnte auf die ambivalente Bedeutung des Soldatischen in der dj. 1.11 verweisen. Die Kombination von „weiß" und „Rose" findet sich in den bündischen Kontexten häufig. (Vgl. die in den SOPADE-Berichten genannte bündische Liedersammlung: „Die weiße Trommel", Sopade 1938, S. 1391; oder den Vers des Fahnenspruchs des Tahoe-Rings: „nur der gehört zum ring, der treu zur lilie und zur rose stehen kann", vgl. Klönne 1986)

Nicht zuletzt findet sich ein Rosenzweig in dem von Köbel entworfenen Wappen der dj. 1.11 (vgl. den Umschlag der Zeitschrift *Das Lagerfeuer* 1932, 5/6, abgedruckt in diesem Band, vgl. Abb. 22). Auf der Innen- und Umschlagseite der dj. 1.11-Zeitschrift *Der Eisbrecher* findet sich auch noch nach 1933 die Vorform der (von Otl Aicher) später weiter abstrahierten Rosen-Symbolik (vgl. *Der Eisbrecher* 1933, 11, und 1934, 2). Ohne hier weiter auf die Vorgeschichte eingehen zu können, scheint die Annahme berechtigt, daß der Name „Weiße Rose" auf den bündischen Kontext der dj. 1.11 zurückverweist.

Das Ateliertreffen am 22. 7. 1942 und die anschließende Feldfamulatur in Rußland

Bei dem Abschiedstreffen im Atelier lassen sich zwei Phasen unterscheiden. In der ersten erörterte man die Frage, wie die Studenten sich im Feld verhalten sollten, übte Kritik an der Partei in den besetzten Gebieten, und berichtete von Massenmorden (Eickemeyer):

> Aber erst nachdem Huber gegen 23.00 Uhr und andere Teilnehmer gegangen waren, werden im engsten Kreis noch prinzipielle

Fragen der Widerstandsarbeit besprochen. (Bretschneider 1968, S. 187)

Das einzige Dokument dazu ist die Tagebuchnotiz Willi Grafs: „Am Abend im Atelier, was sollen wir tun? Bis in die Nacht hinein". Bei diesem Kenntnisstand wird es bleiben. Knoop-Graf/ Jens fügen lediglich hinzu: Gegangen waren auch Probst, Schüddekopf und Lafrenz, ob Graf eingeweiht wurde oder als Eingeweihter bereits teilnahm „muß offen bleiben". (1988, S. 276)

Die Feldfamulatur führt Alexander Schmorell, Hans Scholl, Willi Graf und Hubert Furtwängler zusammen. Hier kann nur angedeutet werden, daß sich mit diesem Aufenthalt für Schmorell eine seit der Kindheit genährte Sehnsucht erfüllte. In Rußland als Arztsohn geboren, stirbt die Mutter des Einjährigen. Der Vater nimmt die russische Kinderfrau mit nach Deutschland, die die Sehnsucht nach dem Ursprung in Sprache, Erzählung, besonderen Speisen und Gewohnheiten verankerte. Über Alexander Schmorell wird Hans Scholl ab 1941 motiviert, auch die russische Sprache zu erlernen. Alle vier nehmen spontan mit der russischen Bevölkerung Kontakte auf. Alexander Schmorell schließt eine enge Freundschaft mit einer Frau, die Rückreise fällt ihm sehr schwer. In der Folgezeit trägt er sich in München mit Rückkehr- und Fluchtgedanken nach Rußland. (Vgl. die bisher nicht bekannten Briefauszüge an Nelly in Gshatsk bei Knoop-Graf/ Jens 1988, S. 294)

Ähnlich Hans Scholl. Für ihn wird der Rußlandaufenthalt zu einer intensiven Reflexionsphase. Die Erinnerung an den Gefängnisaufenthalt im Dezember 1937 im Angesicht der Gefangenschaft des Vaters, seine (wechselhaften) Beziehungen zu besonders jungen Mädchen, die Erfahrung des Todes um ihn herum und Fluchtgedanken in die Weite Asiens schieben sich in den Notizen ineinander. Es finden sich Bezüge auf die christliche Religion:

> Wenn Christus nicht gelebt hätte und nicht gestorben wäre, gäbe es wirklich gar keinen Ausweg ... Dann müßte man mit dem Kopf gegen die nächste Mauer rennen und sich den Schädel zertrümmern. (Jens 1984, S. 103)

Ein Satz, der im publizierten Material am nahesten an das später unterstellte Sühneopfer reicht, ohne daß deshalb gesagt werden soll, daß Glaubensäußerungen jenseits des Trostes als wörtlich genommene Motive für Handlungsmaximen zu verstehen seien. Neben Christlichem finden sich (vierzehn Tage später) realistisch-pessimistische Gedanken, die jeden Trostes entbehren:

> Mein Pessimismus wird von Tag zu Tag größer. Die Skepsis vergiftet meine Seele, ich will fliehen, um sie zu retten; aber wohin? Verzweifelt errichte ich um mich her eine Mauer, die da ist: Ironie, Satire. (Jens 1984, S. 104)

Das Treffen mit Falk Harnack in Chemnitz und die politischen Differenzierungen im Dreieck Schmorell – Scholl – Huber

Nach den bisherigen Darstellungen setzt nach der Rückkehr aus Rußland (am 6. 11. 1942) eine entscheidende Phase des Widerstands ein. Als Beleg gelten dabei zwei Ereignisse. Der Besuch bei Falk Harnack, dem Bruder des am 22. 12. 1942 hingerichteten Arvid Harnack, und die Tatsache, daß Hans Scholl und Alexander Schmorell im November (vermutlich um den 19./20. 11. 1942) erstmals den mit der Familie Scholl befreundeten Steuertreuhänder Grimminger in Stuttgart wegen Geldes ansprechen. (Von ihm erhalten sie dann im Dezember 1942 500,– Reichsmark.)

Über das Treffen, das sich nach Ausschluß anderer Möglichkeiten (am 19. 11. 1942 sind Schmorell und Scholl in Ulm, so Sophie nach Jens 1984, S. 229) auf den 14. 11. 1942 datieren läßt, berichtet Harnack 1947 im Stil des konspirativen Widerstandskämpfers, eine Erfahrung, die er 1943/44 gemeinsam mit griechischen Partisanen gegen die deutschen Besatzer gemacht hat. (Vgl. Knoop-Graf/Jens 1988) Kennzeichend war seine Kritik an den bisherigen Flugblättern. Die „philosophisch ausgeschmückten der ‚Weißen Rose'" lehnte er ab; er unterstützte „die realistischen, politisch klaren, die nun entwickelt wurden." Schmorell und Scholl stimmten seiner Kritik zu. Der letzte Halbsatz: „die nun entwickelt wurden", kann nur meinen, die nach diesem Gespräch entwickelt werden sollten. In der Erinnerung schieben sich seine Zeithorizonte offenbar zwischen November und Januar 1943 zusammen.

Während Schmorell über die bisherigen Aktionen berichtet, lenkt Hans Scholl das Gespräch auf prinzipielle politische Fragen:

> Alexander Schmorell, ein großer, schöner und phantasiebegabter Jüngling, gebürtiger Deutsch-Russe, gab in großen Zügen Bericht über die bisherige Tätigkeit der Münchener Gruppe; insbesondere referierte er über die verschiedenen Flugblattaktionen. Scholl, ein dunkler Süddeutscher, energiegeladener Typus, führte das Gespräch auf prinzipielle politische Fragen. Vor allem wünschte er Verbindung zu einer zentralen Stelle der Widerstandsbewegung in Berlin, um die studentische Widerstandsorganisation auf eine breitere Basis stellen zu können. Sein Ziel war, an allen deutschen Universitäten illegale studentische Zellen zu errichten, die schlagartig übereinstimmende Flugblattaktionen durchführen sollten. (Harnack 1947 zit. nach Scholl 1982, S. 194)

Harnack schließt darauf an, er habe die Zusicherung gegeben, „die Verbindung mit Berlin herzustellen". Er handelte dabei nach dem Grundprinzip, eine breite antifaschistische Front aufzubauen: „Beide waren einverstanden, daß ich für sie in Berlin die Vorverhandlungen (!) führen sollte." (Harnack ebd.) Auf diesen Bericht Harnacks rekurrieren alle Konstruktionen des faktisch vollzogenen Anschlusses an den ‚großen' Widerstand. Aus dem Text geht andererseits hervor, daß Harnack aus der Perspektive des Jahres 1947 seine eigenen Erfahrungen allzu stark auf die Wahrnehmung der Münchener Gruppe übertragen hat. Seine Erzählhaltung ist die des erfolgreichen, umsichtigen, konspirativen Widerstandskämpfers. Seine Gegenüber geraten unmittelbar auf das gleiche Plateau.

Gegenüber diesem Eindruck ist aber darauf hinzuweisen:
1. Aus dieser Phase ist keine Arbeit an Flugblättern bekannt, was konzeptionelle Diskussionen nicht ausschließt.
2. Die Bitte um Teilnahme gegenüber Prof. Huber erfolgt nach seinen Angaben „kurz vor Weihnachten" (1942), nach dem Tagebuch Grafs am 17. 12. 1942. Seine Beteiligung muß als die Gruppe vor allem nach außen aufwertender Faktor berücksichtigt werden, ein Impuls, der sich aus dem Gespräch ergab.
3. Für die Situation ist zudem kennzeichnend, daß der Kontakt

zu Harnack nicht planvoll gesucht, sondern eher aus einer zufälligen Situation entstanden ist. Darauf macht der bereits erwähnte Bericht Lilo Ramdohrs aufmerksam. Er ist zwar größtenteils unbrauchbar, weil er vom unbewußten Druck der kursierenden Mythen geprägt ist, enthält aber eine Szene, deren Detailliertheit sie glaubhaft macht. Nach Rückkehr aus Rußland wird Lilo Ramdohr von Hans Scholl, Christoph Probst und Alexander Schmorell besucht.

> Ein Brief von Falk Harnack lag auf meinem Tisch. Ich bereitete Tee in der Küche. Als ich wieder ins Zimmer kam, gestand mir Hans Scholl, er habe versehentlich den Absender des Briefes gelesen, der da auf dem Tisch lag. Ich solle verzeihen. Ob es sich hier um einen Verwandten von Dr. Arvid Harnack handele. ‚Das ist der Bruder von Arvid Harnack', erklärte ich ihm. ‚Er ist so verzweifelt wegen der Verhaftung von Arvid und dessen Frau Mildred'. Hans Scholl sah mich ernst an. ‚Ich habe davon gehört', sagte er sehr leise, ‚aber ich wußte nicht, daß er einen Bruder hat.' ‚Ich soll Falk wieder besuchen, aber wegen meiner Schule geht das jetzt nicht', sagte ich. Spontan fragte mich Hans, ob er für mich meinen Freund Falk in Chemnitz besuchen könne; und weiter: ‚Du würdest doch mitkommen, Alex?' – ohne Zögern erklärte sich Alex bereit. (Lilo Ramdohr in: Scholl 1982)

Die Szene wäre ein Hinweis darauf, daß sich am Anfang kein Plan, sondern nur eine sensible Wahrnehmung befand, daß ein Verknüpfen von Möglichem gesehen wurde, aus dem sich Absichtsvolleres erst ergab. Letzteres spräche gegen den Satz: „Vor allem wünschte er Verbindung zu einer zentralen Widerstandsbewegung in Berlin ..." Von den Kontaktmöglichkeiten, die Harnack besaß, erfuhren Scholl und Schmorell erst in diesem Gespräch.

4. Der Sache am nahesten kommt daher, was Harnack über den Beratungscharakter dieses Gesprächs mitteilt.

> Die politisch grundsätzliche Aussprache ergab, daß Scholl und Schmorell ihre bisherige illegale Tätigkeit aus einer gefühlsmäßig anständigen und idealistischen Haltung heraus durchgeführt hatten, sie aber nun praktische politische Beratung suchten. Kam Scholl mehr von der katholisch-philosophischen Richtung (Einfluß von Carl Muth und Theodor Haecker), so waren bei Schmorell starke sozialistische Tendenzen. (Harnack zit. nach Scholl 1982, S. 194 f)

Halten wir fest: Die von Harnack ausgehenden Diskussionsimpulse akzentuieren den moralisch-ethischen Protest stärker zu einem politischen. Die Ursachen des Nationalsozialismus, die zukünftige Staatsform, die Rechte des Bürgers werden zu den zentralen Themen des 5. Flugblatts vom Januar 1943. Unabhängig vom Einfluß Harnacks existierte bei Hans Scholl die Absicht, an allen Hochschulen Flugblattaktionen auszulösen. Durch das Gespräch mit Harnack ergibt sich die Möglichkeit, an andere Widerstandskreise Anschluß zu erhalten. Allerdings bleibt dieses Vorhaben im Ereigniskern lediglich eine Absicht, denn ein erstes Treffen, das für den 25. 2. 1943 mit einem der Brüder Bonhoeffer geplant war, kam nicht mehr zustande. Dieser Ereigniskern der Absicht bestätigt sich auch am anderen Ende der Außenkontakte. Heinz Bollinger, ein im engen Sinne Beteiligter, berichtet, Willi Graf habe von Verbindungen gesprochen, die zur Generalität, zum Berliner Polizeipräsidenten und über v. Hassel zu den Engländern bestünden: Darlegungen, die Bollinger in den letzten Jahren insofern differenzierte, als er – aus dem Abstand heraus – glaubte, Willi Grafs Berichte über einen breit angelegten Verschwörerkreis sowie über Erfolgschancen der Widerstandsaktion „seien wohl eher ‚Wunschvorstellungen' als Tatsachen gewesen". Selbst der zurückhaltende und zweifelnde Willi Graf habe, um Mitglieder anzuwerben, „die Pläne der Gruppe als Wirklichkeit deklariert". (Bollinger am 18. 4. 1984 zit. n. Knoop-Graf/Jens 1988)

Die politischen Differenzen im Dreieck Scholl – Huber – Schmorell

Die Darstellung der politischen Differenzen steht vor dem Problem, daß nur durch eine sehr genaue Textanalyse der Vernehmungsprotokolle, des politischen Bekenntnisses und der Verteidigungsrede Hubers herausgearbeitet werden könnte, wo seine auf NS-Ideologie sich beziehenden Aussagen einer Taktik, ein milderes Urteil zu erreichen, entsprechen oder eigene Überzeugungen darstellen. So bekennt sich Huber zum Führerprinzip nach altgermanischer Vorstellung, wonach der Führerwille nicht Gesetzeskraft hat, sondern selbst Ausdruck des Gesetzes ist. Die parlamentarische Demokratie lehnt er ab. Eine ständische, korporative Dezentralisation und föderative Strukturen sind sein Anliegen. Der falsche Sozialismus des Nationalsozialismus habe zu einer ‚Bolschewisierung des Deutschen Staates' geführt, demgegenüber fordert er eine gemäßigte sozialistische Auslegung des Führerprinzips.

> Aber ich bitte und beschwöre den Führer, der drohenden Bolschewisierung des deutschen Volkes einen Damm entgegenzusetzen. Vom autoritären Machtstaat zurück zur gegenwartsnahen Erfüllung des echten germanischen Führertums, vom drohenden Massenstaat zurück zum ständisch aufgebauten Volksstaat! (Huber zit. n. Bretschneider 1968, S. 191)

Allein aus dem hier Dargestellten dürfte hervorgehen, daß Hans Scholl und Alexander Schmorell diese Vorstellungen nicht teilten. In der gleichen Verteidigungsrede erwähnt Huber ein Gespräch vom Januar 1943 – vermutlich liegt es im Kontext der Abfassung des 5. Flugblatts –, in dem er über die Rückkehr zu einem „wirklichen Führerstaat" einige Gesichtspunkte geäußert habe: „Scholl schien damals etwas radikaler und wollte das Wort ‚Führerstaat' ausgemerzt wissen." (Huber zit. n. Petry 1968) So finden sich mehrere Hinweise auf eine persönliche Entwicklung Hans Scholls in dieser Zeit, die ihn zunehmend zu Huber auf Distanz bringt:

> Huber habe sich gewundert, daß „bei Scholl die ehemals starke Abneigung gegen Rußland, in der er mit Scholl übereinstimmte, durch die Erlebnisse an der russischen Front einer wesentlich günstigeren, ja zum Teil positiven Wertung der Verhältnisse gewichen war." (Huber zit. n. Bretschneider 1968)

Trotz dieser Differenzen wird das 5. Flugblatt gemeinsam zwischen Scholl, Schmorell und Huber diskutiert, wobei unklar ist, ob Huber soweit integriert war, daß seine Zustimmung oder Ablehnung von Bedeutung gewesen wäre. Seine Darstellung dieses Gesprächs (evtl. am 13. 1. 1943):

> Schmorells Entwurf lehnte ich als kommunistisch klingend und im übrigen gar nicht klar und phrasenhaft strikt ab. Von Scholls Entwurf, der nicht fertig war, ließ ich, ... den Anfang stehen, änderte an dem unfertigen Teil einige Sätze stilistisch und setzte an Stelle eines mißverständlichen Satzes einen neuen ein. Ich verlangte die Entfernung der Überschrift ‚Blätter der Wider-

standsbewegung!'. Ich konnte nicht annehmen, daß der Entwurf sofort ausgeführt wurde. (Huber zit. n. Petry 1968)

Die Tatsache, daß die Überschrift nicht geändert wurde – vermutlich ging sie ihm in jeder Beziehung zu weit – macht die geringe Verbindlichkeit seiner Aussagen deutlich. Daß aufgrund seiner Ablehnung Schmorells Vorstellungen gar keinen Eingang in den Text gefunden hätten, ist auch zu bezweifeln. Der Text dieses 5. Flugblatts ist der einzige, der den breiteren Konsens, aber auch seine Grenzen zeigt:

> Deutsche! Wollt ihr und eure Kinder dasselbe Schicksal erleiden, daß den Juden widerfahren ist? Wollt ihr mit dem gleichen Maße gemessen werden, wie eure Verführer? Sollen wir auf ewig das gehaßte und ausgestoßene Volk sein? Nein! Darum trennt euch von dem nationalsozialistischen Untermenschentum! Beweist durch die Tat, daß ihr anders denkt! Ein neuer Befreiungskrieg bricht an. Der bessere Teil des Volks kämpft auf unserer Seite. Zerreißt den Mantel der Gleichgültigkeit, den ihr um euer Herz gelegt! Entscheidet euch, eh' es zu spät ist!
>
> Glaubt nicht der nationalsozialistischen Propaganda, die euch den Bolschewistenschreck in die Glieder gejagt hat! Glaubt nicht, daß Deutschlands Heil mit dem Sieg des Nationalsozialismus auf Gedeih und Verderben verbunden sei! Ein Verbrechertum kann keinen deutschen Sieg erringen. Trennt euch rechtzeitig von allem, was mit dem Nationalsozialismus zusammenhängt! Nachher wird ein schreckliches, aber gerechtes Gericht über die kommen, so sich feig und unentschlossen verborgen hielten.
>
> Was lehrt uns der Ausgang des Krieges, der nie ein nationaler war?
>
> Der imperialistische Machtgedanke muß, von welcher Seite er auch kommen möge, für alle Zeit unschädlich gemacht werden. Ein einseitiger preußischer Militarismus darf nie mehr zur Macht gelangen. Nur in großzügiger Zusammenarbeit der europäischen Völker kann der Boden geschaffen werden, auf welchem ein neuer Aufbau möglich sein wird. Jede zentralistische Gewalt, wie sie der preußische Staat in Deutschland und Europa auszuüben versucht hat, muß im Keime erstickt werden. Das kommende Deutschland kann nur föderalistisch sein. Nur eine gesunde föderalistische Staatenordnung vermag heute noch das geschwächte Europa mit neuem Leben zu erfüllen. Die Arbeiterschaft muß durch einen vernünftigen Sozialismus aus ihrem Zustand niedrigster Sklaverei befreit werden. Das Truggebilde der autarken

> Wirtschaft muß in Europa verschwinden. Jedes Volk, jeder Einzelne hat ein Recht auf die Güter der Welt!
>
> Freiheit der Rede, Freiheit des Bekenntnisses, Schutz des einzelnen Bürgers vor der Willkür verbrecherischer Gewaltstaaten, das sind die Grundlagen des neuen Europa.
>
> (Zit. n. Faksimile, Gedenkstätte Deutscher Widerstand, Berlin)

In dem Text klingen Themen an, die sich Beteiligten zuordnen lassen. „Beweist durch die Tat, daß ihr anders denkt!" „Zerreißt den Mantel... entscheidet euch..." Das ist das eschatologische Thema Hans Scholls, das auch die ersten Flugblätter trägt. Der Hinweis auf den „neuen Befreiungskrieg" ist zweifellos ein Thema Hubers. Der „Bolschewistenschreck" könnte ein zentrales Anliegen des russophilen Schmorell gewesen sein. Der Antimilitarismus ist ebenfalls ein Lebensmotiv Schmorells, das auf Scholl übergeht. Ob Huber die Kritik am Imperialismus so geteilt hat, mag fraglich sein. Zweifellos verbindend und integrierend war die Forderung nach den Freiheitsrechten.

Die Ablehnung jeden Führerprinzips zeigt, daß die jüngeren über den Horizont Hubers hinausgingen. Das bestätigt nicht zuletzt ihr Verhalten bei der Herstellung des 6. Flugblatts. Untereinander waren sie sich offenbar einiger als mit ihm.

Das Treffen am 9.2.1943 mit Falk Harnack in München und das sechste Flugblatt

Nach dem Bericht Harnacks wurden am 9.2.1943 die politischen Zukunftsvorstellungen diskutiert. Dabei kam es zu einer Links-Rechts-Konfrontation zwischen Harnack und Huber. Schmorell und Scholl standen dazwischen. Als Huber eine Freundschaft mit der Sowjetunion ausschlägt, greifen Scholl und Schmorell ein. Besonders Schmorell habe die Ansicht vertreten, es sei kurzsichtig, sich nur auf den Westen festzulegen.

> ... obwohl er nicht Kommunist sei, glaube er aber, daß die Sowjetunion eine neue Wirtschafts- und Gesellschaftsordnung gefunden habe, die unzweifelhaft die stärksten politischen Kräfte in Zukunft stellen werde.

Huber und Scholl lehnten dagegen eine sozialistische Planwirtschaft ab. Huber vollständig, Scholl für die Agrarwirtschaft. (Vgl. Harnack 1947 in Scholl 1982)

Über das Zustandekommen des sechsten Flugblatts berichtet Huber: Angesichts der öffentlichen Unruhen über die Kapitulation der 6. Armee in Stalingrad ersuchte ihn Scholl:

> jetzt selber einzugreifen und im Namen und in der Tonart des Studenten einen Aufruf zu verfassen, der sich lediglich an die Studenten richten sollte.

Am 9. Februar 1943

> zeigte (ich) ihm einen maschinengeschriebenen Entwurf, den ich in Eile zu Hause vor dem Kolleg geschrieben hatte. Scholl nahm das Blatt und strich mit Schmorell den entscheidenden Passus, der die Studenten zur restlosen Unterstellung unter die Wehrmacht aufforderte, durch. (Huber zit. n. Petry 1968)

Die Beteiligung der Wehrmacht an den Verbrechen gegenüber der Zivilbevölkerung in Polen und der UdSSR war den Soldaten-Studenten offensichtlich, so daß sie Hubers Vertrauen auf die Wehrmacht nicht teilten. Über die Rückgabe des Textes kommt es zu einem massiven Konflikt:

> Ich (Huber) erwiderte empört, daß sie damit ein Flugblatt auf eigene Verantwortung machten und verlangte, da er (offenbar Scholl) das Blatt nicht mehr zurückgab, die sofortige Vernichtung meines Entwurfs. Ich verließ die Wohnung sehr ärgerlich und habe Scholl und Schmorell (vor ihrer Verhaftung) nicht mehr gesehen. (Huber zit. n. Petry 1968)

Die Verteilung dieses Flugblatts ist Anlaß der Verhaftung am 18. 2. 1943.

Gegen die Deutung des 18. 2. 1943 als bewußtes Fanal (u. a. Petry 1968) sprechen das Leugnen sowohl von Sophie wie Hans Scholl während der ersten Verhörphase und die Tatsache, daß Hans Scholl einen Flugblattentwurf Christoph Probsts bei sich gehabt hat. (Vgl. Bretschneider 1968) Letzteres ist zweifach belegt: durch die Anklageschrift vom 21. 2. 1943 und die Aussage der Zellennachbarin Sophie Scholls (Else Gebel). Es ist daher die überzeugendere Version – im Gegensatz zu der des Kriminalbeamten Mohr, der den Fund im Zimmer Hans Scholls lokalisiert: dies gilt für Schmorells Uniform (Vgl. Mohr in Scholl 1982). So deutet vieles darauf hin, daß sie keineswegs mit einer Verhaftung rechneten.

Die „Weiße Rose" und der kulturelle Horizont eines „anderen Deutschland". Die Bedeutung kultureller Kontexte zum Verständnis dieser Widerstandsform.

Zwischen 1968 und 1988 findet nochmals ein vollständiger Umschlag in der Interpretation der „Weißen Rose" statt. Beispielhaft kann dies an der Arbeit von Petry und den Beiträgen dieses Bandes nachvollzogen werden.

Petrys Arbeit ist in der Materialaufarbeitung die umfangreichste und im Blick auf die Kritik damals bestehender Urteile die interessanteste Arbeit. Sie ist vom Schwung und Impetus der Studentenbewegung getragen. Es gibt für ihn nur eine Argumentationslinie und die heißt: Konfrontation mit den Autoritäten der Hans-Scholl-Zentrierung. Gleichzeitig unterläuft ihm aber der Fehler, daß er selbst dem Mythos von der großen Verschwörung aufsitzt und den Berichten Beteiligter allzu stark vertraut.

Was seine Arbeit dann leider in der Versenkung der Rezeptionsmaschine verschwinden ließ, ist seine nur zeitbedingt zu erklärende Wertung der „Weißen Rose"; so besonders die pauschale Zuordnung des Scheiterns ihres aufklärenden Flugblattwiderstandes als Scheitern des „anderen" (kulturellen) Bürgertums vor dem Nationalsozialismus.

> Ehe aber die Organisation, die Ausweitung und die zu anderen Verschwörern angebahnten Beziehungen hatten Erfolge bringen können, machten Hans und Sophie Scholl sozusagen in der ersten Stunde der Gefahr Gebrauch von einem „politischen Mittel", daß das unpolitische Bürgertum der Jugend seit jeher vorbehalten hatte – ein Fanal zu entzünden.

Mit Bezug auf das bündische Liedgut, das er allzu wörtlich nimmt, interpretiert er das Verhalten am 18. 2. 1943 als Fanal. Zur Bewertung des Widerstands benutzt er einen Widerstandsbegriff, der im Kern am Bild des bewußt, strategisch, rational handelnden Kämpfers, schlicht am Mythos des „linken“ Widerstandshelden orientiert ist. Apodiktisch heißt es dann:

> Nach politisch sinnvollen ‚Husarenstücken‘ bedienten sie sich am 18. Februar des ‚unpolitischen‘ Mittels des Fanals und brachen damit einen Weg in einen Widerstand ab, der sie aus ihrer Bindung an ihre Welt, die eine unpolitische, christliche, idealistische, bürgerliche und sehr deutsche Welt gewesen ist, hätte lösen können.

Und noch deutlicher:

> Die Weiße Rose kann darum nicht mehr als der Ansatzpunkt einer Tradition politischen Denkens und Handelns angesehen werden. Politische Taten lassen sich im Namen der Weißen Rose nicht mehr tun, weil in der Form ihres Scheiterns sich die politische Begrenzung des ‚anderen‘ Deutschland spiegelt, für das die Studenten 1943 das eindrucksvollste Zeugnis abgelegt haben. (Petry 1968, S. 148 und 151)

Diese Bewertung hat innerhalb von zwanzig Jahren eine vollständige Drehung erfahren. Was bei Petry zuunterst war, die Verpflichtung auf einen kulturellen Horizont eines ‚anderen‘ Deutschland, die Lektüre eines Hauptmann, Rilke, Wiechert, Carossa, Nietzsche, George, aber auch eines André Gide, Victor Hugo, Blaise Pascal – um nur einen Teil der Lektüre von Hans Scholl zu nennen – ist in den Bewertungen der achtziger Jahre zuoberst gekehrt. Was ehedem gerade Widerstand verhinderte, ist in den achtziger Jahren die als Notwendigkeit erkannte Voraussetzung für ihren Widerstand (vgl. die Beiträge von Inge Jens und Anneliese Knoop-Graf in diesem Band).

Resümee

1. Waren die Mitglieder der „Weißen Rose“ Jugendliche?
Handelt es sich im engeren Sinne um Jugendwiderstand?

Nach Alter und Erfahrung waren sie keine Jugendlichen. Sie hatten zwischen 1936 und 1938 Abitur gemacht. Alexander Schmorell war 1943 mit 25 Jahren der Älteste, Hans Scholl und Willi Graf waren 24, Christoph Probst 23, lediglich Sophie Scholl war 21. Sie unterstanden seit vier bis sechs Jahren dem Arbeits- und Militärdienst, Willi Graf verfügte über die längsten militärischen Erfahrungen als Sanitäter an der Front. Er war für seine Tätigkeiten militärisch geehrt und von seiner ganzen Kompanie geschätzt.

Nach Art und Intensität der kulturellen Interaktionen (Literatur, Kunst, Musik) sind sie ebenfalls Erwachsene, das zeigen gerade die vollberechtigten Kontakte mit dem siebzigjährigen Carl Muth, und die Beziehung zu Kurt Huber (geboren 1893). So wurden sie gewiß in vielen Kontakten und in vielen alltäglichen Situationen als Erwachsene wahrgenommen und empfanden sich auch so. Lediglich der Studentenstatus verunsicherte ihre Position. Der Schwung des Wunsches nach Wissen, das *studium generale* des Hans Scholl, der Lektüreumfang, die Forderung nach Gesamtausgaben z. B. von Nietzsche, der Beginn eines russischen Sprachstudiums, die beiläufig erwähnten Übersetzungsbemühungen an André Gide, all das zeigt die andere Seite der jugendlichen, studentischen Suchbewegung. Nehmen wir hinzu, daß Hans Scholl 1942/43 mehrfach über Konflikte wegen zu langer Haare berichtet, daß ihn wie auch Alexander Schmorell die militärische Disziplin abstößt, daß er 1941 mit Alexander Schmorell spontan zu einer Fahrt nach Wien aufbricht, daß er nichts so ersehnt wie freie Ski- und Hüttenfahrten, dann verweist das auf die Spur des jugendkulturellen Nachklangs seiner dj. 1.11-Zeit. Betrachten wir die politischen Handlungen, dann weisen die Euphorisierung durch die erwartete Niederlage und das ersehnte Kriegsende, die zweifellos waghalsige Aktion des Anbringens der Parolen an den Häusern und letztlich die allemal ‚leichtmütige' Flugblattaktion am 18.2.1943 sie als Jugendliche aus.

2. Waren sie Gleichgesinnte, welche innere Differenzen kennzeichneten die Gruppe?

Nur im begrenzten Sinn waren sie Gleichgesinnte. Sie waren es nicht durch einen langwierigen Prozeß eines Konsensverfahrens.

Sie waren es eher durch ihr Milieu, durch eine ähnliche familiale Soziallage und die entsprechenden kulturellen Horizonte. Aber in dem Maße wie sie gleichgesinnt waren, waren sie auch different. Das zeigt sich z. B. in der unterschiedlichen Einschätzung von Risikolagen. Lafrenz und Probst auf der einen Seite, Schmorell und Scholl, die Aktiven, Sophie und Willi voller Sorge und Bedachtheit. Der Handlungskern (Schmorell, Scholl) ist offenbar weitgehend identisch. Die im Verfahren zu findenden Belastungen könnten auch besagen, daß beide in schlichter Übereinstimmung handelten. Angesichts der schlechten Quellenlage autobiographischer Materialien kann die vor Freisler wiederholte Weigerung Schmorells, nicht auf Russen oder Deutsche zu schießen, als der Kern eines antiautoritären, weltoffenen Selbstverständnisses stehen. Seine künstlerischen und bildhauerischen Interessen, seine bohemienhaften Züge lassen sich nicht genauer fassen.

Im Gegensatz dazu ist Hans Scholl materialreicher nachzuzeichnen. Aber bei allem, was bekannt ist, bleibt eine – trotz Entschlußkraft und Entschiedenheit – innere Diskrepanz, Zerrissenheit und Unstetigkeit, die sich besonders in seinen wechselnden Freundschaftsbeziehungen ausdrückt.

Zu Huber war das Nötigste gesagt. Er ist keineswegs Gleichgesinnter. Ob er der ist, als der er sich im Prozeß darstellt, wäre noch sehr viel genauer zu prüfen. Seine Autorität und Beteiligung dient offenbar der Aufwertung. Er wird in einer entscheidenden Situation schlicht übergangen, instrumentell benutzt. Im Gegenzug belastet er Schmorell vor dem Volksgerichtshof mehrfach als Kommunisten. Hier bestand die größte Kluft.

Aus den wenigen überlieferten Hinweisen läßt sich Probst sehr schwer beschreiben. Sophie Scholl ist zu Beginn ihres Studiums in eine Konstellation geraten, in der sie sich nur für die Beteiligung entscheiden konnte. Ihr zentrales Motiv war Angst und Sorge um den Bruder. Sie ist andererseits durch die Merkmale einer modernen Frauenbiographie gezeichnet. Ihre Sensibilität, ihre philosophischen Interessen, ihre Reflexivität, ihre Anmut: In einem besonders engen Verhältnis zum älteren Bruder, geprägt von zugleich männlichen Idealen und weiblichen Wünschen, ist sie in einer Diskrepanz, die ihre Selbstäußerungen bis zur Zerreißprobe anspannen.

3. Welche Handlungsanteile kommen den Beteiligten zu – sind sie in der bisherigen Wahrnehmung hinreichend berücksichtigt?

Zur Wahrnehmung der Handlungsanteile erscheint es besonders dringlich, den fast in Vergessenheit geratenen Alexander Schmorell neu zu bewerten. Von ihm gehen wichtige Bekanntschaften aus. Er ist an der Textarbeit der Flugblätter, die bisher ausschließlich mit Hans Scholl identifiziert wurde, gleichrangig beteiligt. Er besorgt anfangs eine Schreibmaschine. Er ist Initiator und vorbereitender Organisator der Wandparolen. Nicht zufällig wird er in dem Bericht Harnacks jeweils an erster Stelle genannt.

Durch die Publikationsarbeit Anneliese Knoop-Grafs ist Willi Graf inzwischen angemessen wahrnehmbar. Aber eine Lücke klafft für Traute Lafrenz und Christoph Probst, die gegenwärtig mangels Materials auch nicht zu schließen ist. Die Verstrickung Christoph Probsts ist mehr als tragisch. Warum er zu diesem Zeitpunkt einen eigenen Entwurf angefertigt hat, warum Hans Scholl ihn bei sich trug, wird kaum aufzuklären sein. Christoph Probst und Sophie Scholl, sie beide machen – metaphorisch gesprochen – einen einzigen Schritt aus der Seitabstellung, und der führt direkt in den Tod.

Im öffentlichen Bild gilt es, die Wahrnehmung der Gruppe weiter zu dezentralisieren. Gelungen wäre dies, wenn es neben den vielen Geschwister-Scholl-Schulen auch eine Alexander-Schmorell-Schule oder – auf die ganze Gruppe bezogen – mehr „Weiße-Rose"-Schulen geben würde.

Inge Jens

Die „Weiße Rose" Biographische und Kulturelle Traditionen

Im Juni und Juli 1942 wurde die Geheime Staatspolizei in Süddeutschland durch Flugblätter alarmiert, die in mehreren hundert Exemplaren per Post an einen den Verfolgern zunächst nicht greifbaren Personenkreis in und um München, später auch in Stuttgart, Ulm und einigen Kleinstädten Bayerns gelangt waren... Flugblätter, die unter dem Symbol der „Weißen Rose" mit einer bis dahin ungekannten Schärfe die Verbrechen des nationalsozialistischen Regimes anprangerten und den Aufstand gegen die, wie es hieß, „Diktatur des Bösen" zur „sittlichen Pflicht" aller Deutschen erklärten.

Nun stellten – wie wir heute wissen – regimekritische Flugblätter zur Zeit der faschistischen Diktatur keine Seltenheit dar: Immer wieder hatten Gegner des Nationalsozialismus – oft unter Einsatz ihres Lebens – versucht, Widerstandsappelle zu verbreiten oder besonders aufrüttelnde Texte zu vervielfältigen: Es gab – um nur sie zu nennen – die Nachrichtenblätter des siebzehnjährigen Helmuth Hübener, und es gab die tausendfachen Abschriften der Predigten, mit denen der Münsteraner Kardinal Graf Galen im August 1941 den Mord an unschuldigen Kranken geißelte. Aber die Flugblätter der „Weißen Rose" schlugen einen neuen Ton an. Mit unbestechlicher Härte analysierten sie die „eines Kulturvolkes unwürdige" Lethargie der Deutschen, konfrontierte sie mit dem „furchtbarsten Verbrechen an der Würde des Menschen, dem sich kein ähnliches in der ganzen Menschengeschichte an die Seite stellen" ließe: dem Mord an Juden und Polen, und beschworen ihre Landsleute, nicht auf die Stufe einer „seichten, willenlosen Herde von Mitläufern" herabzusinken und mitschuldig zu werden an jenen „scheußlichsten und unwürdigsten Verbrechen, mit denen eine verantwortungslose Herrscherclique das deutsche Volk in seinem tiefsten Wesen" korrumpiere und dem Untergang preisgebe.

Um solches Geschick abzuwenden gab es in den Augen der Flugblattschreiber nur einen einzigen Weg: „Aufzuklären von Mensch zu Mensch [...] und [...] keine Ruhe zu geben, bis auch der Letzte von der äußersten Notwendigkeit seines Kämpfens wider dieses [Verbrecher-]System überzeugt" sei. Jedem Einzelnen – so die Botschaft – sei es aufgegeben, seine Stimme zu erheben und zu gemeinsamem Kampf gegen den nationalsozialistischen „Unstaat" aufzurufen: „Wenn jeder wartet, bis der andere anfängt, werden die Boten der rächenden Nemesis unaufhaltsam näher und näher rücken, dann wird auch das letzte Opfer sinnlos in den Rachen des unersättlichen Dämons geworfen sein. Daher muß jeder einzelne seiner Verantwortung als Mitglied der christlichen und abendländischen Kultur bewußt in dieser letzten Stunde sich wehren, soviel er kann, arbeiten wider die Geißel der Menschheit, wider den Faschismus und jedes ihm ähnliche System des absoluten Staates."

Wehrt Euch! Leistet Widerstand! Dieser Appell kehrt in jedem Flugblatt wieder und benennt das Ziel der Aktion: „Verhindert das Weiterlaufen der atheistischen Kriegsmaschine. Leistet Widerstand, ehe es zu spät ist, ehe die letzten Städte ein Trümmerhaufen sind gleich Köln und ehe die letzte Jugend des Volkes irgendwo für die Hybris eines Untermenschen verblutet ist!"

Dem beschwörenden Appell folgte die Anweisung zu konkretem Handeln. Eine Art Strategie der Empörung wurde entwickelt: nicht individualistische Gegnerschaft, sondern die Zusammenarbeit vieler tatkräftiger Menschen sei nötig, die wüßten, daß ihnen für ihre Aktionen nur ein einziges Mittel zur Verfügung stünde: der passive Widerstand. Passiver Widerstand – das hieß konkret „Sabotage in Rüstungs- und kriegswichtigen Betrieben [...], Sabotage auf allen wissenschaftlichen und geistigen Gebieten, auf denen Menschen für die Fortführung des Krieges arbeiten."

Konsequent und stetig verfolgten die Flugblattschreiber ihr Ziel, mit immer größerer Härte der Verdammung und wachsender Intensität der Beschwörung zur Umkehr bedrängten sie ihre Leser, wobei sie die Argumente für ihre Appelle weniger durch eine politisch-ökonomische Analyse der zu bekämpfenden Situation gewannen als vielmehr durch die Evokation der moralischen Normen schriftlich-abendländischer Kultur: Erst vor der Folie eines in Analogie zur göttlichen Ordnung gedachten „gerechten Staates" wird die „Diktatur des Bösen" erkennbar; die Civitas Dei gibt der nationalsozialistischen Zwangsgemeinschaft den Charakter einer „Ausgeburt der Hölle": „Täglich fallen in Rußland Tausende. Es ist die Zeit der Ernte, und der Schnitter fährt mit vollem Zug in die reife Saat. Die Trauer kehrt ein in die Hütten der Heimat und niemand ist da, der die Tränen der Mütter trocknet, Hitler aber belügt die, deren teuerstes Gut er geraubt hat. [...] Wenn er Frieden sagt, meint er den Krieg, und wenn er in frevelhafter Weise den Namen des Allmächtigen nennt, meint er die Macht des Bösen, den gefallenen Engel, den Satan. Sein Mund ist der stinkende Rachen der Hölle, und seine Macht ist im Grunde verworfen." Und dann der Schlüsselsatz: „Wer heute noch an der realen Existenz der dämonischen Mächte zweifelt, hat den metaphysischen Hintergrund des Krieges bei Weitem nicht begriffen. Hinter dem Konkreten, hinter dem sinnlich Wahrnehmbaren, hinter allen sachlichen logischen Überlegungen steht das Irrationale, d. i. der Kampf wider den Dämon, wider den Boten des Antichrist."

Kein Zweifel, hier wird die konkrete historische Situation in apokalyptischen Bildern erfaßt und unter eschatologischen – endzeitlichen – Zeichen gedeutet. Zwar ist immer wieder vom „Terrorstaat", den „rationalen Mitteln des Kampfes" und von „Sabotage auf allen Gebieten" die Rede ... aber dieses Hier und Heute, die Illegitimität der herrschenden Gewalt und die Legitimität des Widerstands, sei – betonen die Verfasser – nur in metaphysischem Zusammenhang zu verstehen; allein aus christlicher Gewißheit erwüchse deshalb der Mut zu konkretem Handeln gegen die Mächte des Bösen: „Überall und zu allen Zeiten haben die Dämonen im Dunkeln auf die Stunde gelauert, da der Mensch schwach wird, da er seine ihm von Gott auf Freiheit gegründete Stellung im ordo eigenmächtig verläßt, da er dem Druck des Bösen nachgibt [...], [aber] überall und zu allen Zeiten der höchsten Not sind [auch] Menschen aufgestanden, Propheten, Heilige, die ihre Freiheit gewahrt hatten, die auf den einzigen Gott hinwiesen und mit seiner Hilfe zur Umkehr mahnten. Wohl ist der Mensch frei, aber er ist wehrlos wider das Böse ohne den wahren Gott, er ist wie ein Schiff ohne Ruder, dem Sturme preisgegeben, wie ein Säugling ohne Mutter, wie eine Wolke, die sich auflöst."

Als den „schwersten Fall hochverräterischer Flugblattpropaganda, die sich während des Krieges im Altreich ereignet hat", wird wenige Monate später, nachdem man die „Weiße Rose" zerschlagen und sechs ihrer Mitglieder hingerichtet hat, der mit dem Abschlußbericht beauftragte Oberreichsanwalt Lautz diese Worte charakterisieren – und damit ungewollt die Wirkung jener Aufrufe zugeben, die sich, im Juni und Juli 1942, zunehmend einer theologischen Argumentationsweise bedienten, um ihr Credo schließlich in den Worten des Novalis zu formulieren: „Nur die Religion kann Europa wieder aufwecken und das Völkerrecht sichern und die Christenheit mit neuer Herrlichkeit sichtbar auf Erden in ihr friedenstiftendes Amt installieren."

Ein Jahr später, am 9. August 1943, erhebt die Präambel der vom Kreisauer Kreis entworfenen „Grundsätze für die Neugestaltung" Deutschlands die Verbindlichkeit eben dieser ethisch-religiösen Maxime zur sittlichen Voraussetzung des neuen Staates: „Die Regierung des Deutschen Reiches sieht im Christentum die Grundlage für die sittliche und religiöse Erneuerung unseres Volkes, für die Überwindung von Haß und Lüge, für den Neuaufbau der europäischen Völkergemeinschaft.

Der Ausgangspunkt liegt in der verpflichtenden Besinnung des Menschen auf die göttliche Ordnung, die sein inneres und äußeres Dasein trägt. Erst wenn es gelingt, diese Ordnung zum Maßstab der Beziehung zwischen Menschen und Völkern zu machen, kann die Zerrüttung unserer Zeit überwunden und ein echter Friedenszustand geschaffen werden."

Hier wie dort, bei den Flugblattschreibern und den Sprechern des Kreisauer Kreises, der Rückgriff auf die christlich-abendländische Tradition als Voraussetzung einer moralischen Reinigung der Nation an Haupt und Gliedern – wobei sich, den *Duktus* der Appelle betreffend, Unterschiede vor allem dadurch ergaben, daß die Mitglieder der „Weißen Rose" dank ihrer Jugend, ihrer Unbedingtheit und des geringeren Pragmatismus pathetischer argumentierten, ihre Thesen durch literarische und philosophische Autoritäten abzusichern suchten und – allesamt Studierende! – ihre politischen Vorstellungen „bildungsträchtiger“ entwickelten als die sozial heterogene Gruppe der Älteren aus dem Kreisauer Kreis. Die Vorbilder der Flugblatt-Aufrufe – Aristoteles, Laotse, Novalis, Goethe und Schiller als Nothelfer in düsteren Zeiten –, die an George, Hölderlin und der Apokalypse orientierte Sprache, dazu die Apostrophierung der Leser als „Mitglieder der christlich-abendländischen Kultur“, als „vernunftbegabte“ Wesen und „Deutsche Intelligenz“, schließlich und vor allem die Bitte, Menschen, die als „Angehörige der unteren Volksschichten“ bezeichnet werden, von der Sinnlosigkeit des Krieges zu überzeugen und ihnen die Zerstörung sittlicher und religiöser Werte durch die Nationalsozialisten vor Augen zu führen ... dies alles zeigt deutlich, daß sich die Flugblätter der „Weißen Rose“ – jedenfalls während der ersten Phase der Aktion im Juni und Juli 1942 – an eine fest umrissene Adressatenschaft richteten: an jene Schicht der gebildeten Bürger, der auch die Verfasser entstammten und die man, als die potentielle Gemeinde der Gleichgesinnten, zum Widerstand aufrufen wollte: „Wir schweigen nicht, wir sind euer schlechtes Gewissen, die ‚Weiße Rose‘ läßt Euch keine Ruhe!“

„Die Weiße Rose“: nach Travens gleichnamigem Roman, den Hans Scholl vor der Gestapo zitierte, als Symbol des Edlen, Ritterlichen und Reinen inmitten einer zerstörten Welt zu verstehen ... Wer gehörte zu ihr? Wer bildete den inneren Kreis? Zentrum der Gruppe waren zwei Medizinstudenten, Hans Scholl und Alexander Schmorell, 24 und 25 Jahre alt. Eigene Aussagen, Zeugenberichte und Verhörprotokolle lassen vermuten, daß sie die Flugbläter des Jahres 1942 zumindestens anfangs allein verfaßten und vervielfältigten ... zunehmend unterstützt von wenigen Vertrauten: Hans' Schwester Sophie und Christoph Probst zunächst, später dann vor allem Willi Graf – Vertraute, die von dem Unternehmen wußten und bei der Herstellung und Verteilung der Aufrufe halfen. Diese fünf Studenten: vier Mediziner und eine Biologin, bildeten den Kern der „Weißen Rose“, zu dem sich – zuerst in München, dann auch in anderen Städten (Hamburg vor allem) – eine Reihe Gleichgesinnter gesellte, die der

Gruppe den Charakter einer zwanglosen Vereinigung von Menschen verliehen, denen das Eine gemeinsam war: Todfeindschaft gegenüber dem Nationalsozialismus in Deutschland. „Ich habe hier einen Kreis von Menschen, an denen Du Deine Freude hättest", schrieb Hans Scholl am 6. Dezember 1942 an eine Freundin und fügte, im Brief an den Freund Otl Aicher, eine Woche später, hinzu: „Du würdest Deine Freude an den Gesichtern haben, wenn Du sie sehen könntest. Alle Kraft, die man dort verschwendet, fließt wieder zurück ins eigene Herz."

„Die Weiße Rose": Das war – wenn man den Namen nicht nur für die Hingerichteten gelten lassen will – ursprünglich ein Kreis von zehn bis fünfzehn gleichaltrigen Männern, vorwiegend Soldaten, die zum Studium der Medizin vom Wehrdienst freigestellt und in einer sogenannten Studentenkompanie zusammengefaßt waren; auch einige Mädchen gehörten dazu, Studentinnen der Medizin, der Philosophie und der Sprachen, – und dann die Älteren: erfahrene Männer, Gelehrte, Journalisten, Architekten, Maler, Schriftsteller: Werner Bergengruen und Sigismund von Radecki, der Soziologe Alfred von Martin und der Philosoph Fedor Stepun (amtsenthoben in Breslau), Carl Muth (Herausgeber der – 1941 verbotenen – katholischen Monatsschrift „Hochland"), Theodor Haecker (Publizist und Philosoph, seit 1938 mit Publikationsverbot belegt), und schließlich Professor Kurt Huber, von den Nazis beargwöhnter Volksliedforscher und Philosoph, in dessen Kollegs sich regimekritische Studenten aller Fakultäten trafen – einerlei, ob er über formale Logik, über Musikästhetik oder über Leibniz las.

Eine bunt gemischte Gesellschaft kam da zusammen, mitten im Kriege in München; es wurde – im abgelegenen Atelier des Architekten Manfred Eickemeyer – aus verbotenen Büchern vorgelesen, man diskutierte und bezog Position. „Die Abende waren durchweg literarisch", schreibt eine Frau, die zum Umkreis der „Weißen Rose" gehörte, die Medizinerin Traute Lafrenz. „[Eine] feste Zielsetzung [gab es nicht]. Nur zum Schluß wurden meistens kurz die politische Lage, die Ausweglosigkeit und Trostlosigkeit, mit der alles dem Untergang blind entgegentrieb, sowie Nachrichten über den Rückzug der Wehrmacht besprochen. [...] Besonders Hans knüpfte immer wieder Beziehungen an zu Menschen, von denen er annehmen konnte, daß sie geistig und politisch unserer Richtung entsprechen mußten. So bekam man das Gefühl, als existiere ein breitgespanntes, vielmaschiges Netz Gleichdenkender – und da wir immer nur mit diesen und nicht mit den vielen Andersdenkenden in Verbindung waren, negierte man die Vielen, baute auf die Wenigen und glaubte sich stark."

„Die Weiße Rose" – das war kein organisatorisch festgefügter Widerstandskreis, geschweige denn eine Zentrale geschulter Konspirateure, sondern eine Gruppe von Freunden und Gleichgesinnten, die einander vertrauten, Regimegegner waren und als solche nach Gelegenheiten suchten, um potentiellen Verbündeten zu signalisieren: „Schau her, auch ich singe im Bachchor, besuche die Odeon-Konzerte, höre Kurt Hubers Vorlesungen, widersetze mich den Dienstvorschriften, fechte, reite, male, lese verbotene Bücher." Die Freundeskreise überschnitten sich, es gab, um die Flugblattschreiber herum, eine Vielzahl von Gruppen; aber auch der innerste Zirkel kannte keine Kader-Praktiken und keine Unterweisung in den Techniken einer politischen Arbeitsweise unter den Bedingungen der Illegalität.

„Die Weiße Rose" war ein Zirkel von Gleichgesinnten, deren Solidarität sich durch Wertvorstellungen ergab, die – lange ehe die Studenten einander begegneten – jeden von ihnen in Kollision mit den Normen jener totalen Reglementierung gebracht hatten, auf die das herrschende Regime den Einzelnen zu verpflichten suchte. Die Sehnsucht nach individueller Freiheit und einem Gemeinwesen, das den Menschen in seiner Subjektivität ernst nahm, seine personale Würde achtete, führte die Freunde zusammen, verband sie politisch und ließ sie schließlich handeln.

Freundschaft als Voraussetzung und prägende Kraft der politischen Tat; Freundschaft als Ausdruck von Humanität, die sich im Gespräch und gemeinsamer Aktion gegen die Unmenschlichkeit verläßlich bewährt; Freundschaft als Politikum: Die Malerin Lilo Ramdohr, eine Vertraute von Alexander Schmorell, hat in einem Erinnerungsprotokoll des Jahres 1983 erzählt, daß dieser ihr im Januar 1942 auf die Warnung vor den Gefahren der geplanten Flugblattaktion geantwortet hätte: „Es gibt kein Zurück. Ich lasse Hans nicht im Stich. Er ist mein Freund." – „Niemals", so Frau Ramdohrs Kommentar, „hatte ich den Eindruck, daß Alex' Hauptinteresse in der Politik läge. [...] Seine hohe Freundschaftsmoral bestimmte jetzt seinen Weg."

Freundschaft als Gegenbegriff zu Befehl und Gehorsam; Gespräch als Instrument der Unbotmäßigkeit inmitten einer Welt, die nur das „Ja" oder „Nein" kannte, den Imperativ „Du sollst" oder das strikte Verbot „Du darfst nicht"... Freundschaft als Vermenschlichung der Welt im Gespräch zwischen Gleichgesinnten, Dialog unter Freunden in einer Zeit, die nicht auf Argumente, sondern auf Befehle abzielte, schweifendes Debattieren in einem Augenblick, wo nicht das Wort, sondern die Pistole regierte, das Wissen, Freunde zu haben, als eine Voraussetzung zur Tat: erst wenn man diese Aspekte bedenkt, wird die Moralität deutlich, aus der heraus die „Weiße Rose" handelte, und das Wesen einer Freundschaft tritt in seine Rechte, die sich aus dem Konsens der einander schon durch ihre Biographie Verwandten ergab.

Die Geschwister Scholl, Alexander Schmorell, Christoph Probst und Willi Graf stammten aus bürgerlichen, zum Teil christlich geprägten Elternhäusern, die auch nach 1933 an ihren Normen festhielten und die Heranwachsenden lehrten, sich selbst als handelnde, denkende, fühlende und leidende Subjekte zu erkennen und zu reflektieren. Sie waren darüber hinaus durch eine gleichartige Ausbildung – Gymnasium, Abitur, Studium – und gleichartige Interessen verbunden. Dokumente und Berichte bezeugen eine große Belesenheit und eine überdurchschnittliche künstlerische Sensibilität: Alle besaßen – von der Musik bis zur Literatur und der bildenden Kunst – Fähigkeiten, die oft über bloßes Dilettieren hinausgingen; alle mußten – vom Arbeits- und Wehrdienst bis zum Kriegshilfseinsatz – Verpflichtungen auf sich nehmen, die sie in Konflikt mit ihren Überzeugungen brachten, und alle waren schließlich im engeren oder weiteren Sinn jener Jugendbewegung verpflichtet, in deren Bünden sie zuerst den Wert von Freundschaft und Gespräch erfuhren.

Christoph Probst hatte zumindest indirekt, als Internatsschüler, auf dem Weg über die Lietz'sche Pädagogik mit dem Gedankengut der Reformbewegung Kontakt; Alexander Schmorell, der extremste Individualist unter den Freunden, war Angehöriger elitär-konservativer Organisationen, die er verließ, als ihre Mitglieder zwangsweise und kollektiv in die Hitlerjugend überführt wurden; Willi Graf gehörte zunächst zum katholischen Jugendbund „Neudeutschland", dann zum illegalen „Grauen Orden", wo sich – nach seinem im Gefängnis niedergeschriebenen Lebenslauf – das „Interesse für religiöse und literarische Fragen im Kreise gleichgesinnter Kameraden vertiefte"; Hans Scholl schließlich engagierte sich nach einem dramatisch endenden Zwischenspiel als Hitlerjugendführer, bei einer Nachfolgeorganisation jener legendären Jugendgruppe dj. 1.11 (einer am 1.11. 1929 gegründeten Gemeinschaft), deren Führer, der berühmt-berüchtigte Eberhard Köbel, genannt Tusk, der Deutsche, es sich zum Ziel gesetzt hatte, die deutsche Jugendbewegung „von innen heraus" (der Begriff kehrt in den Flugblättern der „Weißen Rose" an zentraler Stelle wieder!) durch eine Gruppe zu erneuern, die alles besser machte als die bestehenden Bünde, die „besser singen und besser schweigen, besser fasten, verbissener arbeiten und hemmungsloser faulenzen" konnte.

Drei Kern-Mitglieder der „Weißen Rose" gehörten also Elitegruppen aus dem Kreis der Jugendbewegung an; zwei von ihnen, Willi Graf und Hans Scholl, wurden 1937 wegen „bündischer Umtriebe" verhaftet und mehrere Wochen in Gefängnissen festgehalten. (Auch die erst siebzehnjährige Sophie mußte damals als mögliche Sympathisantin ihr erstes Gestapo-Verhör über sich ergehen lassen.) Kein Wunder, so betrachtet, daß sich neben dem Grunderlebnis der Freundschaft zumindest bei Schmorell, Graf und Hans Scholl als Erbgut der Jugendbewegung der Elitegedanke ausmachen läßt: die Klassifizierung der „Vielen" als „Masse der Unmündigen" gegenüber der kleinen Schar Auserwählter. „Masse", schrieb Hans Scholl, „der Begriff wird mir immer verhaßter." „Nur die Wenigen sollen meine Freunde sein." Man bestand auf der Trennung zwischen dem Zirkel der Wissenden und den vielen Aufzuklärenden und nahm die Wenigen in Pflicht ... die geistige Avantgarde, der es aufgegeben sei, die Welt des Unheils von den Kräften des Widergeists zu befreien und – im Sinne der humanistischen Vorstellung des „rinascimento" – eine Ordnung wiederherzustellen, für die neben dem Bild der Civitas Dei auch die Vorstellung vom unversehrten Reich der Slaven wichtig wurde, das – im russischen Menschen sichtbar

Elite

geworden – an die Stelle westlicher Zivilisation wieder wahre, religiös bestimmte Kultur setzen werde.

Rußland, das älteste und zugleich das Zukunfts-Reich: ihm galten die Lieder der Jugendbewegung mit ihrer Kosaken-Romantik, und ihm wollten zumal Tusk und die dj. 1.11 ihren Tribut zollen, als sie die klassischen Wandervogel-Instrumente Gitarre und Klampfe durch Balalaika und Banjo ersetzten und russische Volkslieder sammelten, durch die inspiriert man abends am Lagerfeuer die slawische Seele, Schwermut und Weite der russischen Landschaft beschwören konnte... so einen Kunstkult schaffend, in dessen Bannkreis sich aus den Versatzstücken russischer Folklore und den Rußlandhymnen deutscher Dichter – Rilke, Hesse, George – ein neues Lebensgefühl herausbildete.

Unter diesem Aspekt war das Rußlandbild, das sich den noch von der Jugendbewegung bestimmten Angehörigen der „Weißen Rose" einprägte, Teil einer abstrakten, grenzensprengenden Vision, war Ausdruck eines hochidealistischen Internationalismus, der die Realität der Sowjetunion so gut wie jedes andere konkrete politische System negierte und sich gerade dadurch als Nachfahr jenes Rußland-Mythos erwies, der die deutsche Geistesgeschichte zwischen 1890 bis weit in die zwanziger Jahre unseres Jahrhunderts hinein bestimmte und nach 1933, nunmehr ins Subversive gewendet, vor allem dadurch in oppositionellen Kreisen weiterwirkte, daß es dem nationalsozialistischen Zerrbild der Sowjetunion den Hymnus auf das ewige, unausrottbar humane, doppelgesichtige Rußland entgegenstellte.

Ein Mythos – gewiß. Aber *nur* Mythos? Für die Angehörigen der „Weißen Rose" sicherlich nicht. Im Gegenteil, als Hans Scholl, Alexander Schmorell, Willi Graf und ihre Freunde Ende Juli 1942 zum Fronteinsatz in die Sowjetunion abkommandiert wurden, wandelte sich das, was utopisches Jugendbild gewesen war, in lebendige, wirklichkeitsträchtige Gegenwart. „Es ist unmöglich", schrieb Hans Scholl im August 1942 an seinen Lehrer Kurt Huber, „auch nur ein schwaches Bild davon zu geben, was in Rußland vom ersten Tag nach der Grenzüberschreitung auf mich eingestürmt ist. [...] Rußland ist in jeder Beziehung so ungeheuer groß, so ohne jede Grenze – und grenzenlos ist die Heimatliebe seiner Bewohner. Der Krieg geht über das Land dahin wie ein

Gewitterregen. Aber nach dem Regen scheint wieder die Sonne. Das Leid ergreift die Menschen ganz und gar, reinigt sie – aber dann lachen sie wieder."

In der Tat, das ist bewegend: Da marschiert eine kleine Gruppe deutscher Soldaten, das Hakenkreuz an der Uniform, nach Rußland – und preist nicht nur Weite und Schönheit der Landschaft, sondern auch die Freundlichkeit der Menschen und ihr Vertrauen selbst zu jenen, die ihnen das Land nehmen wollten: „Am Abend setzen wir uns zu den Russen", so Willi Graf in einem Tagebucheintrag. „Wir hören die Lieder ihrer Heimat. Ihre Gesichter entspannen sich und der Blick ist wie verloren in die Weite. Da singt einer vor und der Chor der Andern fällt mit ein. Es ist ungeheuer." Und Hans Scholl berichtete zur gleichen Zeit nach Hause: „Ich kenne einen ergrauten Fischer, den habe ich zum Freund." („Freund", „Freundschaft": da ist es wieder!) „Oft stehen wir vom frühen Morgen bis zum Sonnenuntergang am Ufer eines Flusses und fischen, wie Petrus zu Christi Zeiten."

Ein Genre-Bild mitten im Krieg – eine Realität gewordene Utopie, die freilich ohne die Hilfe von Alexander Schmorell nicht hätte erfahrbar werden können. Schmorell – Schurik, wie die Freunde ihn nannten – war halber Russe, ja, mehr als das: in Rußland geboren, im Alter von vier Jahren mit seinem Vater und einem russischen Kindermädchen nach Deutschland gekommen, war er, der fließend russisch sprach, bis zu seinem Tod von einer beinahe mystisch zu nennenden Sehnsucht nach seiner alten Heimat erfüllt. Der Einsatz in der Sowjetunion bedeutete für ihn Heimkehr. Kein Wunder also, daß er in den Russen zunächst seine Brüder sah, engen Kontakt mit der Bevölkerung hielt und die Freunde an den Begegnungen teilhaben ließ. Kein Wunder auch, daß er die deutsche Uniform wie eine Art von Fremd-Kleidung trug ... einen Zwangskittel, in den schlüpfen zu müssen er als eine Vergewaltigung seiner Persönlichkeit ansah, als Mißachtung seiner durch Rußland geprägten Individualität von seiten eines zur Barbarei entarteten Deutschtums; eines Deutschtums, das durch die Perversion seiner Liebe zum Slawischen die Identität verloren hatte. („Schmorell faselt", wird es später im Verhandlungsprotokoll des Volksgerichtshofs heißen, „weil seine Mutter Russin war, zu seiner Entschuldigung davon, daß er Halbrusse sei; er habe Deutsche und Russen irgendwie vereinigen wollen. Zu welcher bodenlosen Verwirrung es dabei gekommen ist, geht daraus hervor, daß er in der Hauptverhandlung einmal sagte, er habe sich vorgenommen, als deutscher Soldat weder auf Deutsche noch auf Russen zu schießen.")

Durch seine Russophilie, seine intime Kenntnis der russischen Schriftsteller – Dostojewski voran – und seine Vertrautheit mit Land und Leuten hat Alexander Schmorell die vagen, durch Jugendbewegung und literarisches Engagement geweckten Vorträume seiner Freunde konkretisiert und entscheidend verstärkt; sowohl Hans Scholl als auch Christoph Probst lernten Russisch lange bevor die Studentenkompanie an die Ostfront abkommandiert wurde, und Willi Graf lebte nicht nur dem alten Mythos nach, wenn er „bei Gitarrenklang und summenden Bässen" Rußlands Herz zu spüren glaubte, sondern er stellte sich – wie Schurik ein Wanderer zwischen zwei Welten – auch der den Mythos bedrohenden Kriegs-Wirklichkeit: „Wir haben oft bei den Bauern gesessen und gesungen", heißt es in einem Brief vom 22. September 1942, „[wir] ließen uns die wundervollen alten Lieder vorspielen. Man vergißt dann manchmal für kurze Zeit all das Traurige und Entsetzliche, das sich hier um uns ereignet. Herrliche Nachmittage verbrachten wir bei den Russen – während in der Ferne die Geschütze und Gewehre nur selten verstummten und wir die Kranken und Verwundeten versorgten. Zwei Welten um uns... Ich weiß, daß auch Du teilnimmst an dem Schicksal dieses Volkes, das wie das Unsere solche Nöte und Ungeheuerlichkeiten erleben muß."

Zwei Welten um uns: Die Welt des Krieges, in der die Freunde gezwungen waren, das Land ihrer Liebe als Invasoren zu betreten, und, wie Willi Graf in sein Tagebuch notierte, neben Vertrauen und Zuwendung auch „die Wut und die Abneigung gegen die Deutschen" erfuhren, und die Welt der Literatur und mystischen Religiosität, die Welt Dostojewskis vor allem, von dem Hans Scholl in begeisterter Rede aus Rußland Kunde gab: „Nur einer (ein einziger) öffnet die Augen und sieht, daß alle Kreatur Erbarmen und Erlösung sucht. Dieser aber ist der größte Dichter Rußlands."

In der Dostojewski-Begeisterung der Freunde aus dem Kreis

der „Weißen Rose“ klingt, sehr spät, die Erschütterung nach, die Deutschlands Dichter, von Morgenstern und Rilke bis hin zu Musil und Thomas Mann nach dem Lesen von Dostojewskis Romanen ergriff.

Diese Tradition, die den Freunden in der Jugendbewegung vermittelt worden war, gewann in einem Augenblick erstmalig wieder an Relevanz, als der Medizinstudent Hans Scholl im Herbst 1941 – also ein Jahr *vor* dem Erlebnis Rußlands im Krieg – in München den beiden Männern begegnete, die fortan seine Mentoren werden sollten: Carl Muth und Theodor Haecker, zwei katholischen Publizisten, in deren Werk die Vorstellung von einer Gemeinschaft der Armen, der Erniedrigten und Beleidigten sichtbar wird, deren Glaubensgemeinschaft die Gegenwelt zum Reich des Bösen, der Zwingherrschaft der Nationalsozialisten, bildet.

Gleich weit entfernt von religiöser Schwärmerei und dogmatischer Enge suchten Muth und Haecker das jesuanische Ideal eines durch Armut und Brüderlichkeit bestimmten Lebens im Dienst am Nächsten für die politische Realität, das Leben unter dem Nationalsozialismus, wirksam zu machen und christliche Kultur zur Welt hin zu öffnen. Im Zeichen der christlichen Soziallehre sollen die Lebensanweisungen von Bibel, Theologie, Philosophie und Literatur der Herausbildung einer menschlichen Gemeinschaft dienen, die auf der gerechten Teilhabe aller an den Gütern dieser Welt beruhte – einer idealen Sozietät, die mit der bestehenden Herrschaft des Antichristen konfrontiert wurde.

Carl Muth wurde für Hans Scholl und über ihn hinaus für den Kreis der „Weißen Rose“ nicht zuletzt deshalb so wichtig, weil er es verstand, die religiös-literarische Unterweisung auf die – eschatologisch gedeutete – Gegenwart: die sicher erwartete Niederlage der Deutschen und die sich aus dieser „rettenden Katastrophe“ ergebenden Konsequenzen, zu beziehen. Ohne die Begegnung mit den Mentoren aus dem Münchener „Hochland“-Kreis – das scheint mir sicher – hätten die Flugblätter des Sommers 1942 nicht entworfen werden können.

Die Entschiedenheit, ja, Unbeirrbarkeit der Briefe, die Hans Scholl wenig später – während seines Fronteinsatzes in der Sowjetunion von Ende Juli bis Ende Oktober des gleichen Jahres an

Freunde und Verwandte schrieb, zeigen, in welchem Maße das in München Gelernte und Erfahrene auch in den Schrecken des russischen Krieges Bestand hatte – dort, wo die täglichen Erlebnisse mit Land und Leuten der Sowjetunion nun auch jenen Zuwachs an politischer Orientierungsfähigkeit bewirkten, den Kurt Huber später vor der Gestapo als „Hinwendung zum Kommunismus" interpretieren sollte. Aber Hubers Auslegung war falsch. Was die Studenten – nicht zuletzt durch die Vermittlung von Alexander Schmorell – in der UdSSR erlebten, waren Begegnungen mit Menschen, die ihre Heimat liebten und an hergebrachtem Brauchtum – trotz aller Neuerungen – festhielten; was sie erfuhren, waren weniger die Errungenschaften des Sozialismus, sondern die Greuel im Gefolge des Hitlerschen Raubkrieges. Jetzt, in der Sowjetunion, sahen sie zum ersten Mal mit eigenen Augen die unmittelbaren Auswirkungen eines faschistischen Imperialismus, erlebten Not und Verzweiflung der fliehenden Menschen und fanden die Erzählungen des Architekten Manfred Eickemeyer und anderer Freunde von der Ermordung polnischer Juden und russischer Kommissare plötzlich auf das schrecklichste bestätigt. Nicht, *ad positivum,* eine Konversion zum Sozialismus, sondern, *ex negativo,* das von den Deutschen in der Sowjetunion angerichtete Elend veranlaßte die Studenten, ihren „Sinn" – wie es in einem Schollschen Brief hieß – „nach außen zu kehren" und alles zu tun, damit dieser Krieg so schnell wie möglich ein Ende fände.

Diesem als vordringlich erkannten Ziel folgend gingen die Freunde der „Weißen Rose" nach ihrer Rückkehr aus dem Osten daran, neue Kontakte zu knüpfen und von München aus mit anderen Widerstandsgruppen in Hamburg, Freiburg, dem Saarland und Berlin in Verbindung zu treten. In Berlin sollte am 25. Februar ein Treffen von Hans Scholl und Alexander Schmorell mit Angehörigen der konspirativen Gruppe Bonhoeffer – Dohnanyi stattfinden, das durch die Verhaftung der Geschwister Scholl jedoch nicht mehr zustande kam.

Verbindungsmann zwischen München und Berlin war Falk Harnack – der Bruder eines Mitglieds der weitgehend kommunistisch orientierten Widerstandsgruppe „Rote Kapelle". Harnack, der später an der Balkanfront maßgeblich am Aufbau des „Antifaschistischen Komitees Deutscher Soldaten" beteiligt war, hat 1947 über die Zusammenkunft zwischen ihm, Hans Scholl und Alexander Schmorell, die im November 1942 in Chemnitz stattfand, berichtet: „Die politisch grundsätzliche Aussprache ergab", so Harnack in seinem Erinnerungsprotokoll, „daß Scholl und Schmorell ihre bisherige illegale Tätigkeit aus einer gefühlsmäßig anständigen und idealistischen Haltung heraus durchgeführt hatten, sie aber nunmehr praktische politische Beratung suchten. Kam Scholl mehr von der katholisch-philosophischen Richtung (Einfluß von Carl Muth und Theodor Haecker), so waren bei Schmorell starke sozialistische Tendenzen vorhanden. Beide aber hegten [ausgeprägte] Sympathie für Land und Menschen des Ostens, Polen und die UdSSR, die sie bei ihren Fronteinsätzen kennengelernt hatten. Und so waren beide der festen Überzeugung, daß eine Verständigung mit der Sowjetunion notwendig und für die Zukunft Deutschlands von entscheidender Bedeutung sei. [...] Beide, [Scholl und Schmorell], legten mir ihre bisher veröffentlichten Flugblätter als Diskussionsgrundlage vor. Ausführlich besprachen wir die beiden Formen [...], die philosophisch ausgeschmückte der „Weißen Rose" und die realistisch, politisch klare, die nun entwickelt wurde. Ich unterstützte die letzte Form. Beide begrüßten diese Zustimmung."

In der Tat zeigte das wenige Wochen nach dieser Unterredung, Mitte Januar 1943, in großer Zahl verbreitete fünfte Flugblatt, das Harnack im Entwurf vorgelegen hatte, einen neuen Duktus. Die philosophisch-literarische Manier der ersten vier Appelle war durch eine politisch-historische Argumentation abgelöst, die deutlich machte, in wie kurzer Zeit es den Freunden gelungen war, den wachsenden Sinn für das „außen" – sprich die Erscheinungsformen der Hitlerschen Raubkriege gegen die Fremden und die Eigenen – in einer Sprache vorzuführen, die sich an die Wirklichkeit hielt, ohne deshalb die Emphase der ersten vier Flugblätter vom Sommer 1942 zu verlieren. „Deutsche!", hieß es in diesem fünften Flugblatt, das nun nicht mehr im Namen der „Weißen Rose", sondern als Appell einer nicht näher definierten „Widerstandsbewegung" „An alle Deutschen" gerichtet war, „Wollt Ihr und eure Kinder dasselbe Schicksal erleiden, das den Juden widerfahren ist? Wollt Ihr mit dem gleichen Maß gemessen werden wie Eure Verführer? Sollen wir auf ewig das von aller Welt gehaßte und ausgestoßene Volk sein? Nein!"

Der Unterschied in der Diktion ist eklatant: Hatte das dritte Flugblatt von „Unstaat" und „gottferner Dikatur des Bösen" gesprochen, so war jetzt, im fünften, vom „imperialistischen Machtgedanken", „dem preußischen Militarismus" und dem „Truggebilde einer autarken Wirtschaft" die Rede; war im Sommer 1942 der Aufruf zu Sabotage und Widerstand noch damit begründet worden, daß die Schuld „mit jedem Tag, da Ihr noch zögert, da Ihr der Ausgeburt der Hölle nicht widersteht", „gleich einer parabolischen Kurve höher und höher" steige, so lautete die Devise sechs Monate später, im Januar 1943, parteilich und situationsbezogen (die Katastrophe von Stalingrad war unabweisbar geworden): „Glaubt nicht, daß Deutschlands Heil mit dem Sieg des Nationalsozialismus auf Gedeih und Verderb verbunden sei! Glaubt nicht der nationalsozialistischen Propaganda, die Euch den Bolschewistenschreck in die Glieder gejagt hat!"

So unbezweifelbar es ist, daß die Angehörigen der „Weißen Rose" keinen bis in alle Einzelheiten durchdachten politischen Plan hatten, so sicher – vor allem durch das fünfte Flugblatt zu belegen – ist auf der anderen Seite, daß man sich seit der Rückkehr aus Rußland Anfang November 1942 darum bemühte, eine realistischere und weitere Bevölkerungskreise überzeugende Konzeption zu entwickeln, die auch Überlegungen zur politischen Struktur eines Nachkriegsdeutschlands einschloß.

Hier nun freilich gab es harte Auseinandersetzungen – vor allem mit Kurt Huber, der seit Dezember 1942 aktiv in den Kreis der „Weißen Rose" einbezogen worden und besonders an der Diskussion über die anzustrebende deutsche Staatsform interessiert war. Huber befürwortete die Restauration eines ständisch gegliederten, nach Schweizer Vorbild föderalistisch-demokratisch organisierten Gemeinwesens und vertrat die These, daß eine solche Veränderung vorzugsweise in den süddeutschen Ländern vorbereitet werden müsse, dort, wo sich die liberale Tradition, auch was Wirtschaftsfragen angehe, ungebrochen und lebendiger erhalten habe als im – Linksideologien gegenüber anfälligeren – Norden, und wo deshalb auch eine reale Chance bestünde, konservative Mitläufer des bestehenden Regimes zurückzugewinnen.

In schroffem Widerspruch zu dieser Konzeption lehnten die Studenten – getreu ihrer bereits in den Flugblättern der „Weißen Rose" vertretenen Meinung – jede Kooperation mit NS-Sympathisanten ab und traten, was die Staatsform anging, für eine Drei-Parteien-Demokratie mit starker Exekutive ein. Am härtesten aber prallten die Standpunkte in Fragen der ideologischen Orientierung aufeinander. Während Kurt Huber seine Vorstellungen von der Verwirklichung eines liberalen Individualismus nur durch scharfe Abgrenzung gegen kommunistische Einflüsse garantiert sah, plädierten Hans Scholl und Alexander Schmorell für eine Freundschaft mit der Sowjetunion und hielten Wirtschaftsmodelle sozialistischer Prägung zumindest für diskussionswürdig.

Im Unterschied zu ihrem auf die Ideale eines Fichteschen Idealismus eingeschworenen Professors verstanden sich die Studenten aus dem Kreis der „Weißen Rose" zunächst als freie, den bürgerlichen Nationalstaat transzendierende Weltenwanderer und Europäer: „Das Beste wäre", hatte Hans Scholl in einem seiner letzten Briefe aus Rußland geschrieben, „jetzt [mit allem] zu brechen und immer weiter ganz allein und bar jeglicher Habe nach Osten zu wandern, immer weiter, über den Ural, quer durch Sibirien bis nach China, wenn, ja wenn ich nicht andererseits Europäer wäre und in dieser zwölften Stunde Europa nicht verlassen darf. Nur aus diesem Grund will ich wieder zurück nach Deutschland, auf daß ich dem Abendland und das Abendland mir nicht verloren gehe."

Doch alle Meinungsverschiedenheiten, über die wir durch Berichte Falk Harnacks von zwei Konferenzen im Februar 1943, die Aufzeichnungen Kurt Hubers aus seiner Haftzeit sowie die – freilich mit Vorsicht zu lesenden – Gestapo-Protokolle unterrichtet sind, alle gravierenden Gegensätze traten zurück vor der gemeinsamen Entschlossenheit, den Krieg so schnell wie möglich zu beenden und das deutsche Volk vor der totalen Vernichtung zu retten. Auch wenn Kurt Huber von Harnacks in – wie er sagte – „verschleierter Form vorgetragenem rein kommunistischen Programm" entsetzt war und Hans Scholl nachdrücklich vor jeder weiteren Fühlungnahme mit diesem Kreis warnte, hielten ihn solche grundsätzlichen Bedenken nicht davon ab, unter dem Eindruck von Stalingrad und entwürdigender Übergriffe von Parteibonzen an der Münchener Universität, auf Bitten Hans Scholls einen Aufruf „im Namen und in der Tonart der Studenten" zu verfassen, eben jenes berühmte, „Kommilitonen! Kommilitoninnen!" überschriebene sechste Flugblatt, das nach der Verhaftung und Hinrichtung von sechs Mitgliedern der „Weißen Rose" englische Flieger in Millionen-Auflage über Deutschland abwarfen – mit der im Vorspann begründeten Formulierung: „Wir werden den Krieg sowieso gewinnen, aber wir sehen nicht ein, warum die Vernünftigen und Anständigen in Deutschland nicht zu Worte kommen sollen."

In diesem Flugblatt forderte Kurt Huber im Namen der mißbrauchten Jugend vom Staat Adolf Hitlers Freiheit und Ehre als die kostbarsten Güter der Deutschen für jene Generation zurück, die man in so schändlicher Weise darum betrogen habe, und schloß seinen Text mit der Mahnung: „Der deutsche Name bleibt für immer geschändet, wenn nicht die deutsche Jugend aufsteht, rächt und sühnt zugleich, ihre Peiniger zerschmettert und ein geistiges Europa aufrichtet", eine Mahnung, der der beschwörende Appell folgte: „Studentinnen! Studenten! Auf uns sieht das deutsche Volk! Von uns erwartet es, wie 1813 die Brechung des napoleonischen, so 1943 die Brechung des nationalsozialistischen Terrors aus der Macht des Geistes. Beresina und Stalingrad flammen im Osten auf – die Toten von Stalingrad beschwören uns!"

Das Weitere ist bekannt. Hans und Sophie Scholl wurden am 18. Februar 1943 verhaftet, nachdem die letzten Exemplare des Huberschen Aufrufs von der Brüstung des ersten Stockwerks in den Lichthof der Münchener Universität gefallen waren. Entgegen anderslautenden Behauptungen war die Aktion im Kreis der „Weißen Rose" besprochen und vorbereitet worden. Trotzdem gelang der Gestapo Zug um Zug die Festnahme der Beteiligten. Erschöpfung und Übermüdung der Studenten, die, obwohl sie nur ganz wenige waren, den Eindruck erweckten, Nacht für Nacht seien ganze Saboteurskolonnen unterwegs, um – jedenfalls in München – die Niederlage vor Stalingrad in eine Niederlage des nationalsozialistischen Regimes zu verwandeln – dazu die Unerfahrenheit in der Organisation eines Widerstandskampfes, den zu führen es der in den Techniken illegaler Arbeit erfahrenen Mitglieder sozialistischer Massenparteien bedurft hätte, all dies erleichterte der Gestapo die Arbeit.

Vier Tage nach ihrer Verhaftung, am 22. Februar 1943 starben Christoph Probst, Hans und Sophie Scholl, am 13. Juli Alexander Schmorell und Professor Kurt Huber, der vor Gericht wiederholt die moralische Notwendigkeit der Flugblattaktionen verteidigt hatte, obwohl er nur an den letzten beiden beteiligt gewesen war. Am 12. Oktober endlich wurde Willi Graf enthauptet, von dem die Gestapo vergeblich gehofft hatte, Hinweise auf weitere Beteiligte zu erhalten. Roland Freisler, Präsident des sogenannten „Volksgerichtshofs", war selbst nach München gekommen, um die „Verschwörer" – wie er sagte – abzuurteilen. „Unsere Tat wird Wellen schlagen", hielt ihm Sophie Scholl entgegen, „was wir sagten und schrieben, denken viele. Nur wagen sie noch nicht, es auszusprechen". Und ihr Bruder antwortet auf Freislers Anwürfe: „Heute hängt Ihr uns – morgen werden wir Euch hängen."

Nun, die Volksgerichtshofrichter sind, wie man weiß, bis heute außer Verfolgung geblieben, während – ein letzter Triumph, der ihnen endlich genommen werden sollte – die Namen der Opfer (mit Ausnahme der Geschwister Scholl) im Land der Hindenburg-Plätze, Hindenburg-Straßen und Hindenburg-Kasernen immer noch kaum jemand kennt. Die Sieger – die Sieger! – haben die Geschichte geschrieben: auch in diesem Fall.

Wer weiß von Christoph Probst, von Willi Graf und Alexander Schmorell? Wer von Kurt Huber und Hans Konrad Leipelt, den man hinrichtete, weil er es gewagt hatte, für die in Not geratenen Hinterbliebenen Professor Hubers eine Geldsammlung durchzuführen? Wer kennt die elendiglich im Gefängnis und an den Haftfolgen gestorbenen Angehörigen der Hamburger Nachfolgeorganisation „Weiße Rose" wie Reinhold Meyer und Margarethe Rothe? Wer kennt Frederick Geusenhainer?

Nein, es ist hohe Zeit, die Geschichte des Faschismus aus der Sicht der Opfer, denen man endlich die Würde des Subjekts zuerkennen sollte, neu zu schreiben. Denn: Wie immer man – von heute aus gesehen – den Aufstand der „Weißen Rose" unter politischen und moralischen Aspekten beurteilen mag – wohl bedenkend, daß ihre Mitglieder keine Sechzigjährigen mit einem geschlossenen Weltbild waren, sondern junge Menschen in all ihrer

Widersprüchlichkeit, Studenten zwischen zwanzig und fünfundzwanzig Jahren, die die Zukunft hierhin und dorthin hätte führen können –:

- als Rebellion einer Elite von Bürgerkindern, die ihre Privilegien nutzten, um den ersten Schritt zur Befreiung Deutschlands zu tun;
- als Revolte junger Menschen, die am Ende einsahen, daß die Rettung ihres Landes nur in einer Verschwisterung von Demokratie und Sozialismus liegen könne;
- als heiliges Fanal einer Gruppe, die den Idealen der Jugendbewegung treu bleiben wollte oder
- als Zeichen, mit dem ein christlicher Wertgebung als höchstem Gesetz menschlichen Miteinanders verpflichteter Zirkel eine allgemeine Empörung befördern wollte, die zur Absage an den Widergeist des Nationalsozialismus führen sollte –

eines scheint gewiß: Der Neuanfang in einem demokratischen Deutschland nach 1945 wäre – zumindest für junge Menschen – noch schwieriger und orientierungsloser gewesen, hätte es nicht diese Gruppe gegeben, die vor aller Welt zeigte – und deshalb vom „Nationalkomitee Freies Deutschland" in der Sowjetunion in gleicher Weise wie von Churchill vor dem englischen Unterhaus oder Thomas Mann im amerikanischen Exil respektvoll apostrophiert wurde –, daß es auch unter der im Nationalsozialismus herangewachsenen bürgerlichen Jugend ein Potential des Widerstands gab, einen Kraftkern, dessen Wirkung über die Zeiten hinweg, trotz der scheinbaren Sinnlosigkeit der Aktionen und der Tragödie des Endes dieser „Weißen Rose" nicht hoch genug eingeschätzt werden kann. Ohne Echo, folgenlos also – das darf behauptet werden – ist der Münchener Aufstand gewiß nicht geblieben.

„Ihr sollt nicht umsonst gestorben sein", sagte Thomas Mann am 27. Juni 1943 in einer Radio-Ansprache „Deutsche Hörer!", „Ihr, die Ihr, als noch Nacht über Deutschland und Europa lag, wußtet und verkündetet: Es dämmert ein neuer Glaube an Freiheit und Ehre."

Anneliese Knoop-Graf

„Jeder Einzelne trägt die ganze Verantwortung"
Widerstand am Beispiel Willi Graf

Am 17. Februar 1943 – einen Tag vor seiner Verhaftung – schrieb mein Bruder Willi Graf an eine Freundin:

> Wir brauchen wohl ein ganzes Leben, um das Wesen geistiger Atmosphären zu erkennen und weiterzutragen. Was kommt es da schon auf Jahre an? In ihrem Kreis bewegen wir uns immer, wenn auch manchmal die Möglichkeiten noch so verbaut erscheinen. Immer wieder muß man damit beginnen und weiterdringen und hat so einen Platz, von dem aus und auf dem man leben kann. Man müßte es eigentlich fertig bringen, an jedem Tag zumindest eine Stunde planmäßig auf diesem Gebiet zu arbeiten, wenn die Umstände und Bedingungen auch noch so ungünstig sind. Nur so gelingt es, im Lauf von Jahren ein gutes Stück weiterzukommen und von der geistigen Welt vollkommen durchdrungen zu werden. Ich versuche es jedenfalls, mögen die kommenden Tage auch noch so ungewiß vor mir liegen.

Dieser Brief stellt in knappen Zügen den Lebensentwurf eines Menschen dar, dem als verantwortungsbewußter Deutscher und Christ das Eintreten für Menschenwürde, Recht und Gewissensfreiheit wichtiger war als die Bewahrung des eigenen Lebens und der diese Überzeugung mit dem Tod bezahlen mußte. Willi Graf: Welcher Art waren seine Träume, Hoffnungen, Wünsche, Enttäuschungen; sein Versuch, sich innerhalb einer feindlichen Umwelt – zusammen mit seinen Freunden – in seiner Eigenständigkeit zu behaupten? Wie war das Selbst- und Weltverständnis eines gläubigen, manchmal zagenden, aber doch auch fröhlichen und zuversichtlichen, der Familie und den Gefährten verpflichteten jungen Mannes unter Hitlers Herrschaft?

Willi Graf, geboren am 2. Januar 1918 in Kuchenheim, Kreis

Euskirchen, wuchs in einem von der katholischen Tradition geprägten Elternhaus in Saarbrücken auf, wo der Vater 1922 die Geschäftsführung einer Aktiengesellschaft für Saalvermietung und Weingroßhandel übernommen hatte. Er verbrachte seine Jugendzeit mit einer älteren und mir, der jüngeren Schwester, besuchte ein humanistisches Gymnasium und begann nach dem Abitur 1937 in Bonn mit dem Studium der Medizin; weniger aus Neigung, sondern weil in diesem Fach die politische Reglementierung durch die Parteiorgane vergleichsweise gering war.

Mit elf Jahren wurde Willi Graf Mitglied des katholischen Schülerbundes „Neudeutschland", ein der Tradition der Wandervogel-Bewegung verpflichteter Bund, in dem sich ein gegen Spießertum und bürgerliche Enge gerichteter Protest wachgehalten und mit jugendlichem Autonomiestreben verbunden hatte. Anfang der dreißiger Jahre war das geistige Leben in der Grenzstadt Saarbrücken außerordentlich rege. An ungezählten Abenden wurde unter Gleichgesinnten gelesen und heftig diskutiert. Man suchte nach verbindlichen Imperativen, bemühte sich um eine tiefere Erfassung des Glaubens, um die Erkenntnis der Welt und seiner selbst. Ab 1935 – nach der „Rückgliederung" des Saarlandes in das Deutsche Reich – legte sich auch über Willi Graf und seine Freunde das Reglement des Nationalsozialismus, dessen gefährliches Ausmaß mein Bruder schon frühzeitig erkannt hatte: „Die Lage des Bundes ist ernst. [Aber] mag kommen was will, wir bleiben auf unserer Idee stehen" (11. 4. 1933). Dieser Entschiedenheit blieb Willi Graf treu; trotz Nötigung und Bedrohung weigerte er sich, in die Hitlerjugend einzutreten, sondern strich stattdessen in seinem Adreßbuch die Namen jener „Kerle aus dem Fähnlein" durch, von denen er wußte: „Ist in der HJ".

Eine Notiz von Anfang 1934 lautet: „Jungenschaft 1934. Das heißt: Eigene Wege suchen, die euch nicht vorgezeichnet sind. Neue Formen gestalten, viele warten darauf. Das Opfer der Bünde sei nicht umsonst gebracht... Fragt nicht nach vergangener bündischer Verschiedenheit. Ostern feiern wir zusammen. Eure Vorbereitung sei ohne pathetische Aufrufe. Schließt den Ring in Südwestdeutschland. Sprecht wenig darüber!"

Wenige Wochen später schloß sich Willi – er war gerade sechzehn Jahre alt – illegalen Gruppen an: Der „Deutschmeister Jungenschaft" und später einem Kreis südwestdeutscher Bündischer, der sich aus der „Quickborn-Jungenschaft" entwickelte und als „Grauer Orden" bezeichnete. Hier empfing Willi Graf entscheidende literarische und theologische Impulse.

Der „Graue Orden" war ein Zusammenschluß von etwa 150 jungen Menschen, die eine eigene Lebensform suchten. Er war grau, weil er sich angesichts der herrschenden Macht tarnen mußte. Es gab kein Ritual, keine Organisation, keinen Führer, keine nachweisbare Mitgliedschaft. Zeichen war eine graue Kordel. Sie sollte nicht zum Abzeichen werden; sie wurde auch kaum getragen und verschwand mit der Zeit. Die, die dazu gehörten, waren elitär im Sinne eines von anderen abgehobenen Stils. Das zeigte sich in der betont jungendbewegten Kleidung, in Wortwahl, Geschmack und Schreibweise. Der „Graue Orden" verstand sich nicht als eine Akademikergemeinschaft, sondern als ein Kreis von Studenten, Arbeitern und Handwerkern. Die meisten waren katholisch, von kirchlicher Seite jedoch mit Stirnrunzeln und wenig Wohlwollen betrachtet, da sie sich nicht nur um einen neuen Zugang zur Liturgie bemühten, sondern auch auf eine Reform der katholischen Kirche hinwirkten, auf eine „Kirche in der Welt", die aufgeschlossen war für die Probleme von Gesellschaft, Dichtung, Kunst und ohne den so oft markierten spiritualistischen Vorbehalt.

Diese jungen Leute lebten ihr Leben abseits von den üblichen Bahnen. Sie kamen – wenn immer möglich – zusammen zu Lesungen und Gesprächen über Religion, Philosophie, Kunst und Dichtung; sie sangen, feierten Feste der Freundschaft und des Glaubens; gingen auf Fahrt bis nach Italien, Lappland und dem Balkan. Zu den Treffen, Wanderungen, Fahrten und Lagern brachten sie Freunde und Bekannte mit, die ähnlich dachten und empfanden. Von heute her könnte man sagen, sie seien Romantiker gewesen – so wie sie im Kotenzelt schliefen und die verpönten Russenlieder sangen, träumend von Abenteuern, von Ferne und Freiheit, die jenseits der brutalen Grenzen lagen, in denen sie eingeschlossen waren. Was sich da in der Illegalität abspielte und mitunter stürmisch Bahn brach, ist auch im Rückblick erstaunlich.

Je spürbarer die Mechanismen von Zwang und Unterdrückung, Schnüffelei und Einschüchterung wurden, umso fester stand die Gemeinsamkeit der Freunde. Man hatte in der Bündischen Jugend nach tragfähigen Fundamenten für eine autonome Lebensgestaltung gesucht und dabei etwas gefunden, was auch in Grenzsituationen noch trug. Ständig auf Entdeckung gefaßt, verteidigten sie zäh ihren Freiraum – voll grimmiger Wut auf die Herrschenden und ihre allgegenwärtigen Helfer. Sie wollten gemeinsam ihr eigenes Leben leben – nicht mehr, aber auch nicht weniger.

Bürgermoral und Konvention waren Reizworte für sie. Sie paßten sich nicht an, weder falschen Autoritäten, noch einschränkenden Verhaltensmustern und vertraten damit eine Haltung, die dem Ungeist des NS-Systems zutiefst widersprach. Diese jungen Menschen fühlten sich einem anderen Deutschland zugehörig, verpflichtet einer geistigen Tradition, die in jenen Jahren nichts galt, und die zu wahren sie sich daher umso entschlossener bemühten. Ihr Ziel war nicht, wie später bei den Studenten der „Weißen Rose", der offene Widerstand gegen das Regime, sie waren jedoch, kraft ihrer Geistesart widerständig, und indem sie so waren, setzten sie sich ab von der totalen Gleichschaltung des Staatsapparates. Insofern wurden sie politisch und so sah man sie auch von Staats wegen.

Ende Januar 1938 machte Willi zum ersten Mal Erfahrungen mit Gestapo und Gefängnis. Im Zusammenhang mit den Verhören von Angehörigen anderer freier Jugendgruppen im süddeutschen Raum – von denen damals übrigens auch Hans Scholl betroffen wurde – war der Gestapo die Entdeckung des „Grauen Ordens" gelungen. Willi wurde mit 17 anderen Schülern und Studenten vor dem Sondergericht Mannheim wegen „bündischer Umtriebe" angeklagt und für einige Wochen inhaftiert.

Es ist schon bemerkenswert, was in der Anklageschrift als „Vergehen" gegen die berüchtigte Notverordnung zum „Schutz von Volk und Staat" erscheint: Das Pflegen bündischen Brauchtums und Gedankengutes, das Benutzen des schwarzen Kotenzeltes der Lappländer, das für die Jugendbewegung symbolisch geworden war, das Sitzen auf Matratzen bei Heimabenden, weiterhin Stockpeitschenfechten, Spielen auf der Balalaika, und immer wieder das Singen „bündischer Lieder", auch solche „mit russischem

Einschlag". Dank einer Amnestie nach dem „Anschluß Österreichs" wurde das Verfahren eingestellt; die Angeklagten gingen nach ihrer Untersuchungshaft straffrei aus.

Von Jugend an hatte mein Bruder im Kreise Gleichgesinnter gelernt, seine eigene Situation zu reflektieren, Vorurteile zu durchschauen, aus sicher scheinenden Reserven herauszutreten und eingefahrene Wege der Frömmigkeit nicht deshalb für richtig zu halten, weil sie ihm in der Familie vorgelebt wurden. Für ihn war Christsein also von Jugend auf eine existentielle Frage, angenommen durch persönliche Erfahrung in freier Verantwortung und durchaus nicht immer im Einverständnis mit der Amtskirche. Zu dieser Art des Christseins gehörte auch eine kritisch-wache Auseinandersetzung mit unserer religiösen Erziehung: Sie sei – so schrieb er mir einmal – „denkbar schlecht und voller Unmöglichkeiten" und er fuhr fort: „Urteilskraft und lebendige Überzeugung haben wir nicht mitbekommen, um in der Lage zu sein, diese Weltanschauung zu verteidigen." Er selbst besaß ein untrügliches Gefühl für Falsch und Richtig, für Wahr und Unwahr und einen unbeirrbaren Willen, für das einzutreten, was er als wahr und richtig erkannte. Er erfaßte rasch, ob jemand seine Sprache verstand. Wo er überzeugende Gemeinsamkeit nicht spürte, blieb er kurz angebunden und reserviert – manche mögen ihn wohl als schroff und unverbindlich angesehen haben.

Der Gedankenaustausch mit seinen Freunden war für Willi von lebenswichtiger Bedeutung. Er nahm sie auch ganz für sich in Anspruch. Der Familie wurden sie nur selten vorgestellt, da ihm schon jede Begrüßungszeremonie als lästige Zeitvergeudung erschien. Bereits in den dreißiger Jahren hatte ich den Eindruck, als ob die Zusammenkünfte meines Bruders und seiner Freunde Verschwörungen wären, an denen kein anderer, und schon gar nicht ein Mädchen, teilnehmen durfte.

Sehr viel Zeit verbrachte Willi bei ausgedehnter Lektüre; auch führte er mit seinen Freunden und später auch mit mir eine umfangreiche Korrespondenz. Herrschte während unserer frühen Jugendjahre ein mehr heiter-ironischer Umgangston zwischen uns, so wurde Willi während meiner Studienzeit zu meinem unermüdlichen Mentor und Berater und ging in seinen Briefen nachdrücklich auf alle meine persönlichen und religiösen Probleme ein. Manche dieser Briefe endeten mit der Zusicherung: „Auf mich kannst Du Dich in jedem Fall verlassen", und so ging ich dann auch im November 1942 ohne Zögern auf seinen Vorschlag ein, mit ihm gemeinsam in München zu studieren.

Die Technik des Formulierens wurde in jener Zeit der Unterdrückung zu einer Kunst der vielsagenden Zwischentöne entwickelt. So sind Willis Briefe oft von einer merkwürdigen Kühle, Trockenheit, distanzierten Nüchternheit und einem fast unjugendlichen Ernst. Innere Unruhe, Einsamkeit, Suche nach Sinn – gerade auch angesichts der Sinnlosigkeit des Krieges – wie ein roter Faden ziehen sich diese Empfindungen durch seine Tagebuchnotizen und Briefe. Zwei Beispiele:

> Doch tief drinnen liegt die Unruhe und Sorge, kommt aber nicht oft in die Bereiche unseres Bewußtseins. Man könnte das Leben dann noch weniger ertragen, weil es ja noch immer schwerer wird (4.3.1942).
> Glaube nicht, daß bei mir alle Überlegungen glatt und gelöst seien, wenn es manchmal auch so scheint. Immer wieder sind die Zweifel da und werden größer und größer, je mehr man mit ihnen ringt. Aber ich versuche, Klarheit zu bekommen und Wege zu erkennen. Sicherheit und Zögern wechseln einander ab (25.6.1942).

Wege erkennen – das hieß für Willi Graf – die individuelle und humane Existenz zu bewahren inmitten eines erdrückenden Kollektivs.

Das Andersdenken, das Gegen-Denken begann als Konflikt junger Christen mit der atheistischen und antihumanen Lehre des Nationalsozialismus lange vor dem Krieg. Mit der sich in den Kriegsjahren zunehmend zeigenden Menschenverachtung des Regimes wuchs der Abscheu vor dem Vernichtungswahn des Antichristen und die Überzeugung von der Notwendigkeit einer Opposition.

Briefe und Aufzeichnungen meines Bruders geben Einblick in die Welt einer sich suchend-festigenden Gegenexistenz, die sich abhebt von traditionellen Verhaltensmustern. Die Erkenntnis, daß Christsein und Menschsein eine Einheit bilden, forderte den politisch denkenden und handelnden Christen. So war für ihn der Kampf gegen diesen Staat die zwangsläufige Folgerung einer

Maxime, die er im Juli 1942 in einem Brief an mich formuliert hatte: „Jeder Einzelne trägt die ganze Verantwortung. Für uns aber ist die Pflicht, dem Zweifel zu begegnen und irgendwann eine eindeutige Richtung einzuschlagen". Auf die entsetzliche Wirklichkeit immer verhängnisvoller werdender Greueltaten hatte sein Gewissen reagiert. Nicht: Es muß etwas geschehen, sondern: Ich muß etwas tun. Er nahm die Botschaft auf, die der damals in bündischen Kreisen vielgelesene Autor Michael Brink in seinem 1942 erschienenen Werk „Don Quichotte" niedergeschrieben hatte:

> Laßt uns Hand ans Werk legen, denn Zaudern bringt Gefahr. Das Angreifen hat seine Zeit und das Zurückweichen, manchmal muß man sich für eine bessere Gelegenheit aufsparen. Doch jetzt gilt es zu bekennen oder zu sterben, tertium non datur.

So fand Willi Graf den Weg zu einem Christentum der Tat, das weder durch kirchliche Ambivalenz verstellt, durch untätiges Abwarten blockiert noch durch taktisches Agieren eingeengt war.

Es ist hier nicht der Ort, über die Verstrickungen, Versäumnisse und verhängnisvollen Irrtümer der Kirche während des Nationalsozialismus zu rechten. Hier soll nur das Außerordentliche der Weißen Rose verdeutlicht und am Beispiel von Willi Graf der Prototyp eines jungen revolutionären Katholiken geschildert werden, der über Forderung und Anspruch seiner Kirche, der Obrigkeit bedingungslos Untertan sein zu müssen, hinauswuchs.

Was mag mein Bruder wohl von den Älteren sowie von vielen Kirchenvertretern gehalten haben, die Klugheit predigten, doch Stillsein und Sich-Anpassen meinten? Die Gehorsam verlangten, wo Aufruf zur Opposition das Gesetz der Stunde gewesen wäre?

Mir ist im Laufe der Jahre immer klarer geworden, daß das Elternhaus nur in geringem Maße Willis Weg beeinflußt hat, den Weg, dessen Richtung allein von seinem Gewissen bestimmt wurde, das ihm gebot, im Widerspruch zu seiner Zeit zu stehen. Der entscheidende Anstoß dazu kam aus dem kulturellen Milieu seiner Freunde von der Bündischen Jugend, die auch bestimmte Konventionen des Elternhauses und der Institution Kirche in Frage stellten.

Unsere Eltern hingegen waren dieser Tradition eng verhaftet. Sie waren im weitesten Sinne autoritätsgläubig und versuchten, auch uns in dieser Richtung zu erziehen. Zwar lehnten sie den Nationalsozialismus ab, doch kirchentreu, wie sie waren, orientierten sie sich an den Kompromissen, die die Vertreter der kirchlichen Hierarchie praktizierten.

Mein Bruder war den übrigen Familienmitgliedern in der radikalen Entschiedenheit, seiner Überzeugung gemäß zu leben, weit voraus. Er war es auch, der Eltern und Schwestern über die barbarischen Hintergründe des Unrechtsstaates aufklärte und sich durch beschwörende Vorhaltungen der Eltern, doch wenigstens pro forma der Hitlerjugend beizutreten, nicht zum Mitmachen bewegen ließ.

So hat Willi Graf seine Angehörigen nicht in die Widerstandspläne eingeweiht. Er wußte, sie würden alles tun, um ihn davon abzubringen. Erst in den langen Monaten der Einzelhaft hat meinen Bruder die Frage beschäftigt, wie sich die Eltern zu seiner Tat stellten. Meiner Schwester flüsterte er bei einem Gefängnisbesuch zu: „Sage dem Vater, es war kein dummer Jungenstreich. Er wird einmal stolz auf mich sein."

Als die Eltern von dem Todesurteil erfuhren, haben sie sich aus ihrem religiösen Bewußtsein heraus zu dem Opfertod ihres Sohnes bekannt. Sie haben alles auf sich genommen, den Schmerz und auch den Stolz. Mein Bruder mag in den schweren Stunden vor seinem Tod um die Stärke unserer Eltern gewußt haben. In seinem Abschiedsbrief schreibt er ihnen: „Alles, was ich bin, verdanke ich Euch; denn Ihr gabt mir alle Freiheiten und Möglichkeiten mit auf den Weg."

Zu Beginn des Krieges wurde Willi – inzwischen Student der Medizin – einer Sanitätsabteilung zugeteilt und an verschiedenen Kriegsschauplätzen – Frankreich, Belgien, Polen und Rußland – eingesetzt. Vor allem der Einsatz an der Ostfront veränderte diesen ohnehin nachdenklichen Menschen. Seine Briefe belegen es, daß der Osten zu seinem härtesten Lehrmeister geworden war. Er machte Erfahrungen, die er kaum „verarbeiten" konnte. Er sah die Not der vom Kriegsgeschehen betroffenen Zivilbevölkerung und wurde Zeuge von Kriegsgreueln. In einem Brief vom 1.2.1942 schrieb er mir:

Ich wünschte, ich hätte das nicht sehen müssen, was sich in meiner Umgebung zugetragen hat und mich aufs Tiefste trifft. Der Krieg gerade hier im Osten führt mich an Dinge, die neuartig und fremd wie nichts bisher Bekanntes sind.

Im April 1942 kehrte mein Bruder zum Weiterstudium in eine Studentenkompanie nach München zurück. Mitte Juni lernte er die Geschwister Scholl, Christoph Probst, Alexander Schmorell und später Prof. Kurt Huber kennen. Sie erkannten sich schnell in ihrer oppositionellen Haltung gegen das Regime. Auch im Bach-Chor und beim Sportfechten traf Willi auf Kommilitonen, die seine Einstellung teilten. Die ersten Flugblattaktionen der „Weißen Rose" hatten zu dieser Zeit bereits begonnen. Willi Graf hatte vermutlich noch keinen Anteil an ihnen. Im Sommer 1942 wurde er zusammen mit Hans und Alex für drei Monate zur Feldfamulatur an die Ostfront abkommandiert. „Das ist günstig und für die kommende Zeit wichtig", notiert Willi am 19. 8. 1942.

Nach Rückkehr aus Rußland nahmen, etwa ab November 1942, die Widerstandspläne konkretere Formen an. In dieser Zeit hatte Willi sich endgültig entschlossen, sich an den Widerstandsaktionen zu beteiligen. Ein sicherer Anhaltspunkt hierfür ist ein Tagebucheintrag vom 2. 12. 1942: „Gespräche über den Aufbau, manche Gedanken sind mir neu". Von nun an häufen sich in Willis Tagebuch Aufzeichnungen über das weitere Vorgehen, wie z. B. „Arbeit am Plan"; „Wir reden und planen"; „Bei Scholls sehr interessantes Gespräch mit Huber"; „Wir reden viel und mancher gute Gedanke wird geboren"; „Der Stein kommt ins Rollen". So verschlüsselt diese Notizen auch sind, so dokumentieren sie doch, besonders im Zusammenhang mit den später bekannt gewordenen Verhörsprotokollen, die einzelnen Aktivitäten der „Weißen Rose" und enthüllen das Koordinatensystem, innerhalb dessen sich eine zeitliche und räumliche Bestimmung der konspirativen Tätigkeiten, soweit mein Bruder daran beteiligt war, rekonstruieren läßt. Wäre es ihm nicht geglückt, bei seiner Verhaftung das Notizbuch in einem Bücherregal zu verstecken, hätte der Inhalt zweifellos ausgereicht, nicht nur den engeren Kreis der „Weißen Rose", sondern auch Mitwisser und andere Freunde und Bekannte an die Gestapo auszuliefern. Ein äußerst gefährliches Dokument also; doch in welch vorsichtiger Sprache ist es abgefaßt. „Die Nacht sieht mich spät im Bett", heißt es beispielsweise am 28.1.1943. Das aber bedeutet im Klartext: Wir verteilten Flugblätter im Stadtkern Münchens.

Trotz vieler Bemühungen war es meinem Bruder nicht gelungen, die in München lebenden Freunde aus der Bündischen Jugend für seine Pläne zu gewinnen. Keiner aus diesem Kreis fand sich bereit, mit ihm den Weg vom ursprünglich alle einenden Widerstehen im Denken zum Widerstand im Handeln zu gehen. Angesichts des von ihnen gering eingeschätzten Erfolgs der Flugblattaktionen schien ihnen das Risiko zu groß. Sie hielten den „inneren Widerstand" zu diesem Zeitpunkt für politisch sinnvoller als konspirative Arbeit und beschworen meinen Bruder, die gefährlichen Aktionen zu lassen. Wie einer dieser Freunde mir später berichtete, hörte sich Willi jedoch all diese warnenden Argumente „merkwürdig unbewegt" an.

Innerhalb der „Weißen Rose" unternahm er es, im Januar 1943 den Widerstand über München hinaus auszuweiten. Mit einigen Exemplaren des fünften Flugblatts und einem Vervielfältigungsgerät im Gepäck versuchte er, in Saarbrücken, Köln, Bonn, Freiburg und Ulm aus dem inzwischen versprengten saarländischen Freundeskreis Helfer zu gewinnen. Der Erfolg war gering. Aus Tagebuchnotizen geht hervor, daß Willi Graf manche Enttäuschung hinnehmen mußte; sei es, weil einige der angesprochenen Freunde seine Auffassung, daß der Krieg bereits verloren sei, nicht teilten, sei es, weil sie auf einen Putsch der Generäle hofften. Einige Vertraute billigten zwar sein Vorhaben, konnten sich aber selber nicht dazu entschließen, und andere lehnten die Aktivitäten der „Weißen Rose" entweder grundsätzlich oder als zu diesem Zeitpunkt verfrüht ab.

So mußte Willi Graf weitgehend auf das Gefühl der Geborgenheit im Kreis altvertrauter Menschen verzichten, was zweifellos eine schmerzliche Erfahrung für ihn war. Zu aktiver Teilnahme erklärten sich nur vier der saarländischen Freunde bereit: Der Philosophieassistent Heinz Bollinger, sein Bruder Willi, Student der Chemie; Helmut Bauer, der Medizin und Rudi Alt, der Theologie studierte. Über den Inhalt der im Winter 1942/43 geführten Gespräche schrieb mir später Heinz Bollinger, der im gleichen Prozeß wie mein Bruder im April 1943 wegen seiner Mitwisser-

und Mittäterschaft zu sieben Jahren Zuchthaus verurteilt worden war:

> Während unserer Schulzeit waren wir eine Weile im selben Fähnlein vom ND, waren aber nicht befreundet. Dann begegneten wir uns wieder in den Weihnachsferien 1942 bei einer Missa ... Willi, der damals versuchen wollte, Widerstandsgruppen zu gründen, verstand bei der Diskussion meine vorsichtigen Fragen und mein Schweigen richtig und besuchte mich zwei Tage später in meiner Wohnung. Wir verstanden uns sofort, und ich sagte ihm, daß ich in Freiburg schon eine Widerstandsgruppe gebildet hätte.

Für Saarbrücken übernahm diese Aufgabe Bollingers Bruder, der damals Sanitätssoldat in einem Saarbrücker Reservelazarett war. Er fälschte für Willi Urlaubs- und Militärfahrscheine, „organisierte" Offiziers- und Maschinenpistolen und stellte mit Hilfe eines ihm von meinem Bruder übergebenen Kopiergerätes Abzüge der Flugblätter her. Über Willi Grafs Zusammentreffen mit Willi Bollinger liegt ein Bericht von Bollinger vor, in dem es zum Schluß heißt:

> ... Wir waren uns durchaus bewußt, daß das, was getan werden mußte, äußerst gefährlich war und daß jeder Einzelne mit sich selbst zu Rate gehen mußte, ob er bereit sei, für dieses Tun sein Leben zu opfern ... Die geistige Verpflichtung dazu war so bindend, daß es davon kein Entrinnen mehr gab ...

Daß in den Gesprächen mit den Brüdern Bollinger die Frage des Widerstandes mit Waffengewalt diskutiert und als Möglichkeit einkalkuliert wurde, steht nach diesen Berichten außer Zweifel: „Wir wußten uns einig in der Auffassung ... daß wir die Waffen, die wir uns beschafften, auch gebrauchen wollten, und daß unser Hauptziel die Tötung Hitlers sei." Sicher ist aber auch, daß die Frage des Tyrannenmords im Freundeskreis meines Bruders schon vor dem Krieg – und dann später unter den Mitgliedern der „Weißen Rose" heftig diskutiert wurde. Da aber alles in äußerster Verschwiegenheit getan werden mußte, sind konkrete Details unbekannt und sie können – und das gilt auch für manche anderen Aktivitäten – nur mit aller Vorsicht und oft ungenügend rekonstruiert werden. Die eigentlich Zuständigen sind verstummt.

Es ist anzunehmen, daß die Skepsis und Zurückhaltung mancher Weggenossen aus der früheren Zeit mit dazu beigetragen hat, in meinem Bruder Zweifel an Sinn und Angemessenheit der geplanten Aktionen aufkommen zu lassen. Dafür spricht das am 14. 1. 1943 notierte Bedenken: „Viel Zeit geht damit vorbei, daß ich mich mit dem Plan beschäftige. Ob das der richtige Weg ist? Manchmal glaube ich es sicher, manchmal zweifle ich daran." Die sich daran anschließende Notiz zeigt jedoch, daß seine Entscheidung unwiderruflich feststand. „aber trotzdem nehme ich es auf mich, wenn es auch noch so beschwerlich ist." Dieser Entschluß beendete Willi Grafs einsames Ringen mit sich und seiner Verantwortung.

Bleibt zu fragen, was diesen gründlich abwägenden, mehr vorsichtigen als waghalsigen Menschen dazu bewogen hat, seine skeptische Vorsicht zu überwinden? Ich muß bekennen: Die Einzelheiten und seine Entscheidung für den Widerstand im Kreis der „Weißen Rose" sind sein Geheimnis geblieben. Wir kommen nur bis zur Schwelle dieser Entscheidung. Christlich fundierte Erziehung im Elternhaus, Prägungen durch die nonkonformen Lebensziele Bündischer Jugend, Beschäftigung mit religiösen und philosophischen Fragen, die Gabe der Unterscheidung in wesentlichen Dingen, differenzierte Sensibilität für die Verletzungen der Menschenwürde, persönliche Erfahrungen mit der Gestapo, Erlebnisse grauenvoller Situationen an der Ostfront, gewiß; jedoch dies erfuhren andere auch. Viele haben das Gleiche erlebt, das Gleiche gedacht, das Gleiche gehaßt. Aber eben unverbindlicher, intellektueller, nicht mit jener Unbedingtheit und Intensität, wie sie Willi Graf und den Gefährten der „Weißen Rose" zu eigen waren: Eben jene unerbittliche Bereitschaft, die keinen anderen Ausweg sah, als sich selbst als Pfand einzusetzen, während andere sich sorglich bewahrt und versteckt hielten.

Wenn Willi Graf sich zum Widerstand entschloß, dann war das nicht eine aus jugendlichem Ungestüm oder hochgemuter Spontanität kommende idealistische Aktion, sondern der ausgereifte Entschluß, ein Zeichen zu setzen, auch auf die Gefahr hin, zu scheitern. Sein letzter Brief an mich, geschrieben an seinem Todestag, gibt Zeugnis von dieser Haltung: „Du weißt, daß ich nicht leichtsinnig gehandelt habe, sondern aus tiefster Sorge und in dem Bewußtsein der ernsten Lage gehandelt habe."

Dieser Brief kam aus dem Gefängnis. In den Monaten zuvor, da wir gemeinsam in München studierten, hat er auch mir gegenüber nie etwas Konkretes von seiner Beteiligung an den Aktionen verlauten lassen – um mich nicht in Gefahr zu bringen. Er fand auch – allen konspirativen Anforderungen zum Trotz – immer noch Zeit für seine vielfältigen Interessen: Medizinische Studien, gemeinsame Bibelarbeit und Liturgievorbereitungen mit den alten Freunden, ausgedehnte Lektüre. Er kam mit wenig Schlaf aus, schien überhaupt, wie er einmal ironisch meinte, „unverwüstlich" zu sein. Er ging zum Fechten, zum Skilaufen, sang im Chor, besuchte Konzerte und fand sich an vielen Abenden bei mir zu längeren Gesprächen in unserer Wohnung ein. Als am 18. Februar die Flugblätter in der Universität verteilt wurden, erinnerte ich mich an die vielen unverhohlenen Äußerungen von der Notwendigkeit, einen klaren und sichtbaren Protest gegen das Regime zu wagen, und ich ahnte sogleich, wer die Urheber dieser Flugblätter waren.

Nachdem man Hans und Sophie gefaßt hatte, wurden Willi und ich ebenfalls verhaftet. Begleitet von zwei Gestapo-Beamten, im Fond eines Polizeiautos sitzend, hielten wir uns schweigend fest an der Hand. Das bedeutete uns mehr als Worte, die doch nichts hätten ausrichten können. In den ersten Tagen waren wir im gleichen Untersuchungsgefängnis, hin und wieder sahen wir uns für Sekunden. Dabei sah Willi mich so ermutigend, fast beschwörend an, daß ich beruhigt in meine Gefängniszelle zurückkehrte. Um sich und andere zu retten, hatte er zunächst acht Tage lang seine Mittäterschaft abgestritten und – wie Freisler bei dem Prozeß höhnte – der Gestapo „schöne Lügengeschichten" aufgebunden. Bei der Fülle des Beweismaterials blieb ihm schließlich nichts anderes übrig, als seine Beteiligung zuzugeben.

Am 19. April 1943 wurde mein Bruder unter vierzehn Mitangeklagten zum Tode verurteilt. Er hat dann noch bis zum 12. Oktober in Einzelhaft auf seinen Tod warten müssen. Die Gestapo versuchte, über ihn oppositionelle Kreise aus den illegalen Bünden – Beteiligte, Mitwisser, Sympathisanten – aufzudecken. Im Amtsdeutsch heißt es darüber am 8. 7. 1943: „... daß bei dem Verurteilten Graf noch Gegenüberstellungen notwendig seien, sodaß er noch einige Zeit benötigt werde.“ Aus den Verhörsprotokollen läßt sich erkennen, daß meinem Bruder die Sicherheit der anderen Beteiligten oberstes Prinzip bei seinen Aussagen war. Es gelang ihm, durch Winkelzüge, Selbstbezichtigungen und den Aufbau falscher Fronten die Freunde, die noch nicht überführt waren, vor dem Zugriff der Gestapo zu bewahren. Als diese nach acht Monaten feststellen mußte, daß Willi Graf beharrlich schwieg, wurde er schließlich nicht mehr „benötigt“.

Der Ankündigung der Ermordung folgte am 12. Oktober 1943 per Telegramm die Vollzugsmeldung:

> Angelegenheit heute ohne Zwischenfall erledigt.

Zwei Tage später erhielt das Reichsjustizministerium in Berlin die Meldung:

> Der Hinrichtungsvorgang dauerte vom Verlassen der Zelle an gerechnet eine Minute, elf Sekunden, von der Übergabe an den Scharfrichter bis zum Fall des Beiles elf Sekunden. Zwischenfälle oder sonstige Vorkommnisse von Bedeutung sind nicht zu berichten.

Eine juristisch perfekt abgesicherte und vorbereitete Ermordung – im Namen des deutschen Volkes. Alles präzise formuliert, gut und sorgfältig bürokratisch abgestempelt, amtlich besiegelt, abgeheftet. Wir Angehörigen wurden nicht benachrichtigt.

Was mein Bruder in den Stunden vor seinem Tod empfand, hat er ausgedrückt in seinem Abschiedsbrief an mich, den der Gefängnisgeistliche heimlich ins Stenogramm aufnehmen und unzensiert aus dem Gefängnis bringen konnte. Willi schrieb:

> Die Gespräche unserer letzten Wochen sollen Dir helfen und Inhalt für Dein zukünftiges Leben sein. Ich werde bei Dir sein, auch wenn ich nicht mehr im Leben an Deiner Seite stehen kann. [...] Ich sterbe im Vertrauen auf Gottes Fürsorge. Vieles möchte ich Dir noch sagen, aber es ist ja so schwer, in letzter Minute davon zu sprechen. [...]

Am Schluß dieses Briefes steht das Vermächtnis:

> Auch gegenüber meinen Freunden sollst Du bestimmt sein, mein Andenken und mein Wollen aufrecht zu erhalten. [...] Du kannst es ja verstehen, daß ich keinem der Freunde ein Zeichen hinter-

lassen konnte. Wenn die Zeit günstig ist, mögest Du Dich mit ihnen in Verbindung setzen. [...] Sage allen meinen letzten Gruß. Sie sollen weitertragen, was wir begonnen haben.

Weitertragen – ein Appell, der das Vergangene mit der Gegenwart verbindet und in die Zukunft weist. Eine Botschaft, die bezeugt, daß der Einzelne ein Gewicht hat, sofern er bereit ist, für seine Überzeugung unerschrocken einzutreten. Zum Tode verurteilt, schrieb Willi Graf aus seiner Zelle: „Ich gehe meinen Weg bis zum Ende". Heute wissen wir, daß dieser Weg ungewöhnlich gradlinig gewesen ist. Willi Grafs Wollen war nicht das eines „Einzelgängers", wie Freisler abfällig meinte; auch wenn dann die letzten Schritte seines jungen Lebens – die zur Aktion und die nach dem Urteil – in immer größer werdender Einsamkeit getan werden mußten. Sie bleiben persönliche Tat, eine am unmittelbaren Erfolg gemessen wirkungslose Tat.

Doch wer sich näher mit den geistig-ethischen Grundlagen der „Weißen Rose" befaßt, ihrem entschiedenen Eintreten für eine Erneuerung von Innen her und ihrem unbeirrbaren Festhalten an ihren ethischen Maximen auch in der äußersten Gefährdung des Lebens, der weiß, daß sich jene Verschmelzung von Wollen und Tun einer Beurteilung entzieht, die nur den wägbaren Nutzen im Auge hat, daß also auf einer *anderen* Ebene als der des vordergründig politischen Erfolges der Sinn sittlichen Handelns evident wird.

Das Gedenken an den Widerstand der „Weißen Rose" darf sich aber keinesfalls in Ergriffenheit der Überlebenden und Nachlebenden erschöpfen. Die Erinnerung als die erste Stufe historischen Erkennens bedarf kritischer Prüfung und Reflexion, damit sie das Vergangenheitsbild der Gegenwart von Vorurteilen befreit und so einer Legendenbildung vorbeugt.

Weitertragen – ein Vermächtnis. Für mich persönlich heißt das, von der Existenz der „Weißen Rose" Zeugnis zu geben und über Auslegung und Rezeption ihrer Geschichte zu wachen. Durch diese Aufgabe erwachsen Probleme der Vermittlung. Als Zeitzeugin mußte ich mühsam Balance halten zwischen Distanz der Berichterstattung und persönlichem Betroffensein. Wie kann ich z. B. den heutigen Menschen vermitteln, was es heißt, Widerstand auf sich zu nehmen, wie ihnen erklären, daß man damals selbst mit den liebsten und nahestehendsten Menschen über manches, was man tat und dachte, nicht sprechen konnte?

Ich stelle mir heute oft die Frage, was ich aus jener Zeit durch meinen Bruder, durch die „Weiße Rose" gelernt habe. Ich denke, ich lernte zu verstehen, daß ich selber mich jeweils neu bemühen müßte, Zusammenhänge zu erkennen und mir jene Gabe der Unterscheidung zu eigen zu machen, die nötig ist, um zu einem eigenen Urteil zu kommen und nach dieser Einsicht zu handeln. Ich lernte auch, daß es möglich ist – und um der Erhaltung des eigenen Selbstverständnisses willen auch notwendig ist – Widersprüche zu ertragen und in einer anders denkenden Mehrheit abweichende Urteile und abweichendes Verhalten zu wagen, wenn die Verhältnisse es erfordern. In was für einer Universität, in was für einem Land hätten wir studiert und gelebt, wenn mehr Professoren und Studenten den Mut zu politischer und moralischer Verantwortung gehabt hätten. Was bleibt, ist der Schrecken über die Verführbarkeit durch ein Wahnsystem und die bittere Erkenntnis, daß wir, die wir damals beteiligt und doch nicht beteiligt waren, nicht stark genug dem Nationalsozialismus die Stirn geboten haben.

So bin ich unseren Toten verpflichtet, nicht nur die Unruhe über ihren Tod weiterzutragen, sondern auch in der heutigen Generation das Bewußtsein wachzuhalten, daß sie zwar nicht schuldig ist an dem, was damals geschah, daß sie aber eine moralische Verantwortung für die historischen Konsequenzen hat, die auch darin besteht, Licht in das Dunkel der Vergangenheit zu bringen. Verantwortung für die Vergangenheit tragen, kann nur ein wissender Mensch. „Vergangenheit ist Unheil, Erinnerung ist Erlösung", und das bedeutet, daß wir nur dann unsere Gegenwart begreifen und bestehen können, wenn die Vergangenheit in der Gegenwart weiterlebt, vollständig, auch emotional, mit Schmerz, Trauer und Scham.

Weitertragen: Diesem Auftrag weiß sich auch die Weiße-Rose-Stifung verpflichtet, die 1987 von Teilnehmern und Angehörigen der Widerstandsgruppe „Weiße Rose" in München gegründet wurde. Gemeinsame Ziele verbinden sie mit der White Rose

Foundation, New York, einer im Februar 1987 im amerikanischen Senat auf dem Capitol Hill ins Leben gerufene, von amerikanischen Juden, besonders vom American Jewish Congress, getragenen Stiftung. Eine beachtliche Zahl von Einzelpersonen gehören der Stiftung als fördernde Mitglieder an. Es haben sich aber auch jene acht Städte, in denen Teilnehmer des Widerstandskreises lebten und wirkten: München, Hamburg, Berlin, Stuttgart, Ulm, Saarbrücken, Freiburg und Gräfelfing zur „Städtegemeinschaft der Weißen Rose" zusammengeschlossen, um die Stiftung finanziell und ideell zu unterstützen.

Die aktuelle Aufgabe der Stiftung sehen wir neben der Vermittlung von Kenntnissen über das Wirken und die Verfolgung der „Weißen Rose" vor allem darin, für die in den Flugblättern der „Weißen Rose" formulierten politischen und ethischen Grundansprüche einzutreten. Entsprechend der Stiftungspräambel fühlen wir uns verpflichtet, „Tendenzen wie Antisemitismus, Rassismus, Feindseligkeit gegenüber Ausländern sowie anderen unmenschlichen Haltungen und Verletzungen der Menschenrechte entgegenzuwirken." Ein Schwerpunkt ist z. B. die Auseinandersetzung mit dem wachsenden Rechtsradikalismus.

Engagement und Zielsetzungen meines Bruders und seiner Freunde möchte ich jedoch nicht nur als ein bis in die Gegenwart wirkendes politisches Konzept verstanden wissen. Vielmehr soll ihr Verantwortungsbewußtsein, ihr Wille, ihr Mut, ihr Vertrauen – und auch ihre Ängste und Zweifel – den Einzelnen anregen, sich Rechenschaft zu geben, ob und inwieweit er im moralischen Ernstfall verführbar wäre.

Auch heute ist widerstehen oder besser: protestieren, sich widersetzen, aufbegehren, sich verweigern, gefordert. Protest gegen das Wettrüsten, gegen Willkür und soziale Ungerechtigkeit, gegen die Zerstörung des ökologischen Bestands unserer Erde, gegen eine bedenkenlose Ausgrenzung ihrer Minderheiten.

Das alles heißt jedoch nicht, daß die Situationen von damals und heute vergleichbar sind. Widerstand damals hieß, sich auf das Schlimmste gefaßt zu machen, auf Folter, auf Konzentrationslager, auf das Schafott. Widerstand heute ist eine staatsbürgerliche Haltung. Er hat seinen Rang und seine Funktion bei der Abwehr von Mißbräuchen und Mißgriffen der Macht und ist ein legales Mittel im politischen Kampf um mehr Freiheit, mehr Gerechtigkeit, mehr Menschenwürde im Rahmen der demokratischen Verfassung, die diese Rechte garantiert.

Widerstehen im ursprünglichen Sinne stellt also Anforderungen an jeden von uns: hinsehen, wo andere wegsehen, politisch wachsam und sensibel sein, das Gewissen schärfen, sich nicht vereinnahmen lassen, den Gruppenzwängen entsagen, die Anstrengungen einer kritischen Infomationsaufnahme und -verarbeitung auf sich nehmnen und von daher selbstverantwortlich handeln. Wachsam sein – d.h., um es auf eine Kurzformel zu bringen: Aufpassen, Erkennen, Neinsagen, Durchhalten. Es geht also auch um den Widerstand gegen die Trägheit des Geistes und des Herzens, um Widerstand gegen die Versuchung, sich bedeckt zu halten und Konflikten aus dem Weg zu gehen.

Eines haben wir gewiß ganz allgemein aus dem Widerstand von damals gelernt: Wir können nicht warten, bis sich die Verhältnisse ins Unerträgliche steigern. Zwar leben wir heute in der freiesten Epoche der deutschen Geschichte, und wir besitzen eine beschützenswerte Demokratie. Aber auch der demokratische Rechtsstaat braucht des Bürgers Mißtrauen gegenüber den Mächtigen, braucht unbequeme Bürger, die Übelstände demaskieren.

Seien wir ehrlich: Wieviel Unrecht, wieviele Probleme schieben wir täglich beiseite, verdrängen sie oder überlassen sie anderen. Da ist es wichtig, sich an ein Wort von Günter Eich zu erinnern, der gesagt hat:

> Alles, was geschieht, geht dich an. Sieh, was es gibt. Gefängnis und Folterung, Blindheit und Lähmung, Tod in vieler Gestalt, den körperlosen Schmerz und Angst, die das Leben meint. Alles, was geschieht, geht dich an.

Und noch ein letztes: Das Verständnis des Widerstandes wird erschwert, wenn man ihn nur auf das Moralische reduziert, ihn gleichsam entpolitisiert und – zeitenthoben – hoch auf ein Podest stellt, auf dem man die Moral gegen die Politik ausspielen kann. Doch die Botschaft des Widerstandes wendet sich gerade gegen solche Trennung. Der Widerstand der „Weißen Rose“ war politischer Widerstand; seine moralischen Positionen blieben nicht akademisch. Teil ihrer persönlich glaubwürdigen Aneignung von Moral war die politische Tat, die sich dem ganzen verantwortlich wußte. Willi Graf und seine Freunde sahen im Recht und in der Unverletzlichkeit der Menschenwürde die Voraussetzung jeder Politik, jeden Zusammenlebens unter Menschen. Aus dieser Verantwortung ist niemand von uns entlassen, auch heute nicht. Die soziale Demokratie wird definiert durch das kritische Engagement ihrer Bürger. „Zerreißt den Mantel der Gleichgültigkeit, den ihr um euer Herz gelegt", so heißt es in einem der Flugblätter der „Weißen Rose", das mit dem Satz beginnt: „Wenn jeder wartet, bis der andere anfängt ...." – Worte von bestürzender Aktualität.

Reproduktionen der Flugblätter, die von der „Weißen Rose" verfaßt wurden, sind bei der Stiftung Weiße Rose, Genter Straße, 8000 München, erhältlich.

Rainer Pohl

„Schräge Vögel, mausert euch!“ Von Renitenz, Übermut und Verfolgung Hamburger Swings und Pariser Zazous

Eine Reihe von Beiträgen der letzten Jahre haben das Augenmerk nicht nur der Zeithistoriker auf jene anglophilen Jugendlichen im Großstadtmilieu der vierziger Jahre gelenkt, die in Deutschland mit dem Namen „Swing-Jugend“ bezeichnet werden. Haben wir es hier mit einer Form der „Jugendopposition“ im Dritten Reich zu tun oder gar mit „Widerstand Hamburger Gymnasiasten“? Der bisweilen vermutete Zusammenhang zwischen der „Weißen Rose-Hamburg“ und der Hamburger „Swing-Jugend“ wird in Zukunft erst noch genauer zu bestimmen sein, die Quellenlage ist jedenfalls bislang zu einer derartigen Hypothese nicht ausreichend. Es scheint vielmehr, daß „Weiße Rose-Hamburg“ und die „Swing-Jugend“ zwei voneinander sehr wohl unabhängige und zu unterscheidende Phänomene gewesen sind. Die „Weiße Rose“ als Widerstandsgruppierung hatte eine politisch motivierte und in Hamburg durchaus konspirativ angelegte Organisationsstruktur. Nach Zerschlagung der Münchener Gruppe konnte sie nur solange das Gewissen der Menschen wachzurütteln versuchen bzw. das Regime herausfordern, wie sie den unentwindbaren Fäden des Polizeinetzes entging (Hochmuth-Meyer 1969, S. 387 ff).

Kontakte zu den Hamburger „Swing-Boys“ entstanden vermutlich 1942–43, als es über den aus Hamburg stammenden Hans Leipelt zu Treffen mit drei der jugendlichen Swings kam, die sich ihrerseits stärker engagieren wollten und an Aktionen dachten wie einen „Demonstrationsmarsch“ über den Jungfernstieg oder gar die Sprengung einer strategisch bedeutsamen Brücke. Diese drei jungen Leute wußten jedoch zunächst nicht, daß sie es mit einem Vertreter der „Weißen Rose“ zu tun hatten. Später, als sie wie die meisten Mtiglieder des Hamburger Zweigs der „Weißen Rose“ verhaftet wurden, geschah dies nicht mehr im Zusammenhang mit der sogenannten „Swing-Jugend“. Die Swing-Begeisterung dieser drei jungen Mitglieder der „Weißen Rose“ kam für die Gestapo jedoch in ihren Anklagen als „erschwerend“ hinzu. Umgekehrt ist es trotz der vielen Verhaftungen von Swings durch die Hamburger Gestapo per „Schutzhaftbefehl“ und den Einweisungen in diverse Konzentrationslager nie zu Schauprozessen wegen Widerstandsaktivitäten gekommen, weder vor dem „Volksgerichtshof“, noch vor den „ordentlichen“ Gerichten der gar nicht mehr so freien Hansestadt Hamburg.

Auf die Frage jedoch, warum gerade die jüngeren Zeithistoriker in der Bundesrepublik „Swing-Jugend“ und „Widerstand“ gerne im gleichen Atemzug nennen, möchte ich später eingehen in einem Exkurs über „Widerstand und Traditionspflege“.

Wir werden uns hier mit jener jugendlichen Welt beschäftigen, die nicht nur in der historischen Literatur als „Swing-Jugend“ bezeichnet worden ist. Es ist dies bereits von Anfang an der Sprachgebrauch von Hitler-Jugend und Gestapo, während die damit bezeichneten jungen Leute untereinander eigentlich keine feste Selbstbezeichnung hatten. Ich werde einen Ausflug in die alltägliche Nazi-Propaganda unternehmen, das Augenmerk mithin auf prägnante Passagen zeitgenössischer Artikel lenken, sowie auf die Zeichenkünste der nationalsozialistischen Karikatur. Es handelt sich also nicht um sogenannt „geheimes“ Archivmaterial von Behörden oder der politischen Polizei, sondern um das, was sich in aller Öffentlichkeit abspielte.

Eine sogenannte „Swing-Jugend“ gab es Anfang der vierziger Jahre in vielen Metropolen der westlichen Welt, ein Großstadtphänomen also, und die erste von den USA ausgehende jugendliche „Mode“ mit ihren typischen Attributen Musik, Tanz, Kleidung, wie sie in Europa voller Begeisterung aufgenommen und mit einigen Stilelementen angereichert wurde. Zum Politikum wurde dieses Phänomen jedoch nicht in London und auch nicht in Stockholm, sondern erst unter den Bedingungen der nationalsozialistischen Kriegspolitik. Zu hämischen Propagandaartikeln gegen die jugendlichen Swings kam es im wesentlichen nur in zwei Städten – und damit wären wir beim Thema, dem „gesunden Volksempfinden" – in Deutschland und in Frankreich, der durchaus vergleichbaren Verfolgung der Hamburger Swing-Boys und der Pariser Zazous.

Deutsch-französische Verwicklungen

Was hatten die französischen „Zazous" mit der deutschen „Swing-Jugend" zu tun? Nun, es scheint mir, die Frage ist bereits falsch gestellt, denn die jugendliche Swing-Begeisterung war im eigentlichen Sinne inter-national, und das wußten zu Kriegsbeginn auch schon die Nazis. So hieß es in der HJ-Studie „Cliquen- und Bandenbildung unter Jugendlichen" (zitiert in Peukert 1980, hier S. 162–165) vom September 1942:

> Die Swing-Jugend ist heute zu einer fast über ganz Europa verbreiteten Modeseuche geworden. Es sei hier an die „Swings" oder „Sasous" (Schreibfehler im Original, d. V.) in Frankreich erinnert.

Der Autor dieser höchst aufschlußreichen Untersuchung, der HJ-Obersturmbannführer Knopp, beobachtete zu Kriegsbeginn eine Vielzahl jugendlicher Oppositionsformen und unterteilte sie in „kriminelle Gruppen", „Zusammenschlüsse mit weltanschaulich-gegnerischer Grundhaltung" sowie schließlich die „Vergnügungs- und Swinggruppen":

> Das sind Zusammenschlüsse Jugendlicher, die zum großen Teil aus dem sogenannten „gehobenen Mittelstand" stammen und lediglich ihren Vergnügen, sexuellen und sonstigen Aussschweifungen leben wollen, sich teilweise ganz nach „englischem Vorbild" geben und fanatische Anhänger möglichst ausgefallener Jazzmusik (Hott- und Swingmusik) sind. Durch ihre haltungsmäßig bedingte Ablehnung jeder Beschränkung der persönlichen Freiheit (auch des Hitler-Jugend-, Arbeits- und Wehrdienstes) sind sie sehr bald im scharfen Gegensatz zur Hitler-Jugend und zum Nationalsozialismus gekommen. Sie sind daher auch als politische Gegner aufzufassen. Der Unterschied zur Gruppe II liegt darin, daß die hier gekennzeichneten Jugendlichen wohl

Staat und Bewegung ablehnen, aber kein fest umrissenes gegnerisches Programm vertreten.

So abwegig ist diese Definition tatsächlich nicht, wo sie von der „haltungsbedingten Ablehnung jeder Beschränkung der persönlichen Freiheit" spricht. Dagegen sind „Fanatismus", „sexuelle Ausschweifungen" und „politische Gegnerschaft" wohl Projektionen, die mehr über den Beobachter als über die Beobachteten aussagen.

Stilbildend für diese „Swing-Jugend" waren in Hamburg Freundeskreise aus dem gehobenen Bürgertum, die allerdings keinerlei „Organisation" darstellten und folglich auch leicht durch Spitzel zu unterwandern und zu denunzieren waren. Als jugendliches Modephänomen wurden die Swings zu Kriegsbeginn bald imitiert durch sogenannte „Swing-Heinis" und „Hotter" aus dem Angestellten- und sogar Arbeitermilieu. Untereinander gab es zwischen diesen Freundeskreisen eigentlich keinerlei Vermischung, ja die Konventionen der vor-nazistischen, d.h. der bürgerlichen Gesellschaft wurden klar betont. Beliebt jedoch waren die Swings nirgendwo. Für die „echten" Jazzliebhaber und Swingmusiker waren die jugendlichen Swings und Zazous allenthalben an Jux und tanzbarer Musik interessiert, und dabei waren sich deutsche und französische Jazzkenner völlig einig (Blüthner 1989 / Panassié 1943). Personen aus Widerstandsgruppen sahen die Swings zwar meist mit Sympathie, merkten aber schnell, daß sie diese Jugendlichen für eine „politische Arbeit nicht gewinnen konnten. Der „kleine Mann" wiederum, „Volksgenosse" mit Parteiabzeichen, hatte absolut ein Verständnis für diese Jugendlichen aus den sogenannt „besseren Kreisen", die sich durch deutlich längere Haare und einen offensichtlichen Kleiderkult kenntlich machten, tagsüber gerne in Kaffeehäusern verkehrten und sich überdies lustig machten über die Vertreter des scheinbar so erfolgreichen NS-Regimes.

Für die jugendlichen Swings sollte es in Deutschland mit dem Kriegsbeginn und in Frankreich mit der überraschend schnellen Besetzung zur entscheidenden psychologischen Wende kommen. Aus einem Jugendkult wurde nun eine Art Opposition, diffus vielleicht, aber geradezu übermütig. In manchen Hamburger Lokalen sangen die Swings ihren Spott auf die nationalsozialistische Tagespresse zur Melodie von „Sweet Sue“:

> Lest das Mittagsblatt
> Lest das Tageblatt
> Alles Lüge, alles Dreck!

Eine ähnliche, in der Öffentlichkeit vielleicht sogar noch auffälligere „Swing-Jugend“ gab es zur gleichen Zeit in der französischen Hauptstadt. Nach der Besetzung Paris' durch die deutschen Truppen wurden die dortigen „zazous“ oder auch „petits swings“ zum gefundenen Fressen für diverse Organe der französischen Kollaborationspresse wie „Au pilori“ (wörtlich übersetzt: „An den Pranger“!) oder „Je suis partout“ („Ich bin überall“). Aber auch in Deutschland war die Existenz der französischen Zazous keineswegs unbekannt, wie ja bereits die zitierte Denkschrift der Reichsjugendführung beweist. Am 21. Juni 1942, zu einer Zeit also, als die die Hamburger Gestapo zahlreiche Verhaftungen vornahm, schrieb das ehemals so ehrwürdige „Hamburger Fremdenblatt“ einen erstaunlichen Artikel über die französischen Zazous:

Swing und die „Einbahn“-Patrioten

Die Unbelehrbaren in Frankreich – Außenseiter des „bon sense“

Von unserem Vertreter Paris, im März

Es kann Ihnen geschehen, daß Sie jemand in Paris fragt: „Sind Sie swing?“ Harmlos und vertraulich, so, als ob er sich nach der Gesundheit der Frau Tante erkundigte oder Ihnen den todsicheren Tip, wo es noch billigen Cognac gibt, ins Ohr flüstern würde. Wenn Sie dann leicht erstaunt zurückblicken, und den Mund zur Frage öffnen, ist der Kontakt bereits gestört. Ein Schleier senkt sich auf die Augen Ihres Gegenüber und Sie scheiden aus seinem Interessenkreis aus. Denn Swing ist eine Besonderheit, und man muß sie kennen. Ursprünglich geht das Wort zweifellos aus von jenem Tanz, bei dem die Partner knieweich in der Hüfte einknicken, um dann, als hätten sie sich auf einen Igel gesetzt, wild die rechte oder linke Seite hochzuschnellen. Aber heute bedeutet Swing in Frankreich viel mehr. Es ist zum traurigen Sammelbegriff geworden, zum Kennwort für jene unbelehrbaren Teile der französischen Bevölkerung, vor allem für gewisse Kreise der Jugend, die sich weiter zu England bekennen möchten, zu den Vereinigten Staaten und zu de Gaulle. Das heißt, bekennen nicht so sehr als vielmehr tarnen, eben hinter dem Wort Swing. Es bedeutet so eine Art verkümmerte Weltanschauung, man denkt Swing, man lebt Swing und bildet sich noch sehr viel darauf ein.

Man grinst über Probleme, die das neue Europa betreffen, man spricht – im vertrauten Kreise – englisch, zwar mit schauderhaftem Akzent, aber man fühlt sich dabei als Held in Klein-Oktav-Ausgabe. Swing ist eine Art Geisteskrankheit, die vor allem in der Jugend der sog. „besseren“ Schichten grassiert. [...]

Es gibt glücklicherweise bereits heute junge Leute in Frankreich, auch aus den sogenannten „besseren Kreisen“, die es nicht mehr für eine Schande halten, selbst die Hände zu rühren und einen Teil ihrer Arbeitskraft der Nation zu widmen – eine Einstellung, die bisher von einem großen Teil der französischen Jugend als eine Art Sklaventum und als unangenehm abgelehnt worden ist. Man findet heute schon in den französischen Jugendorganisationen die jungen Männer, die es für eine nationale Pflicht ansehen, eine Zeitlang ihre Arbeitskraft in den Dienst des Staates zu stellen. Gerade bei ihnen, dem guten Material, müßte besonders sorgfältig die Gefahr des Einbiegens in den „Einbahn-Patriotismus“ vermieden werden. Diese jungen Männer sind es doch, die Frankreich auf den Platz in der europäischen Neuordnung miterobern, vor allem aber auch halten sollen. Nicht jene jungen Männer, die man täglich in der Pariser Untergrundbahn sehen kann, die besonders weiche Hüte und auffallende Krawatten tragen, mit lauter Stimme Unfug reden und, wenn die Metro in die Kurve geht, kräftig „damned“ rufen oder „hell and damnation“. Sie könnten natürlich ebensogut sagen „non d'une pipe“, aber das wäre französisch und nicht Swing. Sie sind Swing und sie verdienten Swing – einen rechts und einen links.

G. Bräutigam

Zur Erklärung soll hier nur darauf hingewiesen werden, daß die Vichy-Regierung sich Deutschland gegenüber verpflichtet hatte, Tausende von jungen Männern zum „Arbeitsdienst“ ins Reich abzuordnen. Im besetzten Teil Frankreichs, der nördlichen Zone also mit der Hauptstadt Paris, wurde dieser äußerst unbeliebte Zwangsarbeitsdienst („service de travail obligatoire“, meist STO genannt) zu einem Kristallisationspunkt für die Unzufriedenheit Tausender Jugendlicher, die dem Arbeitsdienst entgehen wollten. Von dieser deutsch-französischen Note abgesehen ließe sich die Analyse der Pariser Zazous ohne weiteres auf die Hamburger Swings übertagen. Hier wie dort galt es, in den „besseren Kreisen“ bei den Swings eine Art „Geisteskrankheit“ zu prognostizieren, um anschließend mit einer physischen Gewaltandrohung abzuschließen. Für die Hamburger Leser des „Fremdenblatts“ kann diese Information jedoch kaum neu gewesen sein, war doch das Swing-Phänomen seit 1940 kaum zu übersehen.

Anti-Swing-Propaganda in Hamburg

Die Gesamtzahl der propagandistischen Artikel in der Hamburger NS-Presse ist zwar im Vergleich zu Paris nicht sehr groß, aber ihre Sprache ist dafür umso deutlicher. Zu Kriegsbeginn wurde mit dem Angriff auf Polen ein Tanzverbot erlassen, wie auch später zu Beginn des Überfalls auf die Sowjetunion. Daraufhin waren Spitzel des Sicherheitsdienstes der SS (SD) u. a. auch damit beauftragt, die Hamburger Tanzbars auf die Einhaltung dieses Verbotes hin zu observieren. Viele Jugendliche gingen schnell dazu über, private Hausfeste zu organisieren, die berühmten „surprise-parties“ wie sie Boris Vian insbesondere in „Vercoquin et le plancton“ (Paris 1946) so treffend für die französischen Verhältnisse beschrieben hat. Nach einigen Wochen wurde das Tanzverbot vorübergehend aufgehoben, was den „Gaunachrichten“, der Mitgliederzeitschrift der Hamburger NSDAP, Anlaß zu einer noch relativ vorsichtig formulierten Warnung gab:

Sowas wollen wir nie wieder sehen

Tanz mit Haltung

Abends darf wieder getanzt werden. Diese Nachricht wird so manches junge, lebenslustige Mädel mit Freude gelesen haben. Man soll sie nicht verdammen, diese frohsinnigen Geschöpfe, denn auch sie haben wieder ein Anrecht auf das heitere Vergnügen. In den vergangenen Wochen haben sie bewiesen, daß sie anpacken können, wenn die Verhältnisse es verlangen, daß sie ihre Pflicht gegenüber der Gemeinschaft genauso kennen wie wir. [...]

Es ist kaum anzunehmen, daß ein Jüngling, der beim Tanzen eine Figur macht, die auf Rückgraterweichung schließen läßt, sich den Beifall der Menge erobern wird. Und auch ein Mädel, das sich hysterisch zuckend in den Hüften wiegt, wird sicher nicht mit „bewundernden Augen" betrachtet werden. Der Tanz soll der Freude dienen und nicht dem Spott. Wer das nicht begreift, der verzichte wie bisher darauf.

Und auch die Musik soll so sein, daß sie die Ohren nicht beleidigt. Die Kapellmeister müssen heute mehr denn je wissen, daß sie mit ihren Musikern gleichfalls Diener einer echten Fröhlichkeit sein sollen.

Die Jugend in der Heimat darf wieder tanzen, aber sie wird Maß zu halten wissen.

(Hamburger Gaunachrichten, Oktober 1939)

Auf der Zeichnung kann man ansatzweise ein „swingendes" Paar erkennen und dessen ausladend schnelle Bewegungen zu einer rasanten Musik. Obwohl vom späteren Kleiderkult der Swings hier nicht viel zu erkennen ist, sei dennoch auf das sehr kurz geschnittene Kleid der jungen Frau hingewiesen. Interessant auf dieser Zeichnung sicherlich auch die angedeutete Reaktion der „Volksgenossen". Dem einen scheint die Szene sichtlich zu Kopfe zu steigen, während der andere wahrhaft germanische Herrenmensch sich voller Entrüstung erhebt. Tatsächlich wurde die Körperbewegung zum Stein des Anstoßes, die tiefsitzende Angst vor der unkontrollierten leidenschaftlichen Bewegung. Der Swing-Tanz als Körpersprache wurde in diesem Zusammenhang zu einer Art Verweigerungshaltung, zu einer „getanzten Weltanschauung" („Der SA-Mann" 1938, in: Lange 1966, S. 38–39).

Aber was waren eigentlich Swing-Tanz und Swing-Musik in Abgrenzung von anderen Musik- bzw. Jazzrichtungen? Die Konfusion war sehr groß, insbesondere bei den Kulturkontrolleuren der „Reichsmusikkammer" und den Berichterstattern des SD, aber auch bei den Plattenfirmen und Konzertveranstaltern. So war es keine Seltenheit, daß etwa im Hamburger „Café Heinze" regelmäßig geswingt wurde unter dem gut sichtbaren Schild der Reichsmusikkammer: *„Swingtanzen Verboten"*. Die höchst biedere erste Warnung an die Swing-Begeisterten zeigte jedenfalls keinerlei Wirkung, ja, das Gegenteil war der Fall. Einige Monate nach der ersten „Anti-Swing"-Karikatur brachten die Hamburger „Gaunachrichten" im August 1940 eine schon wesentlich deutlichere Warnung an die Adresse der Hamburger Swings:

Nicht um Hut und Jacke

Schräge Vögel, mausert euch!

Wir wollen sie nun nicht mehr sehen. Mit ihren Regenschirmen, *„ready rolled"*, und ihren Hüten, Marke *„Bloody"*, und ihren Sakkos, letzter Schrei der *city* – und allem nachgemachten Drumm und Drann des *gentleman*.

Die Einzelheiten können uns nicht stören. Wer einen Schirm braucht, soll ihn tragen. Und Hut ist Hut und Jacke Jacke. Das ist es nicht. Es ist der *„english style"*, der dumme, faule Zauber und Talmiglanz der Insel, der – nachgeäfft – uns nicht behagt. Es ist der *run* nach allem Fremden und die Verbeugung vor dem *spleen* der anderen. [...]

In einem Seebad gleich vor Hamburgs Toren – da geben sie sich gern ein Stelldichein. Daß man uns nur nicht mißversteht: Wir sehen gern, was so am Strand Hübsches wogt und wallt. Nur sind wir nicht gesonnen, da zu schweigen, wo sich die boys und girls von Talmi-Etons Gnaden benehmen, als sei für sie kein Krieg und so, als ginge sie das Ganze gar nichts an. Sehr wenig Spaß versteht in diesem Punkte der Soldat, der von der Front kommt und Erholung sucht. Man sollte es ja kaum für möglich halten, doch in der Tat – es gibt da Schnösels und auch „Damen", die zeigen offen, daß es ihnen gar nicht paßt, wenn zwischen ihren bunten Strandkostümen auch hier und da das Feldgrau sichtbar wird. Damen und Herren, wollt bedenken: Es geht auch anders! Wo ihr euch breit macht da seid ihr geduldet. Ihr kleines Häuflein – wenn es nach euch ginge, dann müßten wir am Siege zweifeln. [...]

Es geht nicht um Hut und Jacke. Die Haltung – Aufzug und Gebaren – von euch paar hundert Engelsmännern paßt uns nicht.

Wir wollen euch nun nicht mehr sehen. So nicht. Das bitten wir zu merken.

Hp.

Der im Text erwähnte „english style" wird zunächst in den beiden Zeichnungen angedeutet. Der lächerlich quäkende Papagei trägt immerhin das Kultobjekt der Swings, den bei jedem Wetter getragenen, aber niemals aufgespannten Regenschirm. Die Karikatur der beiden Swing-Boys ist da schon anschaulicher. Man sieht die extrem langen Jackets mit großem Karomuster, die weitgeschnittenen Hosen, die Schirme natürlich, und hier auch die ostentativ getragene Zeitung – und das war zumeist eine ausländische! Im Text wird der Haß der Nazis sehr deutlich spürbar. Das „wir" des Autors hat einen inquisitorischen Klang und endet mit einer deutlichen Drohung. Die totalitäre Ordnung fühlt sich durch das

„kleine Häuflein" ungemein gestört. Das nazistische Dolchstoßtrauma kommt hervor, eine am Sieg zweifelnde Jugend könne die an der Front erfochtenen Erfolge zunichte machen. Aus der beinahe gutmütig-biederen Ermahnung ist hämische Drohung geworden. Natürlich ist das „wir" nicht mehr nur die Stimme eines einzelnen Journalisten, sondern der Hamburger HJ-Führung, die zu diesem Zeitpunkt bereits die Verfolgungsmaschinerie ausgelöst hatte. Auf Hinweis der HJ hatte die Gestapo im März 1940 eine größere Tanzveranstaltung im Curio-Haus zu einer Razzia genutzt. Die dort festgestellten Personalien dienten als Ausgangsbasis für die daraufhin eingeleiteten Untersuchungen und die im Oktober 1940 beginnenden Massenverhaftungen.

Während die Verhaftungen ihren Lauf nahmen, ohne jedoch die jugendliche Swing-Begeisterung merklich eindämmen zu können, sahen sich die „Gaunachrichten" im Oktober 1941 veranlaßt, den propagandistischen Feldzug gegen das „kleine Häuflein" der Swings auf die Spitze zu treiben:

Ein Steckbrief

Das gesunde Volksempfinden ist gegen Dad und Jo

Es tut mir heute noch leid, aber was hätte man in diesem Fall tun sollen? So fragt ein Leser und schildert sein Erlebnis. Sonntag Morgen auf dem Bahnsteig Kellinghusenstraße. Jener denkwürdige Sonntag des 22. Juni, an dem der Krieg gegen die Sowjets begann. Es war ein großer, aber auch ein ernster Tag, das sah man allen Menschen an, nur nicht einer Schar von halbwüchsigen jungen Leuten beiderlei Geschlechts. Auffallend ihre Aufmachung, herausfordernd ihr Getue! Unbekümmert wurde ein Koffergrammophon in Betrieb gesetzt, und zu den Mißtönen eines englischen Foxtrotts schlenkerten die Jünglinge und Dämchen mit den Armen, zuckten mit den Füßen, ließen auf den Einspruch eines älteren Volksgenossen nur ein höhnisches Gelächter hören. Was hätte man tun sollen? Der Fragesteller sagt es selbst, indem er erklärt, daß es ihm leid tut, nichts getan zu haben. Wo dem Volksempfinden so frech die Stirn geboten wird, da kann und muß das Volk eben zur Selbsthilfe greifen. Es ist jammerschade, daß es dieser Clique damals überhaupt möglich war, mit ihren englischen Platten, ihrem sonderbaren Innenleben und ihrer ganzen Schamlosigkeit irgendwohin in die Walddörfer zu gelangen, um draußen zu treiben, wie es ihnen – aus reinen Zweckmäßigkeitsgründen – auf dem Bahnsteig wohl nicht angebracht erschien.

So etwas soll uns nicht wieder passieren! Es sei Sache der Polizei und anderer Dienststellen, sich mit diesen

Typen zu befassen? Das ist es unter anderem auch. Aber wo diese Erscheinungen als öffentliches Ärgernis auftreten, da ist jeder Parteigenosse, jeder Volksgenosse berechtigt zu zeigen, daß man nicht ungestraft mit der Würde unserer Heimat Schindluder treibt, auch wenn es sich um „Einzelfälle" handelt. [...]

Versteht sich, daß mit Vertretern einer solchen Geisteshaltung, einer solchen Lebensauffassung gar nicht erst zu diskutieren ist. Diese verbogenen Figuren müssen mit ihrer krummen Haltung, ihrem ganzen lächerlichen Gehabe geradegeklopft werden, wo sie sich sehen lassen. Wir wollen unsere Straßen, unsere Lokale jedenfalls sauber halten von diesen Erscheinungen. Sauberkeit ist, wie gegen so manche andere Seuche, das beste Vorbeugungsmittel auch gegen diese anglo-jüdische Pest, die sich als ansteckend gezeigt hat. Ja, wir wollen uns, um die Sache mal von der harmlosesten Seite zu nennen, nicht einmal das nachsagen lassen, daß im Hamburg dieses Krieges eine Handvoll dummer Gecken und Gänse Narrenfreiheit genoß. Also aufgepaßt, wenn diese Cliquen, nachdem sie sich wie schon mehrfach nach einiger Zeit in Sicherheit wiegen und wieder hervortreten zu können glauben, sichtbar werden! Aufgepaßt und zugefaßt!

Deutlicher kann man es nicht sagen: es ist die Zeit der Denunziation, der Verhaftungen. Erstaunlich bei diesen Karikaturen die Darstellung eines „Swing-Girl", wie wir sie ganz ähnlich auch auf den französischen Darstellungen finden werden. Eine Frau, die Hosen anhat, sehr modisch gekleidet und geschminkt („Die deutsche Frau schminkt sich nicht"...), eine stolze und durchaus selbstbewußte Bürgerstochter also. Emanzipiert vor ihrer Zeit? Die Drillich-Darstellung der zweiten Karikatur ist durchaus sehr realistisch, denn als sogenannte „Schutzhäftlinge" wurden die Swing-Boys bereits im Hamburger Gestapo-Gefängnis und KZ Fuhlsbüttel zu schweren Arbeiten herangezogen. Unverhüllt spürbar wird hier auch die Warnung mit der Einweisung in die Konzentrationslager, von denen aber die meisten Swinger zunächst meinten, es müsse sich dabei um „Arbeitslager" handeln. „Sauberkeit" contra „Seuche", „gesundes Volksempfinden" contra „anglo-jüdische Pest", – die Banalität des Bösen zeigt diverse Schubladen ihrers Registers. Durch den gesamten Text hindurch zieht sich ein einziger Aufruf zur Selbstjustiz und zur Denunziation, eben ein Steckbrief.

Aber wer von den Swings las die „Hamburger Gaunachrichten"? Eine damals sechszehnjährige Schülerin der Hansischen Hochschule für bildende Künste entschloß sich, aus den Karikaturen eine Collage herzustellen, die die Auftraggeber des Hetzartikels der Lächerlichkeit preisgeben sollte. Nachdem ihr Plakat auch im Hamburger Alsterpavillon von Hand zu Hand gegangen war, klingelte eines Tages auch bei ihr die Gestapo.

Der Rest ist bekannt: die Eigendymamik der Verhaftungsmaschinerie bewirkte immer neue Verhaftungen und Berichte nach Berlin, bis Deutschlands Polizeichef H. Himmler höchstpersönlich radikale Maßnahmen anordnete (Pohl 1988, S. 36–43). Die hier beschriebene Propaganda war also eine Art publizistische Begleiterscheinung bzw. Vorbereitung der Reaktionen des Regimes. In der Abneigung gegen die Swings befand sich das „gesunde Volksempfinden" – so will mir scheinen – tatsächlich im Einklang mit dem Gros der deutschen Bevölkerung. Und auch mit der französischen.

An dieser Stelle ein schneller Szenenwechsel. Wir wechseln „nach Paris", wie es ja im Juni 1941 auch die deutschen Wehrmachtstruppen taten. Aber auch dort bleiben wir der deutschen Propaganda zunächst einmal treu.

„Zazou – zazou – zazou – zazou“: Swing-Boys in Paris

Bereits kurz nach der Besetzung Frankreichs und insbesondere der Pressehauptstadt Paris begann die deutsche „Propagandastaffel“ mit der systematischen Umgestaltung der Zeitungs- und Verlagslandschaft. Für die Öffentlichkeit kaum spürbar wurde so ein deutscher Pressekonzern in Paris installiert, der Eigentümer vieler alter und der meisten neuen linientreuen Blätter wurde.

Ein durchaus bekanntes und nach 1933 übrigens von deutschen Emigranten herausgegebenes Blatt war die „Pariser Zeitung“, die mit der deutschen Besetzung für einige Monate ihr Erscheinen einstellen mußte und Anfang 1941 in neuem Gewand erschien. Als zweisprachige Tageszeitung wandte sie sich sowohl an die deutschen Soldaten, aber auch an die germanophile Intelligenz der französischen Metropole, die teilweise bereit war, der von Pétain geprägten Linie der „Kollaboration“ zu folgen. Erstaunlich die zunächst durchaus wohlwollende Haltung dieses Blattes gegenüber der in Paris sehr turbulenten Swing-Szene, bis dann am 31. 6. 1941 der Meinungsumschlag mit dem folgenden Artikel deutlich signalisiert wurde:

„Jazz de Paris“

> Jazz, für uns Deutsche nur noch erträglich, wenn man in sehr vorgerückter Stimmung nach Mitternacht in eine Tanzbar kommt, fristet im Reich, wo bei den guten Tanzkapellen selbst das Schlagzeug fast ausschließlich durch Schlagbass und Gitarre ersetzt ist, nur noch atavistisch ein kümmerliches Dasein. Hier in Paris allerdings ist er in der Lage, den großen Saal Pleyel zu einer Matinée zu überfüllen.
>
> Ein Orchesterleiter, der in einem Nachtlokal tätig ist, veranstaltete ein solches „Jazzkonzert“; er zeitigte Beifallsstürme, wie ich sie in Paris bisher noch nicht erlebt habe, seine zwölf Musiker mögen auf ihren Instrumenten im günstigsten Falle gute Artisten sein. Angefeuert durch rhythmisches Tanzturnen ihres „Dirigenten“ entlocken sie ihnen, auf Harmonie und Melodik völlig verzichtend, Geräusche, die selbst ein Optimist nicht mehr als Musik zu bezeichnen wagen wird. Wenn dann ab und zu ein „Solist“ aufspringt, um aus seinem Instrument einige besonders häßliche Töne herauszuquälen, so erntet er auf offener Szene Beifall, der sich zum Orkan auswächst, wenn der Schlagzeuger

sich in tollem Wirbel leider vergeblich bemüht, alle seine komischen Utensilien auf einmal zu zerschlagen.

Der Jazz kann seine Herkunft immer noch nicht verleugnen. Selbst wenn er von Europäern in eleganten weißen Anzügen dargeboten wird, spürt man, wenn die Urwaldtrommel erdröhnt und Klarinetten in quäkenden Tönen eigentümlich orientalisch anmutende Schnörkeleien von sich geben, wie Negerleiber in Verzückung zucken und stampfen. Um sich blickend bemerkt man dann mit Schaudern, wie fast alle die vielen Menschen, die den Saal füllen, zu zucken uznd zu stampfen beginnen und mit leicht geöffneten Lippen und mit glänzenden Augen nach der Bühne starren.

Was sind das nur für Menschen, die diesen Saal bereits Tage vorher ausverkauft haben? Es ist Jugend, mindestens sechzig vom Hundert sind jünger als fünfundzwanzig Jahre, weitere dreißig vom Hundert dürften zwischen fünfundzwanzig und fünfunddreißig sein, und höchstens zehn vom Hundert sind älter als fünfunddreißig Jahre. Aber es ist das, was man schlechthin als Amüsierpöbel bezeichnet, das, was vor diesem Krieg Abend für Abend die Nahkampfdielen bevölkerte.

Der rasende Beifall gibt zu denken. Erstaunlich ist jedenfalls, daß solche Veranstaltungen unwidersprochen stattfinden können und ausverkaufte Häuser bringen in einer Stadt, in der auch jetzt noch so viele andere kulturelle Darbietungen aller Art für hinreichende Abwechslung und Zerstreuung sorgen.

Auf welche Gedanken mag er nach seinem Konzertbesuch gekommen sein, unser Journalist? Mit seinem bildhaften Rassismus und seiner gestelzten Ironie erinnert sein Bericht jedenfalls stark an die vielen SD-Berichte über die Swing-Szene in den Großstädten des Deutschen Reichs, und dies widerspricht bereits seiner Hypothese von dem angeblich „kümmerlichen Dasein“ des Jazz in Deutschland. Andererseits scheint außer Zweifel, daß trotz eifriger Anti-Swing-Propaganda derlei Konzerte in Paris sehr viel leichter zu organisieren waren als in Deutschland. Im besetzten Frankreich gab es keine Massen- und Einheitsorganisationen wie etwa die HJ, so daß gerade in der Metropole Paris die gesellschaftliche Kontrolle für die deutschen Besatzer ganz andere Probleme aufwarf. „Unwidersprochen“ sind Swing-Konzerte ab 1941 nicht geblieben, aber es widersprachen hier weniger die deutschen Militärbehörden oder die Gestapo als vielmehr die

Pariser Kollaborationspresse und die französischen faschistischen Jugend- und Milizverbände.

Kommen wir zunächst einmal zur Bezeichnung „zazous". Es ist besonders bei schneller Wiederholung ein lautmalerisches Wort, daß dem Klang der Percussionsinstrumente der Swing-Combos nachempfunden ist. Hieraus entstand das Verb „zazouiller". Im französischen Wörterbuch „Robert" heißt es im übrigen sehr treffend zu dem Wort „zazou":

> Bezeichnung aus der Zeit des 2. Weltkriegs für junge Leute, die sich auszeichneten durch ihre Leidenschaft sowohl für den amerikanischen Jazz als auch für eine auffallende Eleganz.

Die Kollaborationspresse konnte mit beidem nicht viel anfangen und begann, die in Paris im Umkreis des „Hot-Club de France" (H.C.F.) sich bildende Swing-Szene mit den ersten Jazz-Festivals und den plötzlichen Erfolgen von Musikern wie Alix Combelle, Django Reinhardt oder Hubert Rostaing mit propagandistischen Mitteln zu denunzieren. Sie produzierte dafür eine erstaunliche Menge von haßerfüllten Hetzartikeln. Anzumerken ist, daß unter den Autoren sich auch sehr bekannte „Intellektuelle" befanden, wie der Schriftsteller Robert Brasillach und der Musikwissenschaftler Lucien Rebatet. Aber der Swing blieb in Frankreich nicht nur die Sache der Jazz-Musiker. Mit der allgemeinen Begeisterung für diese neue Musik nahmen sich ihrer auch einige Sänger der Pariser „music-halls" an, wie z. B. Charles Trenet oder Johnny Hess, der 1941 mit „Je suis swing" eine äußerst witzige und zugleich rasante Hymne für die französischen Swing-Fans schrieb. Wer die von George Brassens eingespielte Fassung dieses „Gassenhauers" kennt, vermag sich ein Bild zu machen von der auch nach dem Krieg anhaltenden Popularität dieses neuen Genres. Auf ganz besondere Weise nahmen sich dieses „französischen" Swing junge Leute im Alter von fünfzehn bis zwanzig Jahren an, die mit dieser meist rasanten Musik einen Modetanz und insbesondere einen sehr auffälligen Kleiderkult verbanden. Für sie war Swing nicht unbedingt die Musik des ehrwürdigen H. C. F., sondern es war „ihre" Musik. Gegenüber dem Swing eines Benny Goodmann war ihr Swing eine Art „ersatz" (Loiseau 1990), ein Wort, das seit der Zeit der deutschen Besatzung Eingang ins französische Vokabular gefunden hat. Wenig begeistert vom ständischen Arbeitsethos, völlig abseits des katholischen Familienideals und schlicht teilnahmslos gegenüber der neuen „Vaterlands-Duselei“ des greisen Generals Pétain („travail, famille, patrie“), fanden die französischen „Swings“ eine Lebensart, in der sich Reste republikanischer Liberalität mit Begeisterung für den „american way of life“ paarten. All' die Attribute, die mit dem Swing den Weg nach Europa fanden, wurden dabei stilisiert und damit zu einem jugendlichen „Kult“, der sehr schnell bei der Mehrheit der Bevölkerung in Verruf geriet und einer großen Propagandakampagne der Kollaborationspresse als leichte Zielscheibe diente. Vermutlich waren es auch diese Journalisten der „Révolution Nationale“, die den Begriff „petits swings“ aus der Taufe gehoben haben.

Wir werden uns im folgenden konzentrieren auf deren Karikaturen und damit einen Blick auf die Bildersprache dieser Propaganda. Ein besonders markantes Exemplar erschien am 28. 6. 1942 in der Zeitschrift „Jeunesse“:

SERVICE RURAL

Je suis swing !.. Zazou-zaux champs. Tu es swing !

Hier sieht man also die Swings in voller Montur ... bei der Landarbeit! Die junge Frau wirkt mit ihrer dunklen Sonnenbrille, dem obligaten Regenschirm und ihren Schuhen mit hohem Kreppabsatz wie ein Mensch von einem anderen Stern. Der junge Mann trägt das typisch überlange Jackett und hat seine Krawatte zum extrem kleinen „Windsor-Knoten" gebunden. Auch er hat natürlich bei der Arbeit seine geliebten Kreppschuhe an.

Der Karikaturist illustriert auf seine Weise eine sehr verbreitete Sanktionsmöglichkeit gegen die Swings, den „Arbeitseinsatz". Das war zunächst die hier angedeutete Landarbeit, ab 1942 jedoch auch der weitaus mehr gefürchtete Zwangsarbeitsdienst (STO) in Deutschland. Sanktionen waren durchweg Sache der französischen Polizei, von einem direkten Eingriff deutscher Stellen ist nichts bekannt.

Im Jahre 1942 berichteten auch Zeitungen aus der unbesetzten Zone, daß die Polizei auf den Champs Elysées Swings verhaftet habe, so etwa das nach Lyon ausgewichene „Journal de Paris" (7. 8. 1942). Tatsächlich wurden die Swings im Verlauf dieses Jahres mehrfach Opfer von Polizeirazzien, sie gerieten darüber hinaus aber auch in eine Art „Stellungskrieg" mit den uniformierten Gruppen der faschistischen „Jeunesses Populaires Françaises". Diese scheuten sich nicht, zur regelrechten Jagd auf die Zazous aufzurufen und dabei die Zwangstonsur als probates Mittel zu praktizieren. Auch hier ist die Parallele zu Deutschland auffallend, wo genau dies als sogenannt „sanitätspolitische Maßnahme" im Bericht der Reichsjugendführung empfohlen wurde! Im „Le cri du peuple" konnte man am 23. 6. 1942 folgende Karikatur finden:

Coiffeurs volontaires

Le J. P. F. — *Et si Monsieur désire une petite friction?*

„Coiffeurs volontaires", „freiwillige Friseure" also mit einer Art Feuerwehrfunktion, hier werden sie zum Ausdruck des Faustrechts, wie es im Kontext des „gesunden Volksempfindens" schon an anderer Stelle spürbar geworden ist. Der Swing-Boy, dem hier nachgestellt wird, ist wieder am Regenschirm erkennbar und am tänzelnd-swingenden Schritt, – aber er hat natürlich hier keine Chance, dem uniformierten Rollkommando zu entgehen. Karikaturen dieser Art gehören zu den zahlreichen Artikeln, die dazu aufriefen, die „Zazous" zu schnappen, wo sie sich blicken ließen.

Noch im selben Jahr 1942 begann in der Kollaborationspresse die exakt vorbereitete Kampagne gegen die französischen Juden – aber auch hier standen die Swings im Blickfeld der Karikaturisten der „Nationalen Revolution“, zu der sich die Anhänger des General Pétain zu bekennen pflegten. In diesen Artikeln wurde das Wort „swing“ immer ausufernder gebraucht für alles „Artfremde“, Synonym einer „plutokratisch-marxistischen“ Weltverschwörung, und natürlich als plakative Bezeichnung für „entartete Kunst“ jeglicher Art. Bei allegorischen Darstellungen des ehemals republikanischen Frankreich wurde dabei aus der stolzen Marianne etwa ein lächerlich wirkendes Swing-Girl, das gewissermaßen nach der Pfeife sämtlicher „Feinde“ tanzt. Und diese Feinde waren wie in der primitiven Anti-Swing-Propaganda im nazistischen Deutschland „plutokratisch-bolschewistisch“.

Im Juni 1942 setzten die deutschen Machthaber schließlich auch in Paris die wohl erniedrigendste Maßnahme gegen die Juden durch. Von nun an war im besetzten Frankreich das Tragen des „Judensterns“ obligatorisch. Dies wiederum führte zu ungeahnten Reaktionen auf seiten der Swings. Wir wissen aus vielen Berichten (Rioux 1987, Loiseau 1977), daß einige Zazous sich demonstrativ und in der Öffentlichkeit den „Judenstern“ anhefteten mit eben dem Zusatz darauf „Swing“! Daß dies von der Propaganda ausgeschlachtet wurde, nimmt nicht weiter Wunder. In „Au Pilori“ war am 18. 6. 1942 folgende Karikatur zu sehen:

LES OPTIMISTES

— On dira ce qu'on voudra... mais avec ça nous sommes encore plus zazous.

Beide Personen tragen hier also nicht nur die üblich-antisemitische Grimasse sowie die Utensilien der Swings, sondern eben auch den deutlich sichtbar aufgenähten „Judenstern". Der Text wäre zu übersetzen mit: „*Die Unverbesserlichen.* Da kann man sagen, was man will ... aber mit dem Ding sind wir einfach noch mehr swing."

Den Abschluß dieser Serie soll eine Anti-Swing-Karikatur mit Anspielung auf die Résistance bilden. Es handelt sich um einen der letzten Artikel dieser Art, den „Jeu suis partout" am 19. 4. 1944 veröffentlichte:

MÉLANGES

Diese Szene könnte durchaus einem der bereits genannten Romane von Boris Vian entstammen, auch wenn die Swings seiner Romane keinerlei „Widerstand“ leisteten. Hier jedenfalls erscheint der Barkeeper als eleganter Zazou, das Koffergrammophon als notwendiges Utensil jeder „surprise-partie“ läuft, und im Hintergrund gehen die anderen jugendlichen Partybesucher den sogenannten „Ausschweifungen“ nach. Seit es 1942 zu Razzien und Verhaftungen durch die Polizei gekommen war, führte die Assoziationskette der Kollaborationspresse über „Ausschweifung“ – „jüdisch-plutokratische Verschwörung“ – „antinationale Gesinnung“ – „offene Provokation des Regimes“ bis hin zur leichtfertigen Verbindung zur „Résistance“. Von daher erscheint diese auffällige Bezeichnung „Résistance-Bar“ als durchaus folgerichtige Fehlleistung des Karikaturisten. Bereits der öffentliche Gebrauch dieses Wortes weist darauf hin, daß es in Deutschland und Frankreich während der Kriegszeit bereits einen deutlichen Unterschied in der Bedeutung zwischen „résistance“ und „Widerstand“ gab, und daran hat sich auch bis heute nicht viel geändert. Zwar sollten vereinzelt Kontakte studentischer Zazous zur Résistance tatsächlich existiert haben, zumal seit der Einrichtung des Zwangsarbeitsdienstes und den ab 1942 zunehmenden Repressionsmaßnahmen, aber von erkennbaren politischen Aktionen oder gar der Bildung von Widerstandsgruppen unter den Zazous ist nichts bekannt.

Es scheint sich vielmehr die für die Hamburger Swings weithin zutreffende Hypothese von der bewußt „unpolitischen“ Attitüde auch bei den Zazous zu bestätigen. Vor dem Hintergrund eines von der faschistischen Ideologie einseitig politisierten gesellschaftlichen Lebens und der besorgt-ängstlichen Reaktion ihrer Eltern zeigten diese Jugendlichen auf ihre Weise, daß sie mit alledem nichts zu tun haben wollten. Mitten in der Kriegskatastrophe wollten sie ihr Anders-Sein tanzen, große Farbkleckse in das alltägliche Kriegsgrau bringen, ihren Wunschtraum leben von einer bürgerlichen Gesellschaft („sociéte civile“). „Amerika“, so hieß der Ort ihrer Wunschträume, und man könnte Swings der Kriegsjahre gewissermaßen als „Vorläufer“ verstehen eines modernen liberalen Gesellschaftsmodells, das in Europa durch den Nationalsozialismus und die diversen faschistischen Gesellschaften dieser Epoche hinausgezögert wurde. Was Frankreich betrifft, so ist im Kontext einer sehr agilen Swing-Szene erst mit der deutschen Besatzung der jugendliche „Zazou“-Kult entstanden, auch wenn dieser gerade in der französischen Hauptstadt auf einige Modelle zurückgreifen konnte wie etwa die „Incroyables“ des 19. Jahrhunderts. Während in Hamburg die Gestapo dem Phänomen „Swing-Jugend“ kaum eine Chance ließ sich in der Öffentlichkeit zu manifestieren, waren sich die Pariser „Zazous“ eines wesentlich größeren Freiraumes gegenwärtig. Die vielen überaus hämischen Propagandaartikel der Kollaborationspresse thematisierten in aller Offenheit die sie begleitenden Razzien und polizeilichen Verhaftungsaktionen und sind gleichzeitig ein Eingeständnis von Ohnmacht gegenüber der „Zazou“-Bewegung.

Widerstand und Traditionspflege

Eine Anekdote: mich rief eines Tages eine sehr engagierte Hamburger Abgeordnete der GRÜNEN an. In einem Hamburger Stadtviertel sollten damals Straßennamen nach Widerstandskämpfer*innen* benannt werden. Nach der Lektüre meiner ersten Publikationen zum Thema „Swing-Jugend“ war sie wohl davon ausgegangen, daß es unter den Hamburger Swings doch auch eine junge Frau gegeben haben müsse, die sich als Namensgeberin eigne. Das Swing-Girl als „Märtyrerin“ entsprach scheinbar einer verbreiteten Vorstellung: Wer im Nationalsozialismus verfolgt wurde, hatte seinen Platz in der Ahnenliste der „Widerstandskämpfer“, der „guten Deutschen“ gewissermaßen. Als ich ihr für ihr durchaus ehrenwertes Unterfangen keine solche Märtyrerin nennen konnte, war sie sichtlich enttäuscht.

Dieser Vorgang steht indes im Zusammenhang mit der Instrumentalisierung von „Alltagsgeschichte“, wie sie gerade in den letzten 15 Jahren in der Bundesrepublik Verbreitung gefunden hat. Ist es möglich, eine Vergangenheit zu „bewältigen“ mit den kleinen Helden des Alltäglichen? Gab es zwischen der Welt der NS-Schergen und den wenigen heroischen Widerstandskämpfern nicht noch eine Art „Zwischenland“? Am Anfang der Forschungen zur „Jugendopposition“ im Dritten Reich standen Autoren wie Arno Klönne u. a., die mit persönlichem Bezug zu den untersuchten Phänomenen die erlebte, meist bündische Oppositionsmentalität zum Ausgangspunkt ihrer Untersuchungen machten. Um 1980 erschienen eine Reihe von „Lebenserinnerungen“ und es trat schließlich die Generation der Nachgeborenen auf den Plan, die Geschichte der Jugend im Dritten Reich neu zu beleuchten und mit großem Eifer nach jenem „Zwischenland“ zu suchen, für das die inzwischen leichter zugänglichen Archive übrigens genügend Material boten. Während in Frankreich bis heute nur wenige Studien zur Jugend des Vichy-Regimes veröffentlicht worden sind – die bislang einzige Gesamtdarstellung stammt übrigens von einem britischen Historiker (Halls, Oxford 1981) – erschienen in der Bundesrepublik eine Vielzahl von Untersuchungen, darunter viele lokale Studien zur HJ und zu Einzelaspekten der „Jugendopposition“. Hier kam es nun etwa zeitgleich zu einer Verquickung der zeithistorischen und politisch-aktuellen Widerstandsdiskussion. Gerade im Bereich der „Alternativ"-Bewegung wurde der berühmte Wahlspruch aus den Flugblättern der Weißen Rose „Leistet passiven Widerstand – Widerstand, wo immer ihr seid" auf sehr direkte Weise übernommen. Nun hieß es „Wehrt Euch, leistet Widerstand", was in der Bundesrepublik zu einer regelrechten Inflation des Widerstands-Begriffes führte. Das Wort „Widerstand" wurde gerade auch im Zusammenhang atomarer Bedrohung oder Umweltzerstörung bewußt in Anspielung auf die deutsche Vergangenheit verwandt. Es schien, als wollte die Generation der Nachgeborenen eine Art verspäteten Widerstand leisten, sie war dabei auf der Suche nach geeigneten Vorbildern und fand sie nicht zuletzt bei den „Oppositionsformen" von Jugendlichen im Dritten Reich. Während Arno Klönne wohl zurecht anmerkt, diese vielfältigen Formen unangepaßten Verhaltens Jugendlicher im Dritten Reich in der Nachkriegsgesellschaft „ungeeignet zur Traditionspflege" gewesen seien, wurden in den letzten Jahren Phänomene wie die „Edelweißpiraten" oder die „Swing-Jugend" um so leichtfertiger in die noble Widerstandskategorie eingeteilt, als man sich ja selbst in seinem Lebensbereich im „Widerstand" wähnte. Waren nicht die Hamburger Swings, die die Nazis verspotteten und so gut wie möglich aus der Reihe tanzten, objektiv Sand im Getriebe der nationalsozialistischen Barbarei?

Gerade der Vergleich zu den französischen „Zazous" zeigt, wie verwegen eine solche Diskussion zu werden vermag, da Begriffe nicht zu lösen sind aus dem Kontext der kollektiven Geschichtserfahrung. Trotz des durchaus großzügigen Umgangs mit dem Wort „Résistance" käme wohl kein französischer Betrachter auf die Idee, die oben geschilderten Pariser Vorgänge in den Bereich „résistance" anzusiedeln.

Daß die anglophilen Swings als enthusiastische Jazz-Liebhaber gegenüber den Riten und Botschaften des NS-Regimes weitestgehend „renitent" waren bzw. das in Anbetracht der nationalsozialistischen Schule sogar erst wurden, steht außer Zweifel. Die „Gretchen-Frage" unserer unaufhörlichen Vergangenheitsbewältigung lautet jedoch: waren diese Swings nicht doch irgendwie „politisch", können wir sie nicht doch als Oppositionsgruppierung oder gar als Widerstandsvariante betrachten? Schließlich waren doch einige Hamburger Swing-Boys in den Umkreis der Hamburger Nachfolgeorganisation der „Weißen Rose" geraten, d. h. einer Widerstandsgruppe par excellence! Die Suche nach dem „bißchen Widerstand" führte bei den einen zu der ernüchternden Feststellung, wie wenig Widerstand es doch im NS-Deutschland gegeben habe und wieviel Anpassung. Bei den anderen wurde jede Form der Verweigerung zum „Widerstand" hochstilisiert, aus den Deutschen damit ein Volk potentieller Widerständler ... Und wenn sie möglicherweise nicht „politisch" waren, die Swings, waren sie dann etwa „unpolitisch"? Ohne an dieser Stelle näher auf diese beiden Begriffe einzugehen, so will mir scheinen, als wenn die meisten Swings sich zu Kriegsbeginn auf der Flucht aus einer doktrinär-politisierten Gesellschaft befanden. Diese jungen Leute waren nicht nur „unpolitisch", sie wollten es sogar sein! Gerade die oft als mondän, dandyhaft und eitel beschriebenen Verweigerungsformen der Swings wirkten jedoch besonders provozierend für das NS-Regime, das sie moralisch als „verwahrlost" hinstellte und politisch als „Engelsmänner" denunzierte. Die urban-modernen Umgangsformen waren ein Affront sowohl für das erzkonservative Vichy-Regime als auch für die nationalsozialistische „Volksgemeinschaft". Der anfängliche Jux wurde mit dem Beginn der Gestapo-Verfolgung bzw. in Paris mit der deutschen Besatzung zum Übermut. Solch' bewußtere Gesten der Verweigerung reichten in Hamburg von beißenden Spottliedern bis hin zum Vervielfältigen von BBC-Nachrichten, in Paris von der improvisierten Demonstration am 14. Juli bis zur offenen Selbstbezichtigung als „Swing-Jude"!

Während H. Himmler in seinem Brief an Heydrich vom 26. 1. 1942 die Swings als „anglophyle (sic) Tendenz" bezeichnete, die es radikal auszumerzen gelte, stand dahinter bei den Betroffenen vielmehr eine Faszination für Amerika als Land des Jazz und darüber hinaus als Symbol bürgerlich-liberaler Freiheit. Bei den Swings handelte es sich idealtypisch um Jugendliche, die in keinerlei Reihe marschieren wollten und die weder „links" noch „rechts" einzuordnen sind. Sie sind in ihrer Suche nach modischer Stilisierung und Behauptung spezifischer Gruppennormen vielmehr im Kontext einer modernen Urbanität zu sehen, die in

Deutschland allenfalls als „jeunesse dorée" in Erscheinung trat, nie jedoch als selbstverständlicher Bestandteil der republikanischen Ordnung.

Auf die polizeilichen Verfolgungsmaßnahmen reagierten die Pariser „Zazous" und die Hamburger „Swings" nicht etwa mit Vorsicht, sondern mit Leichtsinn, Ironie und Übermut. Bis 1944 hinein traten sie offensichtlich im Innenstadt-Bereich auf und dachten nicht daran, dem täglichen Kleinkrieg mit HJ und Gestapo (Hamburg) bzw. Miliz und J. P. F. (Paris) aus dem Wege zu gehen:

Wir tanzen Swing
und zwar nach Noten.
Wir swingen hot,
das ist verboten.

Und wenn die Bullente kommt,
dann tanzen wir Tango.
Und ist sie wieder weg,
dann tanzen wir:

Tiger-Rag, Tiger-Rag, Tiger-Rag ...

anonym, 1942

Nun, ein Zazou spaziert in der Rue Gay-Lussac,
Hat Wangen rosarot, hat Lippenbart und Schopf,
Ein richtiger Zazou: Hut wie ein Negerkopf,
Wildlederschuhe und Sackhose, lange Jack'.

Nun, ein Indianer irrt, in ärmlicher Gewandung,
Gebräunt, getrübt, gehärmt, mit Messer und mit Schere
Umher, er sucht sein Glück und seine lautre Ehre,
ist überdies erregt wie aufgewühlte Brandung.

Er träumt von einem Skalp, glänzend von Brillantine,
Er träumt von Schlacht, von Krieg, die rote Georgine
Ist nicht so rot, mein Freund, wie dieser Blick es war.

Ein lauter Schrei ertönt. Der Stahl wirft seine Schwinge.
Der Schädel war rasiert. Verstört floh der Zazou.
Mit heitrem Auge wischt der andre seine Klinge.

Boris Vian „Hundert Sonette", deutsch von Eugen Helmlé und Ludwig Harig, Verlag Zweitausendeins, Frankfurt 1989

Quellen:

Hamburger Fremdenblatt, Hamburg, 21.6.1942
Hamburger Gaunachrichten, Hamburg, Oktober 1939, August 1940, Oktober 1941
Journal (de Paris), Lyon, 7.8.1942
Pariser Zeitung, Paris, 1.6.1941

Karikaturen mit freundlicher Genehmigung des Hamburger Staatsarchivs und der Pariser Bibliothèque Nationale.

„Tanz mit Haltung" in: *Hamburger Gaunachrichten,* Oktober 1939
„Schräge Vögel, mausert Euch", in: *Hamburger Gaunachrichten,* August 1940
„Das gesunde Volksempfinden ist gegen Dad und Jo", in: *Hamburger Gaunachrichten,* Oktober 1941

„Service Rural", in: *Jeunesse,* 28.6.1942
„Coiffeurs Volontaires", in: *Le Cri du Peuple,* 23.6.1942
„Les optimistes", in: *Au Pilori,* 18.6.1942
„Mélanges", in: *Je suis partout,* 19.4.1944

Bernd-A. Rusinek

Desintegration und gesteigerter Zwang Die Chaotisierung der Lebensverhältnisse in den Großstädten 1944/45 und der Mythos der Ehrenfelder Gruppe

Die von den Nationalsozialisten in Gang gesetzte Umkehrung des Prozesses der Zivilisation endete mit der gesellschaftlichen Katastrophe der Schlußkriegsphase. Es handelte sich um die vom NS-Regime herbeigeführte Doppelkatastrophe des „Totalen Krieges" nach außen und der entfesselten Herrschaft nach innen.[1] Der daraus resultierende gesellschaftliche Zustand war durch den Fortfall oder zumindest durch die substantielle Bedrohung dessen gekennzeichnet, was man meint, wenn von einer funktionierenden Gesellschaft die Rede ist. Sich in diese Phase interpretierend hineinzuversetzen, fällt schwer. Ob es eine Grenze des Verstehens gibt, soll in diesem Beitrag untersucht und am Material entfaltet werden.

Ausgangspunkt der folgenden Überlegungen ist die Kölner Kontroverse: Dreizehn Deutsche, darunter sechs Jugendliche von 16 bis 18 Jahren, wurden am 10. 11. 1944 in Köln-Ehrenfeld vor einer großen Menschenmenge von der Gestapo als Angehörige einer „Terrorbande", der Steinbrück-Gruppe, umgebracht. Wegen der kriminellen Handlungen der Gruppe verweigerten die Entschädigungsbehörden der Bundesrepublik die Anerkennung der Opfer des Gestapo-Mordes als Widerstandskämpfer. Die Gegner dieser Kriminalitätsthese vertraten die Ansicht, es habe sich bei den Ehrenfelder Toten um eine Widerstandsgruppe gehandelt, von der Verfolgte des Regimes in selbstloser Weise unterstützt worden seien. Im Mittelpunkt dieser Gruppe hätten Edelweißpiraten gestanden, Angehörige von widerständischen Jugendgruppen, deren Wurzeln in der historischen bündischen Jugend zu suchen seien.[2] Gleichsam als Mixtum aus Widerstands- und Kriminalitätsthese gab es noch eine dritte Position: Danach hätte es sich bei den oppositionellen Edelweißpiraten um eine Fortsetzung der historischen Bündischen Jugend gehandelt, aber jene Jugendlichen, über die in der Kontroverse gestritten werde, wären keine „echten" Edelweißpiraten, sondern lediglich Kriminelle gewesen.

Man sollte denken, der Streit müsse leicht zu schlichten sein, zumal Dokumente in großer Zahl überliefert sind. Aber häufig geht es in historischen Kontroversen weniger um Fakten als um Grundsatzdebatten über weltanschaulich-politische Werte, die *im Medium* der Rede über historische Ereignisse ausgetragen werden. So auch in der Kölner Kontroverse: Vertreter der Kriminalitätsthese und der dritten Position hielten es für eine Beleidigung der wahren Widerstandskämpfer, die Ehrenfelder Kriminellen zu ehren; die Widerstandspartei argwöhnte, eine Anerkennung würde nur verweigert, weil es sich um Jugend-Widerstand „von unten" handele, der im Gegensatz zum bürgerlichen Widerstand „von oben" offenbar stigmatisiert werden solle. Der Streit schlug hohe lokal-politische Wellen.

Um die Fakten klären zu lassen, vergab das nordrhein-westfälische Landesinnenministerium einen Forschungsauftrag. Dessen Ergebnis ist, daß von einer Edelweißpiraten-Gruppe schlecht die Rede sein kann.[3] Zwar gab es einzelne Aktionen, die als Widerstandsaktivitäten zu bezeichnen sind, aber sie gingen nicht von den Jugendlichen aus. Viele Taten der Steinbrück-Gruppe müßten dagegen als kriminell bezeichnet werden, wären sie unter normalen gesellschaftlichen Bedingungen verübt worden. Aber solche Bedingungen waren nicht gegeben, und der Begriff der „Kriminalität" ist daher zumindest auf die Jugendlichen nicht anwendbar. Der Vorschlag lautete, die Anerkennung als Opfer eines Gestapo-Mordes nicht zu verweigern und den Angehörigen der Opfer Entschädigungsleistungen zukommen zu lassen.

Um die dem Streit zugrundeliegenden Vorgänge einschätzen zu können, ist das gesellschaftliche Umfeld im Herbst 1944 aus der Perspektive junger „Illegaler" zu berücksichtigen. Dabei werden einige Grundzüge der städtischen Gesellschaft im „Totalen Krieg" deutlich. Ausgangspunkt ist die Situation von „Illegalen" als potentiellen Gestapo-Opfern. Die hieran entwickelten Züge der Katastrophengesellschaft sind also kein Gesamtporträt städtischer Gesellschaften in der Schlußkriegsphase. Die Kölner Situation ist vermutlich ein Sonderfall in dieser Phase und die Situation der „Banden" noch einmal ein Taifun im Sturm. Aber insofern an diesem Extremfall Entwicklungslinien schroff zutagetreten, kann hier analysiert werden, was anderswo nur latent vorhanden war. Ein an der Kontroverse orientierter Blick auf die Jugendsubkultur der Edelweißpiraten während des Krieges schließt sich an, wobei auf die höchst diffizile Karriere des Begriffes „bündisch" zu achten ist. Im Anschluß an einige Bemerkungen zur „Steinbrück-Gruppe" wird das Problem aufgegriffen, wie Historiker Katastrophen-Phasen darstellen und analysieren können.

Viele Akteure, von denen die Rede sein wird, waren Jugendliche, keiner war älter als 23 Jahre. Fast alle von ihnen sind um gebracht worden.

Die Tätigkeit des Historikers wurde einmal als „commercium cum mortuis" bezeichnet.[4] Die Erforschung der gesellschaftlichen Katastrophe, die hier näher betrachtet werden soll, ist vielfach ein Umgang mit Texten von Ermordeten, von bürokratischen Mördern und vor allem mit Texten von Mördern über Ermordete.[5] Die Frage ist berechtigt, wie weit solche Untersuchungen getrieben werden sollen. Wer sich der geistigen Anschauung großer Erschütterungen, zermalmender Katastrophen hingebe, schrieb Thomas Mann, der laufe immer Gefahr, in den Verdacht zu geraten, die Eitelkeit stachele ihn, an einem Erdbeben seinen Witz zu proben. Unter großen und schrecklichen Umständen erscheine der Geist sehr leicht als Frivolität. Aber dennoch – so fügt er hinzu – sei ohne Geist kein Ding zu erkennen ... (Mann 1983, S. 44)

I.

Die Vorstellungen vom Chaos der Schlußkriegsphase in den Großstädten waren bisher nicht radikal genug. Daß Köln zerstört wurde – so ließe sich mit Johann Peter Hebel formulieren – ist geschwind gesagt, aber man schlüge fast die Hände über den Kopf zusammen, würde man sich davon einen Begriff machen.

Köln war Schauplatz des inneren und des äußeren Krieges. Würden wir gegen Ende des Jahres 1944 durch diese Stadt gehen, so sähen wir Hausruinen, gewaltige Trümmerberge, Splittergräben, Bunker und Hochbunker, Bombentrichter und Löschteiche. Vom Staub des zusammenbrechenden Mauerwerkes ist alles grau. Brandgeruch liegt in der Luft. Die vielen mit Stacheldraht umzäunten Baracken der Zwangsarbeiter fallen uns auf. Wir sehen Plakate mit der Aufschrift „Wer plündert wird erschossen!" Uns begegnen verschiedene bewaffnete Trupps: Uniformierte Einheiten der SS, der Heeresstreifen und der Gestapo. Hier und da wird ein Mensch abgeführt, vielleicht ein „Ostarbeiter", der seine Arbeitsstelle verlassen hat, vielleicht ein entdeckter Deserteur. Einheiten der Hitlerjugend versuchen Brände zu löschen. Bewachte Häftlinge durchsuchen die Hausruinen nach Blindgängern, Schüsse fallen. Hilferufe verschütteter Menschen sind zu hören, vermischt mit dem Grollen der Artillerie; denn die Front rückt seit dem 6. 6. 1944 – dem Tag der Invasion – immer näher.

Plötzlich ertönt Bomben-Alarm. Die Menschen rennen in die Bunker. Dort stürzt jemand über einen am Boden liegenden Menschen. War es ein Toter oder ein Betrunkener? Flugzeugstaffeln nähern sich der Stadt. Bomben fallen. Explosionen. Ohrenbetäubender Lärm. So könnte es im Herbst 1944 in Köln gewesen sein.

Es hatte sich dort eine Gesellschaft des anderen Zustands gebildet. Die Männer standen an der Front, viele Frauen und Kinder waren evakuiert; in der Kölner Trümmerwüste lebte nur mehr ein Siebtel der Bevölkerung von 1939. Auf den Trümmergrundstücken und in den Kellern hausten die Illegalen. Sie waren aus Gefängnissen und Lagern geflohen oder vom Militär desertiert und warteten auf das Ende des Krieges. Vielfach waren sie gezwungen, nachts Raubzüge zu unternehmen. Wer konnte, hatte sich bewaffnet.

In der Stadt und der näheren Umgebung lebten 30.000 ausländische Arbeiter, darunter 15.000 „Ostarbeiter" aus der Sowjetunion. Viele dieser Arbeiter, vor allem „Ostarbeiter", hatten ihre Arbeitsstellen und Wohnlager verlassen. Sie befanden sich in einem rechtlichen Pariastatus und waren oftmals im buchstäblichen Sinne Prügelknaben ihrer deutschen Vorgesetzten, ihre

Ernährung war miserabel, die Arbeitsbedingungen oftmals sehr schwer, vor den Bomben waren sie nur unzulänglich geschützt. Als das Kriegsende nahe schien, bildeten sich die „Ostarbeiterbanden". Sie lebten von Raub und Diebstahl, beteiligten sich in vielen Fällen am Schwarzmarkt-Geschehen, und auch sie trugen Waffen; denn fielen sie der Gestapo in die Hände, so kam das ihrem Tod gleich. Bei einzelnen Gruppen sind politische Motive erkennbar. Aber für die meisten gilt das sicher nicht. Der Kampf um das nackte Überleben drängte alles übrige in den Hintergrund. Im Herbst 1944 war Köln das Aktionszentrum der „Ostarbeiter-Banden".

In Köln hatte sich wie in anderen Städten eine zweite Ökonomie des Schiebertums und Schwarzhandels herausgebildet. In der ersten Ökonomie herrschte Mangel jeder Art, im Bereich der zweiten war vom Schnaps bis zum Maschinengewehr alles zu bekommen. Bevorzugte Handelsobjekte – fast mit dem Rang einer zweiten Währung – waren Zigaretten und vor allem Butter und Fette. Die Waren stammten entweder aus direktem Raub und Diebstahl, wurden irgendwo „organisiert" oder aber an den Schnittstellen der ersten Ökonomie verschoben. Akteure dieser Marktwirtschaft des anderen Zustands waren auf der Angebots- wie auf der Nachfrageseite kleine Kaufleute, die den Weg von der ersten in die zweite Ökonomie ohne Probleme beschritten hatten, sodann Bedienstete und Funktionäre aller Art. Eine zweite Gruppe waren die Illegalen und Untergetauchten, die auf offiziellem Wege nichts erhalten konnten und verhungert wären. Eine dritte Gruppe rekrutierte sich aus dem kriminellen Mileu der Vorkriegszeit. Die Übergänge zwischen der zweiten und der dritten Gruppe waren oft fließend.

Infolge des allierten Vormarsches auf die Westgrenze des Reiches und der immer häufiger gegen die Stadt geflogenen Bomben-Angriffe hatte sich der „Totale Krieg" verschärft.

Die Machtverhältnisse innerhalb des von außen extrem bedrohten NS-Regimes lassen sich als Asymmetrie von Schutz und Gehorsam kennzeichnen: Jede Phosphorbombe bewies, daß der Schutz nach außen nicht mehr gewährleistet werden konnte; mit um so drastischeren Mitteln sollte Gehorsam und Durchhaltewillen der Restbevölkerung aufrechterhalten werden. Diese abstrakte Charakterisierung der Situation als Asymmetrie läßt sich leicht konkretisieren: Der achtzehnjährige Adolf Schütz, der am 10. 11. 1944 öffentlich in Köln-Ehrenfeld erhängt wurde, war desertiert und mit Wissen seiner Mutter untergetaucht. Von der Mutter verlangten die Bestimmungen, daß sie ihren Sohn anzeigte. Den Schutz für Mutter und Sohn konnte das Regime nicht garantieren. Die Mutter hätte zu jeder Stunde von einer Bombe getötet werden, der Sohn an irgendeinem Frontabschnitt fallen können. Aber es wurde von der Frau der Gehorsam verlangt, ihren Sohn anzuzeigen und ihn damit dem Tod auszuliefern. Auf Desertion stand die Todesstrafe.

Führende Gestapo-Männer rechneten sich aus, daß sie im Falle einer Niederlage Deutschlands zur Rechenschaft gezogen oder Opfer von Racheakten werden würden. Soweit sie sich keine Illusionen über den Ausgang des Krieges machten, wollten sie erklärtermaßen noch viele Menschen „mit hinübernehmen".[6]

Nach der Invasion befanden sich im Raum Köln so viele Gestapo-Leute wie nie zuvor. Die Allierten hatten sie aus den zurückeroberten belgischen und französischen Gebieten zurückgedrängt. Nun sammelten sie sich im Raum Köln und übten ein blutiges Terror-Regime aus. Plünderer, vermeintliche Überläufer, Deserteure und Miutglieder von „Banden" wurden erschossen oder aufgehängt. SS- und Gestapo-Einheiten lieferten sich mit den „Banden" oft stundenlange Feuergefechte. Tag und Nacht setzten sie den Illegalen nach. Die Besatzungen der Bomberflotten konnten die Kegel der Scheinwerfer sehen, mit denen die Trümmergrundstücke abgesucht wurden.

Das Motiv des Hinübernehmen-Wollens gab es ebenso auf der Seite der Widerstandskämpfer gegen das NS-Regime. So äußerte der Kölner Kommunist „Peter" im Herbst 1944, würde die Polizei ihn vor dem Einmarsch der Allierten festnehmen, so wollte er „auf alle Fälle ... noch Einige mitnehmen".

Die Zahl der Deserteure war im Herbst 1944 gewaltig gestiegen. Viele Soldaten fragten sich, warum sie sich noch an der Front „verheizen" lassen sollten, wo doch der Krieg bereits verloren war. Sie desertierten und tauchten unter.

Alle Illegalen waren ständig von der Gestapo bedroht. Aufgrund der Kommandos und aufgrund der Bomben-Angriffe war der gewaltsame Tod im Erlebnishorizont dieser Menschen stets gegenwärtig. Sooft es ging, versuchten sie, sich mit Alkohol zu betäuben. Ihre Hoffnung war das Kriegsende, aber es sollte sich noch um Monate hinauszögern.

II.

Die Situation der von der Gestapo bedrohten Illegalen war dazu angetan, den Menschen „in einen anderen Zustand zu treiben“ (Schütz, Luckmann 1984, Bd. 2. S. 174). Wenn Krisen und Bedrohungen dem Einzelnen

> in aller Schwere und Bedrohlichkeit ganz nahe zu Leibe rücken, mag sich sein Zustand sozusagen nach unten („wie gelähmt“) in die unmittelbare Nachbarschaft der Halbwachheit oder unter gewissen Umständen nach oben („wild verzweifelt“) an den Rand der Ekstase bewegen. (Ebd.)

Eine Analyse der Lebenswelt-Kategorien erlaubt, die Katastrophensituation etwas abstrakter zu fassen. Der von Edmund Husserl eingeführte Begriff „Lebenswelt“ bedeutet – ganz im Gegensatz zu seiner Verwendung im sozialwissenschaftlichen Alltagsjargon – die kulturinvariante Wahrnehmungswelt, zusammengefaßt in den drei Kategorien von Räumlichkeit, Zeitlichkeit und Kausalität (siehe: Welter 1986, S. 16). Sie ermöglichen die Erzeugung und Wahrnehmung von Sinn und gewährleisten situationsadäquates Handeln. Dieses basale Rahmenwerk geriet in der großstädtischen Katastrophengesellschaft der Schlußkriegsphase ins Wanken.

Räumlichkeit als erste der drei Lebenswelt-Kategorien war in der Schlußkriegsphase unmittelbar und direkt bedroht. Der individuelle Wahrnehmungshorizont war ständigen Zerstörungen ausgesetzt. Faßt man die Genese von Kultur mit den Worten zusammen, daß – im Sinne eines Hegungskonzeptes – „nichts mehr draußen sein“ dürfe (Horkheimer, Adorno 1971, S. 18), so ist in der hier zu betrachtenden Phase die Tendenz zu beobachten, daß überhaupt nichts mehr drinnen war. Das Ungehegte brach überall hinein.

Zeitlichkeit als zweite Basalkategorie bedeutet in funktionierenden Gesellschaften die Möglichkeit von Plan, Perspektive und Vertrauen. Die Menschen können Handlungsziele entwerfen, weil sie sich zutrauen, Abläufe vorauszusehen. In der hier zu betrachtenden Phase und für die hier zu untersuchenden Lebensschicksale aber war dieses Vertrauen in die Zeit durch die Bomben-Angriffe und durch die ständig die Stadt durchkämmenden Gestapo-Kommandos in der Substanz zerstört.

Der Verlust dieses Zeit-Vertrauens führte zu Selbstaufgabe und Frustration. Das individuelle Ende innerhalb der nächsten Stunden oder Tage war in den Bereich des Wahrscheinlichen gerückt. Bereits stattgefundene persönliche Katastrophen verstärkten die Erfahrung von Sinnlosigkeit. So sagte 1944 ein Kaufmann seiner Lebensgefährtin über die Verwendung seines angesparten Geldes, er habe alles verloren, seine Söhne seien gefallen, und er habe das Geld daliegen, sie solle davon kaufen, was sie wolle.

Abläufe waren nicht mehr überschaubar. Die Ereignisse wurden als rasante und unübersichtliche Beschleunigung erlebt. Abhängig von der Zeitlichkeit ist schließlich die *Kausalität.* „Ein Ereignis ist kausal bedingt", sagte Max Planck, „wenn es mit Sicherheit vorausgesagt werden kann". Voraussagbarkeit und damit Planbarkeit des Handelns schwanden dahin. An ihre Stelle traten massive Kontingenz-Erfahrungen und der *Überlagerungs-* und *Mehrdeutigkeitscharakter* von Ereignissen.

Der *Überlagerungscharakter* wird an einem Vorfall deutlich, der sich am 28. 9. 1944 gegen 21.00 Uhr in Köln-Ehrenfeld ereignete: Ein angetrunkener Deserteur schoß auf einen mit seinem Dienstfahrrad vorbeifahrenden NSDAP-Ortsgruppenleiter. Dieser fuhr zunächst weiter, rief dann „Ich bin verletzt!" und taumelte vom Rad. Ein vorbeikommender Wachtmeister, der mit anderen Menschen gerade zu einem Luftschutzbunker rannte, weil Bomben-Alarm gegeben worden war, stützte den Angeschossenen und legte ihn auf die Erde.

In der nur einige Sekunden dauernden Szene überlagerten sich drei Ereignis-Sequenzen: In den Luftschutzbunker rennende Menschen, Bomben-Alarm und die Schüsse auf den Ortsgruppenleiter Die Vorgänge spielten sich zudem in der Dunkelheit ab und waren von Sirenengeheul begleitet.

Der *Mehrdeutigkeitscharakter* läßt sich an einem anderen Vorgang illustrieren: Am Abend des 31. 10. 1944 gegen 22.00 Uhr saßen einige junge illegale „Ostarbeiter" auf dem Gelände einer Kölner Firma und tranken Schnaps. Ein Mann in Uniform erschien. Um was für einen Funktionsträger es sich handelte, ob der Mann das Gelände zufällig passierte, ob er die Männer verjagen oder sie tatsächlich festnehmen wollte, wußten die „Ostarbeiter" nicht. Sie konnten die Uniform nicht identifizieren. In ihrer Situation als Illegale, die von Diebstählen lebten, war ihnen im Fall einer Festnahme der Tod sicher. Also nahmen sie von den verschiedenen Möglichkeiten die negativste an und schossen den Mann nieder. Der Mehrdeutigkeitscharakter auch dieses Vorganges wurde durch die Dunkelheit noch verstärkt.[7]

Das Katastrophenterrain in der Schlußkriegsphase war – so läßt sich zusammenfassen – durch die Erschütterung der Basalkategorien von Lebenswelt geprägt. Als Effekte können Beschleunigungserfahrungen Überlagerungen und Mehrdeutigkeiten von Ereignissen, schließlich zerrissene Handlungsketten genannt werden. Die Allgegenwart des Todes führte zur Entdramatisierung der Tötung.

Genau auf dieser Bühne entwickelten sich die Vorgänge, über die in der Kölner Kontroverse gestritten wurde.

III.

In der Kontroverse war indes die Frage von Bedeutung, ob die ermordeten Jugendlichen Edelweißpiraten gewesen seien und – davon abgeleitet – welches Verhältnis zwischen den Edelweißpiraten und der historischen Bündischen Jugend bestand.

Während des Krieges gab es im Westen des Reiches Tausende von Edelweißpiraten, Kittelbachpiraten und verwandten Gruppen, die sich „bündisch" nannten oder als „Bündische" bezeichnet wurden. Die Rezeption bündischer Gedanken durch die Edelweißpiraten wird in der Literatur zuweilen wie die Übergabe eines Staffettenholzes durch ältere bündische Führer begriffen. So meint Stefan Krolle:

> Zusammenfassend ist festzuhalten, daß die nationalsozialistische Sozialisation den größten Teil des Nerother Wandervogels bis 1939 trotz Verbot und Verfolgung nicht erreichte, dessen Gruppen ihr Eigenleben aufrechterhielten und dadurch richtungsweisend für viele neue Gruppierungen von Jugendlichen wurden (Krolle 1985, S. 116).

Und Matthias von Hellfeld glaubt:

> Selbst wenn vor allem jüngere Mitglieder der Edelweiß-Gruppen keine eigene lebensgeschichtliche Verbindung zur Bündischen Jugend aus der Zeit vor 1933 hatten, sind Zusammenhänge mit ihr nicht von der Hand zu weisen (v. Hellfeld 1987, S. 226).

Die hier vertretene These lautet dagegen, daß es – von Einzelfällen abgesehen – falsch wäre, die sogenannten „bündischen Umtriebe" von Arbeiterjugendlichen[8] in der NS-Zeit auf eine direkte Verbindung mit der historischen bündischen Jugend vom Typ des Nerother Wandervogels oder gar der dj. 1.11 zurückführen zu wollen.

Erste Konturen der als bündisch verfolgten späteren Edelweiß-Gruppen zeigten sich bereits 1933/34 in Mischgruppen von Arbeiterjugendlichen, die sich aus ehemaligen Pfadfindern und Angehörigen der aufgelösten kommunistischen und sozialdemokratischen Jugendorganisationen zusammensetzten. Sie standen zum Teil in der Tradition der „Wilden Cliquen" und anderer Wandergruppen arbeitsloser Jugendlicher in den Krisenjahren der Weimarer Republik. Nun sahen sie sich von HJ-Führung und Polizei als angebliche „Bündische" und Angehörige „des aufgelösten Pfadfinderbundes Neurote- und Kittelbacher" verfolgt (diese Verballhornungen finden sich in den Gestapo-Akten).

An der Geschichte von Jugendtreffpunkten sowie an der subkulturellen Karriere einzelner Jugendlicher läßt sich die Entwicklung von Jugendgesellungsformen gleich Jahresringen zeigen: Von Gruppen jugendlicher Arbeitsloser (bis 1933/34) über Melange-Gruppen aus Jugendlichen, deren Verbände oder Organisationen verboten worden waren (1933–35), zum sich abzeichnenden Profil der „Edelweiß"- und „KP"-Gruppen ab 1936.

Die Kontur des Begriffes „bündisch" wurde im Verlauf der NS-Herrschaft so unscharf, daß ein Gericht – in deutlicher Kritik an Gestapo und HJ-Führung – auf die merkwürdige Tendenz hinwies, jugendtypische Freizeitaktivitäten als „bündisch" zu bezeichnen, wenn diese außerhalb der HJ stattfanden. Das Gericht hielt fest, daß sich das Leben der bündischen Jugend in vielen Dingen „in keiner Weise" von dem unterschied, was jeder gesunde junge Mensch zu tun pflege. Ein anderes Gericht kam zu dem Schluß, noch niemand habe genau sagen können, was „bündisch" eigentlich sei. Robert Oelbermann schrieb über die Idee des Bündischen, sie „sei durchaus existent. Beweis: Ihre Ungreifbarkeit" (HSTA Düsseldorf, RW 58 – 14605).

Der Begriff „bündisch" – schwer definierbar seit je – wurde im Laufe der NS-Zeit Synonym für subkulturelle Gesellungsformen verschiedenster Art. Edelweißpiraten, Kittelbachpiraten, Navajos und verwandte Gruppen galten als „bündisch". Laut Vernehmungsprotokoll sagte ein Jugendlicher:

> Ich hatte vor, mich der „Bündischen Jugend" anzuschließen, die sich in letzter Zeit öfter auf der Kirmes getroffen hat (HSTAD, RW 58 – 47008).

Viele wegen „bündischer Umtriebe" festgenommene Jugendliche waren sich keiner Übertretung bewußt:

> Mir wurde erklärt, weshalb ich hier vernommen werde (HSTAD, RW 58 – 23599).

Zu einem nicht geringen Teil gingen die Selbstbezeichnungen als „Bündische", Edelweiß- oder Kittelbachpiraten auf Etikettierungen des Verfolger-Ensembles zurück.[9] Dem liegt ein Modus der Rezeption von Bezeichnungen zugrunde, wie er für Arbeiterjugendliche typisch ist: Eine negativ gemeinte Außenbezeichnung der sozialen Kontrolleure für Gruppen außerhalb der HJ wurde als positive Selbstbezeichnung übernommen (Lindner, 1983, S. 202, Anm. 33). Der Schlußbericht eines Ermittlungsverfahrens wegen „Bündischer Umtriebe" von Edelweißpiraten brachte es 1943 auf den Punkt:

> Eigentlich gibt es erst solche Piraten, nachdem in den HJ-Einheiten die Jugendlichen auf das Bestehen einer solchen Bewegung aufmerksam gemacht worden sind (HSTAD, RW 58 – 38044).

Die übernommenen Selbstbezeichnungen konnten jedoch auch Ausgangspunkt einer tiefgehenden oppositionellen Einstellung von Jugendlichen sein. Aufgrund der Verfolgung und weitgehenden Zerschlagung der organisierten Arbeiterbewegung waren den Jugendlichen die politischen Gegenhorizonte entzogen worden. Indem sie in der HJ wieder und wieder auf die Gefährlichkeit der Bündischen hingewiesen wurden, erhielten sie ein Stichwort, mit dem sie sich gegen die HJ profilieren konnten, als sie mit dem „Dienst“ unzufrieden wurden. Dasselbe gilt für die Weiterverbreitung der Selbstbezeichnungen „Edelweißpirat“, „Kittelbachpirat“ etc. Viele Jugendliche nannten sich „bündisch“, ohne genau zu wissen, was darunter zu verstehen sein. Es genügte, daß sie die HJ-Führung damit in Rage bringen konnten. Für die HJ-Führung genügte es, daß Jugendliche ohne „Fahrtenerlaubnisschein“ in Kluft angetroffen wurden, um sie als „Bündische“ festnehmen zu lassen. Mit diesen Verfolgungsmaßnahmen hofften die HJ-Führer zugleich, den „Dienst“ attraktiver gestalten zu können. Die HJ-Führung stand nicht an, diesen Nutzen der Verfolgung anderer Jugendlicher für den Geist der eigenen Reihen im vertraulichen „Informationsdienst“ der Reichsjugendführung zuzugeben (siehe: Rusinek, 1990, S. 58 f.). Der HJ-Streifendienst durfte Gestapo spielen, die Edelweißpiraten verfolgen und sie anzeigen. Folglich waren Prügeleien zwischen „Bündischen“ und Angehörigen der HJ an der Tagesordnung.

Edelweißpiraten waren eine Jugendsubkultur unter den Bedingungen der NS-Herrschaft. Sie definierten sich über das Gegnerschaftsverhältnis zur Hitlerjugend. Dieses Verhältnis war die Klammer der Gruppen. Es konnte von der Lustlosigkeit am immer langweiliger werdenden „Dienst“ in einer konkreten HJ-Einheit und der gelegentlichen Fahrt mit einer Edelweißgruppe bis zur völligen Ablehnung und Bekämpfung der nationalsozialistischen Staatsjugend und darüber hinaus des NS-Regimes überhaupt reichen. Ob mit der Zugehörigkeit zu den Edelweißpiraten eine aktive Gegnerschaft zur HJ als der nationalsozialistischen Staatsjugend verbunden war und nicht nur die Ablehnung des eintönigen „Dienstes“, müßte eine qualitative Analyse der einzelnen Gruppen ergeben. Sie könnte zeigen, wie weit die Geschichte auch der Jugendsubkulturen im „Dritten Reich“ zur „Sozialgeschichte der ‚kollektiven Aggressivität‘ gehört“, die für den europäischen Raum seit dem 18. Jahrhundert „gleichsam automatisch" eine Geschichte der Jugend sei (Hinrichs, 1980, S. 14), wie weit die subkulturellen Jugendgruppen von den Bedingungen der NS-Herrschaft geprägt und wie weit sie sogar intentional gegen diese Bedingungen gerichtet waren.

Wenn feststeht, daß ein Jugendlicher zu den Edelweißpiraten gehörte, so ist damit über seine Haltung zum Nationalsozialismus noch nicht viel gesagt. Damit aber verliert diese Frage ihren Schlüsselcharakter für die Kölner Kontroverse. Im übrigen war die Rolle der Jugendlichen in der Steinbrück-Gruppe eher passiv.

Ob die These von Karl Heinz Jahnke und Michael Buddrus stimmt, der Höhepunkt der Edelweißpiraten-Gruppen habe in den Jahren 1942/43 gelegen, ist hier nicht zu diskutieren (Jahnke, Buddrus 1989, S. 38). Es dürfte jedoch zutreffen, daß die Situation in den Großstädten des rheinisch-westfälischen Industriegebietes ab der zweiten Kriegshälfte zunehmend in den Zustand der Extremsituatiuon transformiert wurde und subkulturellen Gesellungsformen dadurch kaum noch Spielraum blieb. Es ist kaum anzunehmen, daß eine Jugendsubkultur in der Katastrophenphase einfach weiterbestehen konnte. Sollte sich der Terror des zusammenbrechenden Regimes in den Köpfen der Beherrschten nicht ausgewirkt haben? Die Jugendlichen wurden in den Kriegsjahren ihrer Jugend beraubt und – zumal in den Großstädten – in einen anderen Zustand gebracht. „1944 und in den ersten Monaten des Jahres 1945 erreichte der Mißbrauch der Jugend seinen Höhepunkt." (Ebd., S. 35) Die Führung des NS-Regimes rief die Jugendlichen ständig zu größeren Anstrengungen, Einsatzbereitschaft und Opfergeist auf. Bei den Schanzarbeiten an den bedrohten Grenzen wurden auch rund 400 000 Jugendliche eingesetzt. Bei gleichzeitiger Verknappung der Lebensmittel stieg die Arbeitsbelastung auf sechzig und in einzelnen Wirtschaftsbereichen sogar auf zweiundsiebzig Stunden in der Woche. Feuerwehrhilfs-, Räum- und Wachdienste kamen an den Wochenenden hinzu. Durch Tanz-, Gaststätten- und Aufenthaltsverbote wurde die gering bemessene Freizeit der Jugendlichen weiter beschränkt. Zugleich brachen die schulische und die berufliche Ausbildung zusammen. Häufig wurden die Lehrwerkstätten und Schulen zerbombt. Viele Familien, die nicht evakuiert wurden, zogen in Notwohnungen um, in denen man auf engem Raum mit

Verwandten oder gar Fremden zusammenwohnte. Für männliche Jugendliche kam die Perspektive des „Heldentodes" an der Front hinzu: 1943/44 erhielten bereits die Siebzehnjährigen ihre Wermachtsgestellungsbefehle.

Daß der Tod im Erfahrungshorizont der Jugendlichen ständig präsent war, verdeutlichen Aussagen wie die folgende eines Duisburger Edelweißpiraten:

> Der alte Führer der Gruppe Stadtpark war Karl M., der 1942 in Rußland gefallen ist (HSTAD, RW 58 – 47705).

Gegen Ende des Krieges gab es Erscheinungen zerbrochener Identität von Jugendlichen, die mit normalen Kategorien nicht mehr zu fassen sind. Hans B. etwa, ein sechzehnjähriger Kaufmannssohn aus Köln-Ehrenfeld, hatte zu den Edelweißpiraten gehört. Er beging einen Einbruchsdiebstahl und wurde zu einer Jugendgefängnisstrafe verurteilt. Auf seine Mutter ging er mit dem Stuhl los; sein Vater wollte ihn so bald wie möglich bei der Wehrmacht unterbringen. Einige Zeit nach seiner Entlassung aus dem Gefängnis lief Hans B. von zu Hause fort, beschaffte sich Waffen und lebte von Einbrüchen. Er beging diese Einbrüche mit Erwachsenen, war aber trotz seiner sechzehn Jahre der dominierende Part. Nacheinander wollte Hans B. all jene Beamten umbringen lassen, die an seiner Verurteilung beteiligt waren. Er setzte Kopfgelder aus. Auch bot er Geld für die Erschießung eines Hehlers, von dem er glaubte, betrogen worden zu sein. Der Sechzehnjährige wurde im November 1944 von einem Gestapo-Mann erschossen.

IV.

Gegen Ende des Krieges kam es in Köln zu Gewaltausbrüchen seelisch schwerverletzter Fünfzehn- und Sechzehnjähriger, die alle Maßstäbe sprengten.

Es handelt sich bei den Bedingungen, denen viele Jugendliche und alle Illegalen in Köln 1944 ausgesetzt waren, um Extremsituationen. Bruno Bettelheim hat diesen Begriff in einem 1943 im amerikanischen Exil veröffentlichten Aufsatz eingeführt, der auf seinen Erlebnissen als KZ-Häftling in Nazi-Deutschland basiert (Bettelheim, 1980a). Wie Bettelheim an anderer Stelle ausführt, beobachtete er im Konzentrationslager ein ganzes „Spektrum autistischer und schizophrener Reaktionen“ (Ders., 1980b, S. 129).

Der gewählte Begriff „Extremsituation“ – und nicht etwa „KZ-Bedingungen“ o. ä. – deutet schon an, daß Bettelheim seine Analyse nicht auf die Haftbedingungen in den Lagern beschränkt wissen wollte. Er hat die Ergebnisse seiner Beobachtungen im Konzentrationslager in der Folgezeit auf zwei Forschungsbereiche erweiternd angewandt: Auf die Analyse verhaltensgestörter Kinder und – für unseren Zusammenhang entscheidend – auf die Analyse des nationalsozialistischen Terror-Regimes überhaupt:

> ...was auf eine extreme Weise mit den Gefangenen geschah, die mehrere Jahre im KZ zubrachten, geschah auf eine nicht ganz so extreme Weise den meisten Bewohnern jenes Konzentrationslagers im großen, das Deutschland hieß (Bettelheim 1980b, Nachbemerkung, S. 93).

Ob Bettelheim damit recht hat, mag zu bezweifeln sein. Für das Verhalten der Illegalen und der „Banden“ in Köln 1944/45 aber sind seine Analysen der Extremsituation von einiger Bedeutung.

Er beobachtete unter extremen Bedingungen ein Ende des Angst- und Todesbannes und den Zusammenbruch des Wirklichkeitsgefühls. Steige der Druck extrem, so werde es den Gefangenen plötzlich „egal, ob sie von der SS erschossen wurden“. Was ihnen zustieß hätten die Häftlinge als „völlig ‚unwirklich‘“ erlebt (Bettelheim, 1980a, S. 75). Die Menschen lebten nur mehr in der unmittelbaren Gegenwart, „sie büßten ihr Zeitgefühl ein; sie verloren die Fähigkeit, in die Zukunft hinein zu planen; sie wurden unfähig, auf unmittelbare Lustbefriedigungen zugunsten späterer größerer Befriedigungen zu verzichten“ (Ebd., S. 87). Zu diesen psychischen Verletzungen hatte eine Situation geführt, die durch Unausweichlichkeit, ungewisse Dauer, Unvorhersagbarkeit der Ereignisse und die Bedrohung des Lebens in jedem Augenblick gekennzeichnet war (Bettelheim 1980b, S. 129f.).

Realitätsverzerrungen, Wahnvorstellungen und Projektionen seien häufig gewesen, Über-Ich und Ichkontrollen brachen zusammen und führten zu Verhaltensweisen, „die unter normalen Umständen als infantil oder kriminell gegolten hätten“. Weit verbreitet seien „völlig unbedeutende, unausgeglichene und unverhältnismäßig übertriebene Gefühle“ (Ebd., S. 130). Hervorgehoben werden schließlich die auftretenden Affekt-Inkontinenzen.

Diese Affekt-Inkontinenzen hat der Internist Ferdinand Hoff in Extremsituationen an den Fronten des Ersten Weltkrieges als Phänomen der „Kippschwingungen“ erlebt: Tiefste Gemütsbewegungen lösen plötzlich die entgegengesetzten Stimmungen aus, so daß Grauen in Gelächter, schreckliche Angst in Übermut, Trauer in Freude übergehen können (Hoff 1971, S. 145).

V.

Die im Mittelpunkt der Kölner Kontroverse stehenden Aktionen der Steinbrück-Gruppe in der zweiten Jahreshälfte 1944 müssen nun mit einigen Strichen skizziert werden.

Hauptperson war der 1921 geborene und im Waisenhaus aufgewachsene Hans Steinbrück. In seiner frühen Jugend war er offenbar ein erfolgreicher Jungvolkführer. Während des Krieges hatte er sich bei der Gestapo Düsseldorf beworben, sich aber bereits als Gestapo-Mann ausgegeben, bevor über seine Bewerbung entschieden worden war. Wegen Amtsanmaßung wurde er verhaftet und in ein Konzentrationslager eingeliefert. 1943 war Steinbrück Häftling des KZ-Außenkommandos Köln-Deutz („Messelager“). Er meldete sich dort zu einem Bombenräumkommando und wurde als überaus erfolgreicher Entschärfer zu einer Kölner Berühmtheit.

Ende 1943 tauchte Steinbrück bei seiner Freundin in Köln-Ehrenfeld unter. In der Nachbarschaft lernte er einige Jugendliche kennen, die zu den Opfern der Erhängung vom 10. 11. 1944 gehören sollten. Bis zum 21. 4. 1944, als ein Bomben-Angriff den Häuserblock weitgehend zerstörte, lebte Steinbrück unerkannt in Ehrenfeld. Nach dem Angriff wollte er die Wohnung seiner Freundin wieder herrichten und beging erste Einbrüche auf der Ebene des fast kriegsüblichen „Organisierens“.

Bald jedoch nahmen diese Einbruchstouren, die in einer Vernehmung als „Kaperfahrten" bezeichnet wurden, eine andere Qualität an. Unter Anleitung eines wegen Einbruchs vorbestraften alten Bekannten der Freundin Steinbrücks wurden bewaffnete Raubzüge unternommen. Einen Großteil der Beute verkaufte ein bei Steinbrück eingeführter Mann, der dreizehnfach wegen Einbruchs, Zuhälterei und Unterschlagung vorbestraft und im Sommer 1944 aus einem Zuchthaus geflohen war.

Diese Phase der professionellen und bewaffnet durchgeführten Einbrüche, in die auch einige der Jugendlichen hineingezogen wurden, die Steinbrück in der Nachbarschaft kennengelernt hatte, endete am 1.9.1944 mit einem Groß-Coup. Erbeutet wurde eine Tonne Butter, die klassische Kriegsmangelware. Ihr Schwarzmarktwert betrug 120.000 RM. Nachdem die Beute zu Geld gemacht worden war, setzten sich einige Mittäter ab. Sie verfügten nun über genügend Geld, um auf dem Schwarzmarkt Lebensmittel besorgen und versteckt das Kriegsende abwarten zu können. Steinbrück aber kaufte sich von seinem Beute-Anteil Waffen und Munition. Er begann damit genau zu der Zeit, als sich – von den Alliierten zurückgedrängt – Gestapo- und SD-Angehörige in Köln und Umgebung massierten und die Situation für die Kölner Illegalen immer gefährlicher wurde.

Zu diesem Zeitpunkt verstärkten auch die Kölner Kommunisten ihre Widerstandsaktivitäten. Einige illegale Kommunisten traten an Steinbrück heran, weil sie ihn an der Produktion von Flugblättern beteiligen wollten. Es wurde sogar Papier beschafft, doch zogen sich die Kommunisten wieder zurück.

Die zweite Phase der Steinbrück-Gruppe begann damit, daß Steinbrück einzelne vom Westwall-Einsatz desertierte Jugendliche aufnahm, die ihm teilweise bereits bekannt waren. In der Folgezeit halfen sie Steinbrück, weitere Waffen zu kaufen. Steinbrück nannte die Jugendlichen Dritten gegenüber seine „boys". Einige der Jugendlichen hatte im Kontakt zu Edelweißpiraten gestanden. Unter ihnen war Bartholomäus Schink, der zur Symbolgestalt der Kontroverse geworden ist.

Ende September 1944 nahm Steinbrück unentgeltlich und jede Bezahlung ablehnend drei rassisch Verfolgte auf, die vor ihrer Deportation geflohen waren. Als sie sich ein oder zwei Tage in der Wohnung befanden, kam es zum Streit zwischen Steinbrück und den Jugendlichen. Vermutlich befürchtete er, sie könnten durch Leichtfertigkeit die Polizei oder eine Heeresstreife auf das Versteck aufmerksam machen. Steinbrück warf die Jugendlichen hinaus. Kurz darauf wurde der Unterschlupf entdeckt. Die drei aufgenommenen Verfolgten und Steinbrücks Freundin wurden festgenommen. Steinbrücks Waffenlager fiel der Polizei in die Hände. Er selbst hatte fliehen können.

Bei der Suche nach einem neuen Versteck lernte er den Deserteur Roland Lorent kennen. Es begann nun die dritte und nur wenige Tage dauernde letzte Phase der Steinbrück-Gruppe. Der stark alkoholabhängige Roland Lorent war Deserteuer. Teil seines Desertionsentschlusses war erklärtermaßen, daß er es auch so gut haben wollte, wie seine von Einbrüchen lebenden Freunde von früher, die er auf Heimaturlaub in Gastwirtschaften wiedertraf. Gemeinsam mit dem bereits erwähnten sechzehnjährigen Kaufmannssohn Hans B., der bei Kölner Jugendlichen als Edelweißpirat bekannt war, bewohnte Lorent eine Gartenlaube. Von dort aus wurden zu zweit oder mit Dritten zahlreiche Einbruchstouren unternommen.

Lorent und Hans B. nahmen Steinbrück auf. Mit Lorent und dem sechzehnjährigen Hans B. faßte Steinbrück den Plan, mit Waffengewalt seine Freundin zu befreien, von der er glaubte, sie würde in dem aufgeflogenen Ehrenfelder Versteck gemeinsam mit ihren kleinen Kindern von der Polizei festgehalten.

Um dieses wagemutige Befreiungsunternehmen – die gesuchte Konfrontation mit Polizei und Heeresstreife – durchführen zu können, benötigte Steinbrück die Unterstützung der Jugendlichen, die er wenige Tage zuvor hinausgeworfen hatte.

Die Schnelligkeit, mit der er sie zusammenrufen konnte, belegt Steinbrücks Verfügungsmacht über sie. Allerdings war unter ihnen auch Gustav Bermel – siebzehn Jahre alt –, dem Steinbrück und Lorent völlig unbekannt waren. Bermel war zufällig zu Besuch bei Schink, als Steinbrück die Jugendlichen zusammenrufen ließ. Zwei Jungerwachsene und eine Handvoll Jugendlicher im HJ-Alter sollten die Polizei überwältigen und die Befreiungsaktion durchführen. Bermel hatte einfach eine Pistole in die Hand gedrückt bekommen; am Weglaufen wurde er mit Gewalt gehindert.

Die Befreiungsaktion scheiterte. Von Wut gepackt, erschossen Steinbrück und Lorent daraufhin einen entgegenkommenden SA-Mann; anschließend feuerten sie in eine Gruppe Hitlerjungen hinein, wobei ein Siebzehnjähriger tödlich getroffen wurde.

Einige Tage danach versuchten Steinbrück und Lorent gemeinsam mit den Jugendlichen einen Sprengstoffdiebstahl. Steinbrück und Lorent hatten beschlossen, die Kölner Gestapo-Zentrale, das El-De-Haus, in die Luft zu sprengen. Der Sprengstoff-Diebstahl mißlang. Steinbrück warf daraufhin den betrunkenen Lorent hinaus und beschimpfte, schlug ihn wohl auch, und bedrohte die Jugendlichen.

Bald darauf erfolgten die Festnahmen. Mit der Ausnahme des Hans B., der bei seiner versuchten Festnahme erschossen wurde, und eines Jugendlichen, der sich der Polizei stellte und entscheidende Fahndungshinweise gab, wurden alle Teilnehmer an der versuchten Befreiungsaktion am 10.11.1944 öffentlich erhängt. Auch der völlig ahnungslose Gustav Bermel.

VI.

Hans Steinbrück scheint die Jugendlichen in der Hand gehabt zu haben. Welche Bindekräfte waren aus der Perspektive der Jugendlichen wirksam? Vor dem Hintergrund der gesellschaftlichen Extremsituation mit ihren vielfältigen Bedrohungen und der Unberechenbarkeit der Ereignisse ist die Sehnsucht einiger Jugendlicher des Kreises um Hans Steinbrück nach kleinen und sicheren Solidaritätsinseln zu verstehen. Mehrfach stoßen wir auf eine Insel-Phantasie der Jugendlichen: Steinbrück würde sich mit ihnen auf eine Insel im „Lido-See“ nahe Köln zurückziehen und dort unter dem Schutz seiner Waffen das Kriegsende abwarten. Die Jugendlichen erträumten einen sinnvollen Zeitablauf jenseits der permanenten Zerstörungsdrohungen durch NS-Terror und Bombenkrieg. Mußte ihnen der legendäre Bomben-Entschärfer Steinbrück nicht wie der Herr der Bomben erscheinen? Wo totale Zerstörung drohte, suchten sie eine Bezugsperson, die ihnen Schutz und emotionale Linderung zu versprechen schien

(Bettelheim 1980b, S. 131). Solch eine sichere Insel symbolisierte auch Steinbrücks Waffenlager.

Wir finden also die Verhaltensweisen der Jugendlichen durch die vom NS-Regime herbeigeführte Katastrophe bestimmt.

Das gilt in noch weitgehenderem Maße für die beiden jungen Illegalen Roland Lorent und Hans Steinbrück. Einzelne ihrer Handlungsweisen könnten der Bettelheim'schen Analyse der Extremsituation zum Beleg dienen.

Je mehr Hans Steinbrück in die Enge getrieben wurde, desto ekstatischer reagierte er. Bereits im Sommer 1944 hatte er während eines Streites mehrere Schüsse abgegeben, um seine Freundin einzuschüchtern. Kurz vor seiner Verhaftung wollte Steinbrück von Bekannten einige Kleidungsstücke abholen. Das Haus stand jedoch unter polizeilicher Beobachtung. Auf der Rückfahrt schoß Steinbrück aus dem Auto heraus auf einen völlig unbeteiligten Passanten, der Stiefel trug. An das Phänomen der affektinkontinenten Kippschwingung erinnern Lorents offenbar vollkommen unmotivierte Schüsse auf einen Kumpanen, mit dem er kurz zuvor noch einen Einbruch verübt hatte. An den Rand der Ekstase und des Amok-Laufes scheinen Steinbrück und Lorent nach der gescheiterten Befreiungsaktion geraten zu sein, als sie einen entgegenkommenden SA-Mann erschossen und anschließend in eine Gruppe Hitlerjungen feuerten. Steinbrück wollte seine Freundin befreien. Er glaubte, daß sie in ihrer Wohnung festgehalten werde und hatte die Information, daß dort „alles voll Polizei" sei. Zeigt sich in dem Plan, die Befreiung mit ein paar Jugendlichen durchzuführen, nicht jene verzerrte Wahrnehmung der Realität, wie sie sich in Extremsituationen einstellt?

Bei manchen der nächtlich unternommenen Raubzüge stoßen wir an die Grenzen des Verstehens. Den nächtlichen Fahrten mit gestohlenen Autos haftet etwas Zielloses und zugleich fieberhaft Unaufhörliches an. In manchen Nächten wurden vier, fünf bewaffnete Raubzüge in schneller Folge hintereinander ausgeführt, ohne daß sie mit der augenblicklichen Existenznot der Gruppe oder damit erklärt werden könnten, daß Hehler bereits auf gewisse Dinge warteten. Zum Teil wurden sinnlose Dinge geraubt. Vielleicht wollten die Täter mit diesen wie in Ekstase ausgeführten, jedesmal gefährlichen Fahrten unbewußt beweisen, daß sie die Herren der Trümmerwüste waren und nicht die Gestapo-Kommandos. Die Nacht wurde zum Tage, der Tag zur Nacht. Die Dinge entwickelten sich in rasender Schnelle. Wieviele Raubzüge während des nur drei Tage langen Zusammenwirkens von Steinbrück und Lorent durchgeführt wurden und wieviele Schießereien es gab, wird nie zu ermitteln sein.

Oben wurde von dem Plan gesprochen, die Kölner Gestapo-Zentrale in die Luft zu sprengen. Der Anstoß zu diesem Vorhaben war die absurde und inadäquate Reaktion auf einen defekten Motor: Am Abend des 2.10.1944 fuhren Steinbrück, Lorent und einige der Jugendlichen ziellos durch die Stadt. In einem Kölner Vorort blieb Lorents Mercedes stehen. Es gelang nicht, den Motor zu reparieren. Zwischen dem betrunkenen Lorent und Steinbrück entstand der folgende Dialog:

> Lorent machte die Bemerkung, daß der Mercedes-Wagen in die Luft gesprengt werden müsse. Ich [Steinbrück] fiel ihm darauf ins Wort und erklärte, an Sprengstoff kommen zu können. Lorent forderte mich daraufhin auf, ihm Sprengstoff zu besorgen. Unter meiner Führung fuhren wir nun zum Fort X, Neusser Wall.

Die Absicht, das Kölner Gestapo-Gebäude zu sprengen, entstand vermutlich erst auf der Fahrt zu dem Fort. Tatsächlich wurde versucht, Sprengstoff zu stehlen.

Derartige Handlungssequenzen lassen sich bei der Steinbrück-Gruppe mehrfach beobachten. Sie sind nicht über die handelnden Subjekte, sondern über das katastrophische Umfeld dieser Subjekte erklärbar.

Als Tendenz läßt sich feststellen, daß die Subjekte in Katastrophenphasen wie der geschilderten entsubjektiviert werden. Kurz vor ihrer Festnahme waren Roland Lorent und Hans Steinbrück bereit, auf jeden zu schießen. In der Kontingenz ihrer Gewaltausbrüche spiegelt sich die kontingente Gewalt der Schlußkriegsphase wider. Ein in die Enge getriebener und stets mit dem Tode bedrohter Deserteur wie Lorent wurde gleichsam selbst zu einer Bombe.

VII.

Alle diese Überlegungen laufen darauf hinaus, daß man das Verhalten dieser Illegalen nicht deuten kann, als wenn es sich um politische Aktivisten des Jahres 1990 handelte. Aber sowohl die Widerstandsthese als auch die Kriminalitätsthese der Kölner Kontroverse konnten sich von der sozialhistorisch naiven Als-ob-Vorstellung einer funktionierenden Gesellschaft nicht lösen. Zwar heißt es in einer Arbeit über die Kölner Vorgänge, es habe in der Stadt keine Ordnung und kein geregeltes öffentliches Leben mehr gegeben, und das Dasein sei von den Ereignissen des Krieges bestimmt worden (v. Hellfeld 1983, S. 32), aber aus dieser zutreffenden Feststellung werden keine Konsequenzen gezogen.

Man weiß sehr wohl, welche gesellschaftlichen Bedingungen in der Schlußkriegsphase herrschten, und man kann sich ausmalen, wie sich diese Bedingungen auf die Psyche der Illegalen auswirkten. Aber die logisch daran anknüpfende Frage nach den Bedingungen der Möglichkeit von Widerstand wird selten gestellt. Den beherrschten und verfolgten Menschen stand kein Spektrum von Verhaltensweisen zur Verfügung wie in funktionierenden Gesellschaften.

Die Kriminalitätsthese ging von der persönlichen Niedertracht der Akteure aus, die Widerstandsthese von der selbstlosen Aufopferung jungproletarischer Heroen, die das Ziel verfolgten, die NS-Herrschaft zu stürzen. Soweit es die Edelweißpiraten und namentlich die Symbolgestalt der Widerstandspartei, Bartholomäus Schink, betrifft, zeichneten sich die Konturen des Mythos vom reinen Jüngling ab.

Die Widerstandsthese innerhalb der Kontroverse war ein linker Mythos. Als Mythos soll hier – im Anschluß an die Analysen Roland Barthes' – eine Art des Redens über die Geschichte verstanden werden, die von einer politisch-pädagogischen Aussage dominiert wird. Der Satz

> Bartholomäus Schink war ein Edelweißpirat aus der Kölner Arbeiterschaft, der von der Gestapo umgebracht wurde, weil er selbstlos Widerstand gegen das NS-Regime leistete

dient der Illustration des Satzes

der Widerstand proletarischer und subproletarischer Jugendlicher werde bewußt verkannt, weil man das Widerstandsprädikat allein Angehörigen „höherer" Schichten vorbehalten will.

Damit werden die konkreten Menschen, die von der Gestapo erhängt wurden, „ihrer Geschichte beraubt und in Gesten verwandelt" (Barthes 1981, S. 103).

Die Leitung einer Lüneburger Hauptschule hatte sich um die Namensgebung „Bartholomäus-Schink-Schule" bemüht. Die Schule liegt an der Graf-Stauffenberg-Straße. Schink bleibt bei dieser Betrachtungsweise der Geschichte nicht mehr Schink und Bermel nicht mehr Bermel.

VIII.

Kennzeichen der letzten Kriegsmonate war die rasante Beschleunigung der Verhältnisse. Der Zeitablauf und die gewohnten Handlungsketten waren gleichsam zerrissen. Kontingenz ragte in alle Lebensbereiche hinein. Das fand seinen Ausdruck in sich überlagernden Ereignissen von hoher Brisanz: Während Bomben fielen, Häuser brannten und die Gestapo Ausländer exekutierte, lieferten sich die „Banden" mit Sondereinheiten aus SS und Polizei Feuergefechte.

Konventionelle historische Darstellungen können das Zugleich solcher knäuelhaften Ereignissituationen nicht realitätsgetreu wiedergeben. Während sich nämlich in der Realität vieles überstürzte, ist die historische Darstellung an die Gesetze des Erzählens gebunden und muß das zugleich Geschehene als ein Nacheinander darstellen. Diese Gesetze des Erzählens setzen eine Ordnung der Dinge voraus, die es in der Gesellschaft des anderen Zustands nicht mehr gab. Es wäre zu wünschen, daß sich historisches Schreiben an Darstellungstechniken orientierte, mit deren Hilfe überlagernde Ereignisfragmente, subjektive Zeit- und Kontingenzerfahrungen abgebildet werden können. Bisher wird Geschichte geschrieben, „als ob die literarischen Möglichkeiten sich seit dem Roman des 19. Jahrhunderts nicht weiterentwickelt hätten" (Rutschky 1987, S. 901).

Anmerkungen

1 Mit diesem Beitrag werden einige Überlegungen fortgeführt, die der Verfasser in dem Aufsatz „‚Maskenlose Zeit‘. Der Zerfall der Gesellschaft im Krieg“ entwickelt hat. (Rusinek 1989b.)

2 In Reinkultur sind die Thesen der Widerstandspartei innerhalb der sogenannten Kölner Kontroverse in folgenden Arbeiten zu finden (Auswahl): Focke, Reimer 1980, Bd. 2; v. Hellfeld 1983; Goeb 1981; Karalus 1980.

3 Siehe: Rusinek 1989a. Dort auch alle im folgenden nicht weiter ausgewiesenen und auf die Kölner Situation bezogenen Ablaufdarstellungen und Zitate.

4 Dt.: „Umgang mit den Toten“. Das Zitat stammt von Ranke.

5 Zur Hermeneutik dieser Texte: Rusinek 1991.

6 Eine Handlungs- und Tätertypologie bei Schwarz 1990, S. 87 ff.

7 Zu den Auswirkungen von Dunkelheit auf das Verhalten von Gruppen: Simmel 1908, S. 471.

8 Im Rahmen seiner kurz vor dem Abschluß stehenden Dissertation über „Jugendsubkulturen im Rhein-Ruhr-Gebiet 1930–1950“ arbeitet Alfons Kenkmann an einer quantitativen Analyse der sozialen Herkünfte von Edelweißpiraten.

9 Die spezifisch bündisch geprägten Erfahrungen, die Paulus Buscher in seinen Erinnerungen niedergelegt hat, sind m. E. nicht auf das Gesamtphänomen der Edelweißpiraten übertragbar (Buscher 1988).

Arno Klönne

Zur Traditionspflege nicht geeignet Wie die deutsche Öffentlichkeit nach 1945 mit der Geschichte jugendlicher Opposition im „Dritten Reich" umging

Zwei führende Männer des Widerstandskreises, der am 20. Juni 1944 vergeblich versuchte, Hitler zu stürzen, nämlich Ludwig Beck und Carl Friedrich Goerdeler, hatten im Jahre 1941 ihre Vorstellungen über die deutsche Politik nach Hitler formuliert. Beck war unter den Mitverschworenen als Staatspräsident, Goerdeler als Reichskanzler für das nachhitlerische Deutschland vorgesehen. Über die Pläne für die Erziehung der Jugend außerhalb der Familie hieß es in dieser internen Denkschrift:

> Aus der Hitlerjugend wird die Staatsjugend. Die Spitzenorganisation der HJ wird sofort aufgelöst, ihr Vermögen sichergestellt. An ihre Stelle tritt ein in Erziehungsfragen bewährter General ... In der Großstadt muß das Zusammenfinden [der Jugend] organisiert werden. Es ist notwendig, um auch schon im jugendlichen Menschen das klassengelöste Gefühl der Volksgemeinschaft stark werden zu lassen. Die natürliche Grundlage der Jugendorganisation ist die Klasse und die Schule. In der Klasse ist der Turn- und Sportlehrer der gegebene Jugendführer. Für die Schule ist ein dazu besonders geeigneter Lehrer, der Soldat gewesen ist, mit dieser Aufgabe zu betrauen. Die Gleichaltrigen sind auch bezirklich zusammenzufassen. Zur Führung sind Offiziere berufen, die besondere pädagogische Begabung haben und für diesen Zweck besonders geschult werden. Solchen Kräften liegen auch die Gauzusammenschlüsse und der Reichszusammenschluß ob. (Scheurig 1969, S. 53 ff.).

Diese Konzepte von Repräsentanten des konservativ-militärischen Widerstandes weisen nicht nur darauf hin, daß aus dem Gelingen des Putsches vom 20. Juli gesellschaftspolitische Verhältnisse hervorgehen sollten, die zumindest in Sachen Jugenderziehung mit demokratischen Idealen wenig zu tun hatten; deutlich wird auch, wie sehr Männer aus den alten Eliten die reale Entwicklung jugendlichen Lebens und jugendlicher Mentalität verkennen konnten. Beck und Goerdeler hatten offenbar nicht wahrgenommen, daß die Zeiten vorüber waren, in denen eine vaterländisch-autoritäre Jugendpflegeorganisation im Stile des einstigen „Jungdeutschlandbundes" die jungen Menschen hätte erfassen können; sie hatten nicht begriffen, daß die Voraussetzungen dafür jugendgeschichtlich auf dreifache Weise aus der Welt geräumt waren: Erstens durch die deutsche Jugendbewegung bis 1933, zweitens durch die Hitler-Jugend und drittens durch die auf jugendliche Selbstbestimmung zielende jugendliche Opposition gegen die Hitler-Jugend.

Die Geschichte der Jugend im „Dritten Reich" ist am besten zu verstehen, wenn sie auf ihre Zusammenhänge mit jugendgeschichtlichen Entwicklungen vor 1933 hin betrachtet und zugleich berücksichtigt wird, daß auch der Nationalsozialismus an der Macht Veränderungen durchmachte und von unterschiedlichen Gruppen oder Alterskohorten in der nachwachsenden Generation unterschiedlich erlebt wurde. Der Wandel von der „nationalsozialistischen Jugendbewegung" zur Staatsjugendorganisation, der sich in der Hitler-Jugend zwischen 1933 und etwa 1936 vollzog, reagierte auch auf Verhaltensweisen von Jugendlichen, veränderte die Umstände, unter denen jugendliche Gesellungen agieren konnten und rief selbst wiederum Verhaltensumschwünge bei Jugendlichen hervor. In den Blick zu nehmen sind bei alledem sowohl die attraktiven als auch die repressiven Eigenschaften der Hitler-Jugend; die Eigendynamik, die in dem Anspruch lag, daß „Jugend von Jugend geführt" sein müsse, wie auch die Funktionalisierung jugendlichen Gruppenbetriebs für die politischen Herrschaftszwecke; die im Sinne des Nationalsozialismus gelungene und die mißlungene Sozialisation von Jugendlichen in der Staatsjugendorganisation; der Systemkonformismus und der Nonkonformismus in der Jugendgeneration des „Dritten Reiches". Eine solche Betrachtungsweise kommt, so denke ich, zu einem der Realität eher entsprechenden Bild von der Jugend unter dem Nationalsozialismus als die Annahme, einer begeisterten jugendlichen Gefolgschaft des Nationalsozialismus als Mehrheit habe die Minderheit „geborener“ jugendlicher „Antifaschisten“ gegenübergestanden.

Soweit es um die nonkonformen, oppositionellen oder widerständigen Verhaltensweisen jugendlicher Gruppen im „Dritten Reich“ geht, läßt sich ein breites Spektrum jugendgeschichtlicher Traditionen und jugendkultureller, kirchlicher und politischer Orientierungen feststellen, die hier mitgewirkt haben; die Formen gruppierter jugendlicher Resistenz reichen von theologisch interessierten Zirkeln junger Menschen bis zu „Stadtteilbanden“ Jugendlicher, die dem Drill der Staatsjugend entkommen wollten (vgl. Klönne 1982). Für weite Teile dieses – aus der Sicht des Nationalsozialismus – „staatsgefährdenden“ Potentials in der Jugendgeneration ist aber als gemeinsamer Bezugspunkt die Anknüpfung an Gruppenstile und Ideale der bis 1933 bestehenden Jugendbewegung kennzeichnend; diese jugendkulturelle Gemeinsamkeit vieler Varianten von nonkonformem jugendlichen Gruppenleben war es denn auch, die den nationalsozialistischen Staat und die Reichsjugendführung dazu veranlaßte, generalisierend von „bündischen Umtrieben“ zu sprechen, in denen das stärkste Risiko für die Hitlerjugenderziehung zu sehen sei, und der Begriff „bündischer Jugend“ umschloß hier auch kirchlich geprägte Jugendgruppen oder illegale jugendliche Gruppen in der Tradition der Arbeiterbewegungskultur, etwa der „roten“ Sportvereine.

An dieser Stelle ist der Rückblick auf die Zeit vor 1933 notwendig. Im Verlauf der Weimarer Republik waren Leitbilder und Lebensformen der Jugendbewegung immer stärker auch in jene Jugendverbände eingedrungen, die ihrer Herkunft nach „Jugendpflegevereine“ waren. Verhaltensmuster der „Bündischen Jugend“ prägten Anfang der dreißiger Jahre weite Teile auch der Arbeiterjugendorganisationen, der konfessionellen Jugendverbände und der Sportjugend. In der Literatur wird vielfach die Machtübernahme der Nationalsozialisten im Jahre 1933 als das Ende der deutschen Jugendbewegung und ihrer Einflußnahmen auf die Jugendkultur angesehen; mit der Auflösung oder dem Verbot der Jugendbünde und Jugendverbände 1933/34 (ausgenommen für einige Jahre noch die katholischen Jugendorganisationen) sei jene jugendgeschichtliche Traditionslinie, die mit dem Wandervogel ihren Anfang nahm, durch staatlichen Zugriff abgebrochen, und an die Stelle jugendbündischer Selbstbestimmung sei das totalitäre Erziehungssystem der Hitler-Jugend getreten.

Diese Version trifft aber nicht den historischen Sachverhalt in seiner Vielschichtigkeit. Zu bedenken ist zunächst, daß in den beiden ersten Jahren des „Dritten Reiches" die „nationale Revolution", die ja Zustimmung auch bei manchen gesellschaftlichen Kräften fand, die nicht direkt zur Anhängerschaft der NSDAP gehörten, als Vollendung auch der Entwürfe der Jugendbewegung verstanden oder mißverstanden wurde. Zweifellos war zu Beginn des „Dritten Reiches" die Mehrheit der „bewegten Jugend", von den freien Bünden über die Turnerjugend bis zu den protestantischen Jugendorganisationen, aus nationalen und „volksgemeinschaftlichen" Gefühlen heraus bereit, sich in den Dienst des „neuen Deutschland" zu stellen. Auch in den katholischen Jugendverbänden gab es damals weitverbreitete Stimmungen, die in diese Richtung gingen, und selbst die Jugendorganisationen der Arbeiterbewegung, trotz ihrer Gegnerschaft zum Nationalsozialismus, waren nicht frei von Hoffnungen auf eine „nationale Erneuerung".

Die Jugendbewegung bot nie ein einheitliches Bild, aber vorherrschend wurde ab Mitte der zwanziger Jahre im bündischen Milieu eine Vorstellungswelt, die ihre Berührungspunkte mit der nationalsozialistischen Ideologie hatte. „Führer und Gefolgschaft", „Blut und Boden", „Volk und Reich", „Ehre und Treue" waren begriffliche Signale dafür. Mit gleichen Worten verbanden sich nicht unbedingt identische Inhalte, aber in den begrifflichen Gemeinsamkeiten steckte politische Integrationsfähigkeit. Ideologische Schnittmengen zwischen dem „Dritten Reich" und der Jugendbewegung bildeten die eine Seite des historischen Vorganges; ihr entsprach es, daß die Hitler-Jugend nach 1933 in großem Umfange Lebensformen und Leitbilder der bündischen Jugend übernahm und gerade daraus ihren Erfolg zog. Aber das Verhältnis von Jugendbewegung und Nationalsozialismus hatte noch eine zweite Seite: die des Konflikts zwischen dem in jugendbewegten Gruppen entwickelten Anspruch auf ein „autonomes

Jugendleben" und den Kontrollansprüchen eines totalitären Systems (vgl. von Hellfeld 1987 und Buscher 1988).

Anziehend für Massen von Jugendlichen wurde die Hitler-Jugend in den ersten Jahren des „Dritten Reiches" nicht zuletzt deshalb, weil sie jugendbewegte soziale und kulturelle Praktiken verwendete und verallgemeinerte. Aber systemnotwendig zielte der Nationalsozialismus auf Verstaatlichung von Jugendbewegung ab, auf Vereinheitlichung und Reglementierung. Beides zugleich war aber nicht möglich: Spontaneität jugendbündischen Lebens und organisierte Verfügbarkeit von Jugend ließen sich auf Dauer nicht miteinander vereinbaren. So ging denn ab 1934 die Führung der Hitler-Jugend dazu über, die Jugendbewegung für „abgeschlossen" zu erklären und ihre Einheiten von bündischen Elementen zu „säubern". Das Hitler-Jugend-Gesetz von 1936 setzte formal den Schlußpunkt unter diese Wende von der nationalen Jugendbewegung zum Staatsjugenddienst. Diese Entwicklung rief aber Widerstreben bei Jugendlichen hervor; die Erinnerung an das freie jugendbündische Leben wurde zum oppositionellen Impuls und setzte gegenkulturelle, oft romantische Orientierungen abseits der Hitler-Jugend frei, bis in die neu sich ausbreitenden „wilden" Jugendgruppen vom Typ der Edelweißpiraten hineinreichend. Der Autonomiedrang der Jugendbewegung, bis 1933 zumeist nicht als Widerspruch zu einer „völkisch"-nationalen Ideologie empfunden, geriet im „Dritten Reich" in Konflikt mit der Praxis der nationalsozialistischen Jugenderziehung; das Bedürfnis nach eigener Gestaltung der jugendlichen Gruppenkultur, nach „kulturpubertärem Freiraum", war im Regelsystem des NS-Jugenddienstes kaum noch zu realisieren.

Vermutlich war das nonkonforme Jugendleben bündischer Prägung für Nationalsozialismus und Hitler-Jugend gerade deshalb so gefährlich, weil es sich in mancher Hinsicht in der historisch-symbolischen Nähe des „Dritten Reiches" bewegte und per „Ansteckung" verbreitete; es war nicht möglich, diese Art von jugendlicher Opposition organisatorisch zu zerschlagen oder einer verschwörerischen Tätigkeit der „alten" Gegner des Nationalsozialismus zuzuschreiben.

Sicherlich waren es Minoritäten innerhalb der Jugendgeneration des „Dritten Reiches", die in dieser oder jener Form ein eigenes jugendbündisches Leben riskierten; aber der Tendenz nach läßt sich sagen: Die Hitler-Jugend verlor – und die freie jugendbündische Gruppe gewann an Attraktivität.

Der Nationalsozialismus, der als „jugendliche politische Bewegung" angetreten war, mußte, nachdem er sich herrschaftlich etabliert hatte, erleben, wie gerade bei der nachwachsenden Generation Bruchstellen der Integrationsfähigkeit des Systems auftraten. Zunächst unpolitische Bedürfnisse jugendbündischer Prägung lösten Reibungen aus, die vom Regime her als politisch gefährlich angesehen wurden und die durch Druck und Verfolgung politische Dimensionen auch für die aufbegehrenden Jugendlichen erhielten. Mit der Lebenswelt, nicht so sehr mit der Ideologie der Jugendbewegung hatten sich Erfahrungen von Freiheit verbunden, und sie waren in das „Dritte Reich" hinein tradiert worden; dort wirkten sie nun als Sprengkräfte.

Man könnte, wenn man die deutsche Zeitgeschichte oberflächlich betrachtet, annehmen, in den Jahren nach 1945 sei die Existenz einer jugendbündischen Gegenkultur zur Hitlerjugend-Erziehung, also das vielfältige und auch quantitativ durchaus beachtliche Auftreten nonkonformer oder oppositioneller jugendlicher Gruppen im „Dritten Reich", zum Gegenstand einer antinazistischen „Erinnerungsarbeit" und Traditionspflege geworden. Schließlich war die Zeit der „Entnazifizierung" ja durch mancherlei deutsche Versuche bestimmt, den Vorwurf einer kollektiven Anpassung der Deutschen an den Nationalsozialismus zurückzuweisen und das „andere", das hitler-gegnerische Deutschland herauszustellen.

Tatsächlich ist aber in den Westzonen Deutschlands und dann in der Bundesrepublik die Jugendopposition gegen den nationalsozialistischen Staat und gegen die Hitler-Jugend über lange Jahre hin „kein Thema" gewesen, mit einer, noch näher zu kennzeichnenden Ausnahme, nämlich der – wie es zumeist hieß – „Verneigung vor dem Opfermut" der Studenten der Weißen Rose. In der Sowjetischen Besatzungszone und dann in der DDR wurde der Jugendwiderstand im „Dritten Reich" allerdings gewürdigt, hier nun aber eingeschränkt auf die illegalen Aktivitäten des Kommunistischen Jugendverbandes, und häufig so dargestellt, als habe es sich nicht um das Handeln junger Menschen, sondern um die Ausführung von Parteibeschlüssen gehandelt, um eine Art Programmgeschichte also.

Was Westdeutschland und Westberlin angeht, so haben in der Nachkriegszeit die wiedererstandenen Jugendverbände, deren Geschichte doch an vielen Stellen Verbindungslinien zur Entwicklung jugendlicher Opposition im „Dritten Reich" enthielt, darüber kaum irgendwo berichtet, und in der politisch-historichen Bildung galt durchweg die Weiße Rose als die absolute Ausnahme, die nur zu bestätigen schien, daß die Einfügung der Jugendgeneration in das Erziehungssystem des Nationalsozialismus die Regel gewesen sei.

Es war nicht so, als seien damals über nonkonformes und oppositionelles Verhalten jugendlicher Gruppen im „Dritten Reich" Informationen nicht erschließbar gewesen und als sei deshalb von diesem Kapitel der Zeit- und Jugendgeschichte in Deutschland keine Rede gewesen; vielmehr erschien den vorherrschenden politisch-historischen und pädagogischen Diskursen in den Westzonen und in der Bundesrepublik jugendliche Verweigerung oder Widerständigkeit zu Zeiten des Nationalsozialismus zur Traditionspflege nicht geeignet – und eben deshalb wurde sie der organisierten Vergessenheit anheimgegeben.

Der sogenannte Ausnahmefall „Weiße Rose" wirkte dabei nicht irritierend, denn jene Beschreibung dieser Widerstandsgruppe, wie sie nach 1945 üblich wurde, versetzte die daran beteiligten jungen Menschen gewissermaßen ins Überirdische, so daß ein weiterführendes fragendes Interesse im Hinblick auf andere jugend-oppositionelle Regungen aus der Erinnerung an die Weiße Rose nur schwerlich entstehen konnte. Zu überlegen ist, worauf solche Verdrängungsleistungen zurückzuführen waren. Dazu einige Hinweise, ohne Anspruch auf Vollständigkeit.

1. Die westdeutsche Geschichtswissenschaft nach 1945 war lange Zeit hindurch von einer spezifischen Richtung beherrscht, in der sich konventionelle Methodik und national-konservative Inhalt kombinierten, was auch bedeutete: Das forschende und darstellende Interesse galt den Haupt- und Staatsaktionen sowie den historisch handelnden Eliten und ihren Ideen, nicht aber dem

Verhalten, Denken und Handeln der „kleinen Leute" oder gar den Aktivitäten unmündiger und womöglich noch plebejisch erscheinender junger Leute. Die „Volksopposition" gegen den nationalsozialistischen Staat oder die jugendbündische Gegenkultur zur Hitlerjugenderziehung kam insofern erst gar nicht in den Wahrnehmungsbereich der offiziellen Geschichtsschreibung.

Das hatte seine gesellschaftspolitischen Implikationen: Der Umsturzversuch vom 20. Juli konnte, wenn auch mit mancherlei Vorbehalten, noch als „Notwehr" von „Gegen-Autoritäten" legitimiert werden; das oppositionelle Treiben „antiautoritärer" jugendlicher Gruppen aber entbehrte in der Sicht dieser nationalkonservativen Geschichtsbetrachtung jeder Legitimität, es galt als delinquent. In Zeiten, in denen die hierzulande herrschende Politik darauf ausgerichtet war, den durch die militärische Niederlage Hitler-Deutschlands zustande gekommenen Systembruch und die daraus hergeleitete Hinwendung zur liberalen Politikform in den Bahnen einer Kontinuität deutscher Gesellschaftsgeschichte zu halten (eine Entwicklung, die von Kritikern auf den nicht völlig zutreffenden Begriff der „Restauration" gebracht wurde), war es schlüssig gedacht, Verweigerung und Widerstand „von unten", so eben auch die Jugendopposition im „Dritten Reich", aus der Geschichtsschreibung auszugrenzen.

2. Ein wenig anders, aber im Effekt wiederum die Jugendopposition negierend, nahm sich nach 1945 die in Westdeutschland vorherrschende Argumentationsrichtung von historisch-philosophisch interessierten Pädagogen aus. In der pädagogischen Publizistik der Nachkriegszeit ist vielfach die These zu finden, speziell die Jugendgeneration sei zwischen 1933 und 1945 von einer Brutalisierung der Denk- und Verhaltensweise befallen gewesen und damit zum wichtigsten Träger der nationalsozialistischen Herrschaft geworden. Aus dem Blick bildungsbürgerlich-idealistischer Erziehungstheoretiker stellte sich der Weg junger Menschen in Hitler-Deutschland, im nachhinein beurteilt, als Abkehr von einer bis dahin angeblich ungebrochenen humanistischen Tradition des deutschen Geisteslebens dar; Anklagen dieser Art kamen mitunter von prominenten Wissenschaftlern, die

ihre eigene, gerade in Denkmustern des deutschen Idealismus argumentierende Zustimmung zur „nationalen Revolution“ der Jahre 1933/34 aus dem Bewußtsein verdrängt hatten.

Die „Verrohung“ der Jugendgeneration und der „nationalsozialistische Ungeist“ wurden nun als Erkrankungen einer einst so gesunden deutschen Seele beklagt und an die jungen Menschen wurde appelliert, sie möchten „zum edlen Antlitz Deutschlands zurückfinden“, etwa: „zu Goethe heimkehren“. (Daß die Hitler-Jugend das „deutsche Bildungserbe“ mit Hilfe deutsch-idealistischer Pädagogen und Literaten in großem Stile für sich genutzt und Baldur von Schirach für sein Erziehungsideal „goetheanische Entwürfe“ in Anspruch genommen hatte, wurde nun verschwiegen.)

Daß diese Sichtweise nicht zu einer realitätsgerechten Erforschung der Jugendgeschichte im „Dritten Reich“ und nicht zur Wahrnehmung der Realität von Jugendopposition beitragen konnte, liegt nahe, freilich hatte ein solcher Blickwinkel seinen politischen Nutzen in der Ära der „Entnazifizierung“. Der Verweis auf eine „brutale Unreife“ der Jugendgeneration, die Hitler an die Macht gebracht und an der Macht gehalten habe, erbrachte in Zeiten der historischen Schulddebatte Entlastung für Politiker jener Generation, die schon in der Weimarer Republik in den Parteien und Verbänden oder in der Administration das Sagen gehabt hatte und die nach 1945 fürs erste wieder die Szene der westdeutschen Gesellschaftspolitik bestimmte. Der Pimpfenführer aus der Hitler-Jugend erschien hier als Akteur des „Dritten Reiches“, nicht aber der Reichstagsabgeordnete, der dem Ermächtigungsgesetz für Hitler zugestimmt hatte. Da war es denn auch konsequent, den noch im „Dritten Reich“ aufgewachsenen jungen Leuten eine längere politische Reifezeit aufzuerlegen; das Grundgesetz der Bundesrepublik band die Wahlberechtigung an die Vollendung des 21. Lebensjahres. Andererseits enthielt die Schuldzuschreibung an die Jugendgeneration keinen dramatischen Konflikt mit den Betroffenen; schließlich ging es um „Fehlverhalten“ von Unmündigen, und auch das Nürnberger Alliierte Gericht hatte die Hitler-Jugend nicht zur verbrecherischen Organisation erklärt.

3. Die westlichen Besatzungsmächte, unter deren Regie ja zunächst auch der öffentliche Umgang mit der deutschen Vergangenheit stand, waren für die Version, daß insbesondere die deutsche Jugend vom Nationalsozialismus durchdrungen gewesen sei und deshalb mit Mißtrauen zu betrachten sei, leicht zu gewinnen. Für eine Weile waren die Besatzungsbehörden von der Befürchtung geplagt, daß ehemalige Hitler-Jungen und Hitler-Mädchen massenhaft sich als Werwölfe herausstellen könnten, und für die jugendbündische Opposition aus den Jahren des „Dritten Reiches" konnten die allierten Dienststellen, die mit der Umerziehung beschäftigt waren, schon deshalb kein Verständnis haben, weil ihnen die Geschichte der spezifisch deutschen Jugendbewegung fremd war.[1] Kontrolle gegenüber allen eigenständigen Regungen in der deutschen Jugendgeneration schien den Allierten die richtige Politik; Anknüpfungen an „antiautoritäre" jugendbündische Traditionen hätten dabei nur irritiert, selbst wenn diese aus dem Konflikt mit der Hitler-Jugend hervorgegangen waren.

4. Zurück zur (west)deutschen Seite der damaligen politischen Regulierung, die immer auch Umgang mit der Vergangenheit war: Die pädagogische „Theorie" von der „Erkrankung der deutschen Jugendseele" brachte dort wenig Nutzen, wo es den Institutionen der Erwachsenenwelt um die pädagogische Praxis der Integration von Angehörigen der Hitlerjugendgeneration – und insofern eben auch der bis 1945 konformen Mehrheit derselben – in das Interessen- und Machtgefüge nationalkonservativer Kontinuität ging. Hier wurden zusätzliche und andere Deutungsmuster benötigt, für die ein Beispiel zitiert sei. Bei der Eröffnung der Pädagogischen Hochschule Göttingen im Februar 1946 trug Erich Weniger, Gründungsrektor dieser Einrichtung, den Studierenden, überwiegend junge Kriegsheimkehrer, folgende Interpretation der eigenen Vergangenheit vor:

> Die meisten von Ihnen waren Soldaten, die Frauen in engerem oder weiterem Zusammenhang Helferinnen der Wehrmacht. Fürchten Sie nicht, daß Ihre Ehre, die auf Ihrer Pflichterfüllung beruhte, nun nicht anerkannt oder gar verächtlich gemacht werden sollte. Wenn Sie nicht nach dem Maß Ihrer Einsicht und Ihrer Verantwortung Ihre Pflicht als Soldat getan hätten, so könn-

ten wir Sie nicht brauchen, weil wir nicht sicher wären, daß Sie jetzt Ihre Pflicht als Volkserzieher ernst nehmen könnten. Wir rechten nicht mit Ihnen über Ihre bisherigen Ideale und über den Glauben, dem Sie angehangen haben... (Weniger 1946)

Der Gedanke an den Nationalsozialismus wurde hier umgestellt auf die Erinnerung an eine scheinbar unpolitische „Pflichterfüllung“ und an „Ehre“ und „Glauben“, die sich damit verbunden hätten; so konnte den ideologisch „Erkrankten“ denn doch wieder das gute Gewissen gegeben werden, in ihrer national-militärischen Dienstauffassung zeitlosen Idealen entsprochen zu haben.

Die Deutung, die Erich Weniger hier als Repräsentant einer nachhitlerischen akademischen Bildungsinstitution vortrug, schloß aus dem Konsens mit der nachwachsenden Generation stillschweigend diejenigen aus, die – etwa als Edelweißpiraten oder als Swing-Jugendliche – dem bis 1945 bestehenden Staat als „Pflichtverletzer“ und „Wehrkraftzersetzer“ gegolten hatten; die jugendlichen Außenseiter aus der Zeit des „Dritten Reiches“ mußten in dieser Situation auch nach 1945 als Delinquenten erscheinen, und da war es das Einfachste, sich ihrer erst gar nicht zu erinnern.

Die Stellungnahme Wenigers war keine Randerscheinung, und so verwundert es nicht, daß noch in den fünfziger Jahren westdeutsche Behörden, wenn sie es mit Wiedergutmachungsansprüchen von jungen Leuten zu tun hatten, die im „Dritten Reich“ wegen jugendbündischer Illegalität verfolgt worden waren, ihre Ablehnungsbescheide auf interne Verfolgerschriften der nationalsozialistischen Staatsjugendführung stützten, um nachzuweisen, es handele sich hier um „gemeinschaftsfremde“ Subjekte. (Vgl. Klönne 1955)

5. Die Geschichte der Jugendopposition im „Dritten Reich“ fand nach 1945 aber auch keine Würdigung bei den großen Jugendverbänden, obwohl diese doch im eigenen Terrain viele beachtliche Fälle von Resistenz und auch Widerstand gegen den nationalsozialistischen Staat oder die Hitler-Jugend hätten vorweisen können. Um die katholischen Jugendorganisationen als Beispiel zu nehmen: Auf den ersten Blick hin scheint es sonderbar, daß

hier in der Nachkriegszeit über die jungen Katholiken oder die Menschen aus der katholischen Jugendbewegung, die sich auf den Konflikt mit dem „Dritten Reich“ eingelassen hatten, kaum gesprochen oder publiziert wurde. Bei näherem Hinsehen wird aber erklärbar, wo hier die Hemmnisse lagen. Exemplarisch: Heute werden Männer wie Joseph Rossaint und Theo Hespers als katholisch-jugendbewegte Widerstandskämpfer in Erinnerung gebracht; aber nach 1945 galt dies im vorherrschenden Milieu des Katholizismus als keineswegs opportun. Der eine nämlich war Antimilitarist und hatte die Kontaktaufnahme zu illegalen Jungkommunisten nicht gescheut; der andere hatte sich im Kampf gegen Hitler für die Zusammenarbeit auch mit den „Feindmächten“ Deutschlands entschieden. Solche Verhaltensweisen paßten schlecht zur Mehrheitsrichtung in der katholischen Jugend des „Dritten Reiches“, die zwar gegen Ideen und Praktiken des Nationalsozialismus, aber doch für den „deutschen Staat“ eingetreten war und infolgedessen sich auch „freudig und opferbereit“ in den Kriegsdienst Hitler-Deutschlands eingereiht hatte. Darin lagen innere Widersprüche, an die man in den Leitungsgremien der katholischen Jugend nach 1945 nicht rühren wollte; selbst die jungen Katholiken, die an der Weißen Rose beteiligt gewesen waren, wurden deshalb in ihrem Handeln nur zurückhaltend gewürdigt.[2]

Ludwig Wolker, bis zum Verbot der katholischen Jugendverbände durch den nationalsozialistischen Staat und dann in den ersten Nachkriegsjahren wieder der geistliche Repräsentant des jungen Katholizismus, gab bei einer Kundgebung in Köln im Februar 1946 als Empfehlung für den Umgang mit der Jugendgeschichte im „Dritten Reich“:

> Ich grüße Euch, nach langen dunklen Jahren. Euch, die Werdenden, die Kommenden, die Hoffenden ..., zum Beginn des Wiederaufbaus katholischer Jugend und ihres Reiches. Ich schaue dabei nicht viel zurück in die Vergangenheit – sie ist vorüber. Ich will nicht abrechnen mit dem, was hinter uns liegt – es ist hinter uns. Ich schaue vorwärts in den Tag, der Euch gegeben ist ...[3]

Daß Wolker nicht zurückschauen wollte, hing sicherlich mit dem Wunsch zusammen, die inneren Konflikte der katholischen Jugend im „Dritten Reich“, möglicherweise auch die Konflikte zwischen Teilen der damaligen katholischen Jugendbewegung und der kirchlichen Hierarchie, nun um der Geschlossenheit beim Aufbau des „neuen Jugendreiches“ willen zu überdecken. Die entschiedene Richtung jungkatholischer Opposition gegen das „Dritte Reich“ mußte in Vergessenheit kommen, um mögliche Selbstzweifel und Kontroversen beim Neubeginn zu vermeiden.

Schwierigkeiten im Umgang mit der eigenen Geschichte existierten nicht weniger bei den evangelischen Jugendverbänden nach 1945, und selbst bei der „Sozialistischen Jugend Deutschlands – Die Falken“ oder bei der „Freien Deutschen Jugend“ war die Geschichte der Vorläuferorganisationen so sperrig, daß der Rückblick auf die Zeiten der Jugendopposition nur zögerlich oder nur selektiv erfolgte. Die an der SPD orientierte Jugendarbeit nach 1945 stand, was die Jahre des „Dritten Reiches“ anging, vor dem Problem, daß oppositionelle und illegale Jugendgruppen unter dem Hitler-Staat selbst da, wo sie politischen und linken Ideen folgten, kaum irgendwo eine „sozialdemokratische Identität“ hatten; die „Freie Deutsche Jugend“ war schon bald so sehr instrumentalisiert, daß sie die Erinnerung an Jugendgruppen, die auf Autonomie bestanden, nicht brauchen konnte, die spontane Jugendopposition gegen das „Dritte Reich“ also nicht in ihr Geschichtsbild aufnahm.

6. Am ehesten konnte die Tradition nonkonformer oder widerständiger jugendlicher Gruppen aus den Jahren Hitler-Deutschlands nach 1945 in kleinen freien Jugendbünden ihren Platz haben, die sich als Fortsetzungen der unter dem Nationalsozialismus verbotenen Bündischen Jugend empfanden.[5] Aber diese Reste der Jugendbewegung wurden in den westlichen Besatzungszonen von den Behörden mißtrauisch behandelt (in der sowjetischen Besatzungszone blieben sie ohne Zulassung), und im Feld der organisierten Jugend gaben rasch die großen Verbände den Ton an. Selbst bei denjenigen Jugendgruppen, die sich auf das Erbe der Jugendbewegung beriefen, verloren sich mit dem Beginn der Wirtschaftswunderzeiten jene Impulse, die noch aus der Illegalität Bündischer Jugend überliefert waren, oder waren doch auf eine neue Rand- und Oppositionsstellung in der westdeutschen Gesellschaft zurückgedrängt. Die einzige größere

Jugendzeitschrift, die nach 1945 intensiv um die Erinnerung an die Jugendopposition im „Dritten Reich" bemüht war und bündische, konfessionelle und sozialistische Ideen unabhängig von den „Apparaten" publizierte, das in Stuttgart erscheinende „Junge Wort", überlebte die Währungsreform nicht.[6]

Hätte von ihren Inhalten her die Geschichte der Jugendopposition zwischen 1933 und 1945 für eine demokratische Traditionspflege nach dem Ende des „Dritten Reiches" überhaupt eine Grundlage hergeben können? Diese Frage ist nicht so leicht zu beantworten. Jugendbündische Gruppen unter dem Druck der Illegalität pflegten keine gesellschaftspolitischen Grundsatzdiskussionen. Es gab in der hitler-gegnerischen Emigration programmatische Aussagen, die sich auf Erfahrungen der Jugendbewegung beriefen, aber deren Autoren waren Erwachsene aus den 1933 verbotenen Bünden; freilich standen sie in Kontakt mit illegalen Jugendgruppen in Deutschland. (Vgl. Ebeling/Hespers 1966 u. 1983)

In der Gefühls- und Gedankenwelt der nonkonformen oder widerständigen jugendlichen Gruppen während des „Dritten Reiches" existierten, bei allen sonstigen Unterschieden, einige weithin gemeinsame Elemente: Ein auf jugendliche Lebenspraxis gerichteter Drang nach Selbstbestimmung; die Anfechtung staatlicher oder gesellschaftlicher Autoritäten (zum Teil auch der Autoritäten im eigenen Sektor der Erwachsenenwelt, etwa der Kirchen oder der früheren Arbeiterbewegung); die Verweigerungshaltung gegenüber nationalsozialistischen, zum Teil aber auch gegenüber nationalkonservativen „Tugenden" und daraus erwachsenden Pflichten, wie etwa der „Arbeitspflicht" und der „Wehrpflicht"; die Mißachtung gegenüber „bürgerlichem" Opportunitätsverhalten; der Spott über „völkisch" begründete Ausgrenzungen des „Fremden"; der Hunger nach Leben in einer offenen Welt. Wo hätten solche Einstellungen in der deutschen gesellschaftspolitischen Landschaft nach 1945 zu offiziellen Leitbildern avancieren können?

Die Erinnerung an Lebensformen und Ideale der oppositionellen jugendlichen Gruppen aus der Zeit vor 1945 war demnach im Nachkriegsdeutschland, ob in Ost oder West, für eine Traditionspflege in den gesellschaftspolitischen Institutionen nicht geeignet. Was die Ausnahme, also die ‚Weiße Rose' angeht, so ist selbst da zu fragen, ob deren Würdigung im offiziellen Geschichtsbild denn damals zustandegekommen wäre, wenn die Geschwister Scholl und ihre Freunde den Zugriff des nationalsozialistischen Staates überlebt hätten.

Anmerkungen

1 Eine Ausnahme bildete hier der in Diensten der US-Besatzungsverwaltung stehende Sozialwissenschaftler Howard Becker, vgl. Becker 1949

2 Im Februar 1947 wies das Erzbischöfliche Ordinarität in Freiburg/Br. z. B. die Redaktion der katholischen Jugendzeitschrift „Fährmann" an, über die Weiße Rose nur so zu berichten, daß klargestellt werde: „Sie (die jungen Menschen der Gruppe Weiße Rose) gingen Wege in der Bekämpfung des sogenannten Dritten Reiches, welche nicht in Einklang stehen mit den christlichen Moralgrundsätzen. Denn Revolution, auch gegenüber einer Regierung, welche Unrecht übt oder eine Tyrannei darstellt, ist nicht erlaubt."

3 Rede von Ludwig Wolker am 24. 2. 1946 vor ca. fünftausend jungen Katholiken in Köln.

4 In der parteikommunistischen Presse wurden 1946 sogar Meldungen über neue Jugendbanden, die sich Edelweißpiraten nannten, zum Anlaß genommen, die Edelweißpiraten der Jahre vor 1945 pauschal und anhand von NS-Berichten als „Verbrecher" zu diffamieren, siehe etwa „Vorwärts" (Berlin), Ausgabe vom 15. 5. 1946. Wie sich die Bilder gleichen: Viele bürgerliche Zeitungen in der Bundesrepublik nahmen die Studie von Bernd-A. Rusinek mehr als vierzig Jahre später zum Anlaß, wiederum (erleichtert) festzustellen, daß „die" Edelweißpiraten nun als kriminell identifiziert seien; tatsächlich galt die Darstellung Rusineks aber nur Vorgängen in Köln-Ehrenfeld, die einige Berührungspunkte mit Edelweißpiraten hatten.

5 Hierher kam auch die Motivation des Verfassers, ab Anfang der fünfziger Jahre Material über jugendbündische Illegalität zu sammeln und zu publizieren, siehe Arno Klönne: Gegen den Strom. Ein Bericht über die Jugendopposition im Dritten Reich. Hannover und Frankfurt 1957. Für lange Jahre blieb dies die einzige größere Darstellung der Jugendopposition, weitergeführt wurde das Thema dann zuerst durch Hans-Christian Brandenburg: Die Geschichte der HJ. Köln 1968. Zu vermerken ist, daß „Gegen den Strom" mit Hilfe des Hessischen Jugendringes zustandekam und publiziert wurde.

6 Die Ausgabe der Zeitschrift *Das junge Wort* vom 1. 11. 1946 war unter dem Titel „Uns ging die Sonne nicht unter“ der Geschichte der Jugendopposition gewidmet; in keiner anderen Jugendzeitschrift der Nachkriegszeit findet sich Vergleichbares.

Carola Stern

Was ist für uns Erinnerung? Eine persönliche Nachbemerkung

Über Erinnerung zu reden heißt, über die Gegenwart zu reden, über höchst aktuelle Themen und Probleme, sowohl bei uns als auch in der ehemaligen DDR. Und es heißt auch, zukünftige Entwicklungen deutlicher zu sehen, Chancen und Gefahren auf dem Weg ins Jahr 2000. Wie z. B. kann man über die Einheit Deutschlands reden, über die Schwierigkeiten des Prozesses auf dem Weg dahin, ohne sich zu erinnern, wie diese Einheit einst verspielt worden ist. „Sich erinnern heißt vorausschauen", hat Victor Hugo bemerkt.

Doch was heißt für Deutsche denn Erinnerung? Während wir uns im Jahr 1989 mit einem gehörigen Schuß Selbstgefälligkeit des vierzigsten Gründungstages der bundesdeutschen Republik erinnerten und darüber die Erinnerung an den fünfzigsten Jahrestag des deutschen Überfalls auf Polen fast vergaßen, befreiten sich unsere ostdeutschen Landsleute von vierzigjähriger SED-Herrschaft. Auch ihre Erinnerung bezieht sich heute, wenngleich auf ganz andere Weise als bei uns, eben hauptsächlich auf die Nachkriegszeit:

Einerseits der Rückblick auf die Ära Adenauer, auf vierzig Jahre Demokratie, und andererseits der Rückblick auf die Ära Stalin, Ulbricht, Honecker, auf vierzig Jahre Diktatur, läßt, so fürchte ich, die Erinnerung an die Hitler-Herrschaft und ihre Nachwirkungen auf beide deutsche Staaten immer mehr verblassen.

Und deshalb möchte ich, zugehörig jenen altgewordenen Bundesbürgern, die, bevor sie diese Republik erbauen halfen, Hitler nachgelaufen sind und damit den NS-Staat und auch den Zweiten

Weltkrieg erst ermöglicht haben, zunächst fragen, wie weit meine Generation bereit gewesen ist, sich durch Erinnerung ihrer Schuld bewußt zu werden und daraus Konsequzenzen für die Gegenwart zu ziehen.

Dreimal herausgefordert, so lautet meine These, haben wir dreimal die Chance verspielt, uns im Nachhinein zu unserer Mitverantwortung im NS-Staat zu bekennen und so Glaubwürdigkeit gegenüber unseren Kindern und Enkeln zu gewinnen.

Das erste Mal forderten uns die Alliierten dazu auf. Wir sahen in den Wochenschauen die Bilder der KZs, wir erfuhren das Ausmaß der Verbrechen und reagierten darauf weiter so wie in der Nazizeit. Wir nahmen nicht zur Kenntnis. Wir schauten weg. Wir flüchteten. Am nächsten lag der Fluchtweg in den Aktivismus. „Jetzt nur nicht grübeln! Zupacken, neuanfangen, in die Zukunft schauen!" Selbsterhaltende Geschäftigkeit hielt Nachdenklichkeit und Reue nieder.

Sowohl die These von der Kollektivschuld wie die Entnazifizierung verfehlten ihren Zweck. Kollektiv schuldig gesprochen, wurden im Nachhinein nun alle gleich: die Luftwaffenhelferin so wie der Denunziant, der Gestapo-Mann und die Sammlerin der Winterhilfe, Henker, Mitläufer und Menschen, die Menschlichkeit bewahrten. Kleine Nazis und schwer belastete wurden zu Kumpanen, die vor Spruchkammern vertuschten und bestritten. Die kollektive Schuldzuweisung führte zu kollektiver Schuldabwehr.

Damals erfanden wir die Aufrechnungsideologie, gekleidet in Fragen nach der „Schuld der Anderen", wie man sagte, nach den Erfindern der KZs, Greueltaten der sowjetischen Armee, den Verantwortlichen für Dresden und Hiroschima. Bis auf den heutigen Tag wird aufgerechnet: mit dem Archipel GULag und My Lai, gegen Kambodscha und die Folter heute; auch die Israelis werden einbezogen. Wann endlich wird selbstverständlich sein: Kein Verbrechen der NS-Zeit wird durch Unrecht anderswo gelöscht und eigene Schuldverstrickung wird dadurch nicht geringer.

Vielleicht können wir im Blick auf die ersten Nachkriegsjahre geltend machen, daß die meisten von uns nie eine lebendige und umfassende Vorstellung von eigener Verantwortung besessen hatten und erst mühsam lernen mußten, was das ist, was es bedeutet. Es ist ja sehr schwer, ein mündiger Mensch zu werden.

Aber warum setzte sich die damals begonnene Verdrängung über die Jahrzehnte fort? In den fünfziger Jahren ging es doch mit uns bergauf. Wir waren aus dem Gröbsten raus. Doch anstelle einer Selbstreinigung trat das genaue Gegenteil ein: die ausdrückliche oder doch so verstandene Rehabilitation der einstigen Mitläufer und Täter.

In dem Maße, in dem die neuentstandene Bundesrepublik in das westliche Bündnis eingegliedert wurde, wurden fast alle in den vorangegangenen Jahren verurteilten NS-Täter amnestiert und vorzeitig entlassen. Broszat spricht von „eilfertigen Begnadigungen“, der „übergroßen Nachsicht“, der „allzu unbedenklichen Übernahme“ von Funktionseliten der NS-Zeit in bundesdeutsche Ministerien und Ämter.

Dem wird entgegengehalten: Wie hätte man den neuen Staat denn aufbauen sollen? Fast alle waren belastet, es waren viel zu wenige da, die sie ersetzen konnten. Und die, die eine neue Chance bekamen, bewährten sich; sie wurden zuverlässige Beamte. Es ist doch gutgegangen.

Ist es das?

In den Gerichten begannen Richter ihre mit Terrorurteilen belasteten Kollegen aus der Hitlerzeit entweder freizusprechen oder Verfahren gegen sie einzustellen.

In den von Sinti und Roma angestrengten Wiedergutmachungsverfahren traten Zeugen und Experten auf, die schon in der NS-Zeit als „Zigeunerspezialisten“ tätig waren.

Einstige Träger und Nutznießer des NS-Systems saßen nun über bisherige, aus der DDR geflohene Träger und Nutznießer des KP-Systems zu Gericht. Ihnen wollten sie das Recht auf Irrtum nicht zugestanden wissen, welches sie doch für sich in Anspruch nahmen.

Der Antikommunismus war zur Staatsreligion geworden.

Manchmal begegne ich jungen Leute, die zu meinen scheinen, alte Nazis hätten der Bundesrepublik den militanten Antikommunismus dieser fünfziger Jahre grundlos aufgedrückt. So war es ja nun nicht. Wir hatten Anlaß, uns zu fürchten. Brutale Herrschaftssicherung und Expansion an mehreren Fronten bestimmten die Stalinsche Politik. Wir erlebten die Berlin-Blockade und darauf den Korea-Krieg, Schauprozesse, Volksaufstände, Terror, Ultimaten – Kommmunisten arbeiteten dem Antikommunismus kräftig zu. Doch auf unsere politische Kultur wirkte sich der Kalte Krieg verheerend aus.

Wir hatten nicht gelernt, über uns selber zu erschrecken, schon gar nicht über das, was wir in Rußland angerichtet hatten, und erschreckten über das, was nun die Russen taten. Darüber vergaßen wir die eigenen Schuld nun vollends. Geübt darin, nur Freund und Feind zu kennen, teilten wir die Welt erneut in gut und böse, und diesmal standen wir bei den Guten.

Mancher Bundesbürger meinte, was die bolschewistische Gefahr angehe, habe Hitler recht gehabt, und manch ein antikommunistischer Experte aus der Hitlerzeit war in Bonn nun sehr gefragt.

Sprechen Sie mit Bundesbürgern, die in der Zeit des Kalten Krieges zur Schule gingen – sie werden Ihnen sagen, von der Nazizeit dort nichts gehört zu haben. Lehrer erklärten, dazu fehle der historische Abstand; darüber zu reden, sei zu früh. Wichtig war jetzt anderes und dazu war es nicht zu früh. „Das gesamte Erziehungs- und Bildungswesen der Deutschen", erklärte 1956 die Kultusministerkonferenz, „muß den Aufgaben gerecht werden, vor die unser Volk durch den Einbruch des Sowjetsystems in Mitteleuropa ... gestellt worden ist." Davon hänge das Schicksal Deutschlands und Europas ab. Daß wir die eigentlichen Verursacher des neuen Unrechts waren, blieb ungesagt.

Damit einher ging die Verketzerung der bundesdeutschen Linken als gefährliche Helfershelfer für das Reich des Bösen. Links und kommunistisch galten als identisch. Die SPD zu wählen, bedeute, sagte Adenauer, den Untergang Deutschlands heraufzubeschwören.

Männer wie Globke und Oberländer, Mitmacher in der Hitlerzeit, zogen in die Kabinette ein. Männer wie Brandt hatten sich zu rechtfertigen, weil sie zu Beginn der Hitlerzeit geflüchtet waren.

Ich erinnere mich, wie der Dichter Erich Fried damals aus der englischen Emigration nach Deutschland kam und mir sagte: Ich strecke meine Hand zur Versöhnung aus. Aber niemand ergriff die ausgestreckte Hand. Was wollte dieser Mann? Was meinte er?

Zehn Jahre später sah ich Fried in den Demonstrationszügen der APO mitmarschieren, die Empörung der Studenten teilend, daß ihre Eltern über Auschwitz immer noch beharrlich schwiegen, Rechenschaft verweigerten. ‚Redet endlich!' schrien die Söhne. ‚Wir haben nichts gewußt!', entgegneten die aufgebrachten Väter. ‚Ihr habt doch keine Ahnung, wie das war!'

Damals wurden Wunden geschlagen, die bis heute nicht verheilten. Ich begegne Töchtern, die mich, Tränen in den Augen, fragen, ob sie ihren Eltern damals Unrecht taten und sie um Verzeihung bitten sollten. Ich begegne Eltern, die mich drängen, die Jungen zu überzeugen, daß wir nichts tun konnten – damals in der Hitlerzeit. Wir wären doch ins KZ gekommen – Das Schlimme ist nur, viele wollten gar nichts tun.

Ende der sechziger Jahre scheiterte der letzte nachhaltige Versuch, diesmal unternommen von den eigenen Kindern, meiner Generation ein Einverständnis unserer Mithaftung abzuringen. Keiner, dessen Vergangenheit irgendwann öffentlich diskutiert worden ist, konnten durch seine Haltung im Blick auf die NS-Zeit überzeugen. Niemand hat die Chance, die der öffentliche Skandal enthielt, zu einem offenen Dialog genutzt. Und kein einziger bundesdeutscher Politiker hat jemals öffentlich beklagt, in der NS-Zeit nicht menschlicher gehandelt, nicht mutiger widerstanden zu haben. Wir ließen uns nicht aufstören und nicht anrühren von der Verbitterung über unsere Härte, Selbstgefälligkeit und Schwäche. Wir sahen nur die Maßlosigkeit der 68er, die Übertreibungen, die Ungerechtigkeit.

Hatten wir nicht so etwas wie eine Wiedergutmachung durch Arbeit, durch die Tat geleistet? Wir hatten doch Schlußfolgerungen gezogen: durch Arbeit in den demokratischen Parteien oder auch bei amnesty international, durch die Unterstützung der Entspannungspolitik. Begriffen denn die Jungen nicht, wie schwer das ist, öffentlich einzugestehen, versagt zu haben?

Auch sahen wir, die wir wußten, was Faschismus heißt, daß die, die ihn bekämpfen wollten, ihn verharmlosten. die marxistisch orientierte APO sah im Faschismus ein Spätprodukt des Kapitalismus und damit das Problem der Gegenwart. Hans

Magnus Enzensberger erklärte, wir erlebten einen maskierten, aber institutionell gesicherten, alltäglichen Faschismus; Christdemokraten und Gewerkschaftler, liberale Professsoren galten als faschistoid. Während unsere Generation sich doppelt schuldig fühlen sollte, verantwortlich für den alten und den neuen Faschismus, stahlen sich die APO-Leute aus jeglicher Verantwortung davon. Ulrich Greiner hat ganz recht: „Das wahrhaft Erschreckende ist, daß nach alledem, nach Studentenbewegung, Faschismusdebatte und Historikerstreit, die entscheidende Frage immer noch ohne Antwort ist: Wie gehen wir mit (unserer) Schuld um?"

★

Ist das Eingeständnis der Schuld in der DDR erfolgt? In der sowjetischen Besatzungszone ist in den ersten Nachkriegsjahren überzeugender mit dem Nazismus und seinen Trägern abgerechnet worden als im Westen. Das gilt vor allem für die Verfolgung von NS-Verbrechern und die Entlassung ehemaliger Nazis aus allen Schlüsselpositionen, dem Justiz- und dem Verwaltungsapparat. Auch die Schulreform, die Entlassung ehemaliger NSDAP-Mitglieder aus dem Schuldienst und ihre Ersetzung durch zunächst unzulänglich ausgebildete Neulehrer hat sich im Nachhinein doch wohl bewährt. Die erste Schülergeneration der Nachkriegszeit, die heute vierzig- bis fünfzigjährigen in der DDR, sind durch diese neuen jungen Lehrer sehr viel intensiver über den Nationalsozialismus und seine Verbrechen unterrichtet worden als ihre Altersgenossen hier.

Doch darf man über dem Positiven nicht vergessen, wieviele Unschuldige damals mit in diese große Säuberungsaktion hineingerissen wurden und jahrelang in den Lagern saßen. Auch ist im Nachhinein nicht einfach zu entscheiden, wo der Hauptzweck der damaligen Boden- und Industriereform zu suchen ist: In der Entmachtung jener gesellschaftlichen Eliten, die als Träger des NS-Staats galten oder vielmehr in der Schaffung günstiger Ausgangspositionen für den späteren und von vornherein geplanten Aufbau des Sozialismus in der DDR.

Wiederum unbestreitbar ist, daß die politischen Repräsentanten der 1949 gegründeten DDR und ihre wichtigsten Mitarbeiter in der übergroßen Mehrzahl Kommunisten waren, Widerstandskämpfer, die in der NS-Zeit schwer gelitten oder die Nazis ins Exil getrieben hatten. An ihrer aufrechten antifaschistischen Gesinnung konnte niemand zweifeln. Und doch ist es gerade dieser kommunistische Gründerkreis der DDR gewesen, der in den fünfziger und sechziger Jahren den anfangs so überzeugenden Antifaschismus in der DDR schwer beschädigt hat.

Mit der Umwandlung der osteuropäischen Staaten in Volksdemokratien nach sowjetischen Modell wurde zur entscheidenden Frage, wie einer zur UdSSR und DDR, wie einer zu Stalin und Ulbricht, weniger, wie er zu Hitler stand. Während die SED Tito nun als Feind brandmarkte, suchte sie gleichzeitig das Bündnis mit ehemaligen hohen HJ-Führern in der Bundesrepublik, die sie in die DDR einlud, um sie als Kampfgefährten gegen das „Adenauer-Regime“ zu gewinnen. Während der nicht-kommunistische Widerstand in der DDR kaum noch Erwähnung fand und einstige kommunistische Widerstandskämpfer, die zugleich Ulbricht-Kritiker waren, den Titel „Opfer des Faschismus“ nicht mehr tragen durften, entstand ein Terrorapparat, dessen Methoden denen der Gestapo vor dem Zweiten Weltkrieg glichen. Antifaschismus, proklamiert in einer Diktatur, kann auf deutschem Boden schwerlich überzeugen.

★

Wie weit wirken Denk- und Verhaltensweise aus dem Dritten Reich bis heute nach?

In den achtziger Jahren entstand in Europa eine Neue Rechte, sowohl in Deutschland wie in Staaten, die von Deutschland überfallen worden sind, sowohl in Staaten mit konservativen wie mit sozialistischen Regierungen. Ausländerfeindlichkeit, verbunden mit Rassismus, ist zum wichtigsten Bestandteil ihrer Ideologie und Politik geworden.

Als das Europäische Parlament Mitte der achtziger Jahre in einer Analyse zu eben diesem Ergebnis kam, stellte es zugleich erleichtert fest, bei Wahlen hätten diese rechtsextremen Parteien fast durchweg keine Chance.

Das änderte sich 1988. Zuerst in Frankreich, dann in Dänemark, Belgien, Österreich und Italien, und dann 1989 auch in der Bundesrepublik errangen rechtsextreme Parteien beachtliche Erfolge. Und zu Beginn der neunziger Jahre wird uns zusätzlich bewußt, daß die Schönhubers einen, wie ich fürchtete wachsenden Anhang auch in der ehemaligen DDR verzeichnen.

Das darf uns eigentlich nicht verwundern. Wer als militanter Feind der Kommunisten gilt, so mag geschlossen werden, muß ein Freund von Antikommunisten sein. Doch vor allem: Nimmt man die siebzig-, achtzigjährigen aus – alle anderen Bürger in der DDR haben noch nie in einer Demokratie gelebt. Sie kennen seit über fünfzig Jahren nur Totalitarismus, Diktatur. Ich weiß aus eigener Erfahrung, wie schwer es ist, sich in einer Demokratie zurechtzufinden. Rechtsextremisten entheben verunsicherte Menschen der schwierigen Aufgabe, selbständig zu denken, ein eigenes Urteil zu gewinnen. Sie bieten ein festes Weltbild, die Einteilung der Welt in gut und böse, klare Feindbilder. Und noch etwas wird angeboten, woran es vielen Menschen in der DDR so mangelt: scheinbar Selbstbewußtsein, in Wahrheit ein Gefühl der Überlegenheit, abgeleitet allein aus der Volkszugehörigkeit und sich wendend gegen angeblich mindere Völker: Polen, Türken, Vietnamesen, Afrikaner. Der Nationalismus hat, wie ich es sehe, nicht nur in der UdSSR, sondern auch in Osteuropa und in Deutschland Konjunktur.

In der Bundesrepublik konnte der Rechtsextremismus Auftrieb erhalten durch den anhaltenden Zustrom nicht nur von Übersiedlern und von Flüchtlingen aus der Dritten Welt, sondern auch von Millionen Menschen, die, solange sie in ihrer Heimat bleiben, bei uns als Deutsche gelten und, sowie sie zu uns gekommen sind, als Polen, Rumänen, Russen sich „nach Hause scheren sollen".

Immer noch tun wir nicht genug, der wachsenden Fremdenfeindlichkeit genügend auf den Grund zu gehen, unterschätzen wir, wie verunsichert die Menschen sind.

Sie fürchten, ihren bisherigen Platz im Leben zu verlieren. Es wächst ihr Argwohn, technische Umwälzungen könnten den Menschen aus dem Mittelpunkt verdrängen, ihn zu ihrem Werkzeug machen, zum Objekt. Ohnmächtig sieht er sich immer schneller aufeinanderfolgenden Katastrophen ausgesetzt. Beunruhigt durch die Arbeitslosigkeit und Wohnungsnot, sorgt er sich, das gerade erst erworbene Stückchen Wohlstand zu verlieren oder es erst gar nicht zu erreichen. Aufgestaute Hilflosigkeit wendet sich als Aggressivität gegen noch Hilflosere und Fremde. Arbeitslose leben in dem Gefühl, sie könnten Arbeit haben, wenn neu Hinzugezogene sie ihnen nicht stehlen würden. Wir Älteren kennen dies damals gegen die Juden gewandte Sündenbock-Syndrom: ‚Wenn die nicht wären, ginge es uns gut. Es gäbe keine Armut, keine Wohnungsnot und keine Kriminalität!'

Wie lernen wir, Menschen, die sich durch Religion, Kultur und Tradition von uns unterscheiden, aufgeschlossen zu begegnen? Unsere eigene Identität herauszubilden, ohne die ihre zu entwerten; die Chance zu erkennen, die gerade in der Nichthomogenität, der Vielfalt besteht?

Die Erinnerung legt uns auf, dem Fremdenhaß entgegenzuwirken, nicht allein an uns zu denken, sondern politischen Flüchtlingen, den heutigen Opfern von Rassismus und Gewalt, aus der Türkei, Sri Lanka, dem Iran, woher sie auch kommen mögen, Schutz zu bieten. Aufzubegehren, wenn das Grundrecht auf Asyl immer weiter ausgehöhlt werden soll, gegen entwürdigende Behandlung von Asylsuchenden zu protestieren, nicht zuzulassen, daß in einem vereinten Deutschland die Solidarität mit politisch Verfolgten im Straßengraben liegen bleibt.

Mich an meine Jugend in der Nazizeit erinnernd, bedrückt mich, wie sentimental und zugleich ungerührt ich damals war. Ich besuchte doch den Kindergottesdienst, ging in den Konfirmandenunterricht. Woher nahm ich meine Gleichgültigkeit und meine Härte gegenüber ins KZ gebrachten Dorfbewohnern, jüdischen Mitschülerinnen und sowjetischen Kriegsgefangenen? Ich bewahre aus den Erfahrungen von zwölf Jahren ein gehöriges Selbstmißtrauen, wozu Menschen fähig sind, wenn ihnen Sensibilität abhanden kommt. Doch manchmal kommt es mir so vor, als habe sich etwas von der Ungerührtheit während der NS-Zeit bis in unsere Gegenwart erhalten. Jedenfalls, Gespür für Unrecht, Empörung darüber und Solidarität mit den Betroffenen sind nach meinen Erfahrungen bei uns schwächer ausgeprägt als etwa in den Niederlanden und Skandinavien.

Die Erinnerung legt uns auf, der Gleichgültigkeit zu widerstehen. Sich-anrühren-zu-lassen, über Unrecht zu erschrecken und dagegen anzugehen.

Manchmal, mitten in einem Gespräch, angeregt durch ein Ereignis, die zur Hand genommene Lektüre, wird uns bewußt, wie lebendig die Vergangenheit doch ist.

Hermann Broder, Isaak Singers Romangestalt aus „Feinde", zerschlägt in seinen Träumen noch immer die Armeen der Deutschen, hebt ihre Flotten aus dem Meer bei Berchtesgaden auf das Land, sieht Leichenzüge, in denen die Trauernden zugleich die Toten sind. Zwischen Traum und Tag fragt sich der Jude Broder, wo er sei? Immer noch versteckt in Polen? In einem deutschen Lager oder frei in Brooklyn, in New York? Tagsüber sucht er in der Stadt nach neuen Verstecken, denn er fürchtet sich, die Deutschen kommen.

Die Vergangenheit lebt weiter in den Träumen der fünfzigjährigen Frau aus Essen, die als Kind in einem Luftschutzkeller den Bombenkrieg erlebte und der noch immer das auf- und abschwellende Heulen der Sirenen, das Dröhnen der Flugzeuge, das Krachen der Einschläge in den Ohren gellt.

Jürgen Müller-Hohagen hat in seinem Buch über die seelischen Nachwirkungen der Nazizeit beschrieben, in welchem Ausmaß auch noch Kind- und Kindeskinder von dieser Zeit geprägt worden sind: „Für Millionen heute noch lebender Menschen verbindet sich mit dem Dritten Reich unendlich viel an Leid, Entwurzelung, Verwirrung, Schuldverstrickung, ohnmächtigem Ausgeliefertsein oder im nachhinein unbegreiflich ... Mitmachen", schreibt der Autor. „Das alles sind Erfahrungen von meist überwältigendem Charakter."

Ohne ein gewisses Maß an Verdrängen des Vergangenen könnten wir gewiß nicht leben. (Das gilt ja auch, auf andere Weise, für die Schrecken unserer Gegenwart.)

Doch gleichzeitig erleben wir in wiederkehrenden Skandalen, daß durch massive Verdrängung nichts erledigt wird. Mit dem Fall Waldheim in Österreich kam ein vehementer Antisemitismus wieder hoch. Durch den Fall Höfer wurde uns bewußt, wie wenig bisher Jorunalisten das Verhalten des eigenen Berufsstands in der Nazizeit erforschten. „Keine Flucht kann auf die Dauer gelingen. Es kommt alles noch einmal zur Sprache“, hat Gustav Heinemann gesagt.

So wäre ich also wieder am Anfang angelangt? Keine Flucht gelingt? Nach über vier Jahrzehnten sollen wir, Gründergeneration der Bundesrepublik und bald am Ende unseres Lebens angelangt, uns zurückerinnern, womöglich noch Versagen eingestehen? Wo um alles in der Welt ist denn in diesem Jahrhundert der Schuld die Aufarbeitung der Vergangenheit durch Erinnerung und Schuldgeständnis gelungen?

Erst kürzlich hat der amerikanische Präsident auf Spanien verwiesen. In diesem Staat, so Bush, sei nach fast vierzigjähriger Diktatur der friedliche Übergang zur Demokratie beispielhaft gelungen. Von Spanien könne man in Osteuropa heute vieles lernen. Tatsächlich, Spanien ist heute, fünfzehn Jahre nach Francos Tod, eine relativ stabile Demokratie. Wie kam sie zustande?

Nach einem fast vierzig Jahre zurückliegenden Bürgerkrieg, der über 600 000 Tote kostete, unzählige Menschen ins Exil trieb und unsägliches Elend mit sich brachte, proklamierte der König die „Wiederversöhnung aller Spanier“. Kein Franco-Denkmal wurde geschleift, kein Politiker unter Franco wurde verhaftet, die Nutznießer des Francismus blieben ungeschoren. Viele wechselten die Hemden, dienten nun dem König und dem neuen Staat. Ins neugewählte Parlament zogen zusammen mit gestern noch verfolgten Kommunisten, wie z. B. der berühmten Dolores Ibarruri, genannt La Pasionaria, ihre einstigen Verfolger wie Francos Innenminister Iribane ein. Spanien und die Bundesrepublik – können sie nicht als Beispiele dafür gelten, daß der Übergang von der Diktatur zur Demokratie nur um den Preis des Nichterinnerns, der Verdrängung, ja der Versöhnung und Zusammenarbeit mit Belasteten und Mitläufern gelingt?

Lassen sich Erfahrungen dieser beiden Staaten auf die DDR und Osteuropa übertragen?

Mit dem nationalsozialistischen Staat haben sich große Teile der Bevölkerung identifiziert, dem kommunistischen Staat in Deutschland hat die Mehrheit ferngestanden, den hatten sie nicht selbst gewählt. Viele haben nicht freiwillig, sondern nur gezwungen mitgemacht.

Deutsche Kommunisten haben nicht halb Europa überfallen und sechs Millionen Juden umgebracht. Der real existierende Sozialismus in der DDR war die kommunistische Perversion einer schönen Idee von der Gleichheit, Gerechtigkeit und Solidarität. Aber in der Unterwerfung aller Lebensbereiche unter den Willen der Partei, im Meinungsterror, der Verfolgung Andersdenkender, in der Überwachung und Kontrolle aller, in der Verachtung des Menschen und der Verfälschung der Geschichte ähneln sich die Systeme. Und die in der letzten Phase von der SED propagierte allzu flotte Formel, der nicht vollends überwundene Stalinismus sei an der Deformation des Arbeiter- und Bauernstaates schuld, kann nur unzulänglich die Tatsache verdecken, daß zum Beispiel der Terrorapparat der SED eine Konsequenz des Leninismus, kommunistischer Herrschaft war.

Manches, was wir heute in der DDR erleben, erinnert Menschen meines Alters unweigerlich an Erscheinungen und Diskussionen in der Nachkriegszeti und in den Gründerjahren der Bundesrepublik. Auch damals saßen in den Amtsstuben, der Verwaltung, der Justiz, in Lehrerzimmern und dann auch in Ministerien jene Leute, die auch unter Hitler dort gesessen hatten oder sie kehrten doch dahin zurück. Woher die vielen neuen, unbelasteten, gut ausgebildeten und kompetenten Neuen nehmen? Wie werden DDR-Bürger damit fertig, daß die gleichen Richter und Staatsanwälte, die gestern noch in Sachen Republikflucht und Demonstrationsverbot genaue Weisungen der SED-Führer befolgten, nun diese aburteilen sollen? Und die gleichen Lehrer, die bisher zum Ja-Sagen erzogen nun zu Skepsis, Zweifel und Kritik erziehen wollen?

Auch die Ausreden der Mitläufer damals und heute ähneln sich „Was hätte man denn tun sollen? Man mußte ja mit den Wölfen heulen, um der Familie, vor allem der Kinder wegen. Man mußte ja Parteimitglied sein, um seines Berufs willen! Und als Parteimitglied unterlag man bekanntlich der Parteidisziplin." Der Angepaßte sitzt heute auf einem Lehrstuhl; die, die widersprach, konnte nicht studieren und wurde Krankenschwester.

Und wer ist Schuld? Hauptsächlich Honecker, Mielke, Mittag?

Und die anderen Parteiführer haben wenig oder nichts gewußt und auch nicht ändern können? Nur die Funktionäre, die Träger des Systems, oder auch die Mitläufer der SED? Und was ist mit den widerwilligen Hochrufern, Fackelträgern, Resolutionszustimmern, Selbstverpflichtern, die zwar die Wahrheit kannten, aber nicht bereit waren, für sie einzustehen, die schwiegen, wo andere den Mut hatten zu reden, die vergessen wollten, was sie im Gedächtnis hätten halten müssen: das Gefühl der Ohnmacht, Hilflosigkeit und Scham. Ach, wie vertraut das für uns Alte ist.

Wenig spricht dafür, daß in der DDR der Übergang von der Diktatur zur Demokratie moralisch überzeugender gelingt als anderswo. „Wem kommen derzeit noch Selbsterforschung und Trauerarbeit in den Sinn?", fragte *Der Spiegel* in einem DDR-Artikel. Und warum ist trotz allem, was dagegen zu sprechen scheint, Sich-erinnern, Selbsterforschung und Trauerarbeit so notwendig, hier und drüben?

Zuerst um unserer Selbst willen, um der eigenen Identität sicher sein zu können. „Identität", so Alexander Mitscherlich, „heißt simpel ausgedrückt, daß ich mich ... daran erinnern kann ... wofür ich mich einmal eingesetzt habe." – „Wer nicht wissen will, wer er war, kann nicht erfahren, wer er ist", so Peter Bender.

Zum Zweiten um unserer Kinder und Enkel willen. Wie sollen denn junge Menschen ein richtiges Verständnis über die deutsche Geschichte in den vergangenen fünfzig Jahren und das Verhalten ihrer eigenen Familie gewinnen, wenn wir uns nicht erinnern und nicht reden wollen? In einer seiner Reden hat der Bundespräsident darauf aufmerksam gemacht, daß die Jüngeren, die danach suchen, ihren Platz in unserer Welt zu finden, wissen wollen und müssen, „wer sie sind, wo sie herkommen und wer die anderen sind, mit denen sie diese Welt teilen und gestalten sollen. Es ist für sie existentielle Bedeutung, wie es in den Zeiten ihrer Großväter zu der moralischen und politischen Katastrophe kam. Sie brauchen für ihr eigenes Leben eine Antwort darauf, wo wir waren, was wir gemacht, welche Verantwortung wir übernommen, welche wir versäumt haben".

Ich weiß, es gibt junge Leute, die mit dem Blick auf den NS-Staat und das Verhalten ihrer Großeltern nichts verstehen, sondern nur selbstgerecht verachten und verurteilen wollen.

Aber charakteristischer scheint mir zu sein, daß auf die Verurteilungsphase der sechziger Jahre, auf den Konflikt der Söhne mit den Vätern in den achtziger Jahren so etwas wie eine Verstehensphase der Enkel im Verhältnis zu den Großeltern erfolgt ist. Junge Leute sagen mir in Diskussionen: „Mein Opa hat mir aus dem Krieg erzählt und wie schwer da alles war. Ich hätte mich bestimmt nicht anders verhalten wie er." Doch dieser Nachvollzug setzt oft Maßstäbe außer Kraft, die wir erhalten müssen. Er nimmt dem Widerstand, der Verweigerung damals, dem menschlichen Verhalten, auch wenn es mit Gefahr verbunden war, das Vorbildhafte. Wir müssen aber unser eigenes Handeln an denen messen, die weniger Kompromisse als die Mehrheit machten, überzeugender handelten und die Menschenwürde aufrecht hielten.

Schließlich: Ohne Erinnerung werden wir die Zukunft nicht bestehen. Nun wird aber das Gegenteil behauptet: nämlich diese ständige „Vergangenheitsbewältigung" könne uns zukunftsunfähig machen, uns daran hindern, Zukunft zu gestalten.

Und haben die Warner denn nicht recht? Wir schleppen die Last dieser zwölf Jahre durch all die Zeiten des Wohlstands und Erfolgs und stehen mit ihr am Rande sterbender Wälder, an den Ufern vergifteter Meere, umgekippter Flüsse und vor den Toren störanfälliger Kernkraftwerke. Was kann es da bedeuten: wir könnten ohne Erinnerung keine Zukunft planen?

Angesichts neuer Bedrohungen müssen wir uns aller Erfahrungen erinnern – nein, keine falschen Vergleiche ziehen – aber diesmal jenen kollektiven Mechanismen widerstehen, die uns damals ins Verderben führten. Wenn wir uns angesichts der heutigen Gefahren so passiv verhalten, wie sich viele in der Nazizeit verhielten, dann ist es aus mit uns.

Wir müssen uns hüten vor dem Nicht-zur-Kenntnis-nehmenwollen und müssen die Gefahr deutlich sehen. Wir müssen uns hüten vor Beschwichtigungen: „So schlimm wird es nicht sein, so arg wird es nicht kommen" und müssen schon den Anfängen wehren. Wir dürfen uns nicht verschanzen hinter Gleichgültigkeit und Lethargie, sondern müssen bereit sein, aus gewonnenen Einsichten Schlußfolgerungen zu ziehen und ihnen entsprechend auch zu handeln. Schuldig werden durch Unterlassen – das gibt es auch in unserer Zeit. Es gilt, sich keine Illusionen zu machen, zu wissen, daß alles sehr lange dauert, aber niemals aufzugeben.

Gustav Heinemann, der mein politischer Lehrer gewesen ist, hat einmal in einem Satz ausgedrückt, was mich mit vielen Menschen verbindet: „Es gibt schwierigere Vaterländer, eines davon ist Deutschland. Aber es ist unser Vaterland. Hier leben und arbeiten wir. Darum wollen wir unseren Beitrag für eine Menschheit mit diesem, durch dieses (unser) Land leisten."

Wilfried Breyvogel / Thomas Stuckert

Kommentierte Bibliographie zum Jugendwiderstand im Nationalsozialismus

Der Jugendwiderstand im Nationalsozialismus ist bis heute nicht Gegenstand einer selbständigen Gesamtdarstellung geworden. Er ist Teil des Themas Jugend im Nationalsozialismus und steht in einer Interaktionsdynamik, sein Pendant ist die Hitlerjugend und ihr Totalitätsanspruch. Die Auseinandersetzung beginnt unmittelbar nach 1945 mit der Frage nach dem Verhältnis von Hitlerjugend und bündischer Jugend. Diese Debatte, die bis zum Ende der sechziger Jahre durch Schuldzuweisung und Exkulpation geprägt ist, blockiert die Wahrnehmung anderer jugendlicher Widerstandsformen. Diese sind in Gefahr, als Bestandteil der Großorganisationen (Parteien, Kirchen) in Vergessenheit zu geraten.

Erst die studentische Protestbewegung der sechziger Jahre weckt die Aufmerksamkeit für historische Formen jugendlicher Differenz in allen Großorganisationen. Parallel zum „Abschied vom Proletariat" (André Gorz 1980) erfahren jugendliche Protestformen als Ersatz eine teilweise unkritische Aufwertung und Idealisierung. In diesem Kontext steht die Wiederentdeckung der „wilden Cliquen" als Szenen „einer anderen Arbeiterjugendbewegung" (Lessing/Liebel 1981). Hier beginnt die Debatte um die Zuordnung der ab 1936 verbreiteten Edelweißpiraten (Peukert 1980/Hellfeld 1981).

Zusammenfassend gilt für das Thema „Jugendwiderstand", daß es bis in die siebziger Jahre von der Konfrontationslinie Schuld – Unschuld gekennzeichnet ist. Parallel setzt eine unkritische Aufwertung und Idealisierung jugendlichen Protestverhaltens ein, die dem Verlöschen der älteren Idealisierung des

Proletariats geschuldet ist. Die folgende Kommentierung versucht, Hinweise zu geben, die diese Konfrontationslinien durchsichtig machen und zugleich ein höheres Maß kritischer Angemessenheit ermöglichen.

Gesamtdarstellungen: Jugend im Nationalsozialismus

Grundlegende Gesamtdarstellung zum Thema Jugend im Nationalsozialismus ist die Arbeit von Arno Klönne (1982). Parallel empfiehlt sich mit gleichem Rang der Bildband von Heinz Boberach (1982).

In die Darstellung Klönnes geht eine fast dreißigjährige Forschungsarbeit ein, die kurz skizziert werden soll. Klönne hat es vermieden, zum Spielball zwischen den Konfrontationslinien Schuld – Unschuld zu werden. Selbst in biographischer Nähe zur bündischen Tradition, hat er sich ein Moment kritischer Distanz und angemessener Nähe bewahrt, das sich langfristig durchsetzen konnte. So handelte die Dissertation am Marburger Institut für wissenschaftliche Politik (Prof. Dr. W. Abendroth) über die Hitlerjugend (Klönne 1955). Sie enthält bereits in Kurzform eine Darstellung der unterschiedlichen Oppositionsformen, die durch die Aufnahme bündischer Alltagskultur geprägt waren. Die Sammlung „Gegen den Strom" (Klönne 1957, Neuauflage: 1978), eine Forschungsarbeit im Auftrag des hessischen Jugendrings, ist eine erste Regionalstudie des hessischen Raums, die alle Formen des Widerstands bis zu den unorganisierten Cliquen erfaßt. Neben Textmaterialien aus illegalen Zeitschriften, Rundbriefen und den Verfolgerakten stützt sich die Recherche bereits auf die Befragung von Zeitzeugen. Die Arbeit nimmt daher in vielem die Alltagsforschung vorweg – ist allerdings auch von deren Problemen gekennzeichnet. So sind die erinnerten Daten häufig ungenau und die Erzähltexte spiegeln den Duktus der Überzeichnung.

Als entscheidende Vorarbeit zur Gesamtdarstellung (1982) ist die Arbeit zu berücksichtigen, die aus Klönnes Beteiligung am

Bayern-Projekt des Institut für Zeitgeschichte in den siebziger Jahren hervorging (Klönne 1981). Diese Publikation hat gegenüber Klönne (1982) den Vorteil, daß sie im Material breiter ausgelegt, die Widersprüche der Hitlerjugend sozialisationstheoretisch erfaßt und am Beispiel bayrischer Großstädte Gruppen der SAJ, des KJVD, der evangelischen und katholischen Jugend sowie Beispiele unorganisierter Cliquen darstellt.

Klönne (1982) hat zuletzt eine kaum überarbeitete Neuauflage als Taschenbuch (1990) erfahren. Diese Gesamtdarstellung ist in zwei fast gleichgroße Hauptteile: ‚Hitlerjugend' und ‚Gegner' gegliedert. Die Darstellung der Gegner erfolgt nach dem traditionellen Schema: Arbeiterjugend, kirchliche und bündische Gruppen. Die Grenzen der Arbeit zeigen sich in zweierlei Hinsicht. Zum einen in der empirischen Differenzierung des Schlußteils (1990, S. 228 ff.). Hier faßt Klönne auf dem Stand des Wissens von 1981/82 recht unvermittelt die Leipziger Meuten, die Kittelbach- und Edelweißpiraten und die Hamburger Swings zu „wilden Jugendgruppen" zusammen. Nicht nur, daß hier eine stärkere Differenzierung nach sozialen Lagen und kulturellen Ausdrucksformen notwendig wäre. Besonders problematisch ist die Assoziation zu den „wilden Cliquen" der „anderen Arbeiterjugendbewegung".

Der zweite Mangel ist allerdings sehr grundsätzlich und zugleich schwerer aufhebbar, weil er die gesamte Forschungstradition prägt. Die Trennung Hitlerjugend – Gegner verhindert genau das, was als Interaktionsdynamik zu bearbeiten wäre: die Verschränkung biographischer Erfahrung im Subjekt, d. h. die Interaktionsdynamik von Zustimmung und Ablehnung, Zuneigung und Widerspruch, Hoffnung und Enttäuschung wäre empirisch erst zu rekonstruieren, setzen wir nicht organisationsgeschichtlich entschiedene Subjekte voraus, was für Jugendliche so nicht gelten kann. Es bleibt daher nur zu konstatieren, daß dieser traditionelle Zugang Ausdruck des alten organisationsgeschichtlichen Blicks ist, als würden nicht die Menschen, sondern die Organisationen Geschichte machen. Bei den „wilden", d. h. sich jeder Organisation entziehenden Jugendgruppen wird daher das Scheitern dieses Zugangs besonders relevant.

Der einschlägige Text- und Bildband (Boberach 1982) ist durch ein ungleiches Gewicht der Anteile: Hitlerjugend (Kap. 1-4) und Jugend in Widerstand und Verfolgung (Kap. 5) gekennzeichnet. Während sich Kapitel 1-4 durch die Breite der Dokumentation und Anschauung empfehlen, ist Kapitel 5 nur oberflächlich zusammengestellt. Das wird besonders bei der durch ein überdimensioniertes Edelweiß auffallend retuschierten Abbildung des Barthel Schink (S. 162) deutlich, der Zentralfigur des Köln-Ehrenfelder Mythos.

Neben diesen Darstellungen empfehlen sich kleinere Arbeiten, die in Sammelbänden oder Zeitschriften mit dem Titel ‚Jugend im Nationalsozialismus' erschienen sind. So Klönne (1982/83, 1986), aber auch Peukert (1982) und Muth (1983). Während Peukert die allgemein anerkannte Differenzierung in drei Kohorten mit den Einschnitten 1933, 1936 und 1939 vorschlägt, führt besonders Muth weiter, in dem er den Kontext von Fürsorge- und Arbeitserziehung sowie den Stellenwert des Jugendkonzentrationslagers Moringen (Solling) in der Kriegsphase darstellt.

Leider ohne wissenschaftliche Belegangaben ist die Monographie von Huber (1983). Auch eine Zusammenfassung im Rahmen des allgemeinen Widerstands ist so knapp, daß sie sich als Einführung nicht empfiehlt (van Roon 1987). Andererseits ist auf den Strang von älteren Arbeiten zur Geschichte der Hitlerjugend hinzuweisen. Die Arbeit von Brandenburg (1968, Neuauflage: 1982) zeichnet sich noch immer durch in biographischer Erfahrung vermittelte Kenntnisse zu Personen aus, die im Zwischenfeld von bündisch-jungenschaftlichen Organisationen und der frühen Hitlerjugend standen. So enthält der Abschnitt: „Nationalrevolutionäre und autonome Jungenschaft" Hinweise auf sozialistisch-anarchistische Positionen und Personen, die besonders für die Gruppen der Kittelbachpiraten wirksam geworden sind. Der Strang dieser Arbeiten zur Hitlerjugend, zu denen Klose (1984) und zuletzt Buddrus (1989) zählen, hat sich in den letzten Jahren den Distanzformen der der Hitlerjugend unterstehenden Luftwaffenhelfer zugewandt. Neben den frühen Arbeiten von Emunds (1975, 1976), Krüger (1975, 1983), Paul (1980) und Nicolaisen (1981) ist auf die grundlegenden Arbeiten von Schörken (1984, 1990) und Bude (1987) hinzuweisen, wobei letzterer mit einem methodisch gesicherten kritisch-hermeneutischen Verfahren der Analyse individueller Lebenskonstruktion die Wirkungsgeschichte dieser Gruppe in der Sozialgeschichte der BRD beschrieben hat.

Abschließend ist auf zwei Dokumentenbände hinzuweisen. Während von Hellfeld/Klönne (1985) mit knappen Einleitungen circa 130 Dokumente in Auswahl präsentieren, enthält der von Jahnke/Buddrus (1989) zusammengestellte Band in vier Themengruppen insgesamt 330 Dokumente, die ein selbständiges Quellenstudium anregen. Dabei ist anzumerken, daß dieser durch eine sorgfältige Edition sich ausweisende Band im Vorfeld der Revision der DDR-Forschung eine Ausnahme darstellt. Er ist in der Einleitung noch dem Duktus der Präferenz der kommunistischen Tradition und der Überbewertung der Freien Deutschen Jugend unterworfen, enthält aber keine diffamierenden Hinweise gegenüber anderen Positionen.

Der Widerstand von Arbeiterjugendlichen

Der Widerstand von Arbeiterjugendlichen ist zunächst nur im Kontext des Verhaltens der Arbeiterschaft insgesamt thematisiert worden. Dabei ist zu erinnern, daß der Ausblendung der organisierten Arbeiterschaft in der frühen Geschichtstradition der Bundesrepublik Deutschland eine Heroisierung einzelner Widerstandskämpfer der Arbeiterbewegung, besonders der KPD, in der DDR-Historiographie entsprach. Bis in die siebziger Jahre wurde diese Tradition mit ähnlich verengtem Blick in den Lokalstudien der BRD fortgesetzt, die häufig von Mitgliedern der Vereinigung von Verfolgten des Naziregimes (VVN) durchgeführt oder angeregt wurden.

Unter dem Einfluß dieser Polarität setzte sich der Eindruck fest, diese Opfer stünden für das Ganze: eine Widerstandshaltung der Arbeiter als sozialer Klasse. Dieser Tendenz einer Überzeichnung unterlagen selbst noch die im Material äußerst aufschlußreichen Arbeiten, die T. Mason in den siebziger Jahren vorlegte und die in der Fülle der Konfliktformen auf eine zwar verdeckte und taktisch angepaßte, aber dem kritischen Auge doch erkennbare „Arbeiteropposition“ hinwiesen. (Vgl. zuletzt Mason 1981.) Diese auch von Mason später korrigierte Pauschalisierung hat in den letzten Jahren eine vielfältige Brechung und Ernüchterung erfahren. Neben den Ergebnissen der beiden großen Oral-History- und Alltagsprojekte in Nordrhein-Westfalen und Bayern sind hier besonders die Arbeiten zu einzelnen Betriebsbelegschaften von Interesse, die branchentypisches Verhalten erkennbar machen. (Vgl. Seebold 1981, Werner 1983, Wisotzky 1983, Zimmermann 1987, Pflicgensdorfer 1988.) Diesen allgemeinen Forschungsstand hat zuletzt Herbert (1989) zusammengefaßt.

Als Resümee des oppositionellen Verhaltens der organisierten Arbeiterschaft liegen zusammenfassende Beiträge von Steinberg, Allen, Kershaw und Peukert vor (vgl. die Beiträge in Schmädeke/Steinbach 1985). An neueren Regionalstudien sind besonders Hetzer (1981) zu Augsburg und Tenfelde (1982) zu Penzberg zu empfehlen. Als immer noch grundlegende Regionalstudie zum kommunistischen Widerstand zwischen 1933 und 1945 kann die Arbeit von Peukert (1980) gelten, die in ihrer theoretischen Unvoreingenommenheit und Detailliertheit die Ausnahme (auch seiner eigenen Arbeiten) geblieben ist.

Während damit die politische Haltung der erwachsenen Arbeiter in unterschiedlichen Branchen, Regionen und Parteien intensiv aufgearbeitet ist, ist das Verhalten der Arbeiterjugend keineswegs so systematisch erforscht. Zu den Jugendorganisationen SAJ und KJVD liegen keine über 1933 hinausgehenden Arbeiten vor. Die Überblicke aus der DDR-Historiographie unterliegen massiven Verzerrungen in der Darstellung der Parteigeschichte und in der Heroisierung einzelner Opfer, so daß sie leider unbrauchbar sind (vgl. u.a. Jahnke 1977, 1985, 1987). Im dokumentarischen Gehalt sind lediglich die an der Regional- und Ortsgeschichte orientierten Darstellungen zur Geschichte der organisierten Jugend ergiebiger (Neuland/Werner-Cordt 1980, Archiv der Arbeiterjugendbewegung 1988), obwohl auch sie noch durch die Prävalenz der Parteigeschichte geprägt sind. Zum Verhalten nicht organisierter Jugendlicher im Arbeitermilieu liegt bisher eine – allerdings grundlegende – Arbeit von Zimmermann (1983) vor, der am Beispiel jugendlicher Bergarbeiter zeigt, daß sie – nicht selten in Absetzung von der Tradition der Väter – die

Karriereangebote in Hitlerjugend, Betrieb und Militär aufgegriffen haben.

Setzen wir voraus, daß die Darstellung weder durch den organisationsgeschichtlichen Blick eingeengt, noch einer politisch begründeten oder alltagsorientierten Idealisierung verpflichtet ist, dann verdünnt sich das Spektrum der Literatur enorm. Es bleibt ein schmaler Rest von alltagsorientierten kritischen Arbeiten, so z. B. Schilde (1983), Bajohr (1983), VHS-Hattingen (1985), Schmittner (1985), Homburg (1988) und Mikuscheit (1989). Ihr regional- und ortsbezogener Zuschnitt ist einerseits Voraussetzung der in ihnen zu findenden Präzision, verweist andererseits auf die Notwendigkeit der zukünftigen Ergänzung.

Bündische Jugend und bündische Alltagskultur

Die Auseinandersetzung um die Bündische Jugend war – wie bereits angedeutet – von Anfang an durch Schuldzuweisung und Selbstrechtfertigung derjenigen gekennzeichnet, die selbst vor 1933 noch aktive Mitglieder in der Bündischen Jugend waren. Die Initialzündung zu dieser Auseinandersetzung gab die Arbeit des amerikanischen Soziologen Howard Becker (1946, 1949), der die Bündische Jugend zum direkten Vorläufer der Hitlerjugend erklärte. Daß dies die fatale Konsequenz hatte, daß die Wiederaufnahme bündischer Organisationen von den Besatzungsoffizieren als Fortsetzung der Hitlerjugend begriffen werden konnte, sei hier nur angedeutet. In der Tradition dieser die Bündische Jugend pauschal mit der HJ identifizierenden Argumentation entstanden eine Reihe von Arbeiten, die die ideologische Nähe, die Übereinstimmung in Formen und Strukturen zeigten. Die wichtigsten sind die Arbeiten von Laqueur (1963) und Pross (1964). Auch Fest argumentiert mit dem Kriterium der politischen Unreife der bündischen Jugend, die sich im „romantischen Wirklichkeitsverständnis" ausdrücke. So sei die Gleichschaltung der Bünde Ergebnis einer politischen Naivität, zu der die Bündische Jugend sich nicht ohne Anmaßung selbst erzogen hatte (vgl. Fest 1969, S. 268).

Nach Stachura (1980) ist es Ende der sechziger Jahre zu einem modischen Stereotyp geworden, die Bündische Jugend nochmals zum Vorläufer und Wegbereiter des Faschismus zu erklären. An die Stelle der Differenzierung trat die identifizierende Schuldsuche. Letzter Ausdruck davon sind Arbeiten von Kunert (1973) und zuletzt Kater (1977). Entspannt hat sich die alte Kontroverse erst in den achtziger Jahren. Dazu haben besonders die Tagungen des Archivs der Jugendbewegung seit 1979 und die entsprechenden Publikationen beigetragen. Zu empfehlen sind daher die Jahrbücher des Archivs der Jugendbewegung ab 1980, besonders die Bände 12 (1980) und 13 (1981).

Unabhängig davon ist in den letzten Jahren die sehr frühe, aber sehr kompetente Arbeit von Jovy (1952, 1984) wieder zugänglich geworden. Michael Jovy, 1939 aufgrund der Fortsetzung bündischer Aktivitäten (dj. 1.11) verhaftet, 1941 wegen der Vorbereitung zum Hochverrat zu sechs Jahren Zuchthaus verurteilt, 1944 aus dem Strafbatallion 999 entkommen, legte diese Arbeit 1952 in Köln (Prof. Dr. Theodor Schieder) als Dissertation vor. Neben der bis heute nicht überholten Herausarbeitung der geistig-kulturellen Traditionen sind die Abschnitte zur Übernahme der Begriffs- und Formenwelt der Jugendbewegung in der HJ und der über die Widerstandsformen der Bündischen, sowie Jovys Einschätzung der „Edelweißpiraten" noch immer relevant. Deutlicher gesagt, ihre Kenntnisnahme hätte manche Überzeichnung und falsche Zuordnung überflüssig gemacht. Zuletzt ist auf die von Matthias von Hellfeld (1987) vorgelegte Monographie hinzuweisen. Sie empfiehlt sich besonders in den Kapiteln Bündische in NS-Formationen, Illegale Bündische außerhalb der HJ und durch die Darstellung vereinzelter bündischer Oppositionsgruppen. Sie schließt allerdings 1939 und enthält nur einen knappen Abschnitt zu jugendlichen Cliquen und Banden im Zweiten Weltkrieg.

Jugendliche in kirchlichen Organisationen

Der allgemeine Forschungsstand zur evangelischen und katholischen Kirche ist zuletzt in den Beiträgen von G. van Norden, H. Hürten, K. Scholder, G. Besier, E. Bethge und C. Strohm in Schmädeke/Steinbach (Steinbach 1985) zusammengefaßt. Wie im Blick auf beide Kirchen läßt sich auch bei diesem Thema eine der Kirche eher verpflichtete und eine kirchen- und selbstkritische Position unterscheiden. Die bisher gründlichste Darstellung zum Katholischen Jungmännerverband (KJMV) 1933–1939 hat Schellenberger (1975) vorgelegt. In Anlehnung an den in der Alltagsforschung differenzierten Widerstandsbegriff resümiert sie, die katholische Jugend habe nicht in erster Linie politischen, sondern „Gewissenswiderstand" geleistet, der „Kampf" der katholischen Jugend um ihre Existenz habe den „Kampf" der gesamten katholischen Kirche stimuliert (Schellenberger 1985). Letzteres scheint eher eine positive Überzeichnung, wird doch gerade von kritischer Seite vermerkt, daß diejenigen, die Widerstand leisteten, von der offiziellen Kirche nicht unterstützt wurden.

An der Basis dieses von Schellenberger dargestellten Jungmännerverbandes hatte sich 1931/32 eine an der bündischen Alltagskultur, häufig der dj. 1.11 orientierte Strömung, die Sturmschar, herausgebildet. Bereits in der frühen Arbeit von H. Roth (1959) finden sich deutliche Hinweise auf Differenzen zwischen dem Vertreter der Sturmschar im Vorstand der KJMV und Ludwig Wolker, Generalpräses dieser Organisation. Der Reichsführer der Sturmschar, Franz Steber, gehörte zu den Angeklagten des Prozesses gegen Joseph Roissant und andere, der über seine seelsorgerische Arbeit mit erwerbslosen Jugendlichen und in der Gefängnisseelsorge mit Mitgliedern des kommunistischen Jugendverbandes in Kontakt gekommen war. Nach Aussage der damaligen Kontaktperson, der Bezirksleiterin Berta Karg des KJVD, gehörte Franz Steber zu ihren Vertrauenspersonen (vgl. Berta Karg in Löwenthal / v. z. Mühlen 1982, vgl. auch das von Schroer 1989 verfaßte Porträt, das diesen Kontakt nicht erwähnt, zum Prozeß u. a. Peukert 1980).

Zur Bewertung der Sturmschar ist es zu einer Kontroverse gekommen. I. Götz von Olenhusen hat die Demokratiegehalte, die Reichsidee und die wirtschaftlichen Konzepte in den publizierten Äußerungen Stebers kritisch mit sozialpsychologischen Kategorien (Omnipotenzphantasien, Harmoniebedürfnis etc.) bewertet. Problematisch ist dabei besonders, daß sie ihre Darstellung 1933 abbricht, wodurch sie die Erklärung der Differenz des Verhaltens von Sturmschärlern zu anderen Mitgliedern des KJMV umgeht. Ihrer Bewertung widerspricht daher die offizielle Darstellung des ehemaligen Diözesanführers H. Schroer (1989) mit dem Verdikt „Unkenntnis“ vehement. Von Interesse an dieser Kontroverse ist, wie stark die Geschichtsschreibung der katholischen Kirche die Sturmschar gegenwärtig in selbstlegitimatorischem Interesse aufwertet. (Vgl. dagegen die Selbstkritik des Sturmschärlers Josef Stemmrich in Eid 1989.)

Zu dem Bund Neudeutschland, einer Gymnasiastenorganisation des katholischen Lagers, existieren einige Arbeiten, auf die abschließend hinzuweisen ist, so eine Reihe von Erlebnisberichten, zusammengefaßt in Eilers (1989) und Studien zur Ortsgruppe in Neuss (Müller 1985) und in Bruchsal (Maier 1986).

An den Bund Neudeutschland schloß sich für die Älteren der „Graue Orden“ an. Zu ihm zählte ab 1934 Willi Graf. Daß sich nur sehr wenige aus diesen Organisationen zum Widerstand entschlossen, belegen Willi Grafs Erfahrungen mit den Freunden in der „Siegfriedstraße“ in München. (Vgl. zu Fritz Leist und anderen Knoop-Graf/Jens 1988, zu den Gebrüdern Bollinger zuletzt Mallmann/Paul 1989.)

dj. 1.11 und bündische Alltagskultur im Nationalsozialismus

Das Interesse an der Erforschung der dj. 1.11 folgte mehreren Impulsen. Zum einen lag es im Trend der differenzierten Wahrnehmung des bündischen Lagers und seiner unterschiedlichen Gruppen. Zum anderen dokumentierten die zur Kenntnis genommenen Verfolgerakten für alle Richtungen ein breites Spektrum dj. 1.11-typischer, alltagskultureller Gegenstände und vereinzelter

Stilelemente. Zum dritten wurde das besonders von der „autonomen Jungenschaft“ forcierte Autonomieideal als sozialisationstheoretische Schranke gegen den Machtanspruch der Hitlerjugend erkannt.

Dennoch ist das Bild von Eberhard Köbel und der dj. 1.11 wie kaum ein anderes bis zur Unkenntlichkeit gespalten. Die Auseinandersetzung beginnt mit der Arbeit von K. Tjaden (1958), der Köbel politisch verkürzt und ihn möglichst nah an die Arbeiterbewegung rückt. Die andere Seite repräsentiert die Arbeit von W. Helwig (1960), der ihn entpolitisiert und allein als genialen Jungenschaftsführer hervorhebt. Die 1962 von ihm herausgegebenen Schriften stellen daher keine historisch-kritische, sondern eine sehr subjektive Auswahl dar, in der weder Kürzungen noch Auslassungen vermerkt sind und auch Hinweise auf die Daten der Erstveröffentlichung fehlen.

Die Literatur der Folgezeit bleibt den gegensätzlichen Momenten der Biographie Köbels durch einseitige Identifizierung verpflichtet. Während Grau (1976), Maier (1977) und Graul (1985) der Spur Helwigs folgen, setzt sich ein anspruchsvollerer Strang in Laqueur (1962, 1978) und Brandenburg (1968, 1982) fort. Mit Brandenburg (1985) liegt zudem eine quellenkritisch gesicherte, biographische Skizze des frühen Köbel (bis 1927) vor. Neben Mogge (1986, 1990), der gegen die „linke“ Heroisierung Köbels mehr die mit dem Nationalsozialismus identifizierbaren Momente betont, ist auch hier Jovy (1984) zu empfehlen, der gegen die in der DDR abgefaßte, antifaschistisch-entschiedene Selbstdarstellung Köbels ihn zur „Konservativen Revolution“ zählt. Sein Ziel sei der Orden, die autonome, selbstgewählte Gemeinschaft, die sich aus allen Bindungen und Traditionen löse. Trotz oberflächlicher Nähe habe gerade dieses Moment des soldatisch Heroischen nicht instrumentalisiert werden können, sondern sei der Focus einer jungenschaftlichen Distanz und teilweise kritischen Selbstbewußtseins. Anders dagegen Mogge (1990), der ohne genaueren Beleg, aber wohl in Kenntnis einzelner Verläufe, behauptet, daß von der Vorstellung des Ordens- und des Jungenstaats die Wege sowohl in die SS wie in den kommunistischen Jungenstaat führen konnten.

Bündische Tradition und Edelweißpiraten

Zur Wirkungsgeschichte der bündischen Tradition ist auf Grund des zur dj. 1.11 Bekannten davon auszugehen, daß kleinere Gruppen in und neben der HJ zunächst weiterexistierten. Von diesen Gruppen wird die bündische Alltagskultur in personaler Kontinuität weitertradiert. Gleichzeitig entsteht ein erzählter Mythos, der an der Verhaftung, den Selbstmordversuchen und der Emigration Köbels anknüpft, die gegnerische Bedeutung weiterträgt und sich allmählich von der Kontinuität personaler Traditionen löst. Ab 1937/38 – durch die Verhaftungswelle nochmals genährt – entfaltet dieser Mythos seine Bedeutung. Er erhält jetzt aus dem diffamatorischen Spiegelbild, das in den Zeitschriften der HJ, bei Fürsorgern, Lehrern und Erziehern projektiv entsteht, Auftrieb. Ab 1940 wird dieser Mythos faszinatives Zentrum einer gegenläufigen Identifikation Jugendlicher. Diese sich den Machtformen in Staat und Gesellschaft widersetzende Identifikation, sei es auch nur mit Bruchstücken oder Facetten der traditionellen bündischen Alltagskultur, findet sich im Industriegebiet des Westens besonders bei Jugendlichen der sozialen Unterschichten.

Wenn damit der gegenwärtige Konsens auch zwischen ehemaligen Kontrahenten beschrieben ist, dann ist es andererseits auch so, daß sich die Erforschung dieser Bilanz in z.T. sehr dramatischen öffentlichen Kontroversen vollzogen hat. Zeitlich parallel zur Entdeckung der „wilden Cliquen“ erfolgte die Wiederentdeckung der „Edelweißpiraten“ im Interviewmaterial eines Oral-History-Projekts (Michael Zimmermann 1977, vgl. Peukert 1980). D. Peukert, der in den Gestapo-Akten ebenfalls auf breites Verfolgermaterial stößt, entfaltet dieses unmittelbar und schlägt eine Interpretation vor, deren Rahmen er aus der englischen Subkulturforschung übernimmt (Jugendkultur als Widerstand, Honneth u.a. 1979). Fast notwendig mißachtet er dadurch die historischen Traditionslinien und postuliert als Entstehungsfocus einseitig den proletarischen Lebenszusammenhang. Auf Widerspruch stößt besonders sein Argument, man könne „keine ideelle oder personelle Kontinuität“ mit der bündischen Bewegung, die sich „aus bürgerlichen Schichten“ rekrutierte, konstruieren. Dieses grobe Argument, das sich auch in den folgenden Auflagen findet (vgl. Peukert 1988[3]), mußte auf vielfältige Kritik stoßen. (Vgl. besonders die über die Analyse des Sprachmaterials begründete Kritik von Maas 1984 und Muth 1982.)

Als Vertreter der konträren Option tritt ab 1981 mit ähnlich kontrastierender Überzeichnung von Hellfeld auf, der die „Edelweißpiraten" in direkter bündischer Tradition sieht (Hellfeld/Theilen 1984, Hellfeld/Klönne 1985 und zuletzt differenzierter Hellfeld 1987, S. 225 ff.). In dieser Auseinandersetzung ist bereits deutlich geworden, daß nur durch die genauere Rekonstruktion einzelner Gruppen beurteilt werden kann, ob sich Momente personaler Kontinuität mit anderen Rezeptionsformen mischen. Die Notwendigkeit solcher Rekonstruktion hat bereits in aller Dringlichkeit die Köln-Ehrenfelder-Kontroverse bestätigt.

Diese Kontroverse machte sich an einer Darstellung von Hellfelds fest, der eine Gruppe von vierzehn Hingerichteten zwar in ihrer Zusammensetzung differenzierte, für die politische Bewertung allerdings einen Kern von sechs „Edelweißpiraten" postulierte und ihren Aktionen das Prädikat „aktiver Widerstand" unter den Bedingungen der Kriegszeit zusprach (vgl. Hellfeld 1981). Dieser Bewertung hat Rusinek in einer überzeugenden Rahmen- und Aktionsanalyse widersprochen. Die Personen sind in ihrer Vorgeschichte und in ihren Intentionen anders zu bewerten, die Gruppe ist keine Gruppe, die Gesamtsituation als Handlungsrahmen ist derart „entnormalisiert", daß Darstellung und Bewertung nach anderen Kriterien verlangen. Die Arbeit von Rusinek verweist daher wie bisher keine zweite auf die Notwendigkeit der kritischen Prüfung der Zeitzeugendarstellung „Betroffener". Dies wird um so deutlicher, wenn erinnert wird, daß die Darstellung von Hellfelds Anlaß einer Ehrung eines der Hingerichteten in Israel und eines Theaterstücks des Schauspielhauses Köln geworden war (vgl. mit ähnlich kritischen Konsequenzen bereits v. Plato 1985).

Literatur

Ahrens, F.: Bruno Tesch – Das Sterben eines Hamburger Arbeiterjungen, Hamburg 1947

Ahrens, F.: Helmuth Hübener – Freiheitskämpfer der Jugend, Hamburg 1948

Aicher, O.: Innenseiten des Krieges, Frankfurt 1985

Alt, K.: Todeskandidaten. Erlebnisse eines Seelsorgers im Gefängnis München-Stadelheim, München 1946

Arbeiterjugendbewegung in Frankfurt am Main 1904–1945. Materialien zu einer verschütteten Kulturgeschichte, Gießen 1978

Archiv der Arbeiterjugendbewegung (Hg.): Bilder der Freundschaft. Fotos aus der Geschichte der Arbeiterjugend, Münster 1989

Bahne, S.: Die Kommunistische Partei Deutschlands, in: Das Ende der Parteien 1933, Düsseldorf 1960, S. 653–739

Bajohr, F./Gaigalat, M. (Hg.): Essens wilder Norden. Segeroth. Ein Viertel zwischen Mythos und Stigma, Hamburg 1990

Bajohr, F.: Verdrängte Jahre. Gladbeck unter'm Hakenkreuz, Essen (1983) 1990

Barthes, R.: Mythen des Alltags, Frankfurt/M. 1981

Becker, H.: Vom Barette schwankt die Feder. Die Geschichte der deutschen Jugendbewegung (Originalausgabe: German Youth. Bond or Free. New York 1946), Wiesbaden 1949

Bednarik, K.: Der junge Arbeiter von heute – ein neuer Typ, Stuttgart 1953

Behr, v. A.: Jugend und Politik, in: *Der junge Revolutionär,* Nr. 3, 1927

Bernett, H.: Die Zerschlagung des deutschen Arbeitersports durch die nationalsozialistische Revolution, in: *Sportwissenschaft* 13 (1983), S. 349–373

Bettelheim, B.: Individuelles und Massenverhalten in Extremsituationen, in: ders.: Erziehung zum Überleben. Zur Psychologie der Extremsituation, Stuttgart 1980(a) (zuerst 1943)

Bettelheim, B.: Schizophrenie als Reaktion auf Extremsituationen, in: Bettelheim 1980(b)

Billstein, R.: Das entscheidende Jahr. Sozialdemokratie und Kommunistische Partei in Köln 1945/46, (*Kölner Schriften zur Geschichte und Kultur,* Bd. 14), Köln 1988

Birkert, E.: Von der Idee zur Tat. Aus der Geschichte der Naturfreundebewegung, Stuttgart 1970

Blüthner, H.: „Jeder mal einen Knüller", in: Polster, B. (Hrsg.): „Swing Heil" – Jazz im Nationalsozialismus, Berlin 1989

Bludau, K.: Widerstand und Verfolgung in Duisburg 1933–1945, (*Duisburger Forschungen,* Bd. 16), Duisburg 1973
Börger, B./Schroer, H. (Hg.): Sie hielten Stand. Sturmschar im Katholischen Jungmännerverband Deutschlands, Düsseldorf 1989
Boberach, H.: Jugend unter Hitler, Düsseldorf 1982 (Bindlach 1990)
Borsdorf, U./Jamin, M. (Hg.): Über Leben im Krieg. Kriegserfahrungen in einer Industrieregion 1939–1945, Reinbek 1989
Bracher, K. D.: Wissenschaft und Widerstand. Das Beispiel der ‚Weißen Rose', in: Bracher, K. D.: Deutschland zwischen Demokratie und Diktatur, Beiträge zur neueren Politik und Geschichte, Bern / München / Wien 1964, S. 273–297
Brandenburg, H. Chr.: Die Geschichte der HJ, Köln (1968) 1982
Brandenburg, H. Chr.: Der Junge Eberhard Köbel, in: *Jahrbuch des Archivs der deutschen Jugendbewegung (JAJbw)* 15/1984–85, Burg Ludwigstein
Bretschneider, H.: Der Widerstand gegen den Nationalsozialismus in München 1933–1945, *Miscellanea Bavarica Monacensia,* Heft 4, München 1968
Breyvogel, W. (Hg.): Autonomie und Widerstand. Zur Theorie und Geschichte des Jugendprotests, Essen 1983
Breyvogel, W./Krüger, H.-H. (Hg.): Land der Hoffnung. Land der Krise. Jugendkulturen im Ruhrgebiet 1900–1987, Bonn 1987
Breyvogel, W. (Hg.): Pädagogische Jugendforschung. Erkenntnisse und Perspektiven, Opladen 1989
Broszat, M.: Resistenz und Widerstand. Eine Zwischenbilanz des Forschungsprojekts, in: Broszat, M./Fröhlich, E./Grossmann, A. (Hg.): Bayern in der NS-Zeit, Bd. IV, München 1981
Broszat, M.: Die Machtergreifung. Der Aufstieg der NSDAP und die Zerstörung der Weimarer Republik, München 1984
Brücher, B./Hartmann, G.: Hebt unsere Fahnen in den Wind. Bilder aus der Geschichte der Sozialistischen Arbeiterjugendbewegung in Ostwestfalen und Lippe, Bonn-Bad Godesberg 1983
Bude, H.: Deutsche Karrieren. Lebenskonstruktionen sozialer Aufsteiger aus der Flakhelfer-Generation, Frankfurt/M. 1987
Buddrus, M.: Zur Geschichte der Hitlerjugend (1922–1939), (Phil. Diss.) Rostock 1989
Buscher, P.: Cliquen und Banden von Widerstandsschmarotzern: ‚Carl-von-Ossietzky-Preis' für kriminellen Antifa-Mythos. Dokumentation, Burg Waldeck 1987
Buscher, P.: Das Stigma, Koblenz 1988
Buscher, P.: dj. 1.11 – der finalbund der deutschen jugendbewegung, in: *jungenschaft 1* 1990,
Der „Graue Reiter", Dezember 1955
Die Kommenden (Archiv der deutschen Jugendbewegung)
Ditt, K.: Sozialdemokraten im Widerstand. Hamburg in der Anfangsphase des Dritten Reiches, Hamburg 1984

Drobisch, K.: Wir schweigen nicht. Eine Dokumentation über den antifaschistischen Kampf Münchener Studenten 1942/43, Berlin (Ost) 1977
Dulk, Ch./Zimmer, J.: Die Auflösung des Touristenvereins „Die Naturfreunde“ nach dem März 1933, in: Zimmer 1984, S. 112–117
Ebeling, H.: The German Youth Movement – Its past and futur, London 1945
Ebeling, H./Helsper, D. (Hg.): Jugend contra Nationalsozialismus, Frechen 1966
Ebeling, H./Helsper, D. (Hg.): Kameradschaft – Schriften junger Deutscher, Mönchengladbach 1983
Eid, V.: Prophetie und Widerstand, Düsseldorf 1989
Eilers, R. (Hg.): Löscht den Geist nicht aus. Der Bund Neudeutschland im Dritten Reich. Erlebnisberichte, Mainz 1985
Ein Edelweißpirat erinnert sich. Interview Michael Zimmermann mit Günther O., Oberhausen 1977, in: Peukert 1980 (b)
Emunds, P. (Hg.): Mit 15 an die Kanonen, Aachen 1975
Emunds, P.: Luftwaffenhelfer im Einsatz. Oberschüler während der angloamerikanischen Großoffensive im Großraum Aachen, in: *Aus Politik und Zeitgeschichte,* Beilage zum *Parlament,* B 45/76, 1976
Everwyn, K. E.: Jetzt wird alles besser. Eine Jugend zwischen Krieg und Nachkriegszeit, Würzburg 1989
Fest, J.: Das Gesicht des Dritten Reichs. Profile einer totalitären Herrschaft, München (1963) 1969
Fleischhack, E.: Die Widerstandsbewegung ‚Weiße Rose‘. Literaturbericht und Bibliographie, Sonderdruck aus ‚Jahresbibliographie der Bibliothek für Zeitgeschichte‘, Frankfurt/M. 1971
Focke, H./Reimer, U.: Der Fall Schink, in: Focke, H./Reimer, U.: Alltag unterm Hakenkreuz, 2 Bde. Reinbek 1980
Fournier, Chr.: Ringvereine der Jugend, in: *Die Weltbühne,* 27 (1931), Heft 3
Gärtner, H.: Aus der illegalen Arbeit der Hamburger SAJ, in: 125 Jahre Sozialdemokratie in Hamburg. Streiflichter aus der Geschichte der SPD, Hamburg 1988, S. 33–38
Georg-Valtin, A.: Opfer fielen ungezählt ..., in: Zentralausschuß der Naturfreunde Internationale (Hg.): Sechzig Jahre Touristenverein „Die Naturfreunde“. 1895–1955, o.O., o.J.
Gerbel, Ch./Mejstrik, A.: Der ‚Umgang mit Vor-Konstruktionen‘ am Beispiel der Wiener ‚Schlurfs‘. Vortrag, Jour Fix, Institut für Wirtschafts- und Sozialgeschichte, Wien, Mai 1990 (Manuskript)
Gerhard, D.: Proletarischer Widerstand 1933–1945, Berlin 1976
Gerhards, J.: Bedingungen und Chancen der Widerstandsgruppe ‚Weiße Rose‘, in: Neidhardt, F. (Hg.): Gruppensoziologie – Perspektiven und Materialien, *Kölner Zeitschrift für Soziologie und Sozialpsychologie,* Sonderheft 25, Opladen 1983, S. 343–357
Geschichte der deutschen Arbeiterjugendbewegung 1904–1945, Dortmund 1973

Götz von Olenhusen, I.: Jugendreich, Gottesreich, Deutsches Reich. Junge Generation, Religion und Politik 1928–1933, Köln 1987

Götz v. Olenhusen, I: Die Krise der jungen Generation und der Aufstieg des Nationalsozialismus, in: *JAJbw,* 12/1980, S. 53–82

Goeb, A.: Er war sechzehn, als man ihn hängte. Das kurze Leben des Widerstandskämpfers Bartholomäus Schink, Reinbek 1981

Gorz, A.: Abschied vom Proletariat. Jenseits des Sozialismus, Frankfurt/M. 1980

Graf, W.: Briefe und Aufzeichnungen, hrsg. v. Anneliese Knoop-Graf und Inge Jens, Frankfurt/M. 1988

Grau, H.: Eberhard Köbel-tusk in Gestapo-Haft und auf dem Wege in die Emigration, in: *JAJbw,* Band 7/1975

Grau, H.: dj. 1.11. Struktur und Wandel eines subkulturellen jugendlichen Milieus in vier Jahrzehnten, Frankfurt/M. 1976

Graul, H.: Der Jugenschaftler ohne Fortune, Frankfurt/M. 1985

Greiff, W.: Das Boberhaus in Löwenburg/Schlesien 1933–1937. Selbstbehauptung einer nonkonformen Gruppe, Sigmaringen 1985

Gruchmann, L.: Jugendopposition und Justiz im Dritten Reich. Die Probleme bei der Verfolgung der ‚Leipziger Meuten' durch die Gerichte, in: Miscellanea, Festschrift für H. Krausnick zum 75. Geburtstag, Stuttgart 1980

Guardini, R.: Die Waage des Daseins. Rede zum Gedächtnis von Sophie und Hans Scholl, Christoph Probst, Alexander Schmorell, Willi Graf und Prof. Dr. Huber, Tübingen/Stuttgart 1946

Guérin, D.: Die Braune Pest. Reportagen aus dem Alltagsleben in Deutschland 1932/33, hrsg. v. F. Benseler, Frankfurt/M. 1983

Hachtmann, R.: Industriearbeit im „Dritten Reich". Untersuchungen zu den Lohn- und Arbeitsbedingungen in Deutschland 1933–1945, Göttingen 1989

Halls, W. D.: The Youth of Vichy France, Oxford 1981

Haubach, T.: Die militante Partei, in: *Neue Blätter für den Sozialismus* 2 (1931), S. 212 ff.

Hebel, P. J.: Werke, Bd. 2, darin: Der Brand von Moskau, o.O., o.J., S. 396–398

Hellfeld, M. v.: Edelweißpiraten in Köln. Jugendrebellion gegen das 3. Reich. Das Beispiel Köln-Ehrenfeld, Köln 1981

Hellfeld, M. v. (Hg.): Fritz Theilen: Edelweißpiraten, Frankfurt/M. 1984

Hellfeld, M. v./Klönne, A.: Die betrogene Generation. Jugend im Faschismus. Quellen und Dokumente, Köln 1985

Hellfeld, M. v.: Bündische Jugend und Hitlerjugend. Zur Geschichte von Anpassung und Widerstand 1930–1939, Köln 1987

Helmers, G./Kenkmann, A.: „Wenn die Messer blitzen und die Nazis flitzen ..." Der Widerstand von Arbeiterjugendcliquen und -banden im Dritten Reich, Lippstadt 1984

Helwig, W.: Die blaue Blume des Wandervogels. Vom Aufstieg, Glanz und Sinn einer Jugendbewegung, Gütersloh 1960
Helwig, W.: tusk – Gesammelte Schriften und Dichtungen, Heidenheim 1962
Helwig, W.: Treue zum inneren Auftrag. In: *puls 1,* 25 + 2 Jahre Südmarkverlag, April 1975
Herbert, U.: Arbeiterschaft im „Dritten Reich". Zwischenbilanz und offene Fragen, in: *Geschichte und Gesellschaft* 14 (1989), S. 320–360
Herrmann, H.-W. (Hg.): Mallmann, K.-M./Paul, G.: Das zersplitterte Nein. Saarländer gegen Hitler. Widerstand und Verweigerung im Saarland 1935–1945, Bd. 1, Bonn 1989
Hess, R.: Politische Momente im Selbstverständnis und in der Praxis des Jungenbundes dj. 1.11 (unveröffentlichte Examensarbeit), Erlangen 1975
Hetzer, G.: Die Industriestadt Augsburg. Eine Sozialgeschichte der Arbeiteropposition, in: Broszat, M. u.a. (Hg.): Bayern in der NS-Zeit, Bd. III, München 1981, S. 1–233
Heydn, W.: Edelweißpiraten gegen den Hitlerkrieg. In: Schabrod, K.: Widerstand gegen Flick und Florian. Düsseldorfer Antifaschisten über ihren Widerstand 1933–1945, Frankfurt/M. 1978
Hinrichs, E.: Regionale Sozialgeschichte als Methode der modernen Geschichtswissenschaft, in: Hinrichs, E./Norden, W.: Regionalgeschichte. Probleme und Beispiele, Hildesheim 1980
Hochlarmarker Lesebuch. Kohle war nicht alles. 100 Jahre Ruhrgebietsgeschichte, Oberhausen 1981
Hochmuth, U./Meyer, G.: Streiflichter aus dem Hamburger Widerstand 1933–1945, Frankfurt/M. (1969) 1980
Hoff, F.: Erlebnis und Besinnung. Erinnerungen eines Arztes, Frankfurt/M./Berlin/Wien 1971
Hoffmann, H./Zimmer, J. (Hg.): Wir sind die grüne Garde. Geschichte der Naturfreundejugend, Essen 1986
Holler, E.: Ästhetik des Widerstandes und politisches Engagement in der Bündischen Jugend, in: *Kunst und Therapie,* 1984/Heft 6, S. 74
Homburg, G.: Sozialdemokratie unterm Hakenkreuz, Ostwestfalen-Lippe 1933–1945, Hamburg 1988
Horkheimer, M./Adorno, Th.: Dialektik der Aufklärung, Frankfurt/M. 1971
Huber, C.: Kurt Huber zum Gedächtnis. Bildnis enes Menschen, Denkers und Forschers, Regensburg 1947
Huber, K.-H.: Jugend unterm Hakenkreuz, Berlin/Frankfurt/M. 1982
Huch, R.: Gesammelte Werke, Bd. 5: Gedichte, Dramen, Reden, Aufsätze und andere Schriften, Köln/Berlin 1971
Hungrige Herzen – Magazin für den lockeren Aufstand, Nr. 3 März 1983, Nr. 9 Februar 1986
Jovy, M.: Jugendbewegung und Nationalsozialismus. Zusammenhänge und Gegensätze. Versuch einer Klärung, Münster (1952) 1984

Jahnke, K. H.: Jungkommunisten im Widerstandskampf gegen den Hitlerfaschismus, Berlin (Ost) 1977
Jahnke, K. H.: Jugend im Widerstand 1933–1945, Frankfurt/M. 1985
Jahnke, K. H.: Deutsche Arbeiterjugendbewegung 1904–1945, Köln 1987
Jahnke, K. H./Buddrus, M.: Deutsche Jugend 1933–1945. Eine Dokumentation, Hamburg 1989
Jens, I. (Hg.): Hans Scholl. Sophie Scholl. Briefe und Aufzeichnungen, Frankfurt/M. 1984
Karalus, P.: Bartholomäus Schink und die Edelweißpiraten, in: Es gab nicht nur den 20. Juli 1944: Dokumente aus einer Sendereihe zum Widerstand im Dritten Reich, Wuppertal 1980
Kater, M.: Bürgerliche Jugendbewegung und Hitlerjugend in Deutschland von 1926 bis 1938, in: *Archiv für Sozialgeschichte,* 17 (1977)
Kater, M.: Generationskonflikt als Entwicklungsfaktor in der NS-Bewegung vor 1933, in: *Geschichte und Gesellschaft* 11 (1985), S. 232 ff.
Kenkmann, A.: ‚Fahrtenstenze' und ‚Edelweißpiraten' – Die Erfahrungswelt jugendlicher Segerother Arbeiter in der NS-Zeit, in: Bajohr, F./Gaigalat, M. (Hg.), Hamburg 1990
Kenkmann, A.: Jugendsubkultur im Rhein-Ruhr-Gebiet 1930–1950 (erscheint 1991)
Kerbs, D.: Zur Geschichte und Gestalt der deutschen Jungenschaften, in: *Neue Sammlung* 6 (1966)
Kerler, W.: Die wilden Cliquen von Berlin, in: *Zeitmagazin* Nr. 9 (1989)
Klassenlagen, Kultur und Politik, Frankfurt/M. 1984
Kittel, H., in: Jantzen, H.: Namen und Werke. Biographien und Beiträge zur Soziologie der Jugendbewegung, Bd. 3, Frankfurt/M. 1975
Kirchberger, G.: Die ‚Weiße Rose'. Studentischer Widerstand gegen Hitler in München, München 1980
Klaus, A.: Gewalt und Widerstand in Hamburg-Nord während der NS-Zeit, Hamburg 1986
Klönne, A.: Die Hitlerjugend. Die Jugend und ihre Organisation im Dritten Reich, Hannover 1955
Klönne, A.: „Gegen den Strom". Ein Bericht über die Jugendopposition im Dritten Reich, Hannover und Frankfurt (1957) 1978
Klönne, A. (Hg.): Jugendkriminalität und Jugendopposition im NS-Staat. Ein sozialgeschichtliches Dokument, Münster 1981
Klönne, A.: Jugendprotest und Jugendopposition. Von der HJ-Erziehung zum Cliquenwesen der Kriegszeit, in: Broszat, M. u.a. (Hg.): Bayern in der NS-Zeit, Bd. IV, Herrschaft und Gesellschaft im Konflikt, München 1981, S. 527–620
Klönne, A.: Jugend im Dritten Reich. Die Hitler-Jugend und ihre Gegner. Dokumente und Analysen, Düsseldorf/Köln 1982
Klönne, A.: Jugendwiderstand, Jugendopposition und Jugendprotest im Dritten Reich, *JAJbw* 14 (1982/83), S. 65–76
Klönne, A.: Jugendliche Opposition gegen Hitler-Jugend und NS-Staat,

in: Müller, K.-J. (Hg.): Der Deutsche Widerstand 1933–1945, Paderborn 1986
Klönne, A.: Heimkehr zu Goethe? Jugend, Bildungserbe und Nationalsozialismus, in: *Diskussion Deutsch,* Heft 100, April 1988
Klönne, A.: Jugend im Dritten Reich. Die Hitler-Jugend und ihre Gegner, München 1990
Klose, W.: Generation im Gleichschritt. Die Hitlerjugend. Ein Dokumentarbericht, Oldenburg/Hamburg/München 1982
Knoop-Graf, A.: Die ‚Weiße Rose' – dreißig Jahre danach, in: *liberal,* Heft 7 (1973), S. 484–492
Knoop-Graf, A.: „Im Namen der deutschen Jugend ...", Willi Graf und die Weiße Rose. In: *JAJbw,* Bd. 14, 1982/83, S. 77–98
Knoop-Graf, A.: Willi Grafs Weg in den Widerstand, in: Steinbach, P. (Hg.): Widerstand. Ein Problem zwischen Theorie und Praxis, Köln 1987, S. 433–448
Knoop-Graf, A./Jens, I. (Hg.): Willi Graf. Briefe und Aufzeichnungen, Frankfurt/M. 1988
Kost, W.: Die politische Entwicklung der Jugendbewegung seit dem Weltkrieg, Hamburg 1942
Krafeld, F.-J.: Geschichte der Jugendarbeit, Weinheim/Basel 1984
Krolle, St.: „Bündische Umtriebe". Die Geschichte des Nerother Wandervogels vor und unter dem NS-Staat. Ein Jugendbund zwischen Konformität und Widerstand, Münster 1985
Krüger, H.: Das zerbrochene Haus, Frankfurt/M. 1982
Krüger, N.: „... dem Rufe des Führers begeistert folgend ..." Essener Schüler und Lehrlinge als Luftwaffenhelfer im Totalen Krieg, in: *Das Münster am Hellweg,* 28 (1975), Heft 2, S. 17–43
Krüger, N.: Schüler bei der Flak. Ein Überblick, in: Festschrift Gymnasium Wuppertal Barmen, Wuppertal 1983
Küsel, E., Brief an Hans-Werner von Aufsess vom 28. Juni 1933 (Archiv der deutschen Jugendbewegung)
Kunert, H.: Deutsche Reformpädagogik und Faschismus, Hannover/Darmstadt/Berlin 1973
Lang, J. v.: Der Hitler-Junge. Baldur von Schirach. Der Mann, der Deutschlands Jugend erzog, Hamburg 1988
Lange, H.: Jazz in Deutschland, Berlin 1966
Laqueur, W.: Die deutsche Jugendbewegung. Eine historische Studie, Köln (1963) 1978
Loiseau, J.-C.: Les Zazous, Paris 1977
Loiseau, J.-C.: Les Zazous, in: *Historia,* Mai 1990
Liebel, M.: Die Arbeit kann uns gestohlen bleiben. Historische Skizzen zur Arbeitslust bei Jugendlichen, in: *Archiv für die Geschichte des Widerstandes,* Nr. 6 (1984)
Lindner, R.: Straße – Straßenjunge – Straßenbande. Ein zivilisationstheoretischer Streifzug, in: *Zeitschrift für Volkskunde* 79 (1983)

Löwenthal, R./v. z. Mühlen, P. (Hg.): Widerstand und Verweigerung in Deutschland 1933–1945, Bonn 1982
Maas, U.: „Als der Geist der Gemeinschaft eine Sprache fand." Sprache im Nationalsozialismus. Versuch einer historischen Argumentationsanalyse, Opladen 1984
Mann, Th.: Betrachtungen eines Unpolitischen, Frankfurt/M. 1983
Markmann, H.-J.: Der deutsche Widerstand gegen den Nationalsozialismus 1933–1945, Mainz 1984
Maier, J.: „Löscht den Geist nicht aus". Die illegale Arbeit der ND-Gruppe ‚Christopher' aus Bruchsal im Zweiten Weltkrieg, in: *Informationen zur Erziehungs- und Bildungshistorischen Forschung,* 1986, H. 27, S. 111–126
Mason, T. W.: Arbeiteropposition im nationalsozialistischen Deutschland, in: Peukert, D./Reulecke, J. (Hg.): Die Reihen fast geschlossen. Beiträge zur Geschichte des Alltags im Nationalsozialismus, Wuppertal 1981, S. 293–314
Meier, E. (Hg.): Eberhard Köbel (tusk). „... seh ich Schwäne nordwärts fliegen", Heidenheim an der Brenz 1977
Mikuscheit, A.: Sozialistische Arbeiterjugend unter dem Hakenkreuz, in: Behrens-Cobet, H. (Hg.): Rote Jugend im schwarzen Revier. Bilder aus der Geschichte der Essener Arbeiterjugendbewegung, Essen 1989, S. 89–103
Mogge, W.: „Der gespannte Bogen", Jugendbewegung und Nationalsozialismus. Eine Zwischenbilanz, in: *JAJbw,* Bd. 13/1981, S. 11–33
Mogge, W.: „Wir sind dazu verdammt, zu spät gekommen zu sein..." Eberhard Köbel und die Deutsche Jungenschaft, in: Schock und Schöpfung. Jugendästhetik im 20. Jahrhundert, Darmstadt/Neuwied 1986
Mogge, W.: Vom Jugendreich zum Jugendstaat. Männerbündische Vorstellungen und Organisationen in der bürgerlichen Jugendbewegung, in: Völker/Welck 1990, Bd. 2, S. 103–110
Mooser, J.: Abschied von der „Proletarität". Sozialstruktur und Lage der Arbeiterschaft in der Bundesrepublik in historischer Perspektive, in: Conze, W./Lepsius, M. R. (Hg.): Sozialgeschichte der Bundesrepublik Deutschland. Beiträge zum Kontinuitätsproblem, Stuttgart 1983, S. 143–186
Mooser, J.: Arbeiterleben in Deutschland 1900–1970, Frankfurt/M. 1986
Müller, M.: Der Bund Neudeutschland (ND) in Neuss (1919–1946). Katholische bündische Jugend: Aufbruch, Bewährung, Neubeginn, Neuss 1985
Muth, H.: Jugendopposition im Dritten Reich, in: *Vierteljahrshefte für Zeitgeschichte* 30 (1982)
Neuland, F./Werner-Cordt, A. (Hg.): Die junge Garde. Arbeiterjugendbewegung in Frankfurt/M. 1904–1945. Gießen o.J. (1980)
Niethammer, L. (Hg.): „Die Jahre weiß man nicht, wo man die heute hinsetzen soll", Faschismuserfahrungen im Ruhrgebiet, Berlin / Bonn 1983
Nicolaisen, H.-D.: Die Flakhelfer. Luftwaffen- und Marinehelfer im Zweiten Weltkrieg, Berlin/Frankfurt/Wien 1981

Paetel, K. O.: Das Bild vom Menschen in der Deutschen Jugendbewegung, Bad Godesberg 1954
Paetel, K. O.: Jugendbewegung und Politik, Bad Godesberg 1961
Paetel, K. O.: Jugend in der Entscheidung, Bad Godesberg 1963
Paetel, K. O.: Reise ohne Uhrzeit. Autobiographie. (Herausgegeben und bearbeitet von Wolfgang D. Elfe und John M. Spalek), London/Worms 1982
Panassié, H.: La musique de jazz et le swing, Paris 1943
Paul, W.: Das Feldlager. Jugend zwischen Langemarck und Stalingrad. Esslingen 1978
Paul, W.: Der Heimatkrieg 1939–1945, Esslingen 1980
Peters, M.: „Piraten vom Burgplatz ...“, Randale am Kantplatz. in: Tappe, R./Tietz, M.: Tatort Duisburg 1933–1945. Widerstand und Verfolgung im Nationalsozialismus, Essen 1989
Petry, Chr.: Studenten aufs Schafott. Die Weiße Rose und ihr Scheitern, München 1968
Peukert, D.: Ruhrarbeiter gegen den Faschismus. Dokumentation über den Widerstand gegen den Faschismus im Ruhrgebiet 1933–1945, Frankfurt/M. 1976
Peukert, D.: Die KPD im Widerstand. Verfolgung und Untergrundarbeit an Rhein und Ruhr 1933–1945, Wuppertal 1980 (a)
Peukert, D.: Die Edelweißpiraten. Protestbewegungen jugendlicher Arbeiter im Dritten Reich, Köln 1980 (b), 1988
Peukert, D.: Edelweißpiraten, Meuten, Swing, Jugendsubkulturen im Dritten Reich, in: Huck, G. (Hg.): Sozialgeschichte der Freizeit. Untersuchungen zum Wandel der Alltagskultur in Deutschland, Wuppertal 1980 (c), S. 307–327
Peukert, D./Winter, M.: „Edelweißpiraten“ in Duisburg. Eine Fallstudie zum subkulturellen Verhalten von Arbeiterjugendlichen unter dem Nationalsozialismus, in: *Duisburger Forschungen* 31 (1982), S. 247–275
Peukert, D.: Die „Halbstarken“. Protestverhalten von Arbeiterjugendlichen zwischen Wilhelminischem Kaiserreich und Ära Adenauer, in: *Zeitschrift für Pädagogik* 30, 1984, S. 533–548
Peukert, D.: Die Erwerbslosigkeit junger Arbeiter in der Weltwirtschaftskrise in Deutschland 1929–1933, *Vierteljahrsschrift für Sozial- und Wirtschaftsgeschichte* 27 (1985), S. 305–328
Peukert, D.: Jugend zwischen Krieg und Krise. Lebenswelten von Arbeiterjungen in der Weimarer Republik, Köln 1987
Pfliegensdörfer, D.: „Ich war mit Herz und Seele dabei, und so, daß mir das gar nichts ausmachte“ – Bremer Flugzeugbauer im Nationalsozialismus, in: *1999. Zeitschrift für Sozialgeschichte des 20. und 21. Jahrhunderts,* 3 (1988), H. 1, S. 44–103
Piehl, K.: Rebellen mit dem Edelweiß. Latscher, Pimpfe und Gestapo, Roman eines Edelweißpiraten, Frankfurt/M. 1983
Pikarski, M.: Jugend im Berliner Widerstand. Herbert Baum und seine Kampfgefährten, Berlin (Ost) 1978

Plato, A. v.: „Ich bin mit allen gut ausgekommen“, oder: War die Ruhrarbeiterschaft vor 1933 in politische Lager gespalten? in: Niethammer 1983, S. 31–65
Plato, A. v.: Wer schoß auf Robert R., oder: Was kann Oral-history leisten?, in: Heer, H./Ullrich, V. (Hg.): Geschichte entdecken. Erfahrungen und Projekte der neuen Geschichtsbewegung, Rcinbek 1985, S. 266–280
Pohl, J.: Interview mit Hans Saddeler, in: Wir „Hoch- und Landesverräter“. Antifaschistischer Widerstand in Oberhausen, Oberhausen 1983
Pohl, R.: ‚Das gesunde Volksempfinden ist gegen Dad und Jo‘. Zur Verfolgung der Hamburger ‚Swing-Jugend‘ im Zweiten Weltkrieg, in: Projektgruppe für die vergessenen Opfer des NS-Regimes (Hg.): ‚Verachtet – Verfolgt – Vernichtet‘, Hamburg 1988
Pommerin, R.: Demokraten und Pazifisten oder Rowdies und Rebellen? Die Einschätzung der ‚Edelweißpiraten‘ im britischen Außenministerium 1944/45, in: *Geschichte im Westen* 2 (1987)
Prittie, T.: ‚Die Weiße Rose‘ der deutschen Jugend, in: Prittie, T.: Deutsche gegen Hitler. Eine Darstellung des deutschen Widerstands gegen den Nationalsozialismus während der Herrschaft Hitlers, Tübingen 1965, S. 174–203
Probst, A.: Christoph Probst, in: *Der Fährmann,* 1947, Heft 3, S. 8–11
Pross, H.: Jugend – Eros – Politik. Die Geschichte der deutschen Jugendverbände, Bern/München/Wien 1964
Reese, D.: Straff, aber nicht stramm – herb, aber nicht derb. Zur Vergesellschaftung von Mädchen durch den Bund Deutscher Mädel im sozialkulturellen Vergleich zweier Milieus, Weinheim/Basel 1989
Reichardt, A.: Neue Kampffront – neue Bildungsarbeit, in: *Der Führer* 14 (1932), S. 147 ff.
Rioux, E.: Les Zazous. Un phénomène socio-culturel pendant L'Occupation, unveröffentlichte Magisterarbeit, Université Paris X-Nanterre 1987
Roon, G. van: Widerstand im Dritten Reich. Ein Überblick, München 1987
Rusinek, B.-A.: Gesellschaft in der Katastrophe. Terror, Illegalität, Widerstand. Köln 1944/45, Essen 1989
Rusinek, B.-A.: Jugendopposition im ‚Dritten Reich‘ in Westdeutschland. Sieben historische Situationen. Vortrag vor dem Rheinisch-Westfälischen Geschichtsverein, Paderborn, November 1989
Rusinek, B.-A.: Verfolgung und Widerstand in Düsseldorf 1933–1945, Düsseldorf 1990
Rusinek, B.-A.: Dokumente der Unterdrückung und ihre Interpretation. Überlegungen im Rahmen einer ‚kleinen‘ Hermeneutik. In: Mündliche Geschichte im Rheinland. *Archivhefte* Nr. 22, Köln 1991
Rutschky, K.: Geschichte und Langeweile. Die Pflichtübungen eines neuen Historismus, in: *Merkur 463/464,* 1987
Schabrod, K.: Widerstand gegen Flick und Florian. Düsseldorfer Antifaschisten über ihren Widerstand 1933–1945, Frankfurt/M. 1978

Schäfer, H. D.: Das gespaltene Bewußtsein. Über deutsche Kultur und Lebenswirklichkeit 1933–1945, München 1981
Schelsky, H.: Die skeptische Generation. Eine Soziologie der deutschen Jugend, Düsseldorf 1957
Schellenberger, B.: Katholische Jugend und Drittes Reich. Eine Geschichte des Katholischen Jungmännerverbandes 1933–1939 unter besonderer Berücksichtigung der Rheinprovinz, Mainz 1975
Schellenberger, B.: Katholischer Jugendwiderstand, in: Schmädeke/Steinbach 1985, S. 314–326
Scheurig, B.: Deutscher Jugendwiderstand 1938–1944. Fortschritt oder Reaktion?, München 1969
Schilde, K.: Jugendorganisationen und Jugendopposition in Berlin-Kreuzberg 1933–1945. Eine Dokumentation, Berlin 1983
Schindehütte, R.: „Uns gefiel irgendwie die ganze Richtung nicht..." Die oppositionelle Gaujugendleitung Mittelrhein-Main 1926–1933, in: Hoffmann/Zimmer 1986, S. 63–92.
Schmädeke, J./Steinbach, P. (Hg.): Der Widerstand gegen den Nationalsozialismus. Die deutsche Gesellschaft und der Widerstand gegen Hitler, München/Zürich 1985
Schmittner, M.: „... befindet sich hier eine Anzahl staatsfeindlicher Elemente". Verfolgung und Widerstand 1933–1945 in Stadt und Land Aschaffenburg, Frankfurt/M. 1985
Schmuhl, H.-W.: Rassenhygenie, Nationalsozialismus, Euthanasie. Von der ... zur Vernichtung ‚lebensunwerten Lebens', 1890–1945. Göttingen 1987
Schmuhl, H.-W.: Die Selbstverständlichkeit des Tötens. Psychiatrie im Nationalsozialismus, in: *Geschichte und Gesellschaft* 16 (1990), S. 411–439
Schörken, R.: Luftwaffenhelfer und Drittes Reich. Die Entstehung eines politischen Bewußtseins, Stuttgart 1984
Schörken, R.: Jugend 1945. Politisches Denken und Lebensgeschichte, Opladen 1990
Schörken, R.: Jugend 1945. Politisches Denken und Lebensgeschichte, Opladen 1990
Scholl, I.: Menschen wie Du und Ich, in: *Deutsche Universitäts-Zeitung* 6 (1951), Heft 14, S. 3–6
Scholl, I.: Die Weiße Rose, Frankfurt/M. 1952 (Verl. der Frankfurter Hefte)
Scholl, I.: Die Weiße Rose, Frankfurt/M. 1955 (1989)
Scholl, I.: Die Weiße Rose, Erweiterte Neuausgabe, Frankfurt/M. 1982.
Schroer, H.: Sturmschar im Aufbruch, in: Börger/Schroer 1989, S. 11–30
Schroer, H.: Franz Steber, in: Börger/Schroer 1989, S. 167–181
Schüddekopf, E. O.: Linke Leute von rechts, Stuttgart 1960
Schügerl, G.: Tradition und Fortschritt. 80 Jahre Naturfreunde Österreich, Wien 1975
Schult, P.: Besuche in Sackgassen. Aufzeichnungen eines homosexuellen Anarchisten, München 1978

Schütz, A./Luckmann, Th.: Strukturen der Lebenswelt, Bd. II, Frankfurt/M. 1984
Schwering, L.: In den Klauen der Gestapo, Tagebuchaufzeichnugnen der Jahre 1944–1945, Köln 1988
Seebold, G.-H.: Ein Stahlkonzern im Dritten Reich. Der Bochumer Verein 1927–1945, Wuppertal 1981
Simmel, G.: Soziologie, Leipzig 1908
Stachura, P. D.: Deutsche Jugendbewegung und Nationalsozialismus, in: *JAJbw* 12 (1980), S. 35–52
Stachura, P. D.: The Weimar Republic and the younger Proletariat. An Economic and Social Analysis, London 1989
Staewen-Ordemann, G.: Menschen der Unterordnung. Die proletarische Wirklichkeit im Arbeitsschicksal der ungelernten Großstadtjugend, Berlin 1933
Steinberg, H.-J.: Widerstand und Verfolgung in Essen 1933–1945, Bonn-Bad Godesberg (1968) 1973
Straßer, G.: Macht Platz, ihr Alten! In: Ders.: Kampf um Deutschland. Reden und Aufsätze eines Nationalsozialisten, München 1932
Tenfelde, K.: Proletarische Provinz. Radikalisierung und Widerstand in Penzberg/Oberbayern 1900–1945, in: Broszat, M. u.a. (Hg.): Bayern in der NS-Zeit, Bd. IV, München 1981, S. 1–382
Tjaden, K.: rebellion der jungen. Die Geschichte von tusk und von dj. 1.11, Frankfurt/M. 1958
Upmann A./Rennspieß U. (Hg.): Organisationsgeschichte der deutschen Naturfreundebewegung bis 1933, in: Zimmer 1984, S. 102–118
Verhoeven, M./Krebs, M.: Die Weiße Rose. Der Widerstand der Münchner Studenten gegen Hitler, Frankfurt/M. 1982
Vesper, W.: Deutsche Jugend. 30 Jahre Geschichte einer Bewegung, Berlin 1934
Vian, B.: Cent Sonnets, Paris 1984 (deutsch: Hundert Sonette, Frankfurt/M. 1989)
Vian, B.: Vercoquin et le plancton, Paris 1947 (deutsch: Drehwurm, Swing und das Plankton, Frankfurt/M. 1989)
VHS-Hattingen (Hg.): Alltag in Hattingen. Eine Kleinstadt im Nationalsozialismus, Essen 1985
Vielhaber, K./Hanisch, H./Knoop-Graf, A.: Gewalt und Gewissen. Willi Graf und „Die Weiße Rose", Freiburg i. Br. 1964
Völger, G./Welck, v. K. (Hg.): Männerbünde. Zur Rolle des Mannes im Kulturvergleich, 2 Bde, Köln 1990
Vossler, K.: Gedenkrede für die Opfer an der Universität München, München 1947
Wächter, E.: „... an der lauten Stadt vorüberziehen!" Naturfreundejugend 1918–1933 zwischen Jugendbewegung und Jugendpflege, in: Hoffmann, H./Zimmer, J. (Hg.): Wir sind die grüne Garde. Geschichte der Naturfreundejugend, Essen 1986, S. 13–62

Welter, R.: Der Begriff der Lebenswelt. Theorien vortheoretischer Erfahrungswelten, München 1986
Weniger, E.: Die Weiße Rose, in: *Die Sammlung* 8 (1953), S. 161–166
Werner, G.: Aufmachen! Gestapo! Über den Widerstand in Wuppertal 1933–1945, Wuppertal 1974
Werner, W. F.: „Bleib übrig". Deutsche Arbeiter in der nationalsozialistischen Kriegswirtschaft, Düsseldorf 1983
Westerburger, H.: Diskussionsbeitrag bei der Tagung des Mindener Kreises, Minden 15.–17. Juni 1990
Winkler, E.: Neue Jugend – andere Jugendarbeit, in: *Der Führer* 14 (1932), S. 145ff.
Winterhager, W. E.: Der Kreisauer Kreis. Portrait einer Widerstandsgruppe. Begleitband zu einer Ausstellung der Stiftung Preußischer Kulturbesitz, Mainz 1985
Wisotzky, K.: Der Ruhrbergbau im Dritten Reich. Studien zur Sozialpolitik im Ruhrbergbau und zum sozialen Verhalten der Bergleute 1933–1939, Düsseldorf 1983
Zilius, W.: Bücher über die Hitlerjugend, in: *JAJbw,* Band 13/1981
Zimmer, J. (Hg.): Mit uns zieht die neue Zeit. Die Naturfreunde. Zur Geschichte eines alternativen Verbandes der Arbeiterjugendkulturbewegung, Köln 1984
Zimmermann, M.: Opposition und Widerstand gegen den Nationalsozialismus in Oberhausen, Staatsexamensarbeit, Bochum 1977
Zimmermann, M.: Ausbruchshoffnungen. Junge Bergleute in den Dreißiger Jahren, in: Niethammer 1983 (a), S. 97–132
Zimmermann, M.: Edelweißpiraten in Oberhausen. „Ihr Treiben wirkte wie ein Magnet", in: Rossaint, J. C./Zimmermann, M.: Widerstand gegen den Nazismus in Oberhausen, Frankfurt/M. 1983 (b)
Zimmermann, M.: Schachtanlage und Zechenkolonie. Leben, Arbeit und Politik in einer Arbeitersiedlung 1880–1980, Essen 1987
Zollwitsch, W.: Arbeiter zwischen Weltwirtschaftskrise und Nationalsozialismus. Ein Beitrag zur Sozialgeschichte der Jahre 1928 bis 1936, Göttingen 1990

Die Autoren

Frank Bajohr, Hamburg, Jg. 1961, Studium der Geschichte und Sozialwissenschaften, Wiss. Mitarbeiter der Forschungsstelle für die Geschichte des Nationalsozialismus in Hamburg.

Christel Beilmann, Bochum, Jg. 1921, Redakteurin der WERKHEFTE für Probleme der Gesellschaft und des Katholizismus, Leitende Angestellte in einem Verlag.

Wilfried Breyvogel, Essen, Jg. 1942, Dr. phil., Privatdozent, Studium der Klassischen Philologie, Theologie, Politik, Pädagogik, Akad. Oberrat an der Universität Essen.

Matthias von Hellfeld, Köln, Jg. 1954, Studium der Sozialwissenschaften, Geschichte und Pädagogik, Redakteur des Westdeutschen Rundfunks.

Inge Jens, Tübingen, Jg. 1927, Dr. phil., Herausgeberin der Briefe und Aufzeichnungen der Geschwister Scholl und Willi Grafs, Herausgeberin der Tagebücher Thomas Manns.

Alfons Kenkmann, Münster, Jg. 1956, Studium der Geschichte und Germanistik, Arbeit an einer Dissertation zu den „Kittelbach- und Edelweißpiraten" in Westdeutschland.

Silvia Klein, Essen, Jg. 1961, Studium der Germanistik und Biologie, Studienreferendarin in Duisburg.

Arno Klönne, Paderborn, Jg. 1931, Dr. phil., Professor für Soziologie an der Gesamthochschule in Paderborn.

Anneliese Knoop-Graf, Bühl (Baden), Jg. 1921, Mitinitiatorin der Stiftung „Weiße Rose", leitete mit ihrem Mann von 1946 bis 1969 das Landerziehungsheim Marienau b. Lüneburg.

Rainer Pohl, Lyon, Jg. 1956, Studium der Romanistik, Geschichte und Sozialwissenschaft, Lehrer.

Bernd-A. Rusinek, Düsseldorf, Jg. 1954, Dr. phil., Studium der Geschichte, Germanistik und Philosophie, wiss. Angestellter der Universität Düsseldorf.

Bernhard Stelmaszyk, Essen, Jg. 1959, Studium der Theologie und Geschichte, Lehrer, Wiss. Mitarbeiter des Instituts für Jugendforschung und Pädagogische Praxis e. V., Essen.

Carola Stern, Köln, Jg. 1925, Dr. phil., Verlagslektorin und Redakteurin des Westdeutschen Rundfunks, zahlreiche Publikationen zur Geschichte und Zeitgeschichte.

Thomas Stuckert, Essen, Jg. 1960, Studium der Literaturwissenschaften, Linguistik und Pädagogik.

Hartmut Wenzel, Essen, Jg. 1944, Dr. phil., Privatdozent, Studium der Naturwissenschaften und Pädagogik, Wiss. Angestellter der Universität Essen.